Klaus Völker                    Elisabeth Orth  Kirsten Dene
                                *»und vorrätig ist dein Herz vor jedem andern«*

Dieses Buch wurde gefördert durch

Unser gesamtes lieferbares Programm und viele andere Informationen finden Sie unter www.deuticke.at

1 2 3 4 5   10 09 08 07 06

ISBN-10: 3-552-06039-1
ISBN-13: 978-3-552-06039-5
Alle Rechte vorbehalten
© Deuticke im Paul Zsolnay Verlag Wien 2006

Gestaltung, Satz, Umschlag: Gudrun Hommers, Berlin
Umschlagfotografien: Reinhard Werner
Druck und Bindung: Ebner & Spiegel Ulm
Printed in Germany

Klaus Völker

# Elisabeth Orth   Kirsten Dene

*»und vorrätig ist dein Herz
vor jedem andern«*

**edition burgtheater**

Herausgegeben von
Klaus Bachler und Klaus Dermutz

Mitarbeit
Karin Bergmann und Rita Czapka

Deuticke

# Dank

Elisabeth Orth und Kirsten Dene danke ich für Ihr Vertrauen und freundliche Offenheit bei unseren Begegnungen und Gesprächen. Mein Dank gilt dem Burgtheater, Klaus Bachler und Karin Bergmann, und ganz besonders danken möchte ich Frau Mag. Rita Czapka, der verlässlichen Betreuerin des Theaterarchivs, die wertvolle Hilfe bei den Recherchen und dem Suchen nach geeigneten Fotos geleistet hat. – Klaus Dermutz (Lektorat) und Gudrun Hommers (Layout) danke ich für Kritik, Geduld und Sorgfalt. – Für Hinweise, Auskünfte, Kopien von Theaterzetteln und Briefen sowie Druckgenehmigungen danke ich: Dr. Wolfgang Trautwein, Stiftung Archiv der Akademie der Künste Berlin und Dr. Renate Rätz, Stephan Dörschel und Iliane Thiemann (Archiv Darstellende Kunst); Hermann Beil, Otmar Herren, Prof. Dr. Hans Hollmann, Günther Rühle, Dietmar N. Schmidt, George Tabori, Prof. Dr. Dr. Alf Tolle, Frau Mag. Susanne Gföller (Max-Reinhardt-Seminar Wien); Frau Dr. B. Lesák und Frau Mag. G. Fischer (Österreichisches Theatermuseum Wien, Theatersammlung); Hr. Mag. G. Dragostinoff, (Archiv Volkstheater Wien); Mag. K. Schuster (Theater in der Josefstadt); Dr. Michaela Giesing und Ute Schindler (Hamburger Theatersammlung der Universität Hamburg); Matthias Grotz (Stadtarchiv Ulm); Gerard S. Kohl (Aaltotheater Essen, Archiv Kunst); Frau I. Gans und Frau I. Meyer (Stadtarchiv Bonn); Brigitte Klein (Universitätsbibliothek der Universität Frankfurt a. M., Abteilung für Musik, Theater und Film); Herr M. Gerth (Institut für Stadtgeschichte Frankfurt a. M.); Archiv Württembergisches Staatstheater Stuttgart; Frau R. Zähringer (Tourneetheater Konzertdirektion Landgraf); Marion Schamuthe (Redaktion *Theater heute*). – Herzlichen Dank an Hermann Beil, Albert Ostermaier und Peter Turrini für ihre Textbeiträge.

# Inhalt

*Klaus Bachler*   Vorwort ... 7

Prolog ... 8

Elisabeth Orth ... 10

   »Bedenke nicht; gewähre, wie du's fühlst« ... 11

   Heinz Hilpert – Der Regisseur ... 34

   Briefwechsel zwischen Heinz Hilpert und Elisabeth Orth ... 36

   Theaterarbeit mit Hans Lietzau ... 41

   »Ich muss seinen verrückten Stolz in mir haben« ... 49

   Burgtheater ... 53

   »Immer wieder von vorn anfangen« ... 88

   *Albert Ostermaier*   Die Zauberin ... 94

Wer ist Iphigenie bei uns, für uns? ... 97

Kirsten Dene ... 112

   »... glaube ich, dass mir Baptiste am nächsten stand.« ... 113

   Das Fräulein-Wunder ... 133

   Die Komödiantin ... 173

   »Immer an der Grenze der Verrücktheit« ... 189

   *Peter Turrini*   In Denes Hand ... 204

   *Hermann Beil*   Ein Geschöpf der Phantasie ... 206

Anhang

   Rollenverzeichnis Elisabeth Orth ... 212

   Rollenverzeichnis Kirsten Dene ... 227

   Lebensdaten ... 244

   Personenregister ... 250

   Literaturnachweis ... 255

   Bildnachweis ... 256

(...) fördern wir / Dinge zutage, in denen Vernichtung wohnt und Kraft, / uns zu zerstreuen. Dies alles ist ein Beweis / zu nichts und von niemand verlangt.

Ingeborg Bachmann, BEWEIS ZU NICHTS

# Klaus Bachler — Vorwort

Die Geschichte des Burgtheaters ist vor allem die Geschichte seines Ensembles. Sind die Schauspieler eher der Nerv und der Glanz, so sind die Schauspielerinnen seit jeher die tragenden Säulen dieses Hauses. Sie sind bis heute die Kraft und das Herz des Theaters. Von der Wolter, der Medelsky über die Dorsch, die Wessely, die Gold, sie alle bestimmen den Ton und den Klang dieser Bühne.

Zwei der heute bestimmenden Lichtgestalten und Hohepriesterinnen der Burg ist dieses Buch gewidmet: Elisabeth Orth und Kirsten Dene. Diese beiden Königinnen sind so unterschiedlich in ihrer Persönlichkeit und ihrer Kunst und einander doch so nah im Theater-Olymp.
Aus der großen österreichischen Schauspielertradition die eine und aus der Theatererneuerungsbewegung der Nach-68er-Zeit die andere. Zwei Schauspielerinnen, die auf ganz unterschiedliche Weise das Publikum atemlos machen und deren Elemente das Gefühl, die Leidenschaft und die Vitalität sind.

Elisabeth Orth war von Anfang an ihrer Veranlagung nach eine der letzten großen Tragödinnen unserer Zeit, die sprachgewaltig das Herkömmliche sprengt. Die Gestalten der Orth sind nie erdichtet, immer erlebt, blutvoll und erregend.
Kirsten Dene hat den Vulkan im Inneren, aber auch die Kraft, ihn ausbrechen zu lassen. Sie ist eine moderne Schauspielerin, die in all ihrer Stärke eine labile Grundlage hat, in der sowohl das Heroische als auch das Zerbrechliche und Zerfallende sichtbar werden.
Große Schauspielerinnen schließen Bündnisse mit wesentlichen Regisseuren und besonders Beglückte mit Schriftstellern, die für sie schreiben. Thomas Bernhard tat das für Kirsten Dene und Albert Ostermaier für Elisabeth Orth. Die Künstlerin wird so zur Folie, zur Muse und zur Inspiration für den Dichter. Die Figur verbindet sich mit der Schauspielerin zu etwas Bleibendem in der Theaterliteratur.
Das Ensemble wird am Burgtheater immer stärker sein als seine Regisseure und Direktoren. Es ist beständig getragen von der Liebe des Publikums und seiner Freude am Wort, am Bild, am Spiel, am Schönen. Dieses Buch erzählt von zwei großen Geliebten des deutschsprachigen Theaterpublikums und des Wiener Burgtheaters.

# Prolog

In Anbetracht der Veränderungen, die das durch große Schauspieler-Regisseure wie Fritz Kortner, Hans Lietzau, Peter Stein, Peter Zadek, Benno Besson, Adolf Dresen, Andrea Breth, Dieter Dorn, Hans Hollmann, Claus Peymann geprägte deutschsprachige Theater der Ensemble- und Repertoire-Pflege erfährt, sind die unterschiedlichen Erfahrungen und künstlerischen Wege von Elisabeth Orth und Kirsten Dene gar nicht mehr so konträr, wie sie zunächst Außenstehenden erscheinen mögen. Elisabeth Orth entstammt einer berühmten Schauspielerfamilie und repräsentiert schon durch ihre Herkunft die Tradition, die die *Burg* immer ausgezeichnet und sehr oft auch nur als zopfigen »Ballast« mitgeschleppt hat. Auf ihre Herkunft, der sie sich verpflichtet fühlte, aber nichts verdanken wollte, hat sie kühn gepfiffen und auf spannenden Umwegen für sich das Theater als Abenteuer und Lebenselixier entdeckt. Obwohl sie in keiner Weise eine typische Brecht-Schauspielerin ist, stecken sehr viele von »Aufklärung« und Erkenntnisdurst durchdrungene künstlerische Impulse in ihr, will sie ihrem Publikum etwas »zeigen«, ihm die Augen und Ohren öffnen; sie ist, ohne verbohrt oder Missionar des Religiösen zu sein, vom Empfinden einer Priesterin wie Iphigenie geleitet und zögert nicht, ihr Gefühl verströmen zu lassen. Nicht »irgendwie« oder gar wahllos. Denn nur denkend ist sie bedenkenlos. Ihr Herz appelliert ans Publikum, das sie in Bann zu schlagen vermag, aber das sie umgekehrt auch gefangen hält, wie Thoas die Iphigenie, dem sie dann entgegen hält: »Bedenke nicht; gewähre, wie du's fühlst.« Der Poet Albert Ostermaier, der für Elisabeth Orth das Circe-Stück NACH DEN KLIPPEN geschrieben hat, charakterisiert ihr künstlerisches Wesen als »treu dem Augenblick, treu dem Wort«. Kirsten Dene erlebte in der Kindheit und Jugend keine intakte Theaterwelt, sie ist eher ein deutsches »Trümmerkind«, das sicher auch den innersten Wesenskern der Kunst in sich trug, aber andere Gegenwelten suchte, die Welt der Clowns lieben lernte und durch Jean-Louis Barrault als der Pantomime Baptiste in dem Film DIE KINDER DES OLYMP ihr Erweckungserlebnis hatte. Es gab keine Traditionen, gegen die sie sich auflehnen musste, sie wollte die ihr völlig fremde Welt des Theaters erobern und »dazu« gehören. Ihr besonderes Talent wurde lange nicht richtig erkannt. Aber sie erlag nie der Routine des Stadttheateralltags. Erst durch eine Aufführung, wie DER DRACHE am Ostberliner Deutschen Theater, wurde ihr richtig bewusst, dass es eine Ästhetik der Bühne und das Wunder von Aufführungen geben kann, in denen der Pulsschlag des Ensemblekörpers das Ereignis ist. Ihre »Verrücktheit«, die sie umtreibt und die vom Dichter Thomas Bernhard die sie erfüllende Bestätigung und Seelennahrung erhalten hat, sucht als Äquivalent und rationale Gegensteuerung die Sinn gebende »Theaterarbeit«, weil Kunst zwar nicht belehren, aber doch Erkenntnis fördernd sein sollte. Kirsten Dene ist eine tolle Komödiantin, aber keine Ulknudel. Nur Komischsein genügt ihr nicht, auf die »Haltung«, den Hintersinn, den »gesellschaftlichen Gestus« einer Figur kommt es ihr an. Auch beim »Singen«. In ihr steckt nicht nur der träumerische Mime Baptiste und die verzweifelte und traurige Komik eines Clowns, sondern sie hat auch große Musikalität und Stimme. Zu ihrem »Durchbruch« im Stuttgarter Ensemble Claus Peymanns gehörten nicht nur die »starken«, mit dem Schicksal der Ulrike Meinhoff in Verbindung gebrachten Frauenrollen der Iphigenie, Hete (in Friedrich Wolfs CYANKALI) oder Dora Duljebow (in DIE GERECHTEN von Camus), sondern auch der Jim Boy in Paul Abrahams DIE BLUME VON HAWAII. Kirsten Dene war dann in der Bochumer WINTERREISE eine wunderbare Interpretin von Liedern Franz Schuberts. In Opernhäusern feierte sie Erfolge als Honneggers JOHANNA AUF DEM SCHEITERHAUFEN (Frankfurt 1968) oder als Die Sterbende in Arnold Schönbergs DIE JAKOBSLEITER (Wiener Staatsoper 2000). Durch und mit Claus Peymann gelangte Kirsten Dene ans Burgtheater, das eben die Gegenkräfte derer, die seine Tradition »aufgehoben« sehen wollte, gut zu nutzen wusste.

Seit vielen Jahren eint nun Elisabeth Orth und Kirsten Dene trotz der Verschiedenheit ihrer künstlerischen Naturen nicht nur ihre Zugehörigkeit zum *Burgtheater*. Sie sind neugierig geblieben und bezeugen die Lebendigkeit eines Regietheaters, bei dem die stimmige Besetzung die zentrale Konzeption und damit der Schauspieler die wesentliche Attraktion ist. Der Titel dieses Buches zitiert ein Gedicht Ingeborg Bachmanns, BEWEIS ZU NICHTS, das der Kunstauffassung beider Darstellerinnen entspricht: sie beweist nichts, wird nicht verlangt und entfacht doch stets aufs neue das Feuer, das aller Rauch, der es umhüllt, nicht ersticken kann. Louis Jouvet leicht abwandelnd gilt für Schauspielerinnen wie Elisabeth Orth und Kirsten Dene: Man ist nicht nur das, was man spielt und auch nicht nur das, was man ist – man ist am Ende, auf der Bühne, etwas anderes, was man (noch) nicht weiß.

# Elisabeth Orth

## »Bedenke nicht; gewähre, wie du's fühlst«

Elisabeth Orth ist das Kind einer traditionsreichen und weit verzweigten Theaterfamilie, Mitglied eines *Clans*, den man, zumindest zu Lebzeiten ihrer Eltern noch, ironisch, aber dennoch respektvoll »Familie Österreich« nannte, allein schon der Rollen von kaiserlichen und königlichen Hoheiten wegen, die die Mitglieder dieser Schauspielerdynastie auf der Bühne und im Film zu verkörpern pflegten. Die am 8. Februar 1936 geborene Tochter des jungvermählten Schauspielerehepaars Paula Wessely und Attila Hörbiger erhielt den Namen Elisabeth, genannt nach der populären, 1898 von einem Anarchisten in Genf ermordeten Gemahlin Kaiser Franz Josephs. Als junge Kaiserin in der Operette Sissy von Fritz Kreisler, die in der Spielzeit 1932/33 Abend für Abend im Theater an der Wien über die Bretter ging, hatte sich nämlich ihre Mutter Paula Wessely in die Herzen des Publikums gespielt. Auch der reichsdeutsche »Führer« Adolf Hitler ließ es sich nicht nehmen, den verehrten Hörbigers »zum Stammhalter« zu gratulieren; dass aus der Verbindung zweier so herausragender Künstler »nur« ein Mädchen entsprungen sein sollte, war für ihn offensichtlich unvorstellbar. Auch die beiden später geborenen Geschwister Elisabeths hatten diesen »Schönheitsfehler«: sie waren Töchter, doch der viel beschäftigten Eltern ganzer Stolz. Die Hörbiger-Sisters machten die Villa in der Grinzinger Himmelstraße zu einem umtriebigen Dreimäderlhaus. Auf ihren kaiserlichen Nimbus legten die Schwestern allergrößten Wert: Lilabeti, wie die Mutter ihre älteste Tochter nannte, verdankte also ihren Namen Kaiserin Elisabeth, die 1938 geborene Christiane, erst einmal nur mit dem Namen ihrer Taufpatin Christl Hörbiger bedacht, der ältesten Tochter von Onkel Paul Hörbiger, durfte sich dann auf die schwedische Königin Christine als Namenspatronin berufen, und die jüngste, Maresa, im Januar 1945 in einem Lazarett in Seefeld in Tirol geboren, wohin der Vater seine Familie vor den Bombenangriffen auf Wien in Sicherheit gebracht hatte, erhielt die Kaiserin Maria Theresia zur Namenspatronin.

Wenn sie auch mit Ersatzmüttern aufwuchsen, die sie wickelten und behüteten, so erlebten die Töchter die Tage, Reisen und Feste mit der Mutter, dem Vater oder mit beiden als besondere Ereignisse. Die Antworten auf die Fragen nach

Das Dreimäderlhaus Elisabeth, Christiane, Maresa (1949)

Die Eltern mit ihren Töchtern Elisabeth, Christiane, Maresa. Feier zum 80. Geburtstag Attila Hörbigers (1976)

dem Wesen der Eltern, nach deren Besonderheiten und der Art ihrer Liebe, die sie für einander empfunden hätten, erhielten die Töchter später, wenn sie Paula Wessely und Attila Hörbiger in ihren Rollen auf der Bühne erlebten oder sich im Kino die Filme ansahen, die noch immer oder wieder ihr dankbares Publikum fanden: MAZURKA, EPISODE, PUNKS KOMMT AUS AMERIKA, VARIETÉ, SO ENDETE EINE LIEBE, ERNTE, DIE KLUGE MARIANNE, DIE GANZ GROSSEN TORHEITEN, SPÄTE LIEBE, DER ENGEL MIT DER POSAUNE, CORDULA, MARIA THERESIA, ICH UND MEINE FRAU.

Weil sie nicht von den Zinsen des Ruhmkontos profitieren wollte, das mit den Familiennamen von Vater und Mutter verbunden war und ihre Schwestern unbedingt zum Theater wollten, adaptierte die nach der Matura zunächst ein Philosophiestudium anstrebende, auch als Cutterin bei der *Wien-Film* arbeitende und dann eben doch auf eine Theaterexistenz zusteuernde Elisabeth Hörbiger 1957 den Mädchennamen ihrer Großmutter mütterlicherseits, Orth, als Künstlernamen. Anna Orth hatte 1900 den Fleischhauer Carl Wessely geheiratet, der seinerseits ein Bruder der populären, sehr jung verstorbenen, Hof- und Burgschauspielerin Josefine Wessely war. Dass die Studentin sich für den Schauspielerberuf entschied, hatte nicht zuletzt das Zureden von Oskar Werner bewirkt, den sie 1956 bei den Proben zu HAMLET im Theater in der Josefstadt näher kennen lernte und der ihr Mut machte, ihre vielseitige Intelligenz als etwas zu begreifen, was gerade im Theater entwickelbar wäre und dort gebraucht würde.

Paula Wessely, Attila Hörbiger (1974)

Intendant Ernst Haeusserman, auf der Suche nach einer »Sekretärin« für seinen Dramaturgen Florian Kalbeck, die die Eigenschaften eines Mädchens für alles haben sollte, hatte der in der Berufswahl noch unschlüssigen Studentin aus dem ihm vertrauten Hause Hörbiger/Wessely angeboten, sich in seinem *Theater in der Josefstadt* »umzusehen« und sich ganz nach ihrem Gutdünken »nützlich« zu machen. Dieses nicht an Bedingungen geknüpfte Angebot beflügelte ihre Neugier und ihr Interesse für alle Angelegenheiten des Theaters. Die neue »Sekretärin« betätigte sich geschickt als Stücke lesende Dramaturgin, als flinke Inspizientin, schließlich auch Regieassistentin bei Hermann Kutscher. In dessen PYGMALION-Inszenierung durfte sie dann auch in einer winzigen Rolle, in der Theatersprache »Baum« genannt, neben Elisabeth Markus, Helli Servi und Werner Finck ihren schauspielerischen Einstand geben. Und in der HAMLET-Inszenierung von Lothar Müthel sorgte Oskar Werner dafür, dass sie kurzfristig für die erkrankte Ellen Umlauf einspringen und die Rolle der Schauspielerin übernehmen konnte. Jetzt stand ihr Entschluss fest, sich sofort am *Reinhardt-Seminar* noch um einen Studienplatz zu bewerben. »Bist du denn auch begabt?«, fragten die überraschten Eltern, konnten den Ereignissen aber nur noch ihren Lauf lassen; mit ihrem neuen Namen Orth würde sie dem Hause Hörbiger im Falle ihres Scheiterns keine Schande bereiten. Die Eltern redeten ihr weder zu, noch rieten sie ab: »Wenn Du es unbedingt willst, dann aber ernsthaft!« Elisabeth Orth bestand die Aufnahmeprüfung mit so großem Erfolg, dass sie gleich in den nächst höheren Jahrgang eingestuft wurde; unter den Mitstudierenden waren weitere »Theaterkinder« wie Nikolaus Paryla, Heinrich Fanta-Eis, Evelyn Balser, Nikolaus Haenel, Klaus Knuth. Zu den Mitstudierenden gehörten auch Dagmar von Thomas, Achim Benning, Peter Eschberg, Oswald Fuchs, Eva Bernhofer, Roswitha Rieger, Herbert Kucera und der promovierte Jurist Hans Hollmann. Sie durfte weiterhin kleine Auftritte und Aufgaben in der *Josefstadt* übernehmen. Ihrer außerordentlichen Begabung wegen, die die Lehrer für dramatischen Unterricht ihr bald bescheinigten, wurde ihr das Spielen außerhalb des Seminars erlaubt. Im Sommer 1957 trat sie erstmals bei den *Salzburger Festspielen* als Mitglied der Tischgesellschaft im JEDERMANN auf, unter Ernst Lothars Regie spielten Will Quadflieg den Jedermann, Ernst Deutsch den Tod, Martha Wallner die Buhlschaft, Maria Becker Glaube, Ernst Ginsberg den Teufel, und schon im Sommer 1958 erhielt sie Gelegenheit für ihr »offizielles« Debüt am *Wiener Volkstheater* als Daisy Durdle in John Patricks Geisterkomödie SIEH' UND STAUNE! Im zweiten und dritten Studienjahr wirkte Elisabeth Orth überdies in vier Aufführungen des *Reinhardt-*

Besetzungszettel der Wiederholungsaufführung DER SCHWIERIGE im Oktober 1958

Festvorstellung des Reinhardt-Seminars von WAS IHR WOLLT
Stehend: Erika Pluhar (Viola-Cesario), sitzend v.l.n.r.: Elisabeth Orth (Olivia), Christine Buchegger, Evelyn Balser (Maria)

*Seminars* mit, die im *Schönbrunner Schloßtheater* gezeigt wurden: Unter Susi Nicolettis Mentorschaft spielte sie im Frühjahr 1958 die Sibyl Chase in Noël Cowards Komödie HOCHZEITSREISENDE, eine Aufführung, mit der die Seminaristen auch in anderen österreichischen Städten und in Zürich gastierten. Um die Attraktivität des Gastspiels zu betonen, wurde vom *Reinhardt-Seminar* gegenüber der Presse gerne die prominente Herkunft ihrer Absolventen in die Waagschale geworfen, so dass Elisabeth Orth doch von Anfang ihrer Karriere an sowohl gegen den Ruhm ihrer Eltern anspielen als ihn auch vergessen machen musste, was ihr in der Regel sehr überzeugend glückte. Im Fall von HOCHZEITSREISENDE bescheinigte der Kritiker des *Linzer Tageblatts* (23.04.1958) der zweiten Hauptdarstellerin Orth (»angeblich ein Pseudonym für einen in Österreich bestens bekannten Künstlernamen«), dass sie das Spiel »durch Frische, Charme und Sicherheit in jeder Phase« ergänzt hätte. Ihre nächste Aufgabe war dann die Rolle der selbstbewussten Helene Altenwyl in Hugo von Hofmannsthals melancholisch-elegischer Gesellschaftskomödie DER SCHWIERIGE als Partnerin von Hans Hollmann in der Titelrolle des Hans Karl Bühl. Regie führten Ernst Haeusserman und Hermann Kutscher. Zu Weihnachten 1958 inszenierte Otto Ambros mit den Reinhardt-Seminaristen EIN ALTES DEUTSCHES WEIHNACHTSSPIEL von Max Mell, Elisabeth Orth spielte die Maria, Harald Harth (bzw. Hirsch) den Josef, Nikolaus Paryla gab den König Herodes. In der zur 30-Jahr-Feier der von Reinhardt gegründeten Schauspielschule angesetzten Festvorstellung von Shakespeares WAS IHR WOLLT am 23. April 1959, bei der Josef Gielen Regie führte, verkörperte sie, »Hoheit mit verliebter Herzensnot« vereinend,

die Gräfin Olivia, das als Knabe verkleidete Mädchen Viola, das ihr flugs zum Traualtar zu schleppen gelang, war Erika Pluhar, und ihr aus dieser Bredouille helfender Bruder Sebastian wurde von Nikolaus Haenel gespielt; Malvolio war Harald Harth, der Narr Wolfgang Reinbacher, das Kammermädchen Maria spielte Evelyn Balser.

Wann immer die Elevin Elisabeth Orth im *Schönbrunner Schlosstheater* auftrat, beherrschte ihre »souveräne Rollenführung« die Bühne. Mit Leib und Seele widmete sie sich dem Erlernen des Berufs. Sie wusste, dass alles von ihrer Hingabe abhing, Schauspielerkind hin, Schauspielerkind her. Sich selbständig empor zu arbeiten, war ihr unbedingtes Credo. Nach ihrem *Volkstheater*-Debüt erschien in der Wiener *Presse* ein ausführliches Porträt über die älteste Tochter Paula Wesselys unter dem Titel *Ein Mädchen, das sich nicht helfen lassen will*: »Da sie nun einmal doch bei der Bühne gelandet ist, will sie aus eigener Kraft ihren Weg machen und nicht, weil –, nun, nicht weil sie eben Hörbiger heißt und ein großer Name verpflichtet, auch die Theaterdirektoren, die Produzenten und Regisseure verpflichtet, nämlich zu Rücksichtnahme und Entgegenkommen. ›Die Branche weiß zwar, wer ich bin, aber das Publikum liest Orth auf dem Theaterzettel und denkt sich nichts dabei‹, meint die brünette Nachwuchsschauspielerin mit den großen, dunklen Augen. Die ersten Kritiken waren wohlwollend. ›Mehr will ich auch gar nicht, vorläufig‹, kommentiert Elisabeth. ›Ich bin noch mitten im Lernen. Wenn mein Vertrag mit dem Volkstheater abläuft, gehe ich wieder zurück ins *Reinhardt-Seminar* und studiere zuerst einmal fertig. Und dann werden wir weitersehen.‹ Immerhin – der Vertrag mit dem *Volkstheater* beweist, dass Elisabeth Hörbigers Entschluss, dem Beispiel ihrer jüngeren Schwester Christl zu folgen und ebenfalls zum Theater zu gehen, kein schlechter war. ›Ich hab‹ nur lange nicht die Courage gehabt‹, gesteht sie. Denn sie ist absolut nicht der Meinung, dass Schauspielerkinder geradezu prädestiniert dazu seien, auch ihrerseits wieder Schauspieler zu werden. ›Man soll's nur tun, wenn man sich wirklich zu diesem Beruf hingezogen fühlt‹, meint die Hörbiger-Tochter. Und wenn ja, dann, meint sie, soll man möglichst eine eigene Schauspielerpersönlichkeit zu entwickeln trachten. Sie selbst glaubt, dass das Charakterfach noch am ehesten ihrem Typ entspräche, während sie für Schwester Christl – ›sie hat das große Glück gehabt, gleich ans *Burgtheater* engagiert zu werden‹ – komische Rollen für geeigneter hält. ›Sie ist irgendwie ein Tilden-Typ‹, sagt Elisabeth. Und sie selbst? ›Mein Gott – ich habe so viele Vorbilder. Ich möchte etwas von meiner Mutter haben, etwas von Hilde Krahl, von Martha Wallner, einen Spritzer Inge Konradi.‹ Von den ausländischen Schauspielerinnen ist Guilietta Masina ihre ganz große

Paula Wessely vor dem Bild der Burgschauspielerin Josefine Wessely

Abb. Seite 14 unten rechts: Gruppenbild mit »Dame«. Das Ensemble DER SCHWIERIGE im Reinhardt-Seminar, 1958. Sitzend v. l. n. r.: Hans Hollmann, Hermann Kutscher, Elisabeth Orth, Ernst Haeusserman. Stehend: Harald Harth, Hannelore Fischer, Roswitha Rieger, Nikolaus Paryla, Herbert Kucera, Helmut Sigmund, Berno von Cramm, Heinrich Fanta-Eis, Eva Bernhofer

Liebe. Vorerst allerdings muss klein, ganz klein angefangen werden. Natürlich war die erste richtige Rolle auf einer Wiener Bühne für sie ein Erlebnis. ›Auf der Bühne ist man allein, da hilft einem niemand‹, meint sie. Aber gerade das bedeutet für sie den Reiz des Theaterspielens. Dieses Sich-nicht-helfen-lassen-Wollen war auch die Ursache der Namensänderung. Und die anderen Künstlerkinder, die sich nicht anders nannten? Elisabeth wird nachdenklich. ›Sehen Sie‹, sagt sie dann, ›ich glaube, dass sich in unserem Beruf am Ende doch nur das Talent hält. Wer unbegabt ist, geht früher oder später wieder ab. Namen können helfen, aber sie sind nicht alles. Ich aber, ich wollte mir nicht einmal helfen lassen.‹«
Während der Vorstellungen von WAS IHR WOLLT im *Schönbrunner Schlosstheater* übernahm Elisabeth Orth im Theater der Courage von Stella Kadmon die Rolle der Mrs. Keeney in O'Neills Einakter TRAN, bei dem Edwin Zbonek Regie führte, und Hermann Kutscher besetzte sie in seiner Inszenierung von EUSEBIUS UND DIE NACHTIGALL, die im Juni 1959 in der *Kellerbühne des Theaters der Josefstadt* im *Wiener Konzerthaus* gespielt wurde. Da sie aus ihrer Heimatstadt unbedingt weg und »diesem Geflecht der Familienbande« entkommen wollte, um sich die Profession von Grund auf in der Provinz selbständig zu erarbeiten, kam ihr das Angebot des Intendanten Kurt Hübner, der nach dem Abschlussvorspiel des *Reinhardt-Seminars* auf sie zukam, um sie für die Spielzeit 1960/61 nach Ulm zu engagieren, sehr gelegen. Kurt Hübner versprach ihr gute Rollen und schien entschlossen, mit ihr als Johanna Schillers JUNGFRAU VON ORLEANS inszenieren zu wollen. So unterschrieb Elisabeth Orth ohne Zögern diesen Ulmer Vertrag, der sie zur sentimentalen und jugendlichen Heldendarstellerin erklärte, mit Chor- und Operettenverpflichtung. Für den Spätsommer 1959 sagte sie Oskar Werner zu, noch einmal in die ihr vom *Theater in der Josefstadt* vertraute »Mädchen für Alles«-Rolle zu schlüpfen, jetzt aber mit Spielverpflichtung, und ihm bei seinem ehrgeizigen Projekt zu helfen, eine österreichische Stratford Company zu gründen, die ihren Stammsitz in Innsbruck haben sollte.
Zunächst war Oskar Werner, der zu gerne nach dem Vorbild Max Reinhardts und der beiden französischen Schauspielerregisseure Louis Jouvet und Jean-Louis Barrault Prinzipal einer freien, unabhängigen Theatertruppe gewesen wäre, die finanzielle Unterstützung der Tiroler Landesregierung für *Innsbrucker Schauspielwochen* zugesagt worden, dann aber wurde das Vorhaben höheren Ortes storniert, weil die Festspielveranstalter von Salzburg und Bregenz eine unliebsame Konkurrenz befürchteten. Oskar Werner hielt aber an seinen Plänen fest und riskierte die Schauspielwochen mit KABALE UND LIEBE sowie WEH DEM, DER LÜGT auf

Innsbruck 1959:
Oskar Werner mit Anne-Marie Blanc, Gertrud Kückelmann, Elisabeth Orth

eigene Rechung. Lediglich die Miete für das Stadttheater wurde dem Ensemble Werners erlassen. Dass er für sich Hauptrollen vorgesehen hatte, also in KABALE UND LIEBE den Ferdinand und in WEH DEM, DER LÜGT den Küchenjungen Leon spielen würde, war klar, aber der damals noch sehr agile und energiegeladene, auch mit gesundem Geschäftssinn ausgestattete Schauspieler wollte nicht der einzige Star sein, er hatte die Regisseure Josef Gielen und Harald Benesch und erste Schauspieler wie Gertrud Kückelmann, Anne-Marie Blanc, Fritz Schulz, Hans Jungbauer für das Unternehmen engagiert, die er nunmehr aus eigener Tasche bezahlen musste. Alle Warnungen, sich mit erfahrenen Organisatoren der Tourismusbranche zusammen zu tun, schlug Oskar Werner in den Wind, er setzte auf seine und die seiner Kollegen Prominenz, er wollte allein mit Kultur auftrumpfen, aber keinen Kulturbetrieb aufziehen. Es genügte nicht, die Unternehmung als eine »Liebeserklärung« an Tirol auszugeben, um die *Schauspielwochen* zu einer Herzenssache der Tiroler zu machen. So wurden sie leider zu einem fürchterlichen Fiasko und mussten vorzeitig abgebrochen werden, einige Vorstellungen liefen dann noch als Gastspiele des Theaterensembles Oskar Werner. In Deutschland immerhin lockte die Truppe mit KABALE UND LIEBE mehr Zuschauer an, besonders in Hamburg fand die Aufführung viel Zuspruch. Werner soll seinen Schauspielern übrigens höhere Gagen als Gründgens gezahlt haben. Von der 101. KABALE-Vorstellung in Baden bei Wien sollte schließlich eine Fernsehaufzeichnung

MISS SARA SAMPSON:
Elisabeth Orth (Sara),
Karl Walter Diess (Mellefont)
Cuvilliés-Theater München, 1960

gemacht werden, die aber scheiterte, weil Oskar Werner sich mit seinem Beharren auf einer harten Schwarz-Weiß-Beleuchtung mit Rembrandt'schen Effekten nicht durchsetzen konnte, er aber in einer »Revuebeleuchtung« nicht spielen wollte. Das Österreichische Fernsehen forderte hohen Schadenersatz für aufgelaufene Kosten und strengte einen Prozess gegen den eigenwilligen Prinzipal an.

Zu diesem Zeitpunkt steckte Elisabeth Orth bereits in Proben zu MISS SARA SAMPSON von Lessing in München. Staatsintendant Helmut Henrichs hatte nämlich von Hans-Reinhard Müller, der ebenfalls das Abschlussvorspiel des Reinhardt-Seminars gesehen hatte, einen Hinweis auf die außerordentliche Begabung dieser Wessely-Tochter erhalten und sie zu einem Vorsprechen nach München eingeladen. Nur noch mit dieser Elevin aus Wien wollte nun Gerhard F. Hering das Trauerspiel Lessings inszenieren. So bot Henrichs ihr einen mehrjährigen Vertrag an und machte auch den Vorschlag, sie beim Ulmer Kollegen auf honorige Art aus dem Vertrag zu lösen. Ein derartiges Arrangement lehnte Elisabeth Orth entschieden ab, sie wollte ihre Karriere nicht mit einem Vertragsbruch beginnen, auch auf das Jahr in der Provinz gedachte sie nicht zu verzichten. Helmut Henrichs schlug ihr deshalb vor, die Rolle der Sara in München zu spielen, dann wie vereinbart ihr Ulmer Jahr zu absolvieren und danach wieder ans *Residenztheater* zurückzukehren. Bei Kurt Hübner, riet er ihr noch, solle sie besser nicht erwähnen, wie wichtig ihr das Jahr in der »Provinz« sei. Ihr Münchner Debüt als Sara Sampson, Mitte Januar 1960 im *Cuvilliés Theater*, war sehr erfolgreich, weil es Elisabeth Orth gelang, mit einer ganz einfachen, innigen Emphase die tragische Empfindsamkeit der Sara zu verkörpern, ohne die melodramatischen Momente zu stark ins Groteske zu überzeichnen oder denunzierend ins Lächerliche zu übersteigern. Der Regisseur Gerhard F. Hering schätzte das Trauerspiel als »Gleichnis für die Blindheit des Menschen im Netz der Verhängnisse« und trug mit seiner Inszenierung damals wesentlich zur Wiederbelebung dieses frühen Stücks von Lessing bei: »Die Menschen dieses Trauerspiels ziehen aus, glücklich zu werden. Blind aber angesichts dessen, was ihnen (im doppelten Sinne) ›verhängt‹ ist, werden sie nicht ins ›Glück‹, sondern ins Leiden gebracht; leidend aber finden sie zu sich selbst.« Die Inszenierung kam auf 57 Vorstellungen und wurde sehr bald ins wesentlich mehr Zuschauer fassende *Residenztheater* übernommen. Vor ihrem Ulmer Anfängerjahr wurde die vom Publikum sofort geschätzte Darstellerin noch in zwei weiteren Aufführungen besetzt: sie spielte die Götterbotin Iris in der großen Schlussszene von Giraudoux' DER TROJANISCHE KRIEG FINDET NICHT STATT und die gläubige Christin Justina in dem geistlichen Spiel

DER WUNDERTÄTIGE MAGIER von Calderon, das Werner Düggelin im *Residenztheater* inszenierte und dessen Premiere als Festaufführung zum Eucharistischen Weltkongress herauskam.
Die Justina war für Elisabeth Orth schon eine geeignete Rolle in der Richtung zur jungen, starken Charakterspielerin, die von ihr als Johanna in Schillers JUNGFRAU VON ORLEANS erwartet wurde. Deshalb betrachtete sie die kurzfristig noch eingeschobene Arbeit mit Düggelin als gute Vorschule für Ulm. Calderons in Antiochia zur Zeit der Christenverfolgungen spielendes Stück ist eine Dramatisierung der Legende vom heiligen Cyprianus und gilt als eine Art »spanischer Faust«: der angesehene heidnische Gelehrte Cyprianus soll hier im Streit zweier Bewerber um die Hand der schönen Justina, die insgeheim Christin ist, vermitteln, verliebt sich aber gleichfalls in das schöne Mädchen, ohne von ihr erhört zu werden. Nur im Tod, erwidert sie, könne sie ihn lieben. Um sie zu gewinnen, lässt sich Cyprianus von einem Dämon in Magie unterrichten. In einem mit seinem Blut besiegelten Pakt gibt er seine Seele preis für die Kunst, Justina herbei zu beschwören. Gegenüber ihrem christlichen Glauben ist aber der Dämon vollkommen machtlos. Weil sie sich allein Gottes Schutz überantwortet hat, will Cyprianus auch nicht länger der Sklave Satans sein und lässt sich christlich taufen. Wie Justina ist er bereit, den Märtyrertod zu erleiden. Jetzt liebt Justina, wie sie einst versprochen, Cyprianus. Während sie enthauptet werden, bebt die Erde, und auf dem Richtblock erscheint der Dämon auf einer Schlange; auf Gottes Befehl hin gesteht er seine Täuschungen und berichtet, dass die getöteten Liebenden ins Reich Gottes eingegangen sind.
Düggelin ließ sich mit einer großen Ernsthaftigkeit, trotz seiner unverkennbaren Lust an einer poetischen Oper mit theatralischem Pomp, auf das christliche Lehrstück Calderons ein. Und die direkte und selbstverständliche Einfachheit, mit der Elisabeth Orth die Justina verkörperte, gewährleistete, dass auch Ullrich Haupt den Cyprianus eher sachlich und »schlank« spielte; kein falsches Pathos, kein hohles Schwärmen, keine überdrehte Inbrunst der Gefühle konnte sich entfalten. Die »Parodie« überließ der Regisseur lieber dem Autor, der schon mit lustigen, die heilige Handlung spiegelnden, Figuren dafür gesorgt hatte, dass die ernsten Themen auf die vergnüglichste und derbste Weise realistisch konterkariert wurden.
In großer Sorge, am Ende nur eine mit halber Kraft probierende Johanna-Darstellerin zu haben, hatte Kurt Hübner die absehbare Doppelbelastung Elisabeth Orths nur missbilligend hingenommen, erlebte aber eine junge Künstlerin, für die es keine halben Sachen gab, die das Pendeln zwischen

Proben in Ulm und Vorstellungen in München dann auch mit größter Disziplin im Griff hatte und immer präsent war. Dass sie ein »Zugpferd« sein würde, daran zweifelte Kurt Hübner keinen Moment. Schon in Wien nach ihrem Vorspiel war er überzeugt, nur mit ihr die Inszenierung, die ihm vorschwebte, realisieren zu können. Sie bewies genügend Kraft und Format, die äußere körperliche Anstrengung ganz mit der geistigen Konzentration, die die beiden Aufgaben verlangten, auszugleichen. Als Johanna verfügte sie dann über eine selten erlebte Strahlkraft, die Schillers romantische Tragödie über alle Stadttheaterklippen hinweg zu einem überwältigenden Triumph führte. Siegfried Melchinger feierte in *Theater heute* die Ulmer Inszenierung der JUNGFRAU VON ORLEANS als »Durchbruch einer Schauspielerin«: »Freilich stand die junge Wienerin, Tochter des Ehepaars Hörbiger-Wessely, in einer außerordentlichen Inszenierung. Der Ulmer Intendant Kurt Hübner hielt das Drama gleich weit entfernt von der heute üblich gewordenen Ernüchterung wie von verzückter Pathetik. Er suchte und fand das, was bei Schiller ›das Idealische‹ heißt. Die Bühne öffnete sich nach vorn in zwei Flügeltüren, die mit Motiven eines Prospekts bemalt waren, der den Hintergrund abschloss. Dazwischen hatte der hochbegabte Wilfried Minks eine ebenso schlichte wie vielseitig verwendbare Holzarchitektur gebaut. Gewechselt wurden nur die Requisiten und das Licht. Aber welche Wirkungen wurden dabei erzielt! Von Szene zu Szene wuchs die Bewunderung für die Schlüssigkeit der Formen, in die der Regisseur jedes Bild verdichtete. Tiefbohrende Analyse verband sich mit hochfliegender Phantasie. Die Schlachtszenen hatten alle Peinlichkeit verloren. Der Prunk des Krönungszuges war auf die Schönheit erlesener Kostüme beschränkt. Überall wurde das Einfache gesucht und in eine ruhige klassische Schönheit gesteigert.
So näherte sich das Spiel einem idealistischen Mysterium. Johannas an den König gerichtetes Wort ›Sei immer menschlich, Herr‹ wurde zum Schlüsselwort. Die Wunder der Jungfrau erklärten sich aus der Verwandlungsmacht der Personifikation reiner Menschlichkeit. Ihr Scheitern zeigte die Grenzen der Realisierbarkeit solchen Ideals: Liebe, in Gestalt Lyonels, den ihr Anblick wie ein Blitz trifft und der gleichermaßen sie wie ein Blitz trifft, und Tod, in Gestalt des schwarzen Ritters, setzen dem Erdenweg der Heiligen die Grenze. Erst nachdem sie die Schwelle zur Ewigkeit überschritten hat, gewinnt sie die Reinheit und damit die Verwandlungsmacht über die Menschen wieder. Nie habe ich die JUNGFRAU VON ORLEANS so sinnlich und modern auf der Bühne gesehen.
Und diese Johanna! Elisabeth Orth sprach kein pathetisches Wort. Sie war zuweilen zu leise, wie das Anfängerinnen in der Versenkung leicht pas-

siert. Aber sie hatte in der Steigerung eine Entflammtheit, die Gestalt und Wesen umfloss wie einen Cherub. Wenn sie auf der Bühne stand, sammelte sie alle Blicke auf sich. Dabei hatte sie jenes Nachtwandlerische, das noch immer der Ausweis großer Talente gewesen ist: alles um sich herum vergessend, schienen sich ihr die Bretter in Welt zu verwandeln. Nach diesem Aufschwung, der im dritten Akt seinen Höhepunkt hatte, spielte sie die Peripetie und den Absturz ganz nach innen. So war das Schweigen nach dem Krönungszug motiviert. Und aus dem Schmerz heraus gelang ihr in der Szene, in der das Kettenwunder geschieht, eine unvergessliche Verbindung von Inbrunst und Begeisterung.«

Etwas Besseres als dieses »Provinz« – Jahr in Ulm konnte Elisabeth Orth als Einstieg in den Beruf gar nicht passieren: ein phänomenaler Start, sehr unterschiedliche große und mehrere kleine Rollen in einem hoch motivierten Ensemble, geführt von einem wagemutigen, agilen Intendanten, dem es Spaß bereitete, junge und sehr talentierte Darsteller mit entsprechend begabten, auf ungewöhnliche künstlerische Abenteuer erpichten Regisseuren zusammen zu bringen. Außer Kurt Hübner inszenierten in Ulm Peter Zadek, Peter Palitzsch und Johannes Schaaf, die Bühnenbildner waren Wilfried Minks und Jürgen Rose, der zunächst Schauspieler war. Es war sehr erwünscht, wenn man in mehr als einem Fach brillieren, wenn man singen, tanzen, steppen oder jonglieren konnte. Zum Ensemble gehörten damals Hannelore Hoger, Norbert Kappen, Friedhelm Ptok, Helmut Erfurth, Katharina Tüschen, Peter Striebeck, Elisabeth Karg, Valentin Jeker. Man spielte, da das im Krieg zerstörte Stadttheater noch nicht wieder aufgebaut war, in der ehemaligen Schulaula einer Mädchenschule. Die Bühne war eher ein Nudelbrett, und es gab praktisch keine Technik. Es war kein idealer Platz zum Theaterspielen, aber gerade deswegen war die Spielgemeinschaft gezwungen, sich immer etwas Besonderes einfallen zu lassen.

Gelegenheit, sich auf ihrem gelungenen Start mit der Johanna auszuruhen, bekam Elisabeth Orth nicht. »Nimm die Osterglocken aus der Stimme«, pflegte Hübner ihr zuzurufen, wenn sie pathetisch zu werden drohte, viel-

Die Jungfrau von Orleans:
Elisabeth Orth als Schillers
Johanna, Ulm 1960

DER REBELL, DER KEINER WAR:
Elisabeth Orth (Minnie Powell),
Norbert Kappen (Donal
Davoren), Peter Striebeck
(Tommy Owens), Ulm 1960

leicht aber nur vergaß, dass der Ulmer Saal nicht das *Residenztheater* war. Für Peter Zadek hatte die Orth einen ihm passenden direkten und wie er fand sehr »anmachenden Wiener Ton«. In seiner Inszenierung von Sean O'Caseys Tragödie THE SHADOW OF A GUNMAN, die man in Ulm unter dem Titel DER REBELL, DER KEINER WAR spielte, besetzte er sie als Minnie Powell, die die eigentliche Heldin dieses Stücks über Menschen und Verhältnisse ist, die Helden offenbar sehr nötig haben, aber von allerlei falschen Helden ins Unglück gestürzt werden. Der »Rebell« O'Caseys ist ein junger Dichter und Phantast, dem des Autors Liebe und Hass gilt. Die mutige Minnie Powell opfert sich für den vermeintlichen Rebellen, die heroische Art ihre Handelns steht im Widerspruch zu dessen Anlass und zur Feigheit aller konformistischen Akteure um sie herum. Peter Zadek war der passende Regisseur für einen irischen Autor, der im Ernsthaften das Komische und im Komischen das Tragische aufspürt. Für den jungen englischen Regisseur, der seit zwei Jahren in Deutschland lebte, war genau diese »Mischung aus Horror, Witz, Tragödie und Psychologie« das Reizvolle, Realismus war für ihn das verrückte Miteinander von Schwank und Tragödie. Das Wilde und Anarchische erschreckte viele Zuschauer, die emotionalen Wechselbäder verstörten, aber der Witz und die mitreißende Vitalität der Schauspieler überzeugten sie am Ende doch. Henning Rischbieter bemühte sich, das überschwängliche Lob seines Kollegen Melchinger über die junge Protagonistin des Ulmer Ensembles in *Theater heute 3/1960* zu relativieren: »Elisabeth Orth, jüngst von Melchinger als Johanna gefeiert, ging mit ihrer sehr deutschen Gefühlsunbedingtheit nicht ganz in der komplexeren irischen Welt auf, die Zadek sonst so überzeugend auf die Bretter brachte.« Dass Minnie, wie Elisabeth Orth sie spielte, nicht ganz in die komplexe irische Comic-Männerwelt passte, war aber intendiert und entsprach der Vorgabe des Autors. Frauengestalten wie Minnie mit ihrer durchaus anrührenden Gefühlsunbedingtheit verkörperten für O'Casey »sein« Irland: »Sie sind nicht das patriotische Irland, das ein Ritual des Blutvergießens verursacht. Sie sind nicht das romantische Irland, das die Cathleen ni Houlihan der schönen, grünen Felder und der Harfe symbolisiert. Sie sind nicht die süß errötenden Mädchen, deren Wunschexistenz sich unter Anleitung der Theater – Irinnen verschönt. Sie sind das Irland der beharrlichen Mütter, der Hausfrauen, irdisch, klug, lachend, leidend, räsonierend, unabhängige Frauen.« (David Krause, SEAN O'CASEY. THE MAN AND HIS WORK. New York 1960)

Sollten andere Theater auf seriöse Perfektion setzen, Peter Zadek und Hübner wollten frischen Wind, Pfiff, Tempo, Klamauk, spielerische Intelligenz und eben auch Gefühlsunbedingtheit. Nach der chaplinesk und revuehaft gespielten irischen Bürgerkriegstragödie brachten sie den unverwüstlichen Schwank CHARLEYS TANTE in Gestalt des amerikanischen Musicals WO IST CHARLEY? auf ihre winzige Saalbühne, die nun aus allen Nähten platzte, inklusive tobendem und mitsingendem Zuschauerraum. Zadek entfachte mit seiner Crew entfesseltes Theater wie einst Tairow, nur eben im Westentaschenformat. »Was da vom totalen Schauspieler, der totalen Technik und einer unüberbietbaren Allround – Komödiantik verlangt und geleistet wurde, geht sozusagen auf keine Kuhhaut«, schrieb voller Begeisterung die *Schwäbische Donau-Zeitung*, und Hellmuth Karasek adelte die Aufführung in *Theater heute 4/1960*: »Die Bühnenbilder von Wilfried Minks ließen den Verdacht einer realistisch dargebotenen Klamotte gar nicht erst aufkommen. In parodistischer Anlehnung an viktorianische Annoncen lärmten und liebten die Figuren zwischen Gartenzwergen und Putten, wobei Jalousien und fahrbare Schränke ständig die Möglichkeiten zu schnellen Umwandlungen gaben – ein bunter Flitter an übermütigen Einfällen.« Das gesamte Ensemble, verstärkt durch eine kleine Ballett-Company aus London wirkte mit, auch Elisabeth Orth spielte hier, sang und wirbelte in den 20 Bildern über die etwa acht Meter breite und fünf Meter tiefe Bühne.

Neben dem »wilden« Peter Zadek arbeitete an Kurt Hübners Theater auch der bedächtiger argumentierende Brecht-Schüler Peter Palitzsch, der Anfang 1961 Brechts Parabelstück DER GUTE MENSCH VON SEZUAN inszenierte und die Hauptrolle mit der vom Typ männlicher und herb wirkenden Katharina Tüschen besetzte, nicht mit der Darstellerin der »Gefühlsunbedingtheit«, für die sich Zadek entschieden hätte, wenn er der Regisseur des Parabelstücks gewesen wäre. Elisabeth Orth war es sehr recht, dass ihr Palitzsch die proletarische Mutterrolle der Witwe Shin gab. Noch parallel dazu probierte auch wieder Peter Zadek mit ihr die Porzia im KAUFMANN VON VENEDIG. Norbert Kappen, ihr Partner in O'Caseys REBELL, DER KEINER WAR, spielte den Shylock, den Zadek in seiner ersten deutschen Inszenierung dieser Shakespeare-Komödie als eine ganz antichristliche, getretene Kreatur gespielt sehen wollte, die zum Teufel wird, weil er von den anderen als Teufel behandelt wird. Die Gesellschaft venezianischer Kaufleute waren maskenhaft wirkende Gestalten und sie trugen auch Masken wie böse

DER KAUFMANN VON VENEDIG: Ursula Siebert (Nerissa), Elisabeth Orth (Porzia), Norbert Kappen (Shylock), Ulm 1961

EMILIA GALOTTI: Elisabeth Orth (Emilia), Friedhelm Ptok (Prinz), Ulm 1961

DIE ZOFEN: Elisabeth Orth (Claire), Hannelore Hoger (Solange), Ulm 1961

Fratzengesichter rassischer Vorurteile zur Schau. Für die Gegenfigur der Porzia, schrieb Hellmuth Karasek (*Theater heute*, 3/1961), »durch die es Shakespeare gelungen ist, die Poesie des Märchens widerspruchslos mit der Realität zu verschmelzen«, war Elisabeth Orth die ideale Besetzung: »Sie zeigte, dass für die Porzia das Spiel in gleicher Weise Ernst wird, wie für Shylock aus dem Ernst niemals Spiel werden kann.« Elisabeth Orths Wiener Tonfall, für den Zadek sehr viel Sympathie hatte, weil er ihn als witzig und leicht aristokratisch empfand, bestimmte stark seine urkomödiantische Inszenierung.

Bei ihrer nächsten Rolle als Emila Galotti unter Kurt Hübners Regie war wieder ihre Unbedingtheit die Attraktivität dieser unüblichen Klassiker-Inszenierung, der an den antiken Mustern des Stücks von Lessing gelegen war und es auf ein Spiel kalter Berechnungen, die nicht aufgehen, anlegte, ein Spiel von Menschen mit Menschen, die durch Welten voneinander getrennt sind. »Die Emilia Elisabeth Orths zeigte von Anfang an die Unruhe und Todesentschlossenheit, die ihren Opfertod glaubhaft machte.« (Hellmuth Karasek, *Theater heute*, 6/1961)

Am Ende der Spielzeit inszenierte noch Johannes Schaaf im Bühnenbild von Jürgen Rose Genets DIE ZOFEN, mit Elisabeth Orth als Claire und Hannelore Hoger als Solange. Beide Schauspielerinnen rivalisierten damals um die Rolle der Teresa in Peter Zadeks berühmter »Skandal« – Inszenierung der GEISEL, ein politisches Stück, das in einem Puff in Dublin spielte, wo die Irische Revolutionsarmee immer noch Bürgerkrieg gegen englische Soldaten führt, ein »Schmuddelstück« des irischen Dichters Brendan Behan, von Zadek und seinen Mitarbeitern zusätzlich angereichert mit aggressiven Kabarettnummern, schrägen Songs und anarchischer Komik, die eine schöne und böse Aufführung ergaben, die mit Irland wenig, aber mit Behan und aufregendem Theater doch viel zu tun hatte. Die Teresa, ein irisches Mädchen, das sich in die Geisel, einen jungen englischen Soldaten, verliebt, sollte Elisabeth Orth spielen, die aber nun in München erwartet wurde, wo man sie längst fest im Spielplan eingeplant hatte. Gleich zu Beginn der Spielzeit war sie in Strindbergs RAUSCH, inszeniert von Ernst Ginsberg, als Jeanne und in EMILIA GALOTTI in der Regie des Intendanten Henrichs als Emilia besetzt. Alle Überlegungen, wie man das eine realisieren könnte, ohne das andere absagen zu müssen, führten zu keinem Ergebnis. Peter Zadeks Kompromissvorschlag, die Rolle mit Hannelore Hoger zu probieren und für die Schlussproben, die Premiere und die ersten Vorstellungen Elisabeth Orth einzusetzen, scheiterte an Hannelore Hogers »Entweder Oder«.

Dennoch pendelte dann Elisabeth Orth, wie zu Beginn ihres Engagements, zwischen Ulm und München, schon um Friedhelm Ptok zu besuchen, mit dem sie inzwischen liiert war und den sie im August 1964, als er von Bremen an die Münchner Kammerspiele gewechselt und sie die Scheidung ihrer ersten Wiener Ehe vollzogen hatte, »offiziell« heiratete. Als »Gast« war sie auch in der Spielzeit 1961/62 Mitglied des Ulmer Ensembles und sie wirkte dann auch in Kurt Hübners Ulmer Abschiedsinszenierung vor der Barockfassade der Klosterkirche in Wiblingen mit, einer höchst eindrucksvollen, von Wilfried Minks mit wunderschönen Kostümen und Masken ausgestatteten Aufführung des Calderon-Dramas DAS FESTMAHL DES BELSAZAR, mit Friedhelm Ptok in der Titelrolle. Elisabeth Orth spielte die Götzenliebe. Dass sie sich nicht entschieden vom etablierten *Bayerischen Staatsschauspiel* trennen wollte, konnten ihre Ulmer Kollegen, allen voran Kurt Hübner und Peter Zadek, nicht verstehen. Die Aufforderung, mit der jungen, den Stadttheateralltag sprengenden Truppe nach Bremen zu gehen, war verlockend, dieser Schritt hätte ihr gewiss so manche ihrer künftigen, nur routinierten Klassikeraufführungen, in denen sie besetzt wurde, erspart, aber sie fühlte sich auch in diesem Fall wieder an ihre vertraglichen Absprachen gebunden und hatte überdies zu diesem Zeitpunkt eine unbekümmerte Lust auf neue künstlerische Abenteuer und Begegnungen. »Irrtümer«, sagte sie sich, könne man schließlich korrigieren, falsche Entscheidungen revidieren. Nur bequeme Lösungen suchte sie zu vermeiden. Und zudem war sie eine Darstellerin, die sich nicht defensiv oder gar leidend auf Theaterarbeit einzulassen pflegte, sondern sich auch in einem weniger überzeugenden Stück oder einer höchst mittelmäßigen Inszenierung ihr Wesentliches zu erhalten wusste.

RAUSCH: Otto David (Adolphe), Elisabeth Orth (Jeanne), Agnes Fink (Henriette), Residenztheater 1961

Beispielsweise spielte sie 1963 in einer vom Publikum bejubelten, sehr schwankseligen und hausgemachten Inszenierung der MINNA VON BARNHELM im *Residenztheater* die Franziska und verbreitete dennoch als einzige Mitwirkende nicht nur schattenlose Heiterkeit, sie verzichtete auf alle niedlichen Töne und verweigerte die zwitschernde Soubretten-Franziska. Sie spielte im Sinne Lessings ein recht ernsthaftes Mädchen vom Lande mit gesundem Menschenverstand, gewitztem Humor und recht viel Herz. Das Münchner Publikum liebte die Schauspieler, vermisste weniger die zupackende Regiehandschrift oder die den komplexen Wahrheitsgehalt einer Dichtung herausarbeitende Interpretation. Elisabeth Orth konnte in vier bis sechs Inszenierungen pro Spielzeit neben Ursula Lingen und Elfriede Kuzmany die zentralen jüngeren Frauenrollen verkörpern und konnte sich schließlich auch das vertragliche Privileg sichern, für einen längeren Zeitraum probenfrei zu haben und allenfalls wenige Vorstel-

MINNA VON BARNHELM: Thomas Holtzmann (Tellheim), Elisabeth Orth (Franziska), Ursula Lingen (Minna), Residenztheater 1962

lungen spielen zu müssen, um anderswo eine Gastrolle zu übernehmen. 1964 spielte sie in der Bad Hersfelder Stiftsruine in einer Inszenierung von Gerhard F. Hering ein weiteres Mal die Schiller'sche Johanna und erhielt für ihre darstellerische Leistung den damals sehr angesehenen, von einer namhaften Kritiker-Jury verliehenen Hersfeld-Preis für Schauspieler. Die Jury, der u. a. Wolfgang Drews, Walther Karsch, Günther Rühle und Ernst Wendt angehörten, begründete ihre Entscheidung folgendermaßen: »In der Inszenierung Gerhard F. Herings, die Schillers romantische Tragödie nicht als das Trauerspiel der überirdischen und außerweltlichen Wunderkräfte im Menschen, sondern als ein Drama von Charakteren voller Zweifel, Unentschlossenheit und Demut gegenüber Gott und dem Schicksal darbietet, spielt Elisabeth Orth die Jungfrau im Sinne dieser Regiekonzeption als das reine Landmädchen mit dem naiven Bewusstsein einer großen Sendung. Die junge Schauspielerin, die zum ersten Male bei den Bad Hersfelder Festspielen auftritt, beherrscht sicher den weiten Raum der Ruine und zeigt mit einer hohen, nuancenreichen Sprechkultur, bei der sie im

Stile der Inszenierung auf das Pathos des Wortes und der Geste verzichtet, dass sie die Spannweite der Schillerschen Johanna, ihre reine Mädchenhaftigkeit, ihr Schuldbewusstsein, ihre gespannte Leidenschaft gerade vom geistigen Gehalt des Wortes her schlicht und natürlich erfüllt.« Der Kritiker Johannes Jacobi, der nicht der Jury angehörte, bedauerte den Verzicht auf das Pathos des Wortes, so dass er die Schauspielerin eher als ideale Besetzung für die Shawsche Johanna empfand: »Elisabeth Orth hatte keine Stimm- und Klanggrenzen des Dialekts mehr zu überwinden. Ihr reines Deutsch trug die Stimme klar über hundert Meter Entfernung. Obwohl der ungedeckte Spiel- und Zuschauerraum den sprachlichen Nuancen Feind ist, gelangen der vorzüglichen Sprecherin Zwischentöne und Übergänge, bei denen man den Atem verhielt. Ihre Modulationsfähigkeit ist bereits beträchtlich. Entsprechend Herings Konzeption brauchte diese Johanna keine Meduse des Schlachtfelds zu sein. Sie war das Gefäß eines göttlichen Auftrags. Ein Landmädchen. Als solches packt sie durch immer neue Ansätze, die sie jedes Mal zu steigern wusste, so dass der Mangel an tragischer Fallhöhe nicht störte. Gestalt und argumentierende Intelligenz dieser ›Jungfrau‹ lassen vermuten, dass Elisabeth Orth schon heute als Shaws ›Heilige Johanna‹ jene Erfüllung der Rolle bringen würde, die sie als Schillersche Jungfrau noch verspricht.« (*Westdeutsche Zeitung*, 25.7.1964)

Kabale und Liebe:
Elisabeth Orth (Luise),
Klausjürgen Wussow (Ferdinand),
Burgtheater 1965

Den Hersfeld-Urlaub nutzte Elisabeth Orth noch zu einem Abstecher an die *Kölner Städtischen Bühnen*, um hier, an ihre Johanna anknüpfend, die Titelrolle im während des Ersten Weltkriegs begeistert aufgenommenen Schauspiel Madame Legros von Heinrich Mann zu übernehmen, die Figur einer Antigone kurz vor der Französischen Revolution, keine Petroleuse, sondern ein mitreißender menschlicher Engel. Sie befreit einen lebenslänglich Verurteilten aus dem Turm der Bastille und wird dafür vom Volk als Heilige verehrt und öffentlich gefeiert, kehrt aber dann in ihr einfaches Putzmacherinnen-Milieu zurück, die neue Gewalt fürchtend, in der sie die Revolution, die der durch ihre Tat bewirkte Sturm auf die Bastille

Die Mitschuldigen: Elisabeth Orth (Sophie), Martin Benrath (Alcest), Residenztheater 1966

ausgelöst hat, enden sieht. Das Stück fand nur bei wenigen Kritikern die Zustimmung, die es verdient, die Aufführung von Max P. Ammann war ein wenig zu bieder, zu holzschnitthaft und Brecht nacheifernd, sie hätte aufgeregter, widersprüchlicher und morbider sein können.

Nach zwei weiteren Münchner Erfolgen als Hero in Grillparzers Des Meeres und der Liebe Wellen und als Irma in Giraudoux' Die Irre von Chaillot (inszeniert von Günther Rennert mit Anne Kersten in der Titelrolle) sowie einem Auftreten in der Stuttgarter Oper als Agnes Bernauer in Die Bernauerin von Carl Orff, war es an der Zeit, dem Drängen der Familie und alten Freunde nachzugeben und das Publikum ihrer Heimatstadt überprüfen zu lassen, ob der in Deutschland erworbene Ruf und bereits verliehene Rang einer Staatsschauspielerin Wiener Kriterien standzuhalten vermochte. Am 21. Oktober 1965 debütierte Elisabeth Orth als Luise in Leopold Lindtbergs Inszenierung von Kabale und Liebe im *Burgtheater*, ihre Partner waren Klausjürgen Wussow als Ferdinand, ihr Vater Attila Hörbiger als Miller, Alma Seidler als Millerin, Boy Gobert als Hofmarschall von Kalb, Heinrich Schweiger als Wurm, Paul Hoffmann als Präsident und Sonja Sutter als Lady Milford. Wien applaudierte, doch Ernst Haeusserman, mittlerweile *Burgtheater*-Direktor, gelang es noch nicht, die Orth zur Burgschauspielerin zu machen; vielmehr kehrte sie nach München zurück, den Lockrufen des neuen Oberspielleiters am *Residenztheater*, Hans Lietzau erliegend, der mit ihr als Marie und Heinrich Schweiger als Woyzeck eine erregende Büchner-Aufführung erarbeitete, die eine alle menschlichen Gefühle erdrückende engstirnige und gänzlich vermauerte Welt wiedergab, in der die Menschen sich, gehetzt und in ihre Triebe, Leiden und Ahnungen verstrickt, zu behaupten versuchten. Mit diesem »Woyzeck« gastierte das *Residenztheater* im Frühjahr 1966 in New York. Dort führte man Büchners Stück zusammen mit Goethes Die Mitschuldigen auf, mit Elisabeth Orth als Sophie und Martin Benrath als Alcest. Es war ein deutscher »klassischer« Abend mit zwei eher unklassischen Stücken, die einen besonderen Zusammenhang stifteten, in dem das eine noch eine heile und solide bürgerliche Welt, das andere eine bedrohte, vor dem Zusammenbruch stehende moderne Welt zeigte. In München kombinierte Lietzau Die Mitschuldigen dann mit einem Stück des Absurden Theaters, mit Ionescos Die Stühle, und besetzte die Rollen der beiden alten Eheleute wiederum mit Elisabeth Orth und Martin Benrath, dem jungen Liebespaar des Goethe-Stücks, und Ehemann Söller aus den Mitschuldigen (Herbert Mensching) kehrte als Ionescos taubstummer Redner wieder, der die boshafte Pointe dieser Endspiel-artigen Farce servierte. Die Stühle

Abb. rechte Seite:
Elisabeth Orth als Shaws Johanna Burgtheater 1968

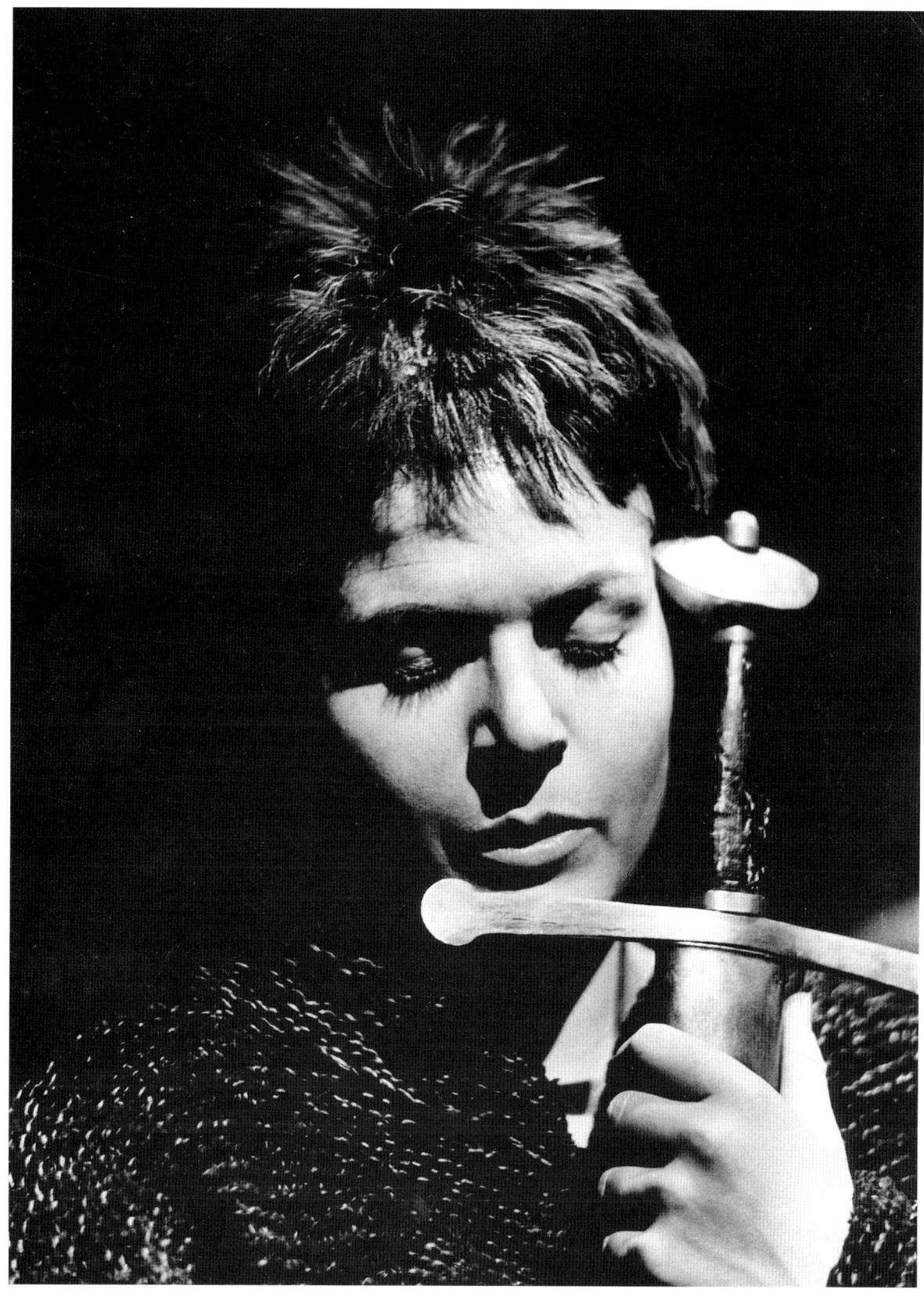

war eine provozierende, trostlos komische Alptraum-Inszenierung, respektlos herzzerreißend, grandios gespielt von Elisabeth Orth und Martin Benrath, die Lietzau dann noch einmal in seiner Claudel-Inszenierung DER SEIDENE SCHUH als Doña Proëza und Don Camillo zum erfolgreichen Theaterpaar machte. 1968 konnte das Wiener Publikum Elisabeth Orth als heilige Johanna feiern, jetzt spielte sie in einer angenehm leichtfüßigen Inszenierung von Kurt Meisel die modernere, etwas flapsigere Version von Bernard Shaw, wie bei KABALE UND LIEBE wieder mit Klausjürgen Wussow und Boy Gobert als Partner. In der Spielzeit 1969/70 war Elisabeth Orth erneut am *Burgtheater* engagiert. Nach einer letzten Rolle am Münchner *Residenztheater* in ALLE REICHTÜMER DER WELT Anfang 1971 war sie dann vom Frühjahr 1971 an bis 1996 festes und viel beschäftigtes Ensemblemitglied der *Burg* und kehrte 1999, nach einigen Arbeiten an der *Berliner Schaubühne*, mit Andrea Breth an ihr Wiener Stammhaus zurück.

Vor Andrea Breth, mit der sie erstmals 1992 zusammenarbeitete und die ihre wichtigste Regisseurin und Arbeitspartnerin wurde, waren für Elisabeth Orth Heinz Hilpert und Hans Lietzau die maßgeblichen Leiter ihres Talents und ihrer Welterkundungen beim Aufbau einer Rolle. Von Hilpert hatte ihre Mutter immer mit höchstem Respekt, tiefster Freude und Dankbarkeit gesprochen: »Er war ein Erzieher von Beruf und mit Berufung und wurde ein Schauspielerzieher, von dem wir heute wieder alles neu lernen müssten, was in unserem Beruf unter die Räder der Zeiten und der Moden gekommen ist.« Zu Paula Wesselys unter der Spielleitung von Heinz Hilpert erarbeiteten Rollen gehörten die heilige Johanna von Shaw, die Dorothea Angermann von Gerhart Hauptmann, die Hero von Grillparzer und die widerspenstige Katharina von Shakespeare. »Er erwartete Wahrhaftigkeit als eine der höchsten Tugenden des Gauklerberufs«, erinnert sich Elisabeth Orth, die 1963 erstmals unter seiner Regie spielte, »und wenn er sie nicht antraf, auch nach längerem Suchen nicht auf Gold stieß bei einem Schauspieler, gab er auf und konzentrierte sich auf die, die die Wahrheit in sich noch zu suchen bereit waren. So habe ich ihn kennen gelernt, als er aus Göttingen zu uns nach dem bayerischen Süden kam, um Hofmannsthals CRISTINAS HEIMREISE zu inszenieren. Alle Erzählungen meiner Eltern über ihn wurden mir gewärtig, als ich ihm vorgestellt wurde und er mich, unverbindlich, sachlich und schon ganz der kommenden Arbeit hingegeben, begrüßte. Er trug eine dunkle Brille, weil ihn das Bühnenlicht schon störte, setzte durch, dass die Proben um halb zehn statt um zehn Uhr vormittags begännen, und saß schon um neun Uhr in einer

Garderobe, mit einer Zigarre und einer Hofmannsthal-Ausgabe, und wartete. Wir ließen ihn nicht lange warten, viele Kollegen spürten den Anspruch, den er bereits um neun Uhr früh an sie stellte, und wurden im ganzen, als Menschen, plötzlich konzentrierter und wesentlicher. Sie lernten den Text genauer. Sie beschäftigten sich mit Hofmannsthal. Sie saßen um neun Uhr bereits um ihn herum, und manchmal ließ er sich dazu bewegen zu erzählen. Ich umging diesen Kreis anfangs. Ich hatte einen Sack voll Hemmungen und war nicht bereit, diese jemandem zeigen zu müssen. Es genügte mir vollauf, ihn auf der ersten Stellprobe, schweigend und anscheinend an seiner neuen Hauptdarstellerin völlig desinteressiert, hinter seinen dunklen Gläsern aufmerksam beobachtend, ein paar Meter vor mir auf der Bühne sitzen zu sehen. Es war kalt, er ließ den Mantel an, es dauerte, bis ein Sessel gefunden war, in dem er sich wohl fühlte. Er sagte kein Wort zu mir. Er ließ mich auftreten und wieder abgehen. Ich versuchte, die schweigende Mauer hinter der Sonnenbrille zu durchdringen, nur mit den Augen, denn auch ich wollte schweigen. Schauspieler reden so viel. Schon meine Mutter und Max Reinhardt hatten sich einmal in Leopoldskron zehn Minuten lang angeschwiegen, bis Reinhardt mit seinem berühmten Lachen die Sache löste. Der weise Hilpert sprach nie von meiner Mutter. Sicher stand sie ihm unsichtbar vor Augen, aber er umging sie wie im geheimem Einverständnis mit mir. Er löste mich von diesem Vorbild, diesem Riesenbelastungspaket, diesem Vergleichsrückspiegel, unter dem wir alle drei, meine Schwestern und ich, zeit unseres Berufslebens gelitten haben, und war nicht auf die Wiederholung einer Vergangenheit erpicht, sondern auf die nackte Gegenwart. Wenn Lärm und Ablenkendes auf und neben der Bühne ausbrachen, konnte er in Sekundenschnelle archaisch böse werden und mit seiner leisen Stimme, die sich in solchen Momenten immer an eine Klasse geistig Zurückgebliebener zu richten schien, zu erklären, dass es vielleicht an der Zeit wäre, daran zu denken, dass hier Arbeit stattfinde, dass seine Schauspieler im Begriff seien, sich seelisch auszuziehen und dabei mit der höchstmöglichen Achtung und Scheu behandelt werden müssten, sonst könne der Beruf ja gleich Prostitution sein und bleiben, und da mache er, Hilpert, nicht mit. Daran sei er nicht interessiert, und wenn nicht sofort Ruhe eintrete, er, Hilpert, könne seinen Vormittag auch anderswo verbringen, er ginge eben ins *Hotel Vier Jahreszeiten* hinüber, er verspüre ohnehin schon Lust auf sein Glas Rotwein, und dann könne man zusehen, wie man allein weiterkäme. Er war nicht für lange Proben. ›Wenn er eine Stellprobe macht, musst du aufpassen wie ein Haftelmacher, da ist schon das ganze Stück zu sehen und fast jede einzelne Figur bis ins Detail, schau ihm genau zu, du siehst es vielleicht auf keiner Probe so wieder.‹ Ich schaute. Er spielte 17 verschiedene Menschen, in einer Stunde etwa, dann wurde er müde und überließ es denen, die zugesehen hatten, seinen Funken aufzunehmen. Sein Anspruch blieb in der Luft über der gerade von ihm verlassenen Bühne hängen, und wir waren dran. Mein Vater und meine Mutter besahen sich in München das erste Ergebnis aus der Zusammenarbeit mit Hilpert. Nach der Vorstellung blieb keine Zeit, länger darüber zu reden, aber ich sah in den Augen meiner Mutter, dass ich ihr nicht gefallen hatte. Bei einer späteren Arbeit sagte Hilpert einmal zu mir: ›Weißte, Elisabeth, waste bei der Cristina noch nicht gehabt hast, das Leck-mich-am Arsch-Gefühl mir jejenüber.‹ Ich war meiner Mutter immer oder mindestens sehr lange Zeit zu regiefromm. Meine Folgsamkeit verwunderte sie. Sie kannte mich als Tochter mit einer nicht sehr ausgeprägten Folgsamkeit und sah nun, wie ich meine Berufsunsicherheit durch fast buchstabengetreue Durchführung von Regieanweisungen in Sicherheit verwandeln wollte.«

Heinz Hilpert lehrte Elisabeth Orth, dass zur Klugheit des Schauspielers »das Wissen um seine Grenzen« gehört, zugleich aber auch der Mut, ins »Unbekannte« vorzudringen, Randbezirke auszutesten und eben zu den schon erprobten Fähigkeiten neue hinzu zu lernen. »Sie sind so naturgewachsen, ohne Schi Schis und ohne Angabe, es war kein unwahres Wort in Ihrer Cristina, dass ich angesichts der vielen Gemachtheiten und kaschierten Lügen, die so in unserem Beruf und bei Schauspielern vorkommen, besonders glücklich darüber war, dass es so etwas wie Sie gibt in unserem so wundervollen Beruf.«
Hofmannsthals CRISTINAS HEIMREISE, von Casanovas Memoiren angeregt, ist einerseits ein Lust-Spiel, in dem Florindo in immer wieder heftig aufflammender begehrender Liebe aus dem Arm einer Frau in die der nächsten taumelt und dessen Verführungskünsten auch das Bauernmädchen Cristina unentrinnbar erliegt. Andererseits ist, über Casanova hinausgehend, die »Heimreise« Cristinas von Venedig in ihr Bauerndorf auch ein überhaupt nicht frivoles Lustspiel über Liebe und Ehe mit der Pointe eines *Happy End* mit einem Ehemann, den ihr nicht wie bei Casanova der Verführer besorgt, um wieder »frei« zu sein für das nächste Abenteuer, sondern den sie bewusst nach einer Nacht mit Florindo nimmt mit dem Geständnis: »Kapitän, vor der Begegnung dort, da war nicht viel Gescheites an mir. Auch aus Ihnen hätte ich mir nichts gemacht vordem. Jetzt weiß ich, was ein Mann ist, und auch was eine Frau ist.« Hofmannsthal zeigt mit Florindo und Cristina die Paradoxie einer Verführung, die, wie sich zeigt, Führung gewesen ist. Ein Mädchen ist durch den Casanova

Florindo zur Frau und zur Ehe gereift. Die Kritiker der Münchner Inszenierung kamen mit dem Stück und Hilperts Liebe zu diesem konservativen (nicht reaktionären!) Stück nicht so recht klar. Entweder fand der Casanova-Teil Zustimmung, mit der bedauernden Einschränkung, dass das Tun des männlichen Verführers nicht mit mehr »Sehnen nach eins machender Liebe« illuminiert wurde, wie z.B. Hanns Braun in der *Süddeutschen Zeitung* (21./22.12.1963) argumentierte, der sich durch die darstellerische Leistung Martin Benraths bestätigt sah: »Er machte die Figur dadurch wahr und anziehend, dass er den Ladykiller nicht als billigen Sieger, sondern als einen Getriebenen darstellte, der sich von dem Sog, in den er geraten war, nie mehr würde freimachen können: Hinter allem momentanen Glück flirrte die Nervosität eines, der auf einem Grat wandert und weiß, dass er eines Tags abstürzt.« Ihn störte dann, »dass Cristina ihren charmanten Verführer so total eliminiert hat«, und deshalb hielt er die Besetzung mit Elisabeth Orth für verfehlt, er hätte sich lieber eine »Italienerin« gewünscht, der die jäh entflammte Leidenschaft einen »Strich durch alle realistischen Absichten und Vorsorgen macht«; Elisabeth Orth aber »spielte diese Rolle, und wenn man das Beseelte in Richtung des Gefühlvoll-Naiven mit österreichischer Fraktur wollte schreiben lassen, dann war sie zweifellos die richtige Besetzung.« Respekt vor der konzentrierten schauspielerischen Leistung Elisabeth Orths hatten auch die Kritiker, die lieber das *happy end* in Volksstückmanier komödiantischer ausgespielt oder gar konsequent ironisch untergraben und das Lust-Spiel auch in die reine Lustspielecke gedrängt gesehen hätten. Hilperts Inszenierung entzündete sich an den »Ungereimtheiten« und Widersprüchlichkeiten des Stückes. Er wollte die flirrende Nervosität des Verführers, der wunderbar verführen, aber keine Liebe leben kann, und er wollte einen Gretchen-Typ, eine reine Seele, die die Liebe, die sie durch Florindo erfährt, als Sieg begreift. In seiner Aufführung sollten die »Seelenklänge« hörbar sein.

Nach CRISTINAS HEIMREISE inszenierte Hilpert Anfang 1965 DES MEERES UND DER LIEBE WELLEN von Grillparzer mit Elisabeth Orth als Hero, ein Stück, das er mit Paula Wessely 1937 im *Deutschen Theater* in Berlin unter dem Titel HERO UND LEANDER auf die Bühne gebracht hatte. »Obgleich Ihr beide die Hero völlig verschieden gestaltetet«, bekräftigte Hilpert gegenüber der Tochter der Wessely, dass sie in ihrer direkten, schlichten Art die Rolle »genau so vollkommen« wie ihre Mutter gespielt hätte. Seine nächste Inszenierung, DER ZERBROCHNE KRUG von Kleist, in der Elisabeth Orth die Eve spielen sollte, fiel noch in die Zeit ihres Wien-Urlaubs; sie wollte die Arbeit mit Hilpert zwar möglichst nicht verpassen, aber es war inzwischen eher eine Rolle, über die sie längst hinaus gewach-

---

*Paula Wesselys Tochter als Hero in Grillparzers Trauerspiel*

Heinz Hilpert, der am 1. März seinen 75. Geburtstag begeht, inszenierte zur Vorfeier *Des Meeres und der Liebe Wellen* im Münchner Alten Residenztheater. Einen festlicheren Rahmen als das kostbare Rokoko-Haus Cuvilliés' und ein schwierigeres Stück als Grillparzers Trauerspiel von der todbringenden Liebe des Fischers Leander und der Priesterin Hero hätte Hilpert nicht wählen können. Ihm aber erschloss sich der verschüttete Zugang zur romantisch-klassizistischen Zeit wie nur einem echten Nachfahren der deutschen Klassiker. Nicht dass Goethes Weimarer Theater erneuert worden wäre – aber der Geist jener »stillen Größe« war gegenwärtig. Hoftheater-Rhetorik blieb fern.

Der Aufstieg der jungen Elisabeth Orth, einer Tochter Hörbigers und der Wessely, war seit Jahren zu beobachten. Diesmal gelang ihr eine Entwicklung von mädchenhafter Verschlossenheit über strahlende Liebesglückseligkeit bis zu Penthesilea-haftem Schmerz, elementar und doch in sprachlicher Form. Auch Hans Michael Rehberg hatte als Leander, wenngleich in seinen Mitteln noch etwas gehemmt, den Stil eines realistischen Klassizismus begriffen. In der Atmosphäre einer romantischen Mittelmeer-Landschaft (Jan Schlubach) fügte Hilpert mit stillem Bedacht seine bedeutsamen Gruppen. Das Publikum war betrübt, als nach mehreren Schlussvorhängen Intendant Henrichs mitteilen musste, dass Hilpert erkrankt sei. Besonders stürmisch wurde Elisabeth Orth gefeiert.

Wolfgang Petzet, *General-Anzeiger Wuppertal*, 13.2.1965

DREI SCHWESTERN:
Karl Maria Schley (Werschinin),
Elisabeth Orth (Mascha),
Residenztheater 1967

sen war und der sie unbedingt die Marie vorzog, mit der sie Hans Lietzau aus Wien weglockte. Ihre letzte Arbeit mit Hilpert war im Frühjahr 1967 die Mascha in Tschechows DREI SCHWESTERN. Über die Premiere notierte der Dramaturg Hans J. Weitz in seinem Tagebuch: »Heinz Hilperts Aufführung – mit Elfriede Kuzmany, Elisabeth Orth und Annemarie Dermon in den Titelrollen und mit Karl Maria Schley als Werschinin – hielt der Erinnerung an die Inszenierungen von Fehling und von Rudolf Noelte in farbiger Dichte stand. Die Orth als Mascha von inniger Kraft, der Oberstleutnant des sensiblen Schley anrührend in seiner redselig-redlichen Unbedeutendheit.« Wenige Monate vor seinem Tod, gelang es Hilpert nochmals überzeugend zu manifestieren, dass es ihm darum ging, das Wesentliche zu sagen »über den Menschen und seine Beziehungen zum Mitmenschen, zur Welt und zu den Gesetzen beider«: »Das Theater, das wir machen, ist nicht unser Spiel, es ist unser Schicksal.«

## Heinz Hilpert – Der Regisseur

Die Arbeit des Regisseurs dient dazu, die Wirklichkeit und den Zauber der Dichtung in die Wirklichkeit und den Zauber räumlichen, körperlichen, leiblichen Lebens zu geben. Es gibt keinen wirklichen Regisseur, der nur ein so genannter Theaterhase sein könnte. Es gibt auch keinen, der lediglich ein dem Theater verfallener Mensch ist, sondern nur einen, der aus der Fülle des Lebens und seines Lebens die Möglichkeiten zur Verlebendigung einer Dichtung und zur Harmonisierung von Dichter und Schauspieler schaffen kann. Was sich dann als der besondere Stil eines Regisseurs herausstellt, ist nicht das Produkt eines Wollens, sondern das Resultat eines inbrünstigen Lebens.
Womit führt der Regisseur den Schauspieler? Zunächst einmal mit der Tatsache, dass er ihm wirklich Rollen gibt, Rollen, die seiner Individualität entsprechen und ihm doch eine dauernde kontinuierliche Möglichkeit zur Erweiterung dieser Individualität zwangsläufig geben. Man kann die diskrepantesten Besetzungsversuche machen, und man wird sie immer mit Glück machen, wenn die Wurzeln der Rolle den Wesenswurzeln des Schauspielers artverwandt sind. Dem einzelnen Schauspieler die Phantasie für die wesentliche und wahrhaftige Gestaltung der Rolle befruchten, heißt ihn gleichzeitig zum Dichter und zu sich selbst bringen. Ihn aber jetzt weiterhin in ein Ensemble zu stellen, dem er sich qualitativ und auch quantitativ einzugliedern hat, ist ohne die menschliche Erziehung zur Bescheidenheit des Dienenmüssens und Dienenkönnens nicht zu

erreichen. Der gute Schauspieler bekennt sich immer zur Lebensgemeinschaft des Ensembles – im Gegensatz zum so genannten attraktiven, dickgedruckten, dem die Lebensgemeinschaft gleichgültig und seine Popularität alles ist. Der gute Schauspieler braucht nicht populär, der dickgedruckte braucht nicht gut zu sein. Die Synthese tritt selten ein und ist ein besonderer Glücksfall des Theaters.

Den Schauspieler zu dieser Ensemblebescheidenheit zu erziehen, ist selbstverständliche Pflicht. Ihm aber andererseits zum erhöhten Selbstbewusstsein seiner dargestellten Figur zu bringen, ist eine weitere Pflicht. Dass alles mit Rücksicht auf die organische Wachstumsmöglichkeit geschieht, ist ein Gebot seelsorgerischer Zartheit. Ein Schauspieler wächst wie ein Wald, langsam, in Sonne und Kälte, in Sturm und Stille, unter Sternen und Wolken, gleichmäßig und stetig. Auf die Langsamkeit dieses organischen Wachsens immer und immer hinzuweisen, ist eine bedeutende Pflicht des Menschenführers im Theater.

Denn Schauspieler, die Dichter spielen sollen, müssen in erster Linie Menschen sein. Rundum richtig. So reich wie möglich, kindhaft sinnfällig, ganz nahe den vielfältigen Eindrücken des vielfältigen Lebens, wahrhaftig in sich und in liebendem Zusammenhang mit allem, was Menschen verdirbt und beglückt, was jenseits jeder Moral, aber ganz diesseits der Ethik liegt, mit einem ganz gleich wie empfundenen und vorgestellten Gott.

Diesen Schauspielern – diesen Gestaltern von Grund auf – möchte ich ein Förderer sein. Nicht einer, der ihnen Wirkungskrücken in die Hände gibt. Ein Löser der Fesseln, einer der sie zurückführt zu ihrem eigensten Ich. Und sie an die Naturgebundenheit dieses Ichs glauben macht. Einer, der sie, wenn es nötig ist, in Zweifel stürzt, an denen sie sich produktiv zernagen sollen, oder ihnen, wenn es wiederum nötig ist, das Gefühl beibringt, Hahn im Korbe zu sein und im sicheren Spieltrieb des Kindes ihren Weg zu schreiten. Einer, der sie davon überzeugt – wenn sie anfangen, die tiefe Nutzlosigkeit ihres Berufes einzusehen –, dass sie ein Gottesgeschenk an die gläubige und zweifelnde Welt, dass sie Deuter in Kinder- und Himmelsfernen sind, dass sie noch das große Glück haben, in ihrem Spielen der Spezialisierung einer immer mehr industrialisierten Welt die Totalität eines ganzen Menschen entgegenzustellen.Schauspieler kann man nicht züchten. Man kann sie nur aus Verstellern zu Gestaltern formen, indem man sie an sich selbst glauben macht und in ihnen den Fanatismus weckt, mit letzter Wahrhaftigkeit ihren innersten Wesenskern zu entdecken, indem man ihnen in der praktischen Arbeit zeigt, dass solch ein wahrhafter Wesenskern vielen dichterischen Gestalten, Gestalten von vielerlei Graden und Formen, lebendige Wahrheit und Wahrhaftigkeit schenken kann.

# Briefwechsel zwischen Heinz Hilpert und Elisabeth Orth

*Heinz Hilpert an Elisabeth Orth*  Göttingen, 30.12.1963

Es ist mir ein Bedürfnis, liebe Elisabeth, Ihnen noch kurz vor Ausgang des Jahres zu sagen, wie glücklich ich in der Arbeit mit Ihnen war.
Ihre große Einfachheit, die Gott sei Dank durch eine außerordentliche Komprimierung Ihrer Vielsamkeit als Mensch und als Schauspielerin sich in der Arbeit entwickelt hat, ist so schön , ist so strahlend und leuchtend, dass ich beglückt war.
Es ist mir nach wie vor immer noch ein Traum, dass ich neben Ihnen, als Sie noch im Leib der Paula waren, im Fiaker von Grinzing nach Wien gefahren bin und dass ich jetzt mit Ihnen diese schöne und einmalige Rolle arbeiten durfte.
Bleiben Sie immer so ehrlich und wesentlich wie Sie jetzt sind und Ihre Leuchtkraft und Ausstrahlung wird nie nachlassen.
Sein Sie sehr herzlich umarmt und noch einmal oder vielleicht zum ersten Mal richtig für den weißen Flieder bedankt, den sie mir geschickt haben. Damals wusste ich nicht, von wem er kam, da Ihr Begleitbrief höchstwahrscheinlich verloren gegangen ist.
Bleiben Sie gesund und arbeiten Sie stets mit so herzlicher Innigkeit, wie sie es bei der Cristina getan haben.
Ihr ergebener Heinz Hilpert


*Elisabeth Orth an Heinz Hilpert*  München, o. D.

Lieber und sehr verehrter Herr Hilpert,
Seit ich Ihren Brief bekommen habe, warte ich auf eine ganz besonders stille und gute Stunde, um Ihnen viel zu sagen und zu danken. Aber ich merke, dass mir die richtigen Worte nur in Gedanken einfallen, dass ich vor dem Papier sitze und mir alles entfallen ist, was ich Ihnen schon mit den ersten Probentagen von CRISTINA sagen will. Ihr Brief hat mich so glücklich gemacht, so überschwemmt mit einer Freude, die im Hofmannsthal'schen Sinn des Wortes »unbeschreiblich« ist –
Es war ein Ritterschlag, den ich mir mitnehmen will in alle Täler dieses herrlichen Berufs, um den ich mich drei Jahre lang herumgedrückt habe am Anfang, bevor ich soweit war, dass ich dazu ging.
Ich habe das Gefühl, die Proben haben gar nicht aufgehört mit Ihnen, ich nehme Ihre Augen hinter der Sonnenbrille und Ihre Worte mit in die

anderen Rollen, die ich spiele, und das ist ein Gefühl, das ich wieder nicht beschreiben kann.

Sie sind ein Angelpunkt, eine Achse, eine heile Kraft, nach der man immer auf der Suche ist beim Theater. Seit ich dabei bin, brach bei den Proben mit Ihnen zum ersten Mal in mir dieses selige Gefühl auf, Instrument sein zu können, in vollstem Vertrauen auf den Klang aus der Tiefe zu warten. Ich möchte die Bühne leer räumen und Sie reden hören. Es wüchsen alle Gestalten aus dem Boden, die ich noch spielen möchte und muss und ich könnte ruhig an die Arbeit gehen.

Danke, Herr Hilpert. In Verehrung

Ihre Elisabeth Orth

*Heinz Hilpert an Elisabeth Orth* München, 30.01.1964

Meine sehr liebe und verehrte Elisabeth –

Ihr Brief war so voll von dem Zauber begeisterter Jugend und einer unverfälschten Natur, dass ich Ihnen dafür noch einmal danken muss.

Sie sind so naturgewachsen, ohne Schi Schis und ohne Angabe, es war kein unwahres Wort in Ihrer Cristina, dass ich, angesichts der vielen Gemachtheiten und kaschierten Lügen, die so in unserm Beruf und bei Schauspielern vorkommen – besonders glücklich darüber war, dass es so etwas wie Sie gibt in unserm wundervollen Beruf.

Der liebe Gott hat Ihnen tief in Ihr Herz geküsst – und es ist schön, dass Sie das nicht als einen Freibrief, sondern als eine Verpflichtung auffassen.

Ich umarme sie sehr herzlich

Ihr Heinz Hilpert

*Elisabeth Orth an Heinz Hilpert* München o.D. (Januar 1964)

Verehrter, wunderbarer Heinz,

Als Du heute aus der Garderobe gingst und mir klar wurde, dass Du heute abend nicht da bist, war mir zum Heulen. Aber selbst wenn Du heute da wärst, ich könnte Dir nichts von dem sagen, was ich übervoll in mir habe in diesen Wochen – eigentlich das ganze Jahr. Bevor ich mit Dir arbeitete, habe ich, glaub' ich, nicht Theater gespielt. Ich tauche plötzlich an Ufern auf, die ich nie zuvor gekannt habe, die es nicht gegeben hat vor Dir. Man möchte kindisch alles auf ewig behalten, alles unendlich verlängern – nun bist Du fort und bist es doch nie mehr, das ist eben so, zuviel hast Du

mir gesagt und gezeigt, mir die schönsten Zügel umgelegt und mich nicht laufen, sondern fliegen lassen.
Heinz – man kann das nie sagen, Du weißt ohnehin alles.
Komm wieder, werde gesund, denk manchmal und sei tausendmal gegrüßt von Deiner Elisabeth

*Elisabeth Orth an Heinz Hilpert* München, 21.12.1964

Lieber Heinz,
danke für die Striche. Statt Dir alles Gute zu Weihnachten zu wünschen, möchte ich Dir nur sagen, wie schön es ist, das Neue Jahr mit Dir beginnen zu dürfen. Ich gehe schon in die Kostümwerkstätten – schauen – obwohl mein Kostüm nur aus Nessel ist einstweilen.
Deine Elisabeth

*Heinz Hilpert an Elisabeth Orth* München, 27.12.1964

Meine sehr liebe und verehrte Elisabeth!
Herzlichen Dank für Deinen gütigen Brief.
Ich wünsche Dir für 1965 vor allem Gesundheit und viel Freude an Deiner Arbeit und Erfolge.
Ich selbst freue mich unendlich auf unseren Grillparzer.
Sei herzlichst umarmt von Deinem alten Heinz

*Heinz Hilpert an Elisabeth Orth* Göttingen, 20.2.1965

Meine geliebte und verehrte Elisabeth!
Entschuldige, dass ich so spät erst nach unserer Premiere Dir meinen Dank sage, aber ich war gesundheitlich nicht ganz auf der Höhe.
Ich sagte Dir schon, dass Du genauso vollkommen in Deiner Art warst, wie die Paula in ihrer, obgleich ihr beide die Hero völlig verschieden gestaltetet. Deine direkte, schlichte und ohne jede atmosphärische Zugabe letztgültig ungeschmeichelte Art diese Rolle zu gestalten, wird mir unvergesslich sein und gehört genauso wie die Leistung Paulas zu den wenigen Sternstunden des Theaters.
Es war eine schöne Zeit mit Dir und ich freue mich schon auf die Ev, die in einer anderen Richtung hin so wahrhaftig werden wird, wie es die Hero war.

Ich bitte und beschwöre Dich, Dich nie auf Deine gehabten Wirkungen zu verlassen, sondern mit jeder Rolle neuen, jungfräulichen Boden zu beschreiten und Dir eigen zu machen.
Ich küsse Dich und drücke Dich an mein Herz.
Grüß mir Deinen Mann.
Dein Heinz


*Elisabeth Orth an Heinz Hilpert* München, 8.3.1965

Lieber und sehr verehrter Heinz,
Ich danke Dir tausendmal für Deinen Brief, der mitten in das Glück der Hero-Vorstellungen hineinfiel – ich verspreche Dir, dass ich mich nicht verlassen werde auf irgendwelche Wirkungen, sicher werden Versuchungen dieser Art immer kommen.
Lieber Heinz, ich hoffe, Du hast Deinen Geburtstag gut und gesund hinter dich gebracht, irgendwie war ich eifersüchtig auf all die Leute, die einen Wirbel um dich machen dürfen, während wir aus der Ferne gratulieren müssen.
Verzeih, dass ich mit der Maschine schreibe, aber ich weiß nicht, ob ich Dir meine Schrift nach dem vielen Glückwünscheleben noch zumuten kann und da dieser Brief auch einen technischen Teil hat, ist höchste Klarheit von Nöten, ich finde es sowieso arg genug, Dir das zu schreiben.
Du machst im Herbst bei uns den ZERBROCHNEN KRUG und hast mich zu meiner großen Freude als Eve besetzt. Nun hat aber Helmut Henrichs Dir bei den Vorbesprechungen dafür nicht gesagt, dass ich im Herbst einen vertraglichen Urlaub ans *Burgtheater* habe, welchem ich nach langem Zögern und einigen Absagen zugesagt habe, die Luise in KABALE UND LIEBE unter Herrn Lindtberg zu spielen. Ich habe zugesagt, lange bevor Du nach München kamst und ich irgendwas vom KRUG wusste. Als Du ihn das erste Mal mir gegenüber erwähntest, stand noch November als Probenmonat zur Debatte, was viel eher möglich gewesen wäre. Nun sagtest Du und später Herr Henrichs mir, dass Du am 17. Oktober mit den Proben beginnst. Und damit ist alles furchtbar, denn die Proben in Wien beginnen am 16. September, Premiere um den 20. Oktober.
Henrichs hat mir auch zugegeben, dass er das im Moment nicht bedacht hätte und nun stehe ich vor der für mich entsetzlichen Tatsache, Dir überhaupt so einen Brief schreiben zu müssen. Aber ich muss es tun, denn ich bin dem *Burgtheater* seit langem im Wort und ich breche es nicht gern, bin aber todunglücklich, dadurch vielleicht nicht mit Dir arbeiten zu können,

ich kann mir das gar nicht vorstellen. Ich weiß auch, dass Henrichs Dir sofort eine Kollegin von mir anbieten kann und wird, die die Eve sehr gut spielen kann und die sich sowieso schon lange nach einer Arbeit mit Dir sehnt. Lieber Heinz, ich zermartere mir seit Tagen den Kopf, um einen Ausweg aus dieser Situation zu finden, aber ich kann mein Wort nicht brechen und sonstige krumme Sachen möchte ich auch nicht machen, um aus diesem Vertrag herauszukommen, ich habe mir schon einige überlegt, aber die halte ich sicher nicht durch. Lieber Heinz, was mache ich nur? Ich habe das Gefühl, wenn ich nicht die Eve mit dir mache, steht meine Entwicklung still, das ist profan und schrecklich egoistisch ausgedrückt, aber es bleibt sachlicher als Argument als eine Liebeserklärung an Dich. Aus all diesen – na – Zores heraus wage ich Dich zu fragen, ob Du von Dir aus eine Möglichkeit siehst, zu verschieben. Ich weiß, Heinz, bitte runzle nicht die Stirn, es ist mir schrecklich, diese Frage zu stellen, aber ich muss alles versuchen, mit Dir zu arbeiten. Das *Burgtheater* bedeutet für mich keine Verführung, ich möchte nicht auf länger dorthin, nur hab ich mich schon länger geziert und glaubte, bei diesem Projekt ja sagen zu können. Heinz, es ist heraus und gesagt, ich lege die Frage an Dein weises, geliebtes und verstehendes Herz. Ich habe keine Angst mehr vor Dir, ich glaube, Du kennst mich soweit, dass Du mich verstehst, dass ich überhaupt frage.
Heinz, sei behütet, bleib und werde gesund. Gott schütze dich am Tag Deiner Operation, ich denke an Dich und liebe und verehre Dich alle Zeit und jede Minute.
Deine Elisabeth


»Nun aber, Mutter, hemme deine Tränen,
Vielmehr sag deutlich, was du fühlst und denkst.
Ich höre dich und folge leicht und gern;
Denn nicht mehr jenes wilde Mädchen bin ich,
Das du gekannt in deines Gatten Hause,
Die Göttin hat das Herz mir umgewandelt,
Und ruhig kann ich denken nun und schaun.«

Hero in Grillparzers DES MEERES UND DER LIEBE WELLEN

# Theaterarbeit mit Hans Lietzau

*Elisabeth Orth an Hans Lietzau*                    12.2.1967

Lieber Herr Lietzau,
Genau heute vor zehn Jahren meldete ich mich in Wien am Reinhardt-Seminar an. Seither ist einiges Wasser die Donau (die ja bekanntlich ins Paradies fließt) hinunter geflossen. Aber das Wasser, das mich getauft hat, kam und kommt von Ihnen. Und nur von Ihnen. Das ist sehr gefährlich, weil – was tut man, wenn man zwischendurch auch mal in ein Schlauchboot einsteigen muss?
Ich werde es Ihnen nie wirklich zeigen können, was Sie für mich sind, nehmen Sie bitte meinen Dank aus dem Besten, was mir auf der Bühne passiert.
Ihre Elisabeth Orth

Ich wünsch Ihnen alles, was Sie sich jetzt wünschen, wandere hier in München herum, suche nach Stühlen und Seidenen Schuhen und danke Ihnen so vieles.
Ihre Elisabeth Orth


*Elisabeth Orth an Hans Lietzau*              Wien XIII, 5.12.1968

Verehrter, lieber Herr Lietzau,
ich möchte toi toi toi für die RÄUBER sagen, schade, dass ich nicht kommen und genießen kann. Und zu Hamburg muss ich gratulieren, obwohl ich über die Katastrophe für München heulen könnte. In der nächsten Zeit werde ich also viel damit zu tun haben, immer eins meiner Augen lachend und das andere weinend zu halten, denn so sehe ich Sie gen Norden ziehen. Es wäre wunderbar, wenn wir uns bei einer wirklich schönen Arbeit einmal wieder sähen, jedenfalls habe ich mir meine Verträge der nächsten Jahre mit genügend Freiheit spicken lassen.
Frau Carla und Ihnen alles, alles Gute und sehr liebe Grüße – auch von Herrn Obonya –
Ihre Elisabeth Orth

WOYZECK: Elisabeth Orth (Marie), Heinrich Schweiger (Woyzeck), Residenztheater 1966

»Das Wasser, das mich getauft hat, kam und kommt von Ihnen«, versicherte Elisabeth Orth Hans Lietzau, der, nach Heinz Hilpert, der Regisseur war, der sie lehrte, jede Art von »Verstellen« beim Erarbeiten einer Figur zu vermeiden, diese vielmehr ganz aus sich selbst heraus, sie sich anverwandelnd, Gestalt werden zu lassen. Dass sie eine »unverfälschte Wienerin« war, also keine Töne produzierte, sondern wahre Empfindungen laut werden ließ, schätzte Hans Lietzau an ihr, ihrer unbändigen Phantasie immer Nahrung gebend, um Fülle und Vielfalt zu erspüren.

Hans Lietzau hatte 1965 die Position des Oberspielleiters am *Residenztheater* eingenommen, die zuvor Kurt Meisel inne gehabt hatte und der damit rechnete, mit Elisabeth Orth auch wieder in Wien arbeiten zu können. Doch sie entschloss sich, Lietzaus Vorstellung, das Medium Theater als eines der sinnlich zu betreibenden Reflexion zu verstehen, als die ihr jetzt gemäße anzunehmen und zum »harten« Kern seines Ensembles zu gehören. Lietzau bekannte sich, wie es damals parabelhaft der Schriftsteller Alexander Kluge in seinem Film DIE ARTISTEN IN DER ZIRKUSKUPPEL: RATLOS zu formulieren versuchte, zur »positiven Ratlosigkeit«, einer, die es dem Künstler ermöglicht und ihn in politisch unerfreulichen Zeiten verpflichtet, »den Schwierigkeitsgrad seiner Künste weiter zu erhöhen«, das heißt, jenseits aller Meinungen und ideologischer Positionen die Form als die Botschaft zu verstehen und auf diese Art im Spiel »Wahrheit« zu ermitteln, eine theatergemäße Form von »Aufklärung« zu erreichen. Lietzau wollte, dass Elisabeth Orth unbedingt die Marie in seiner WOYZECK-Inszenierung spielt, als Partnerin von Heinrich Schweiger, ebenfalls ein Wiener, dem man den Wiener nicht gleich anmerkte, der die »gefälligen« Töne mied, dessen Schule Werner Krauß und die *Wiener Neue Scala* waren. Büchners Stück wollte Lietzau im engen Raum einer bedrükkenden Welt als kalt sezierenden »Report« auf die Bühne bringen. Keine expressionistisch erregte, verdrehte Welt wollte er zeigen, sondern die Atmosphäre einer alles erklärbaren Sachlichkeit walten lassen. Ernst Wendt, den Lietzau dann als Dramaturg ans *Residenztheater* holte, hob die Besonderheit der eindrücklichen, die Wirklichkeit nicht beschönigenden Inszenierung hervor: »Woyzecks Welt, in einem Bühnenbild von Jürgen Rose, ist niederdrückend, faulig, abgeschlossen und beengt. Die Menschen scheinen aneinandergedrückt selbst da, wo die Szenen im Freien spielen: das Volk auf dem Jahrmarkt drängt sich eng um einen schmuddligen, abgerissenen Wagen, dem ein paar verdreckte bunte Lampen trostlos einen Anstrich von Fröhlichkeit zu geben versuchen; und vor dem Wirtshaus tanzen sie in ärmlichen, zwischen Grau und mattem Braun differenzierten Kostümen einen verzweifelt langsamen Tanz, zurückgedrängt auf

schmalen Raum hinter einem dürren Zaun, während der weite Bühnenraum davor leer bleibt. Alle Innenszenen – in Mariens Kammer, in der Wachstube, beim Doktor und beim Hauptmann – sind in einen nur wenige Quadratmeter großen Raum aus grauen Wänden gedrückt, einen armseligen kleinen Kasten, der jeweils mit ein paar wechselnden Requisiten verwandelt wird und wie verloren ziemlich vorn an der Rampe steht. Eine kleine Schachtel innerhalb einer großen, die ganze Bühne umschließenden. Wände überall – das Biedermeier umgebogen zum Gefängnis. Woyzecks Welt wird geklärt, ihre Bewusstlosigkeiten, ihre dumpfen Ahnungen und Verstrickungen, werden ›dargelegt‹ – nicht heraus gestoßen. Das Gehetzte, von dem die Rede ist, wird – so paradox das klingt – elegisch, schleppend, und die Szenenfolge, obwohl sie nur durch kurze Blackouts getrennt ist, dünkt sehr gedehnt – qualvoll tröpfelnde Zeit. Lietzaus Konzeption ist so einseitig wie in sich geschlossen und einleuchtend. (…) Elisabeth Orth, die Marie, wäre wohl kaum imstande, eine herkömmliche Theater-Triebhaftigkeit – die mit den aufgelösten Haaren, den übergehenden Augen, offenen Mund und Busen – vorzuführen. Ihre eher scheue Kunstfertigkeit (der Stimme, der beherrschten Bewegungen) bringt sie ein für ein sehr selbstsicheres, unbedenkliches Mädchen. Lust am Verführen, aber keine Verstrickungen in dunkle Triebe: Sie ist hungrig auf Männer, und sie nimmt sie, wo sie zu finden sind. Aber sie tut das auf eine beinahe ›anmutige Weise‹, mit selbstverständlicher Vitalität, nie unterlaufen ihr vulgäre Töne. Ein Regisseur hat diesen Schauspielern seine Vision der Rollen, sein scharf umrissenes Konzept aufgeprägt und sie doch zugleich zu sich selbst und ihren besten Möglichkeiten befreit. Die bequemen, die bekannten Gesten und Tonfälle sind nicht mehr zugelassen oder doch mit Bedacht ›benutzt‹ für den Umriss einer Figur.«
(*Theater heute*, 2/1966)

In der Titelrolle hat sich Heinrich Schweiger als der bedeutende Darsteller erwiesen, der er – ohne Wiener Vorstadttheaterallüren – stets sein kann. Eine aufgedunsene, gefügige, unberechenbare menschliche Kröte, ein bestürzendes Relikt von Menschlichem mit aller Caliban'schen Sehnsucht, mehr sein zu dürfen. Wundervolle Gesten tumber Zärtlichkeit, ein schiefer, wetzender Gang, als liefe er ständig hinter etwas her, und eine schauderhaft-schusselige Energie bei der Mordausführung. Die Marie ist ein schönes, pralles junges Weib, das, fast bedenkenlos, seinen Lebenshunger stillt. Elisabeth Orth spielt sie, ohne vulgär zu werden, aus einer trunkenen Vitalität, die der blendenden Hülle des Tambourmajors (Helmut Schmid) keinen Augenblick widerstehen kann. Alle übrigen Spieler waren samt und

sonders auf der Höhe ihres Könnens. Endlich sah man einmal, über welch breites und ausgezeichnetes Ensemble das *Residenztheater* verfügt – wenn der sichere Stilwille eines Regisseurs darüber wacht.
(Ingrid Seidenfaden, *Abendzeitung*, 5.1.1966)

Nicht allen Zuschauern gefiel die Radikalität, mit der Lietzau die Unverbindlichkeit, das Palaver, das Gefällige und Gemütliche aus dem *Residenztheater* verbannte. Nach diesem bezwingenden und aufrüttelnden WOYZECK überraschte Lietzau die Zuschauer mit einem listigen Doppelabend Goethe/Ionesco, wobei er das frühe Goethesche Lustspiel als hintergründig-herzhaften Lachspaß servierte, den »Pfuhl« der bürgerlichen Sozietät mit gebührendem Unernst unter den Tisch kehrte. Den Gefallen, die Farce DIE STÜHLE von Ionesco nur als virtuose absurde Klassiker-pièce zu spielen oder als sinistren Irrenwitz, bei dem man sich hübsch gruseln kann, anzuhängen, tat Lietzau nicht, er ersparte den Schauspielern und Zuschauern nichts, sondern jagte sie in einen schrecklichen Alptraum, der in der Premiere bei den Stammabonnenten auf heftige Ablehnung stieß. Die Presse allerdings jubelte mit Recht, und beim Theatertreffen im Mai 1967 in Berlin wurden der Regisseur, Elisabeth Orth und Martin Benrath mit Ovationen überschüttet. In der *Süddeutschen Zeitung* (23.9.1966) schrieb Urs Jenny: »Alle Kraft, mit der Lietzau den Text durchdrang, aufgliederte, in Spiel umsetzte, pantomimisch auslegte oder zur verzweifelten Litanei der Leere versteinern ließ, wäre wirkungslos geblieben ohne Elisabeth Orth und Martin Benrath. Nur junge Schauspieler konnten, rein physisch, diese mörderische Theaterstunde durchhalten, und nur sie, in ihrer Distanz geschützt, konnten die greisenhafte Exaltation so wild und weit treiben, ohne den Kunstcharakter einer solchen Darbietung durch das Wecken von Mitleid zu zerstören. Lietzau hat sie beide, rücksichtslos und grandios, an den Rand ihrer Möglichkeiten geführt. Das Jammern und Keifen, das meckernde Lachen, die grausige Koketterie, die Hemmungslosigkeit im Tierschrei der alten Vettel, das servile Geschwätz, das Gestolper, die Clownerie, der schroffe Wahn, die Wichtigtuerei, die kindische Weiner-

DIE STÜHLE: Elisabeth Orth (Die Alte), Martin Benrath (Der Alte), Residenztheater 1966

DIE STÜHLE: Elisabeth Orth (Die Alte), Martin Benrath (Der Alte), Bühne von Jürgen Rose, Residenztheater 1966

lichkeit des Greises – Elisabeth Orth und Martin Benrath verwirklichten einen großartigen Alptraum.«

»Das dürfte der Schauspielertriumph des Theatertreffens gewesen sein! Martin Benrath und Elisabeth Orth sind das Greisenpaar in Eugène Ionescos DIE STÜHLE in der Inszenierung von Hans Lietzau. Selten sah man junge Schauspieler so großartig Greisenhaftigkeit verkörpern. Langer und lautstarker Beifall im Hause der Volksbühne.«
(*Spandauer Volksblatt*, 13.05.1967)

Über die Inszenierung von Paul Claudels DER SEIDENE SCHUH, in der Elisabeth Orth die Doña Proëza verkörperte und sie mit ihrem Spiel sehr stark die heitere, mitreissende Sinnlichkeit der Aufführung bestimmte, schrieb der Dramaturg Ernst Wendt: »Indem sie der Modernität von

DER SEIDENE SCHUH: Elisabeth Orth (Proëza), Residenztheater 1967

Abb. rechte Seite: DER SEIDENE SCHUH: Christine Ostermayer (Doña Musica), Elisabeth Orth (Proëza), Residenztheater 1967

Claudels Theaterformen, radikal antiillusionistischen, nachgeht (Episierungen, Music-Hall-Elementen, improvisatorischer Conférence), zeigt sie zugleich die Modernität seines lebensfrommen Welt-Entwurfs. Lietzau begründet, dass das heilige auch ein heiteres Universum ist, dass Claudels Religiosität – zumindest als er dieses Stück schrieb – eine unfeierliche, eine barocke und sinnliche war.« Das oft wegen seiner eigensinnigen Welttheater-Theologie und überspannter, aufgedonnerter Religiosität als unaufführbar abgelehnte Stück hatte in Lietzaus Interpretation kräftigen Spektakelcharakter und war eine spannungsgeladene, mit Symbolen nicht überfrachtete Theaterparabel, die Bedeutsames und Spaßhaftes sehr überzeugend zu mischen verstand. Joachim Kaiser betonte in seiner Kritik (*Süddeutsche Zeitung*, 21.2.1967) Lietzaus lobenswerten Versuch, auch die ernsteren Figuren »schon dadurch (zum keineswegs bloß schadenfrohen Lächeln des Publikums) in ihrer Endlichkeit erscheinen zu lassen, dass er sie immer wieder mit höchst unrealistischen, maßstabfremden Mitteln auf eine oft über die skeptischen Erwartungen Claudels hinausgehend illusionistische Bühne stellte. Und Lietzau scheut sich nicht, bei Proëza die Mischung aus besinnungslos verliebtem Ausreißertum, aus koketter Anpassungsfähigkeit und lächelnder Herrschsucht mitspielen zu lassen; bei Rodrigo die beschränkte tragische Arroganz des düsteren Helden, bei dem bösen Don Camillo die dumpfe, bemitleidenswerte, tierisch othellohafte Abhängigkeit. (...) Elisabeth Orth (Proëza) mogelte nicht und übertrieb nicht. Sie war mehr himmlische als irdische Liebe. Sie hatte wenige bewegende Töne für Entschiedenheit und Innigkeit, blieb im Eigensinn eine Spur zu wienerisch, war dafür wirklich groß im Streitgespräch mit Martin Benraths glänzendem, eher intellektuell als triebhaft bösem Don Camillo.« Elisabeth Orths letzte Münchner Arbeit mit Hans Lietzau war im Februar 1968 die Rolle der schimpfenden Zottelgreisin Ommu in DIE WÄNDE von Jean Genet, wiederum eine Aufführung, die von den älteren und auf den bayerischen Katholizismus eingeschworenen Zuschauern vehement abgelehnt wurde; sie wanderten vorzeitig aus dem Parkett ab, während sich ein jüngeres Publikum einstellte, das die Aufführung und die Stückwahl begrüßte, in Diskussionen nach der Vorstellung nur bedauerte, dass der Autor den Sinn politischen Tuns relativiere und sozusagen vom Totenreich aus jede revolutionäre Aktivität infrage stelle. Urs Jenny verteidigte die Aufführung bis auf wenige Einschränkungen als großartige künstlerische Leistung, die jede Art von »bloß kultivierter Routine« weit hinter sich lasse: »Was Lietzau gelungen ist, ist in seiner Fülle und Konsequenz (auch wo die Kraft zur Vollendung nicht ganz gereicht hat) außerordentlich. Dabei ist seine Inszenierung – wenn sie den Schauspielern und den

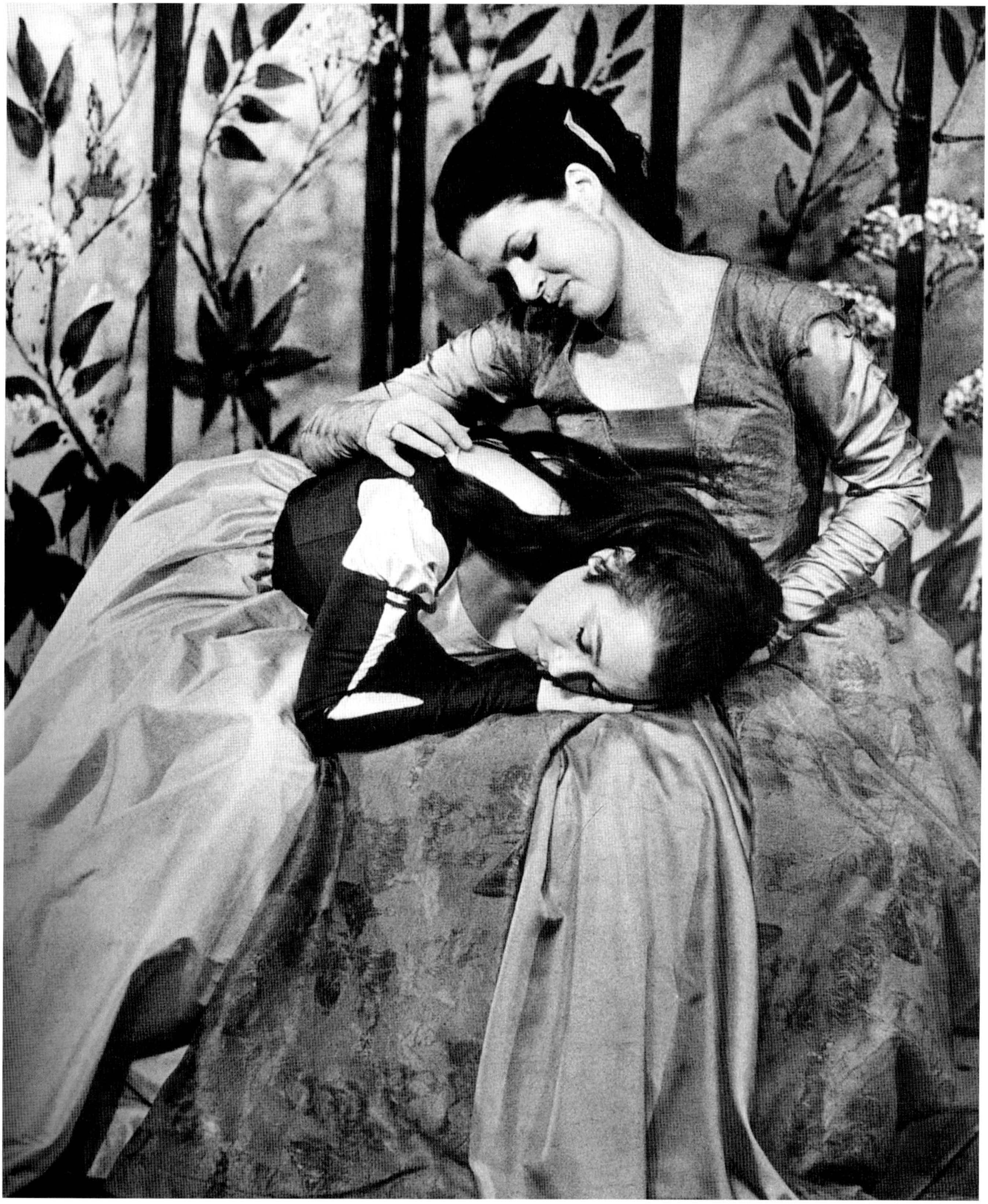

Zuschauern auch nichts erlässt – nicht gewalttätig; sie meidet jene forcierten Provokationen, jene brutalen Schockwirkungen, die das Publikum gleich kopfscheu machen würden (womit ja nichts gewonnen wäre); sie ist vielmehr, zumal in den ersten Bildern, ein geheimes Plädoyer für das Stück, eine Einladung und Ermutigung sich von diesem ungewohnten, ungeheuerlichen Ritual faszinieren zu lassen. Ähnlich ›diplomatisch‹ hat Lietzau mit den Schauspielern gearbeitet. Er hat sie wohl zum Äußersten, doch nicht über die Grenzen ihrer Ausdruckskraft hinausgetrieben, hat ihnen zum Beispiel ihren gewohnten Theaterton nicht ›kaputtgemacht‹, sondern sie durch Intonationssprünge innerhalb ihrer Skala zu scharfen Wirkungen geführt.« (*Süddeutsche Zeitung*, 11.2.1967) Auch Wolfgang Drews äußerte sich sehr begeistert über die Aufführung in der *FAZ* (20.2.1967): »Ein schneller, präziser Ablauf, der die Aktionen und Situationen bis ins Äußerste treibt, die ausführliche Vorlage mit ihren überraschenden Kontrasten und Paradoxen ebenso fest zusammenrafft wie klar unterteilt. Die ungescheut losgelassene Theatralik setzt die eigenwilligen, zuweilen schwer nachvollziehbaren Gedankengänge und -sprünge unmittelbar in das Sinnfällige um. Das bewusst artifizielle Spiel schafft und hält die Spannung, die erst bei der langen, wiederholungsreichen Wanderung durch das heitere Totenreich nachlässt. Das Ende – die bedrohlich heranrückende Gruppe der Dorfbewohner, Elisabeth Orths wahnwitzig wilde Anklagen der zottelgreisen Ommu, die Invitation und Exekution des eingeschüchterten Verräters Said – gerät erneut in das aufflackernde, aufzuckende Spannungsfeld.«

15 Jahre später arbeiteten Elisabeth Orth und Hans Lietzau noch einmal am *Burgtheater* zusammen, als er dort OTHELLO inszenierte, mit Norbert Kappen als Mohr, Sunnyi Melles als Desdemona und Joachim Bißmeier als Jago.

*Liebes Residenztheater!*
*Ich habe Dich nie »Resi« genannt, Du warst mein erstes großes Theater,*
*»mein« Staatsschauspiel und »mein Theater«.*
*Wenn sie Dich durch den Kakao gezogen haben, fühlte ich mich durch denselben gezogen, und wenn Du ein Lob abbekommen hast, ging ich*
*mit erhobener Nase über die Maximilianstraße. Du warst »mein Theater-Zuhause«. Es war Liebe. Lass Dich umarmen.*
*Deine Elisabeth Orth*
*1986*

## »Ich muss seinen verrückten Stolz in mir haben«

Dass Elisabeth Orth schließlich doch »fest« nach Wien zurückging und die Verbindung zu »ihrem« *Residenztheater* abreißen ließ, hatte keinen bestimmten, klar benennbaren einzigen Grund, es ergab sich mehr durch eine Summe von Lebensumständen, Überlegungen und Angeboten und nicht zuletzt durch die Lust, auch in der Stadt ihrer Herkunft und Jugend wieder Fuß zu fassen. Ganz sicher spielte auch der Reiz eine Rolle, in der Popularitätsliga der Eltern anzutreten, unmittelbar neben ihnen auf der Bühne zu »bestehen«. Nicht so sehr der berühmte Vater war das Problem, viel mehr die von der Mutter behauptete Aura der *First lady* des Wiener, »ja des menschlichen Theaters«, wie Ernst Lothar, ein Weggefährte Reinhardts, sie auch als Heimkehrer aus dem Exil noch immer bewundernd erklärte: »Wer außer ihr hat diesen Urschrei der verwundeten Kreatur, das große Du-Sagen zum Verhängnis, jene innerste Demut in elementarer Auflehnung?« Elisabeth Orth kehrte nicht nur als selbstbewusste Schauspielerin zurück, inzwischen wusste sie auch, in welcher schrecklichen Zeit sie aufgewachsen war und welche Verdrängungslast die Eltern zu bewältigen hatten. Man konnte unbefangener miteinander sprechen. Mit dem Vater in einem Stück aufzutreten, war weniger problematisch, Vater und Tochter mussten nicht »konkurrieren«; das gemeinsame Auftreten mit der Mutter war kritischer. Im Herbst 1967 ergab sich die Möglichkeit, mit Paula Wessely und Attila Hörbiger auf Tournee zu gehen. Auch auf der Bühne übernahm sie die Rolle der Tochter in Eugene O'Neills wehmütiger Familiensaga FAST EIN POET, in der die Eltern gemeinsam seit der umjubelten Berliner Premiere 1958 im *Theater am Kurfürstendamm* und dann im *Burgtheater* als das Ehepaar Nora und Cornelius Melody auftraten und bisher Annemarie Düringer und Aglaja Schmid die Tochter Sara gespielt hatten, die jetzt Elisabeth Orth übernehmen sollte. Die Inszenierung, die für die Tournee Peter Loos einrichtete, stand fest, an dem mit den erfahrenen Protagonisten erarbeiteten und

FAST EIN POET: Elisabeth Orth (Sara Melody), Attila Hörbiger (Cornelius Melody), Tournee 1967

FAST EIN POET: Paula Wessely (Nora), Elisabeth Orth (Sara Melody), Attila Hörbiger (Cornelius Melody), Tournee 1967

bewährten Konzept des Erstregisseurs Oscar Fritz Schuh sollte nicht gerüttelt werden. Es war hier nicht immer auf im Stück vorgegebene Situationen hin inszeniert worden, die Vorgänge dienten mehr nur zum Anlass für die Charakterisierung der Menschen. Der auf den dramatischen Effekt von »Er hat die Stute erschossen« geschriebene letzte Akt wurde zum Beispiel nicht mit den Nebenfiguren vorbereitend inszeniert, sondern der Effekt blieb solistisch einem wirkungsvollen Schlussauftritt Attila Hörbigers vorbehalten. In ihrem Buch über die Eltern schreibt Elisabeth Orth: »Für mich war die Rolle neu, während meine Eltern schon alles auswendig konnten. Auch das, was diese Tochter Sara zu tun hatte und was nicht. Ich war aber neu und hatte Ehrgeiz. Also wollte ich nicht an der gleichen Stelle Geschirr stumm im Hintergrund abtrocknen, an der es anscheinend meine Vorgängerinnen getan hatten. Meine Mutter saß als müde, von der Küchenarbeit und den Sorgen ums tägliche Brot abgearbeitete Mutter Nora ganz vorne an einem Tisch und wollte ihren Text leise sprechen, und ich wollte zur gleichen Zeit laut und vernehmlich im Bühnenhintergrund die Gläser ordnen. Es kam zum ersten Zusammenprall Paula Wessely – Elisabeth Orth auf der Bühne. Ergebnis: ich durfte mit den Gläsern klirren, und sie legte vorne Pausen ein. Regisseur Peter Loos saß im Zuschauerraum des *Schönbrunner Schloßtheaters* zu Wien und verbiss sich das Lachen. Ein Kritiker, ich hab' den Namen des norddeutschen Nestes vergessen, wo wir gespielt hatten, schrieb über diese Aufführung unter anderem, dass wir die Paula Wessely allein hätten losschicken sollen, denn was der Attila Hörbiger und die Elisabeth Orth da aufführten ... Wir sind seit dieser Tournee nie wieder miteinander auf der Bühne gestanden, meine Eltern und ich. Schade.«

Für die Mehrheit der Zuschauer war sicher die Begegnung mit der »Legende« Paula Wessely das entscheidende Erlebnis der Aufführung, aber das Zentrum des Stücks war Cornelius Melody und das Ereignis der Inszenierung die interfamiläre Spannung. Volker Canaris (*Theater heute*, 12/1967) hat es sehr genau beschrieben: »Eindrucksvoll das Spiel von Attila Hörbiger und Elisabeth Orth. Hörbiger spielt am Beispiel des Con Melody faszinierend genau einen Persönlichkeitszerfall vor: er setzt Masken auf, studiert Posen ein, beobachtet sich dabei selbst – und stellt dar, wie diese ihm gegen Frau und Tochter zu böser zerstörender Wirklichkeit werden. Gleichzeitig füllt er den durch die alte Uniform manifestierten ›Schein‹ mit immer wieder persönlicher Wahrhaftigkeit, mit Liebenswürdigkeit, mit tapferem Zorn und männlicher Würde – so dass

Vater und Tochter
KABALE UND LIEBE: Attila Hörbiger (Musikus Miller) Elisabeth Orth (Luise), Burgtheater 1965

am Ende nicht nur der Schein des Gentleman von ihm abfällt, sondern auch ein Teil seines Selbst; womit die Dialektik von Melodys Tragik durch den Darsteller genau bezeichnet ist.

Elisabeth Orth spielt die Sara als typisch O'Neill'sches Mädchen: hinter der illusionslosen Härte werden plötzlich Gefühle sichtbar: Liebe zur Mutter, zu Simon, gelegentlich zum Vater. Das Verhältnis von Maske zu Wirklichkeit ist umgekehrt wie bei ihrem Vater: bei ihr erscheint hinter der Bosheit die Güte. Und als sie die Maske verliert, verliert sie damit nicht, wie der Vater, ihr Selbst – sondern sie gewinnt es: Elisabeth Orth steigert die Erzählung ihrer Liebe zu ganz herbem und gleichzeitig gefühlsstarkem Ausdruck, dem einzigen Moment, wo alles Starre, Aufgesetzte völlig von ihr abgefallen ist.

Das Erlebnis des Abends aber ist Paula Wessely als Nora: mit einer Fülle von leisen und gleichwohl klingenden Tönen, mit kleinen Gesten der Hilflosigkeit und Liebe, mit der unbeholfen geschäftigen Art, wie sie aus der Küche gegangen kommt und mit ihrem rührend zarten ›Ach, du meine Güte‹ einen neuen Schicksalsschlag hinnimmt, mit dem ruhigen selbstsicheren Stolz, mit dem sie sich vor ihrem geliebten Tyrannen demütigt, mit dem Nachdruck, der sie ihn gegen Kritik verteidigen lässt, mit dem

Hanns Obonya und Elisabeth
Orth mit Sohn Cornelius, 1972

zuweilen durchbrechenden Raunzen, das ihr einen gehörigen Schuss Komik verleiht – mit all diesen Mitteln charakterisiert sie die Nora.«
Für Elisabeth Orths Zukunft mitbestimmend war auch die Begegnung mit dem Burgschauspieler Hanns Obonya, der in dieser Tourneeinszenierung von Fast ein Poet den Paddy O'Dowd spielte, einen der Saufkumpane des nur in seinen Erinnerungen an die Schlacht von Talavera lebenden heruntergekommenen irischen Majors. Nach ihrer Scheidung von Friedhelm Ptok heiratete sie den Vater ihres 1969 geborenen Sohnes Cornelius, genannt nach Attila Hörbigers geliebter Altersrolle des Cornelius Melody, und der 2005 geborene Sohn von Carolin Pienkos und Cornelius Obonya erhielt wiederum den Namen Attila Ruben Obonya.

# Burgtheater

*Haus am Wiener Ring, Dr. Karl Lueger-Ring, Franzensring hieß die Historismus-Wegstrecke zwischen Parlament und Universität früher, Wittgenstein-Ring wollten wir einmal als Adresse vorschlagen, wegen Lueger und Antisemitismus und so. Wieviel steinerne Engel trägt das Dach? Welche Dichterköpfe überschauen die stauerprobte Verkehrsader zu ihren Füßen und ergrauen im Abgasnebel? Innen Plattgold und Plüsch, nicht wirklich akustisch ist das Haus, von manchen Logenplätzen sieht man wenig, von anderen wieder hört man nicht gut – kurz: ein wunderbares, kostbares, geliebtes, angefeindetes, einmaliges, hoch dotiertes, weltberühmtes Theater, eine letzte »Große Orgel«, auf der nur Meister wirklich spielen können, ein Haus, aus dem man als Schauspieler immer mal wieder weggehen sollte, damit man nicht auf die Idee kommt, man sei ebenso berühmt.*

*Elisabeth Orth*

Die meisten namhaften Wiener Schauspieler haben wechselweise am *Theater in der Josefstadt*, am *Volkstheater* und an der *Burg* gespielt, aber entscheidend war, ob sie tatsächlich zum Kreis der mit dem Titel »Burgschauspieler« ausgezeichneten Künstler gehörten. Ihren »Ruhm« hatten Paula Wessely und Attila Hörbiger längst erworben, als sie dann auch in der *Burg* Fuß fassten, und Elisabeth Orth kam als in Deutschland schon mehrfach mit Auszeichnungen bedachte Schauspielerin an die *Burg*, zu deren Meisterschauspielerinnen sie noch immer gehört. Der *Burg* anzugehören, empfand Sie, wie ihre Eltern, als eine Ehre, mehr aber noch als eine besondere künstlerische Verpflichtung. Das Zopfige und Monarchische des altehrwürdigen Hauses lag ihr überhaupt nicht; sie dachte keineswegs daran, sich hier zur Ruhe zu setzen. Kritiklose Selbstzufriedenheit lag ihr nicht. Es galt, sich auch von Zeit zu Zeit anderswo umzutun und andere künstlerische Auseinandersetzungen zu suchen. Sie nahm gelegentlich Urlaub für eine Tournee, für eine Filmrolle, gastierte im Sommer bei den *Salzburger Festspielen* oder auf *Burg Forchtenstein*, spielte mehrere Jahre in Berlin, aber seit ihrem Debüt 1965 nie mehr an einer anderen Wiener Bühne. Ihre »Treue« zum Haus am Ring korrespondiert mit den Tugenden »Beständigkeit« und Mut zur Veränderung, deren Voraussetzung die Herkunft ist. Man kann nicht heute das Theater für morgen machen. Der Satz von Siegfried Melchinger prägt sich ihr ein: »Hier ist morgen von gestern, was heute war.« Der Feind der »Beständigkeit«, nimmt man sie als

LEAR von Edward Bond:
Elisabeth Orth (Frau des
Totengräbersohnes), Wolfgang
Hübsch (Totengräbersohn),
Richard Münch (Lear),
Burgtheater 1973

Verpflichtung, sind Wurstigkeit und Bequemlichkeit. Und mit diesen hatten sich am *Burgtheater* viele Mitarbeiter um 1970 längst abgefunden.

Das *Burgtheater*, das an Traditionen reichste und bedeutendste österreichische Theater, seit 1776 zur Pflege der nationalen Kultur in besonderem Maße verpflichtet, war im 19. Jahrhundert die führende deutsche Bühne. Im 20. Jahrhundert aber stand die *Burg* meistens im Ruf, alles zeitgenössische, lebendige Theater zu verpassen und sich lediglich nach dem Geschmack seines geistlos trägen Publikums auszurichten. Fritz Kortner, in Wien geboren, wie Karl Kraus und Sigmund Freud nur ein Wiener mit Vorbehalt, hat nicht aus Ressentiment, sondern mit guten Gründen das *Burgtheater* lange gemieden, im Alter dann aber doch die Herausforderung, in der »Götterburg« zu inszenieren, nicht missen wollen, und sei es auch nur, um aus seinem »Burgtheatertraum« zu erwachen. Er war Direktor Haeusserman dankbar für die Gelegenheit, ihm zweimal eine vernünftige Arbeitsentfaltung in der »Zwingburg« zu erlauben und ihn den Kampf mit den »Fronvögten« aufnehmen zu lassen, die seiner unmittelbaren Erfahrung nach darüber wachen, »dass ja nicht richtig gearbeitet wird«. Die Arbeitsmoral, fand er, wäre an der *Burg* schlimmer noch als an

den großen deutschen Staatstheatern in ihr perverses Gegenteil verwandelt worden: »Das *Burgtheater* hat eine allvermögende Maschinerie, wie es meines Wissens nach kein Sprechtheater in Deutschland besitzt. Die Burgtheatergewaltigen sind stolz darauf, dass sie etwas so Einmaliges haben. Die technischen Verwalter sabotieren den Versuch, diese Maschinerie in Bewegung zu setzen. Diese sehr neuzeitliche Maschinerie ist auf eine ältere Arbeitsweise angewiesen als die herrschende Gewerkschaftsdespotie zulässt.« Kortner warf seinem Freund Haeusserman vor, als Direktor sich allzu sehr dem Risikolosen verschrieben zu haben, indem er Regisseuren das Feld überlassen hätte, die willens wären, »Shakespeare in drei bis vier Wochen zu inszenieren und mit dieser schamlosen Shakespeare-Nepperei den Weg, den besseren, durch die Schmutzkonkurrenz versperrten«. Kortner inszenierte 1964 Ibsens JOHN GABRIEL BORKMAN und 1966 OTHELLO im *Burgtheater* und zeigte den Skeptikern, Spöttern, vor allen Dingen aber den nur noch ihren Besitzstand wahren Wollenden, zu welchem Blühen gebündelte künstlerische Energien gelangen können. In hinreißenden darstellerischen Leistungen fanden Kortners Regievorstellungen ihre Erfüllung. Und die sonst meistens ungenutzte Burgtheatertechnik durfte mitspielen. Die Wiener Theaterfama wusste selbstverständlich während der Proben von gefährlichen Reibungen und Explosionen zu berichten. Am Ende aber standen Premieren von unglaublicher Dichte. »Es könnte sein«, schrieb Kortner seinem Regiekollegen Ludwig Berger, »dass Sie nicht wissen, dass ich kürzlich am *Burgtheater* inszenierte. Es könnte jedoch auch sein, dass Sie es wissen und trotzdem ungehalten sind. Aber dann nur, weil Sie nicht wissen, was es heißt, am *Burgtheater* zu inszenieren. Es ist kafkaisch: Kafkas Burg. Man ist dem Morden und der Ohnmacht immer gleich nahe. Würde-Kommis, Schlieferl mit der Gestik ehemaliger Diplomaten aus einer versunkenen und damals schon versunkenen Welt. Und dazu die Gewerkschaftsfanatiker, arbeitsverhindernde Genossenschafter, ein alles beherrschender Betriebsunrat, der das keimende Bühnenleben immer wieder bedroht. Der lebenserhaltende Trost: die Wessely, der Balser und – im Abstand – die Seidler.«
Kortners Inszenierungen hatten einerseits etwas in Bewegung gebracht, andererseits aber auch die, die ihren Burgschlaf nicht gestört sehen wollten, zu massiven Gegenaktionen veranlasst. Als Elisabeth Orth sich entschloss, an der *Burg* zu bleiben, hatte Ernst Haeusserman das Direktionsszepter an den Schauspieler Paul Hoffmann übergeben, einen zuverlässigen Garanten für Burgfrieden, kein Initiator für aufregende Theaterereignisse. Hoffmann wollte durchaus Zeichen für die Zeit und eine jüngere *Burg* setzen, das Theater sollte lieber gesellschaftskritisch, statt gesellschaftsfähig

MICHAEL KRAMER:
Ewald Balser (Michael Kramer),
Elisabeth Orth (Michaline
Kramer), Akademietheater 1970

sein, doch die internen Intrigen und Richtungskämpfe belasteten ihn so stark, dass er aus gesundheitlichen Gründen seinem designierten Nachfolger Gerhard Klingenberg vorzeitig den Weg zu interimistischer Tätigkeit freigab. Klingenberg strebte ein umfassendes Reformwerk an und setzte beharrlich die Umwandlung des schwerfälligen Apparates mit unzeitgemäßen Betriebsordnungen, überholten Hausrechten, Privilegien und Spielregeln in einen modernen Theaterbetrieb durch. Zumindest brachte er das Haus in die notwendige »Krise«, die es nun mit den restlichen großen deutschsprachigen Staatsbühnen teilte. Die Krise überholte einfach den mangelnden Reformwillen der Nutznießer des Althergebrachten. Die von Klingenberg engagierten internatonal renommierten Gastregisseure von Noelte, Barrault, Roussillon, Peymann, Ponnelle bis Felsenstein und Ronconi brachten Aufregung, viel Chaos, frischen Wind und Presserummel, der künstlerische Ertrag fiel dabei eher schmal aus, aber langfristig wurde der Boden für Veränderungen bereitet, der Prozess auch einer künstlerischen Profilierung der *Burg* in Gang gesetzt, die den nachfolgenden Direktoren Benning, Peymann und Bachler besser gelang oder mit erkennbarerem Kunstwillen durchgesetzt wurde.

Elisabeth Orth hielt sich aus den Grabenkämpfen bewusst heraus, hatte jetzt auch andere Interessen als nur Theater, kümmerte sich um ihre Familie, las viel, schrieb das Buch MÄRCHEN IHRES LEBENS über ihre Eltern, erlebte die Welt mit den Jahren auch geschichtsbewusster, mit mehr Interesse für Gesellschaftliches und politisches Geschehen. Erst jetzt konnte sie mit Paula Wesscly und Attila Hörbiger über Einzelheiten ihrer künstlerischen Tätigkeit, ihre Zugeständnisse und peinliche Mitwirkung in dem Film HEIMKEHR sprechen, erst jetzt war sie genügend informiert, um Fragen stellen zu können. Heute bedauert Elisabeth Orth, nicht genauere Recherchen zu dem Buch MÄRCHEN IHRES LEBENS gemacht zu haben, damals war es die erste Gelegenheit, überhaupt in ein Gespräch über ihre Kindheit und die Herkunft zu kommen.

Bei den spektakulären Regieunternehmungen der Klingenberg-Ära war sie eher nicht beteiligt, sie arbeitete lieber mit den an Texten und an Autoren interessierten Regisseuren wie Gerhard F. Hering, Hans Schweikart, Wolfgang Glück, Edward Bond, Achim Benning, dem Lietzau-Schüler Dieter Dorn. Sie spielte in einer von Wolfgang Glück einfühlsam reflektierten Interpretation von Gerhart Hauptmanns Tragödie MICHAEL KRAMER mit Ewald Balser in der Titelrolle und Joachim Bißmeier als Arnold die Micheline Kramer. Alle Darsteller waren um Wahrhaftigkeit bemüht, sie sprachen leise und eindringlich, doch nur darauf vertrauend, wie Hilde Spiel ihr Lob einschränkend relativierte, »dass auch heute überzeugt, was damals stimmte, ein unverfälschter ›moment in time‹, signifikante Situation von unverblasster Gültigkeit«. (*Theater heute*, 4/1970)

1971 spielte sie im Akademietheater unter Gerhard F. Herings Regie Ibsens Nora als selbstbewusste, sich von der Lebenslüge entfernende, Erkenntnis gewinnende moderne Frau, nicht als Romantikerin oder gar tragisch missverstandene Kindfrau. Das naiv Unbewusste, der »lockere Zeisig«, die »Lerche« ist bei ihr von Anfang an von der Ahnung der Wahrheit durchdrungen. Diese NORA war eine ehrliche, kleine, durchaus meisterhafte Schauspieleraufführung (mit Walther Reyer als Helmer und Joachim Bißmeier als Dr. Rank) von einem der dramatischen Literatur dienend verpflichteten Regisseur.

Rudolf Noeltes wunderbarer MISANTHROP in Salzburg 1973 war eine Aufführung des vorbildhaften, Maßstab setzenden Regietheaters im Sinne Kortners oder Peter Brooks. Schwierige dramatische Texte mussten eben nicht nur verdaulich, sondern vielmehr verständlich dem Publikum vermittelt werden, der Schauspieler musste mehr Verwandlungsrisiken übernehmen und nicht nur der Überbringer nicht so froher Botschaften sein, gemildert durch schönes Sprechen und edle Kostüme. In einem Spielzeitrückblick bedauerte 1974 Paul Kruntorad, ein Wiener Theaterjahr hinter sich gebracht zu haben in der vergeblichen Hoffnung, etwas dem Salzburger MISANTHROP Vergleichbares zu sehen. Selbst Achim Bennings an sich sehr rühmenswerte, aber den Text nur getreu erfüllende Inszenierung des einzigen Schauspiels von James Joyce, VERBANNTE, hatte seiner Meinung nach das »Anspruchsniveau« verfehlt. Die Besetzung übrigens war ideal mit Elisabeth Orth als Bertha, Norbert Kappen als Richard, Klausjürgen Wussow als Robert und Paola Löw als Beatrice.

Ein riesiger Erfolg, der auch vom österreichischen Fernsehen aufgezeichnet und mehrfach ausgestrahlt wurde, war 1975 die Wiederbelebung des biederen wilhelminischen Verwechslungsulks DER RAUB DER SABINERINNEN zunächst im *Akademie-* und dann im *Burgtheater*, von Ernst Haeusserman nach langer Pause unvermeidlich zu neuem Leben erweckt. Es gelang unbeschwertes bürgerliches Lachtheater, dem auch Paul Kruntorad seine schmunzelnde Anerkennung nicht versagen konnte: »Wenn man in Wien trotzdem lacht, ohne sich des Lachreizes übermäßig zu schämen, dann einer Besetzung wegen, wie sie wahrscheinlich wirklich nur noch das *Burgtheater* zustande bringt. Dem Regisseur, Ernst Haeusserman, und seinem Bühnenbildner, Matthias Kralj, ist man höchst dankbar, dass sie einen unaufdringlichen Rahmen bereitstellen und sonst mit eigenen Einfällen und Interpretationen den Spaß nicht stören. Wollte man pedantisch sein, müsste man Bedenken äußern, dass hier einem Abonne-

»Nicht so wild, Nora!«

NORA: Elisabeth Orth (Nora), Walther Reyer (Helmer), Akademietheater 1972

DER RAUB DER SABINERINNEN:
Elisabeth Orth (Marianne),
Ernst Anders (Dr. Neumeister),
Akademietheater und Burgtheater
1975

mentpublikum alle Vorurteile über zeitgenössisches Theater bestätigt werden; aber was soll's, nach den allermeisten Aufführungen der letzten Jahre in der *Burg* kann man es verstehen. Emanuel Striese, Theaterdirektor: Paul Hoffmann braucht eine aufgeklebte Verlängerung seiner Nase, um seine so oft be- und ausgenutzte Seriosität zu überspielen; er lässt den hungrigen Opportunismus des Schmierenkomödianten durchscheinen, der die von keinen Existenzsorgen geplagte Bürgerwelt wegen einer sicheren Mahlzeit gern mit frommen Lügen bedient. Martin Gollwitz, Professor: Fred Liewehr gibt ihn voll unschuldiger Bonhomie, als hätten Männer seines Alters und seiner Position nur das eine Laster, ihre Jugendwerke aufgeführt zu sehen. Friederike, seine Frau: Alma Seidler ist ein Ehedrachen, so liebenswert in seiner Strenge, dass man den anderen ihren harmlosen Lug und Trug ein klein wenig auch übel nimmt. Paula, deren Tochter: Maresa Hörbiger schwärmt so romantisch von der großen Liebe, dass man schon lange vorher weiß – ihr Glück wird bürgerlich sein, und ihr Schwarm, Emil Groß, genannt Sterneck (Detlev Eckstein), erster Liebhaber bei Striese, wird sich mit seinem Vater aussöhnen. Karl Groß, Brillenfabrikant: Johannes Schauer ist der ganzen Familie so komisch lästig, dass sie sich zusammennehmen muss, um sich über ihn nicht zu ärgern. Dr. Neumeister: Ernst Anders präsentiert die Jugendsünden seines Freundes Emil seiner Frau als seine eigenen mit der Kurzsichtigkeit eines

Biedermannes, der die Wünsche seiner geliebten Frau um jeden Preis zufrieden stellen will, auch wenn sie nur einen Vorwand für Eifersucht auf seine Vergangenheit haben möchte; und Marianne, seine Frau: Elisabeth Orth, macht diese Eifersucht zu einer weiblichen Tugend. (Eine Pointe des Regisseurs: die Schwestern auf der Bühne sind es auch als Töchter Attila Hörbigers und Paula Wesselys im Leben.) Rosa, Dienstmädchen bei Gollwitz: Susi Nicoletti sächselt so gekonnt, dass man nur ihre Herzenstöne der treuen Dienstmädchenseele versteht, die sich mit dem Professor und seinem Unglück identifiziert. Man spricht nicht burgtheaterwienerisch, sondern burgtheaterbundesdeutsch. Das ist eine Art der Verkleidung, die im Wiener Publikum jeden Verdacht beseitigt, der Schwank könnte einen konkreteren Ort haben als den angebotenen. Und die Schauspieler sehen ihre Aufgabe als Entschädigung für die vielen versäumten Gelegenheiten, das anzubringen, was sie so perfekt beherrschen – die Konventionen des Komischen, wie sie sich seit 1908, der ersten Aufführung der SABINERINNEN am *Burgtheater*, sicher nicht geändert haben.« (*Theater heute*, 12/1975)

Alle machten sich hier einen herrlichen Spaß, und es war durchaus für die Schauspieler heilsam, einmal einen von keinem Widerspruch getrübten Publikumserfolg zu erleben. Diese Schule der Komik war für Elisabeth Orth überhaupt keine Rückwärtsbewegung, sondern mehr eine praktische Vorschule für spätere komische, doppelbödigere und auch Abgründe auslotende Unternehmungen wie 1992 DAS ENDE VOM ANFANG. Auch Lachen machen will gelernt sein.

Achim Benning, der Nachfolger Klingenbergs auf dem Direktionssessel, setzte dessen begonnene Reform in eine inhaltlich überzeugendere Richtung fort, behutsam und geschickt, oft noch zu bedächtig und ausgewogen, aber doch zeitgemäßer und intelligenter den Spielplan konturierend und an Ensemblearbeit stärker interessierte Regisseure nach Wien holend, darunter Adolf Dresen, Johannes Schaaf, Benno Besson, Hans Lietzau, Thomas Langhoff, Hans Neuenfels, Angelika Hurwicz. Johannes Schaaf, der als Anfänger in Ulm mit Elisabeth Orth und Hanne-

»Jetzt erwache ich, wie aus einem langen, langen Schlaf.«
DER PELIKAN: Elisabeth Orth (Witwe), Akademietheater 1978

lore Hoger Genets D*ie* Z*ofen* als kleinen szenischen Diskus über Sexualität und Herrschaft interpretiert hatte, setzte sich nun im *Burgtheater* mit einem streng symbolistischen, keinen konkreten Zeitbezug vorweisenden Totentanz-Spiel Arthur Schnitzlers auseinander, dem selten gespielten R*uf* *des* L*ebens*, einem unerbittlich todesnahen Lebenslehrstück, das der Seelenarzt Schnitzler als eine Charade der Lebens- und Todestriebe darstellt. Schaaf inszenierte dieses Stück, die ihm innewohnende Grausamkeit, zupackend hart, gestattete den Schauspielern keine Konversationstöne, keine Nuancen auskostende »Zwischentöne«, ließ nie ins Nebensächliche ausweichendes Gerede zu, um die in ihre jeweilige Pathologie beziehungsweise Existenzposition Verstrickten ins grelle Licht zu stellen, zum Sezieren freizugeben. Die Wiener Schauspieler erfüllten vorbildlich dieses unwienerische Konzept, herausragend: Attila Hörbiger als der alte Moser, der vom Tod nichts wissen will und dafür der ihn pflegenden Tochter das Leben stiehlt; Gertraud Jesserer als die Tochter Marie, die ihren Vater dem Tod übergibt, um mit dem jungen Offizier Max eine erste und letzte Liebesnacht zu verbringen; Wolfgang Hübsch als dieser Max, der schnell noch Leben in der flüchtigen Liebe genießen und dann mit den Dragonern in den sicheren Tod ziehen will, von seinem Kommandeur, mit dessen Frau Irene er auch ein Verhältnis hat, zum Selbstmord gezwungen wird und zum Geständnis, Irene ermordet zu haben; Elisabeth Orth als Irene, die Max auffordert, mit ihr ins Leben, nicht ihrem Mann als gehorsamer Dragoneroffizier in den Tod zu folgen; und schließlich Hanns Obonya als stur gepanzerter, in seine Todesidee verliebter Dragonerkommandeur, der seine ihm untreue Ehefrau erschießt und Max zwingt, seine angebliche Schuld mit seinem Freitod zu sühnen, so wie er seine Dragoner zwingt, mit ihrem Sterben in der Schlacht die alte Schuld eines feige vor dem Feind geflohenen Regiments zu sühnen. Der Höhepunkt der ausgeklügelten Inszenierung des ebenso ausgeklügelten Stücks war die auch vom Bühnenbildner Karl-Ernst Herrmann kongenial auf der riesigen Burgbühne konstruierte Szene, in der einerseits die in Max verliebte Marie, andererseits der Kommandeur das Liebesnest des Offiziers und der Kommandeursgattin belauschen. Auch diese hochdramatische, sexualpathologische Szene war ein Freudianisches Lehrstück, in keinem Moment ein R*eigen* im Dreivierteltakt oder ins Groteske verrücktes H*usarenfieber*.
In Adolf Dresen, der als DDR-Regisseur im Westen wieder Lust an einer wahrhaftigen Kunst zu gewinnen hoffte, fand Elisabeth Orth einen für ihre Arbeitsweise und für ihr zunehmendes Interesse an historischem Hintergrundsmaterial zu ihren Rollen aufgeschlossenen Theatermann, zu dessen Stammensemble an der *Burg* sie sehr schnell gehörte und bei dem

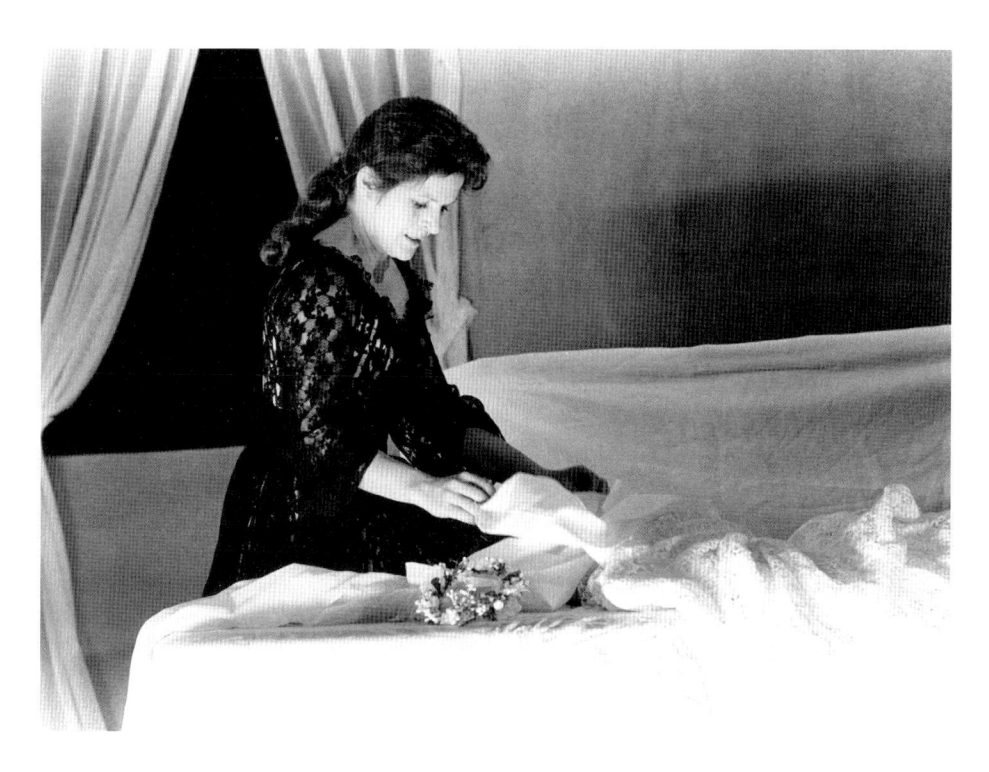

CLAVIGO:
Elisabeth Orth (Sophie Guilbert),
Akademietheater 1980

sie die Iphigenie, die Gräfin Orsina, die Sophie Guilbert in CLAVIGO und die Mae in der KATZE AUF DEM HEISSEN BLECHDACH spielte. Dresen zählte zu den Regisseuren, die kein Regietheater machen, sondern nur ihre Arbeit an einem Stück und mit den Schauspielern am Ende der Probenzeit im Hegelschen Sinne »aufgehoben« sehen wollen. Ihm kam es in erster Linie darauf an, die Kräfte eines Schauspielers innerhalb eines Ensembles in richtiger Weise freizusetzen. Schauspieler regten ihn immer wieder dazu an, Rollen auch ganz anders zu lesen. Für ihn war deshalb die genaue Lektüre des Textes entscheidend, um die Idee des Stückes zu finden; das reichte ihm als »Konzeption« für die Regiearbeit. Dem Konzeptionstheater misstraute er, weil diesem das für ihn Entscheidende, die literarische Substanz und die Kunst der Schauspieler, nur im Wege stünden.

Bei seiner Inszenierung der EMILIA GALOTTI (1978) arbeitete er den exemplarischen gesellschaftlichen Fall heraus; noch viel engherziger und bigotter als in der berühmten Wiener Inszenierung des Stückes von Fritz Kortner ein knappes Jahrzehnt vorher im Theater in der Josefstadt, in der auch damals schon Klaus Maria Brandauer den Prinzen von Guastalla als sympathischen, etwas verklemmt melancholischen Verführer verkörperte, waren die Eltern Galotti hier geduckte, recht verbockte Bürgersleute, der Vater, wie Klaus Behrendt ihn darstellte, ein kleinlicher Haustyrann und humorloser Tugendbold, dem die Orsina beim Abgehen das Messer in die

EMILIA GALOTTI: Elisabeth Orth (Gräfin Orsina), Burgtheater 1978

Hand drückt, schon ahnend, dass er ihre Schmach nicht tilgen, sondern nur das traurige Beispiel für das bedauerliche Ineinander von bürgerlichem Revolutions- und Triebverzicht abgeben wird, indem er seine »geschändete« Tochter und nicht den Prinzen absticht. Die Gräfin Orsina indessen erlebten wir als eine gefühlsstolze, souveräne Liebhaberin, voller Sinnlichkeit und echtem Liebesschmerz, zu spät realisierend, dass sie nur noch eine verschmähte Mätresse ist. »Eine Schauspielerin, die vorzüglich ihre Mittel beherrscht, ohne in bare Virtuosität zu fallen«, schrieb Henning Rischbieter über Elisabeth Orth in dieser Rolle. (*Theater heute*, 2/1979)

Das Schauspiel SOMMERGÄSTE, 1905 geschrieben, ist das sicher dem von ihm bewunderten Vorbild Tschechow am meisten verpflichtete Drama Maxim Gorkis, ein boshaft liebevoll gezeichnetes Panorama der kleinbürgerlichen russischen Intelligentsia am Ende des 19. Jahrhunderts und ihres »Versagens«: denn nachdem sie sich emporgearbeitet, sie es zu gesicherten Existenzen als Arzt, Rechtsanwalt, Ingenieur gebracht haben, sind nun ihre Energien für eine bessere Zukunft und die Kämpfe für mehr Gerechtigkeit und eine bessere Gesellschaft aufgebraucht. Sie reden jetzt nur noch von diesem neuen Leben, und ihre Frauen ersticken ihr Unbehagen und ihre Träume von erfülltem Leben mit schnellem Sex, Kunstbegeisterung, Klavierspielen, Philosophieren. Und man erwartet die Ankunft des berühmten Schriftstellers Schalimov, von dem sie sich die »erlösenden« Worte oder gar die »Wahrheit« erhoffen. Aber auch er ist nur ein elender Poseur und nicht weniger der Resignation erlegen als alle. Die nicht besonders eigenwillige Inszenierung der SOMMERGÄSTE von Achim Benning (1979) wurde vom Publikum begeistert aufgenommen, denn die Besetzung stimmte und sie machte deutlich, dass Benning ein Ensemble von exzellenten Darstellerpersönlichkeiten zusammenzuführen verstand: Elisabeth Orth, Gertraud Jesserer, Erika Pluhar, Maresa Hörbiger, Inge Konradi, Norbert Kappen, Heinrich Schweiger, Kurt Sowinetz, Johannes Schauer und Ernst Jacobi (ein Fremdkörper im

Burgschauspieler-Ensemble, der den Dichter, von dem das »Wunderbare« erwartet wurde, wunderbar »enttäuschend« verkörperte). Die Leistung Bennings war, eine subtile Art von Komik zum Schwingen zu bringen, die aus der Weigerung der Figuren entsteht, mehr als nur Gründe für ihre Leiden, ihre Resignation und den Stillstand zu benennen. Eine der schönsten Szenen war das ausklingende Picknick zu Beginn des dritten Aktes, bei dem sich die Männer und Frauen in zwei Lager teilten und das sich ernüchtert auf einer Wiese der Waldlichtung hinlagernde Trio der Darstellerinnen Orth, Pluhar, Jesserer stichelnd, scherzend, giftend den Frust zu vertreiben versuchte, wobei sich die Fröhlichkeit zu einer erotisch aufgeladenen Aggressivität steigerte und über dieser Landpartie (mich an Filmszenen Jean Renoirs erinnernd) schwere Wolken der Erbitterung aufzogen, so dass die eben noch sommerlich heiteren Picknick-Teilnehmer zu messerscharfen Eisschollen gefroren, ängstlich darauf bedacht, sich nicht zu nahe zu kommen. Der Regisseur demontierte die Figuren nicht, er amüsierte sich nie auf ihre Kosten. Was Benning nicht gelang, war die Kunst, das Spannungsgefüge, die aufgeladenen Stimmungen durchgehend in der Schwebe zu halten, er ließ die Spannung oft zu schnell platzen, gönnte den Schauspielern lieber solistische Ausbrüche, theatralische Effekthaschereien. »Am Ende sind freilich, schrieb Paul Kruntorad sehr zutreffend über diese weitgehend gelungene Aufführung, »die Grenzen der Steigerungsfähigkeit erreicht, nicht Gorkis Figuren schreien sich ihr Ungenügen aus der Seele, sondern Schauspieler brüllen einander an. Das sind auch die Grenzen einer Inszenierung, die sonst in ihrer Geduld, Umsicht, Präzision der Schauspielerführung alle früheren Arbeiten des Regisseurs Benning übertrifft, auch das meiste, was man in seiner Direktionszeit bisher im großen Haus des Burgtheaters zu sehen bekam.« (*Theater heute*, Heft 2/1980)

Ein Jahr später wiederholte Achim Benning die SOMMERGÄSTE, zur Farce gesteigert, mit einem Feydeau, EINER MUSS DER DUMME SEIN, in dem Elisabeth Orth die selbstbewusste Madame Pontagnac spielte, die sich den

SOMMERGÄSTE: Elisabeth Orth (Julija Filippovna), Erika Pluhar (Varvara Michajlovna), Gertraud Jesserer (Valerija Vasiljevna), Burgtheater 1979

Achim Benning probiert mit
Elisabeth Orth
EINER MUSS DER DUMME SEIN
(1980)

Autogrammkarte

Seitensprung ihres Gatten nicht zu Herzen nimmt, sondern sich lieber auch etwas herausnimmt, was vertuscht werden muss. Der Witz solcher Farcen ist ihr rasanter Mechanismus, und die Figuren sind Getriebene, die, einmal in die Falle einer Lüge oder Ausrede getreten, zu immer neuen Notlügen und immer aberwitzigeren Vertuschungsmanövern gehetzt werden. Mit dieser Inszenierung war Benning auf strenge Feydeau- Form bedacht und weitgehend erfolgreich bemüht, den Schauspielern Lust zur präzisen Geste, zu Tempo und Leicht-Sinns-Artistik zu machen und sie vom Chargieren möglichst abzuhalten.

Elisabeth Orths nächste Rolle war auch eine höchst artistisch darzustellende Figur, die aber nicht artifiziell wirken und keinerlei falsche Heiterkeit auslösen durfte: die junge Intellektuelle Francine in Max Frischs spätem Stück TRIPTYCHON, die ein Bewusstsein ohne biologische Grundlage nach dem Tod für möglich hält, während ihr Freund Roger in keiner Weise an ein Leben nach dem Tod zu glauben bereit ist. Im dritten und letzten Bild dieser Szenenfolge ist Roger der Überlebende, seine Frau Francine aber ist an Krebs gestorben und macht als eine Art lebende Tote Roger zum Vorwurf, »nie jemand geliebt« zu haben, »und du wirst auch nie jemand lieben«. Entschlossen sie zu widerlegen, erschießt sich Roger, um mit der toten Francine vereinigt zu sein, ein moderner Orpheus, der Eurydike seine Liebe beweisen will. Ein schamloses Lehrstück ohne Lehre schwebte Frisch vor, keine Illusion in Moll. Zu spielen hatte Elisabeth Orth hauptsächlich die in der Vorstellung des Mannes noch lebende Tote, die Frisch-These verkörpernd, dass der Tod nur das erstarrte Leben ist. Zu bewundern war die Leistung von Joachim Bißmeier als Roger und mehr noch von Elisabeth Orth, diesem vom Text her immer am Rande der Lächerlichkeit argumentierenden, die philosophische Dimension des Absurden beschwörenden dritten Bild einen Anstrich von gnadenloser Beckett'scher Heiterkeit zu verleihen.

Das handlungsarme, wenig dramatische Stück, das der Regisseur Erwin Axer zuvor schon in Warschau in polnischer Sprache zur Wirkung gebracht hatte, errang dank der von Elisabeth Orth und Joachim Bißmeier minuziös aufgebauten konzentrierten Spannung im Schlussbild dann doch mehr als einen Achtungserfolg. Peter von Becker setzte sich in *Theater heute* (3/1981) sehr ausführlich mit der Wiener Aufführung auseinander und würdigte besonders jenes dritte Bild: »Max Frisch ist hier eines seiner schönsten Theaterbilder gelungen – anspielungsreich und subtil, auch verwoben mit Motiven früherer Werke und zugleich ein Stück von unaufdringlicher Subjektivität: zu lesen als Zeugnis von Frischs eigener Biografie. Die Bank in der Bühnenmitte auf einem weißen, nach hinten perspektivisch zulaufenden Leinen (›ein Leichentuch‹?) und die Szene sonst mit schwarzen Stoffbahnen ausgeschlagen. Gegen die wiederum sehr artifizielle Wirkung einer so stilisierten »Dunkelkammer der Erinnerung« spielt Bißmeier gleich sehr nervig an, spricht beinahe irritierend laut, wirkt auch eckig und hölzern; also schon keine Melodramatik mehr, keine larmoyante Interesselosigkeit. Zunehmend schwitzend in diesem kühlen Bild und dann doch weicher, leiser werdend, verzweifelt der Lebende schließlich an der Toten – und an seinem Leben. Ich habe Bißmeier dabei immer gespannter zugesehen und mich zugleich über Elisabeth Orths Francine gewundert. Sie spricht und gebärdet diese Figur wie einen Menschen in Trance. Also, dezent bleich geschminkt und mit überlangsamen Bewegungen, nur der Hinweis auf einen lebenden Leichnam? Mir schien das zunächst eine sehr enge Auslegung der Figur. Aber es geschieht mit dieser Francine dann doch etwas Überraschendes: Die beiden Male, die in dieser Szene (außer noch einem Zeitungsverkäufer) eine dritte Person auftaucht – ein vorübergehender, über das nächtliche Paar leicht erstaunter Gendarm –, wirkt Orths Francine wie für einen pulsierenden Moment und den Satz *Nous attendons le matin, Monsieur* zum Leben erweckt. Und sie erstarrt sofort wieder, wenn sie mit Roger allein bleibt. Danach lässt sich auch Elisabeth Orths Spiel anders fassen: Diese Frau Francine ist neben dem Mann Roger eben keine reale Tote, sondern die in den Erinnerungen des Überlebenden, all seinen Wiederbelebungsversuchen zum Trotz, im Laufe der Jahre Verblasste. Die ein zweites Mal *verblichene* Liebe. Dieser Orpheus hatte sich umgedreht, Eurydike ist versteinert – in seinen Gedanken. Aber dann endet das Bild mit einer unwahrhaftig theatralischen Erlösung. Roger greift plötzlich zur Pistole, hält sie an seine Schläfe, kein Knall und ein (ge)fälliger *Blackout*.« Für diese außerordentliche Leistung in Axers Inszenierung von Frischs TRIPTYCHON, ein Beispiel für grandios beherrschte schauspielerische *minimal art*, wurde Elisabeth Orth mit der Kainz-Medaille ausgezeichnet.

DANTONS TOD: Elisabeth Orth (Julie), Norbert Kappen (Danton), Burgtheater 1982

Julie: Glaubst du an mich?
Danton: Was weiß ich? Wir wissen wenig voneinander. Wir sind Dickhäuter, wir strecken die Hände nacheinander aus aber es ist vergebliche Mühe, wir reiben nur das grobe Leder aneinander ab, – wir sind sehr einsam.

Unmittelbar auf Achim Bennings leider zu spannungslose, wenig wagende, nur aufs sympathisch Menschliche setzende, sonst aber sich oft in hohler Theatralik schnell verlierender Inszenierung von DANTONS TOD, mit Norbert Kappen als Danton und Elisabeth Orth als Julie, folgte, dramaturgisch nach Büchners mit heißem Herzen, doch kühlen Verstand verfassten Drama über die Wortführer der Französischen Revolution gut platziert, als groteskes und parodistisch munitioniertes Seitenstück DER NEUE MENOZA von Jakob Michael Reinhold Lenz: Viel Sturm und Drang im Wasserglas pulst in dieser witzigen, aber meistens aberwitzigen Komödie, die der dummen Biederkeit deutscher Kleinstaaterei ebenso die Leviten liest wie übereilter revolutionärer französischer Aufklärung. Prinz Tandi, aus einem fiktiven, asiatischen Staate Cumba kommend, wo man »Feuer, Leben und Empfindung« hochhält, kehrt nach Europa zurück, in den »aufgeklärten Weltteil«, den er »Morast« nennt. Als Vorlage benutzte Lenz eine dänische Schrift, die 1742 auf Deutsch erschienen war: »Menoza, ein asiatischer Prinz, welcher die Welt umher gezogen, Christen zu suchen, aber des Gesuchten wenig gefunden.« Dieser reichlich vernarrte, bunt und wild sich gebärdende edle Wilde entpuppt sich als verlorener Sohn der

Familie Biederling, was Verwirrung und Entsetzen auslöst, weil der Heimgekehrte längst mit seiner Schwester Wilhelmine heftig getändelt hat, doch zum guten Ende kann die Amme Babet (Elisabeth Orth spielte sie höchst grotesk und automatenhaft) bezeugen, dass Wilhelmine keine Biederling ist. Benno Besson, der beste und undogmatischste der Schüler Brechts, aus der französischen Schweiz stammend und nach 32 DDR-Jahren zur Rückkehr und Übernahme einer Intendanz in Lausanne aufgebrochen, legte im Frühjahr 1982 einen Zwischenaufenthalt in Wien ein, um diesen kuriosen Komödienspaß im *Burgtheater* bühnentauglich zu machen. Er bemühte sich, das reichlich ver-rückte Stück nicht zu glätten und somit ordentlich vernünftig zu machen, sondern hielt sich an das »Püppelspiel«, das Lenz am Schluss auch noch als Spielform ins Gespräch bringt, sowie an weitere in Wien mögliche Spielarten des Grotesk-Komischen. Peter von Becker beschrieb die geglückte, den Spaß nicht mit sozialkritischem Gepäck belastende, eine tiefere Reibung mit dem Text allerdings auch nicht versuchende Inszenierung Bessons: »Wenn sich der Vorhang öffnet, ist die gesamte Burgtheaterbühne in eine seltsame, riesige Spiellandschaft verwandelt – ja, es trifft das Wort aus dem Begriffsschatz *environment*-faszinierter Kindergärtner einmal zu: Ezio Toffolutti hat vor einen graublauen Himmelsprospekt mit planetarischen Umlaufbahnen und gelegentlich rot erglühender Zentralsonne eine graurosa, halb fleisch-, halb lavafarbene Masse gesetzt, die sich so irgendwie endmoränig tempelpyramidenartig in drei Terrassen gliedert, mit Treppenaufgängen und allerlei wulstigen Windungen in der Oberfläche, die ausgetrockneten Flussläufen, Labyrinthgängen oder auch Hautfalten, Ohrmuscheln, Schamspalten zu gleichen scheinen. Und wo man zuerst auf eine vulvarisierende Kontur tippen würde, da öffnet sich bei fortgeschrittener Aktion das Dings auch in der Tat, ein Spielkabinettchen mit dem Lager zweier Jungvermählter freizugeben. Dass der Mann dabei die Aufführung überwiegend nur im Lendenschurz bestreitet, hat allerdings ausschließlich andere Gründe. Denn es handelt sich bei diesem um den Prinzen Tandi vom fernen, vermutlich südseeischen Cumba, der der Eheleute von Biederling züchtige Jungfer Wilhelmine gefreit hat, und dieses in Naumburg, vorletztes Jahrhundert. Und da geht, was steht und fällt, mit Sitt' und Ordnung vonstatten. Eigentlich. (…) In Wien gleicht Lenz mit diesem Stück keinem Wahlverwandten Hölderlins oder gar Büchners mehr; er sieht eher aus wie ein Vorfahr Raimunds. Ezio Toffoluttis phantasmagorische Bühne bevölkern ein gutdutzend Figuren aus einem leicht skurrilisierten Biedermeierkabinett, mit putzigen Häubchen, artigen Beinkleidern und pittoresker Bemalung (Emanuela von Frankenbergs Wilhelmine käs-

DER NEUE MENOZA: Elisabeth Orth (Babet), Burgtheater 1982

blass geschminkt unter einer Struwwelpeterfrisur, Robert Meyers Tandi als Bilderbuchwilder tätowiert). Alle spielen holzschnitt- und kasperltheaterhaft, unpsychologisch, derb und deutlich karikierend.« (*Theater heute*, 8/1982) Elisabeth Orth handhabte mit schönster Leichtigkeit und Lust ihre der schnurrigen Handlung genau angepasste Rolle, ausgepicht kunstvoll spielte sie, allen Verwechslungen und Verwirrungen zum Trotz, wie am Schnürchen, ganz wie eine aufgezogene Roboter-Amme. Sie und Romuald Pekny als Graf Camäleon lieferten raffiniert überdrehte, sehr morbide Figuren, wie sie sich Witold Gombrowicz für seine OPERETTE vorstellte.

1983 inszenierte der nach seinen Intendanzen in Hamburg und Berlin wieder frei arbeitende Hans Lietzau am *Burgtheater* Shakespeares OTHELLO, mit Norbert Kappen in der Titelrolle, Joachim Bißmeier als Jago, Elisabeth Orth spielte die Emilia, und für die Desdemona wurde Sunnyi Melles, der Jungstar der *Münchner Kammerspiele*, engagiert. Der höchst kargen, mit keiner auffallenden Idee spektakulär von sich reden machenden Inszenierung wurde der Vorwurf gemacht, keine inszenatorische Zauberformel gefunden zu haben. Hans Lietzau lag an einer psychologischen

OTHELLO: Sunnyi Melles (Desdemona), Elisabeth Orth (Emilia), Norbert Kappen (Othello), Burgtheater 1983

Verdichtung, an der Verdeutlichung des »Drucks« und der Spannungen, die im engen Zirkel einer Militärkolonie entstehen, wo alle sich beobachten und jede Vertrautheit zu falschen Reaktionen, Verdächtigungen und Misstrauen führt. Die Motive hielt Lietzau für nicht so entscheidend, ihn interessierte das Klima der Verstörung, das Jagos Intrige auslöst. So ließ er lauter Spannungszentren entstehen, aber das Tun und Lassen von Othello und Jago schien nicht spannend, weil »ohne Affekt«. Sowohl Othello als auch Jago, so erschien es Joachim Kaiser, waren nur Subjekt ihres Schicksals; Othello schien ihm nur ein »bedauernswerter Kranker«, Jago war so gar kein »Schurke«, ein Mensch ohne alle diabolische Freude, eine Art verklemmtes intellektuelles Weichei: »In dieses Klima einer hin und wieder beinahe sterilen Zurückhaltung brachte am Ende Elisabeth Orth einen neuen Ton: hallendes Pathos des Burgtheaters. Das wirkte zugleich befreiend und befremdend. Doch die Rolle erlaubt vielleicht dergleichen. Denn Emilia, weiß Gott mitschuldig, wird am Schluss tapfer-mitleidig und verteidigt mit denselben Argumenten die Gleichberechtigung der Frau, mit denen Shylock einst in Venedig die Gleichberechtigung der Juden vertreten hatte.« (*Süddeutsche Zeitung*, 18.4.1983)

»Ihre besten Momente hat die von Hans Lietzau inszenierte Aufführung, wenn die beiden, das Opfer und der Gehirn-Täter, auf Distanz beieinander sitzen, Othello und Jago zweisam allein auf der Szene«, meinte Henning Rischbieter (*Theater heute*, 6/1983), ebenfalls das allzu Introvertierte, in sich Verbissene der Figuren erwähnend, so dass kein Glanz, keine Laune aufkamen, nicht Lügengift und Galle ihre Wirkung taten. Einerseits der Vorwurf, dass die Inszenierung keinen Mut mehr zu großen Gefühlen, zu Pathos, zu »Theater« überhaupt habe, andererseits sofort Abwehr, wenn das so vermisste »Theater« sich Luft macht. Emilia, die viel zu lange zu ihrem Gatten hielt, packte am Ende nämlich aus, ließ ihrem »Gefühlsstau« freien Lauf, was aber Henning Rischbieter nur bewog, die Darstellerin in die Rolle der *Burgtheater*-Heroine zu drängen: »Diesmal hat die Wessely-Tochter den Part übernommen – sie absolviert ihre Auftritte vor und nach dem Mord an Desdemona mit großer Rachegestik und voluminös aufgerautem Organ, den bedächtig-trockenen Grundton der Aufführung durchbrechend. Das übertönt zu sehr den anderen Furor, den des Othello, der aus massigem Brüten hervordrängt.« Ergänzend zu dieser Kritik am ›großen Ton‹ sei hier noch die Schlussüberlegung der OTHELLO-Besprechung Joachim Kaisers zitiert: »Es ist schwer, abzuschätzen, wie viel von der gelegentlichen Trockenheit der Aufführung Lietzaus kargem Konzept oder der Krise unserer Sprechtheater selbst in Wien zur Last zu legen ist. Aber es darf auch nicht verschwiegen werden, was der gute Grund aller dieser Kargheit zu sein scheint: die Ehrlichkeit. Wenn der ›große‹ Ton zum unbewältigten, zum hohlen, zum aufgesetzten Ton wird: dann hilft eben nur der reduzierte, der Reduktions-Ton!«
Ehrlichkeit und den Atem der Tragödie musste man dieser von allen Seiten nur »verhalten« aufgenommenen Inszenierung Lietzaus zubilligen. Es war wirklich keine schlechte Aufführung, aber es fehlte die klar geführte, gemeinsame Ausdrucksintensität eines Ensembles. Am *Burgtheater* inszenierten inzwischen fast alle wesentlichen Regiegrößen des deutschsprachigen Theaters, lediglich Peter Stein, Luc Bondy, Klaus Michael Grüber und Peter Zadek fehlten noch, jene Regisseure, die in jenen Jahren »konzentriert« mit einem durch gemeinsame Arbeit gewachsenen Ensemble, mit bestimmten Autoren arbeiteten, nicht unbedingt auf der Höhe der Moden der Zeit und der Trends, aber auf der Höhe ihrer Talente, ihrer künstlerischen Überzeugungen und ihres Ausdrucksvermögens. Das *Burgtheater* unter Achim Benning war nun eines der führenden großen deutschsprachigen Staatstheater, brachte durchaus überragende Inszenierungen heraus, verfügte über eine enorme Zahl großer Schauspielerpersönlichkeiten. Nur der gemeinsame Wille fehlte; das negative Image, das auf dem Haus lastete,

stimmte längst nicht mehr, nur hatte noch niemand den Elan oder auch nur die Lust gehabt, ein neues Image offensiv anzugehen, künstlerisch wirklich Flagge zu zeigen. Es gab ja Ansätze zur Kontinuität von Arbeitszusammenhängen, zu Spielplanlinien, zur Entwicklung von Schauspielern von Rolle zu Rolle. Es gab jetzt eine ganze Reihe bemerkenswerter Inszenierungen, die ungewöhnliche, das heißt vor allem zu wenig in der Praxis erprobte oder lange für unspielbar gehaltene Werke neu entdeckten und mit sehr guten Schauspielern zur Wirkung brachten. In der Presse wurden sie dennoch nicht weiter erwähnt, als zu wenig medienwirksam ignoriert.

»In Wien transportieren Schauspielerleistungen die Inhalte«, beendete resignierend Paul Kruntorad seinen Bericht über eine seiner Meinung nach sehr achtbare Aufführung der BESESSENEN von Camus nach Dostojewski, die Angelika Hurwicz im *Burgtheater* herausgebracht hatte und in der offensichtlich Elisabeth Orth in der Rolle der Mutter Stawrogins die Szene wesentlich stärker beherrschte als der junge Darsteller ihres Sohns (Peter Wolfsberger), ferner bedauerte der Kritiker, dass die Dostojewski-Figur des jungen Werchowenski, »eine Mischung aus Robespierre und Lenin« von Franz Morak zu rhetorisch-vordergründig gespielt wurde, nur als »Revolutionär, der das Burgtheaterdeutsch gemeistert hat« (*Theater heute*, 2/1984). Der Schwerpunkt des Stückes und der Inszenierung, so lautete nicht nur in diesem Fall der Vorwurf, wäre die Verlagerung der kritisch-philosophischen Instanz (der existenzialistischen »Idee« von Camus, Dostojewski) ins rein »Emotionelle«. Den Schauspielern sollte aus solcher Verlagerung kein Strick gedreht werden. Ist die Rolle »richtig« besetzt, müssen emotionale Faktoren, Herzenstöne, Innigkeit, Pathos, »Theater« nicht infrage gestellt werden. Elisabeth Orth hat mehr als andere Schauspieler auch hin und wieder ihr »Burgtheater-

DIE BESESSENEN: Elisabeth Orth (Warwara Petrowna), Wolfgang Gasser (Werchowenski), Burgtheater 1983

deutsch« angewandt und dadurch sehr schwer kommunizierbare Stücke oder Aufführungen in Publikumsnähe gebracht. Viel zu groß ist die Nachsicht der Kritiker mit Regisseuren, die zwar Einfälle und »Visionen« haben, aber keine »Haus«-aufgaben erledigen können. Vielen Burgtheaterinszenierungen der Jahre 1969 bis 1986 haben Schauspielerinnen und Schauspieler wie Elisabeth Orth, Gertraud Jesserer, Annemarie Düringer, Norbert Kappen, Joachim Bißmeier, Heinrich Schweiger, Wolfgang Hübsch, Josefin Platt, Brigitta Furgler, Robert Meyer oder Franz Morak ihr Gepräge gegeben und so eine Art kleines Ensemble im riesigen Betrieb verkörpert, das markante Zeichen gesetzt hat. Versäumt wurde die Vermittlung einer progressiven Idee von »Burgtheater«, die das Verschiedenartige bündelt, ihm eine Stoßrichtung gibt, Zusammenhänge formuliert; die das so genannte »Emotionelle« der Schauspieler als Transportmittel der zu vermittelnden Inhalte begreift und nicht Ereignisse kreiert, die Aufsehen und Skandal erregen und das *Burgtheater* nur als nicht änderbaren Ballast, Erbfeind, lästigen Klumpfuß behandelt.

Eine der gelungensten Arbeiten am Ende der Ära Benning war DER PFLUG UND DIE STERNE, ein Trauerspiel über Ereignisse vor und während des viele Opfer verschlingenden Dubliner

DER PFLUG UND DIE STERNE:
Elisabeth Orth (Bessie Burgess),
Franz Morak (Der junge Covey),
Burgtheater 1984

Osteraufstands 1916, inszeniert von Thomas Langhoff mit viel Sinn für die tragischen und komischen Momente dieses mit vielerlei skurrilen Episoden, melancholischen Stimmungen, bittern Wahrheiten, ungebremster Fabulierlust und alkoholumwölkter Traurigkeit reich bestückten Dramas mit sehr vielen Rollen, die Langhoff, obwohl von außen kommend, alle treffend besetzte, so dass zum Beispiel jetzt Franz Morak sein »Burgtheaterdeutsch« für einen kantigen und zornigen Gewerkschafter zum Einsatz bringen konnte, immer schnell mit Parolen der Theoretiker der Arbeiterbewegung bei der Hand, die er zwar messerscharf, aber doch wie auswendig gelernt aus dem Ärmel schüttelte, ohne dass er ihnen Glaubwürdigkeit verleihen konnte. Wie meistens bei O'Casey sind Frauen die

Helden des Alltags, und Langhoff schuf ihnen den dafür nötigen Aktionsraum in einem breit gefächerten Panorama vieler realistisch ausgeschmückter Episoden, oft hart an der Grenze zur Kolportage, zum Kitsch, zum Klischee; die Balance wurde letztlich doch gewahrt, die Aufführung geriet nie aus dem Gleichgewicht. Keine Figur wurde denunziert, allen wurde der nötige Raum geschaffen, dem Zuschauer alle Geduld, für die er reichlich belohnt wurde, abverlangt. Michael Merschmeier begeisterte sich für das Ereignis dieser Inszenierung, die mit recht zum Berliner Theatertreffen eingeladen wurde (*Theater heute*, 3/1985): »Dennoch setzte sich Langhoffs – dem Autor kongeniale – Lust an liebevoller Langsamkeit immer wieder durch, weil sie von drei außerordentlichen Schauspielerinnen aufgenommen wurde. Gegen die großen pathetischen Phrasen der Männer – einen von ihnen lässt Langhoff als riesigen Schatten hinterm Kneipenfenster aufscheinen, ein Volksredner Goebbels'scher Provenienz, der Blut, Schweiß und Tränen predigt – verkörpern sie Instinkt, Trieb, Bereicherungs- und Streitlust, Hilfsbereitschaft, Klugheit, kurzum: Menschlichkeit.

Und sie haben, im Gegensatz zu den Männern, die Möglichkeit zur persönlichen Veränderung in Zeiten historischen Umbruchs nicht von vorneherein abgelehnt. Josefin Platts Nora – das ist zu Beginn eine geziert um Abstand, Eleganz und Form bemühte Kleinbürgerin, eine angelernt trippelnde Dame, die sich fehl am Platz fühlt in ihrer Mietwohnung und mit ihren proletarischen Verwandten, die was Besseres werden will und sich dazu passende äußere Umgangsformen längst schon abgeguckt hat; nur wenn sie spricht, bricht's noch breit, kräftig und ganz unkontrolliert aus ihr hervor: Unziselierte Umgangssprache, die in Michael Eberths Übersetzung einer poetischen, einer Kunstsprache kontrastiert ist. Später, als sie schwanger ist und zurückkehrt von der Suche nach ihrem Mann in der umkämpften Dubliner Innenstadt, ist sie handfest geworden, steht mit beiden Füßen auf dem Boden, geht – etwas schwerfällig – ohne zu trippeln, hat sich gefügt in die Umstände ihrer Existenz; ihr Wahnsinn (nachdem Jack sich ihr beim letzten Treffen brutal entzogen und sie dadurch ihr Kind verloren hat) wirkt deshalb umso tragischer, katastrophaler: ein körperlicher Absturz – auch ohne sich aus dem Fenster zu stürzen. Ihre Kontrastpartnerinnen: Annemarie Düringer als neugierige, überall herumspähende und suchende Putzfrau Gogan, auch sie trippelnd, aber vibrierend vor Sucht, hinter jedem kleinen Gegenstand, in jedem herumstehenden Schächtelchen ein Geheimnis zu entdecken; eine Frau, die ihre Existenzberechtigung ganz offensichtlich nur im Kontakt, aus der direkten Berührung mit Dingen oder anderen Menschen gewinnt – und sich deshalb, trotz aller Vorurteilshaftigkeit und Sprödigkeit, anpasst und

HAMLET: Heinrich Schweiger (Claudius), Elisabeth Orth (Gertrud), Burgtheater 1985

anschließt; die Frau – ein guter Kamerad, statiös und so leicht durch nichts umzuwerfen. Nur mit Bessie Burgess, der England- und Königstreuen, kommt sie nicht zurecht, die Obsthändlerin ist Außenseiterin, Sündenbock der Mietskaserne. Elisabeth Orth (die 1966 am Münchner *Residenztheater* in einer der seltenen Aufführungen von DER PFLUG UND DIE STERNE die Nora war) spielt Bessie Burgess mit finsterem Gesicht, rauher Stimme, in sich geducktem, aber starkem, straff gespanntem Körper; zur rache- und unglücksverheißenden Statue wird sie, wenn sie von der Schlechtigkeit der Menschen, ihrer Mitmenschen spricht; eine expressionistisch anmutende Gestalt – eine verhärtete Mutter Pius, nicht von der Wupper, sondern vom Liffey, voll grantig-trostloser Grandezza sterbend durch die Kugel eines englischen Soldaten, als sie Nora davon abhält, sich aus dem Fenster zu stürzen. Schauspielerinnen, an die ich mich erinnern will und kann, die man immer wieder erkennen müsste.«

In der letzten Spielzeit Achim Bennings spielte Elisabeth Orth noch die Gertrud in der HAMLET-Inszenierung von Hans Hollmann, mit Klaus Maria Brandauer in der Titelrolle, Heinrich Schweiger als Claudius und Leslie Malton als Ophelia. Es war eine sehr stark auf Brandauer und seine von Ekel erfüllte Verachtung für die Mörderbienenwelt des dänischen Hofstaats abgestimmte Aufführung, außerdem von einer Bühnendekoration dominiert, die wie ein mechanisches Ballett funktionierte und deren Symbolik noch durch die pathetisch-schicksalsträchtige Bühnenmusik Otto M. Zykans verstärkt wurde. »Ganz ohne Freud«, kritisierte Paul Kruntorad (*Theater heute*, 2/1986), »kommt dieser Gegenwarts-Hamlet allerdings nicht aus. In der großen Mutter-Sohn-Auseinandersetzung steht Elisabeth Orth wie eine Madonna-Statue hoch oben im dunklen Spalt einer roten Wand, die sich seitlich auf die Bühne schiebt. Die sexuelle Symbolik dieses Arrangements ist geradezu aufdringlich in ihrer Eindeutigkeit, zerstört allerdings auch die Logik der Szene. Warum ruft die Königin um Hilfe, wenn sie der Prinz, der unten steht und zu ihr hinaufspricht, gar nicht erreichen kann? Hamlet ersticht hinter der roten Wand den lauschenden Polonius, inzwischen ist die Königin unten angelangt. Am Ende der Szene küsst sie Hamlet lang, umarmt ihn mit einer Leidenschaft, die das freudianische Symbol nur noch mal und überflüssigerweise wiederholt, die Königin lässt ihren Mantel zu Boden gleiten, unter ihrem schwarzen Kleid zeichnet sich der weiße Körper ab. Damit ist es aus mit der hoheitsvollen Contenance, die Elisabeth Orth bis zu diesem Punkt so beeindruckend gewahrt hat. Die Königin flattert der Hysterie entgegen, jenem Irresein, das spiegelbildlich zu Hamlets gestelltem Wahnsinn eigentlich Ophelia einbringen sollte.«

Schließlich übernahm Elisabeth Orth auch noch die Rolle der Marketenderin Courage in Brechts dramatischer Chronik MUTTER COURAGE UND IHRE KINDER, die als Gast aus Schwerin Christoph Schroth ziemlich konventionell als historischen Bilderbogen in der Manier der Brecht-Schule abschnurren ließ, mit Liedern und Moritaten durchsetzt, flott und artig einstudiert. Die Aufführung befremdete nicht, eckte nicht an, ging wie geschmiert über die Bühne. Elisabeth Orth schmiss resolut »den Laden«, wie es sich für eine proletarische Marktfrau vom Naschmarkt gehört, die immer weiß, was die Stunde geschlagen hat und sich doch nicht mehr als nach der Decke zu strecken versteht. An der Hauptdarstellerin lag es nicht, dass die Aufführung so harmlos resolut war.

Seine größten Niederlagen, erklärte Achim Benning am Ende seiner Direktionszeit, seien »die großen Erfolge der schlechten Vorstellungen« gewesen. Die Kritikerin Sigrid Löffler hielt Benning in einem Rückblick auf dessen zehnjährige Intendanz vor, dass er schlechte Vorstellungen »in solch großer Zahl zuließ und deren angeblich so missbilligten Publikumszulauf doch nicht ungern dafür benutzte, um seine Hausauslastungsziffern zu verschönern«: »Wer wollte, konnte sich in Bennings Spielplan selbst

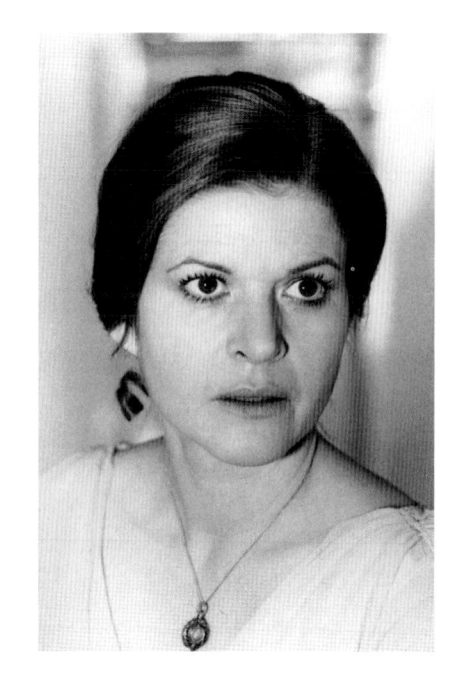

1. Reihe von l. n .r.:
Die 2. Frau in DAS GROSSE MASSAKERSPIEL, Burgtheater 1971
Bertha in VERBANNTE, Akademietheater 1974
Gräfin Orsina in EMILIA GALOTTI, Burgtheater 1978

2. Reihe von l. n .r.:
Olga in DREI SCHWESTERN, Akademietheater 1976
Irene in DER RUF DES LEBENS, Burgtheater 1977
Elisabeth in GÖTZ VON BERLICHINGEN, Burgtheater 1973

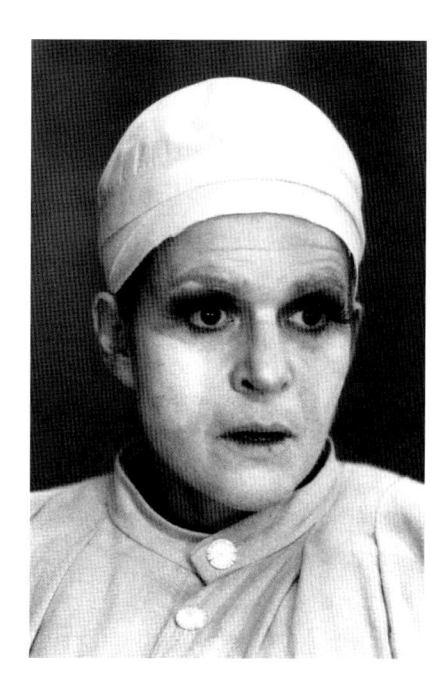

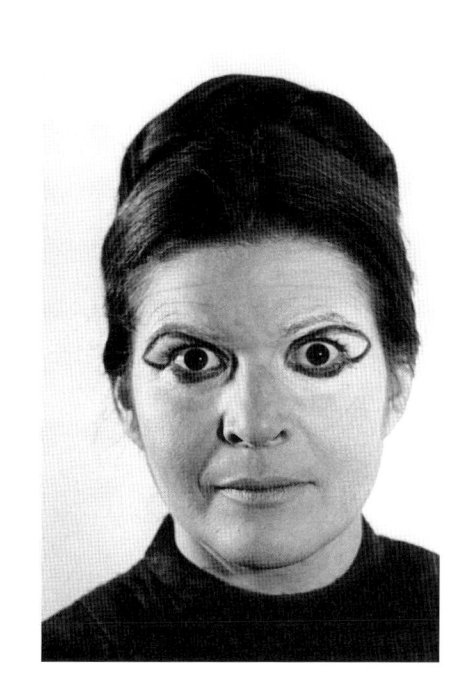

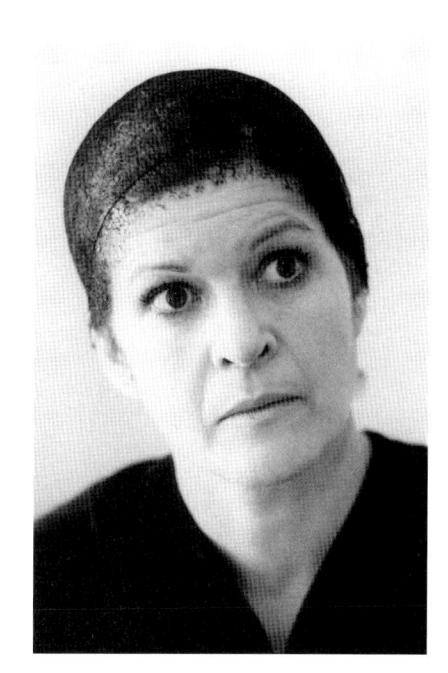

1. Reihe von l. n r.:
Mae in Die Katze auf dem Heissen Blechdach, Akademietheater 1981
Francine in Triptychon, Akademietheater 1981
Babet in Der neue Menoza, Burgtheater 1982

2. Reihe von l. n.r.:
Julija Filippovna in Sommergäste, Burgtheater 1979
Elektra in Die Orestie, Burgtheater 1976
Emilia in Othello, Burgtheater 1983

erkennen, viele wollten nicht. Nur Kritiker gehen in den Spielplan. Das Publikum geht in Aufführungen. In die Aufführungen, die Benning wichtig waren, ging es nicht allzu gerne. Umso lieber hingegen in jene, wo es seine platten Amüsementwünsche ohne viel Kunstumstände konventionell bedient bekam oder seinen Bildungsbürger-Träumen von Klassiker-Erbaulichkeit unbehelligt nachhängen konnte. (…) Benning duldete, dass fast die Hälfte der jährlichen Neuproduktionen – und *notabene* die spielplanwichtigsten von Ibsen bis Grillparzer, von Shakespeare bis Schnitzler – in den Händen konventioneller Arrangeure zu uninspirierten, aber gern gesehenen Rückfällen ins älteste Klischee-Theater gerieten. Er leistete damit einem falsch verstandenen Pluralismus der Spielstile Vorschub. Solche Stilwechselbäder verwirrten das Publikum, irritierten das Ensemble, in dem Formensucher und selbstgefällige Routiniers weiterhin unintegriert und heterogen nebeneinander existierten, und behinderten die Durchsetzungschancen innovatorischer Regietaten. Bennings Konzept der internen Kompensation – Neuerer kontra ›Altes *Burgtheater*‹ – ging eher zu Lasten der Neuerer. Zwar ist es Benning gelungen, Reise-Regisseure mit der Aussicht auf gute Arbeitsbedingungen nach Wien zu locken und damit das *Burgtheater* aus seiner ›*splendid isolation*‹ zu reißen und in den mitteleuropäischen Theaterbetrieb einzuklinken. Aber die reisenden Regie-Koryphäen kamen meistens zu kurz oder zu spät oder zu sporadisch. Sie gaben ihre Qualitätsmarke ab, aber sie erzeugten kaum Dauerwirkung. Ihre ästhetischen, ensemble-erzieherischen Impulse verpufften mangels Kontinuität. (…) Adolf Dresen mit neun Inszenierungen mag eine tiefere Wirkung im Hause gehabt haben. In seine geglücktesten Produktionen brachte er einen beseelten Realismus ein, grundiert von einem ausgeprägten Bewusstsein politischer Zeitgenossenschaft. In den Versuch, alteingefleischte *Burg*-Spieler mit prägsamen Neukömmlingen tatsächlich zu einem Ensemble zusammenzuschmelzen, investierte Dresen seine ganze (sehr beträchtliche) integrative Kraft. Ende 1981 verließ der Hausregisseur Dresen die *Burg* und ging nach Frankfurt. Sein Weggang machte die tiefe Krise, in die Bennings *Burg* geschlittert war, offenbar.(…) Wenn sich die Benning-Mannschaft in den letzten Jahren immer stärker einer kritischen Aufarbeitung der Geschichte ihres Hauses zugewandt hat, so ist dies auch ein Ausweichen in eine selbst-entschuldigende Ersatzhandlung. Die Erkenntnis muss erleichtert gewirkt haben, das, was nicht gelang, vielleicht gar nicht gelingen konnte, weil es nicht gelingen durfte. Wenn Benning in dem Dokumentationsband über seine Direktionszeit schreibt: ›Die stereotypen Verfalls- und Niedergangsklagen über das jeweils einstmals erste Theater deutscher Zunge sind, nunmehr schon durch Jahrhunderte, der *cantus firmus* der österreichischen, vielmehr der wienerischen Burgtheaterkritik‹, so entlastet er sich wohl auch selbst vom Vorwurf, diesen Zustand nicht verändert zu haben. Aber für soviel resignative Kleinmut ist gar kein Anlass. Achim Benning hat das *Burgtheater* dauerhaft zur Welt geöffnet, und er hat daran gearbeitet, eine normale, gut geführte, großstädtische Sprechbühne aus ihm zu machen. Das ist mehr, als alle seine Amtsvorgänger seit 1945 zustandebrachten. Wenn ab September 1986 Claus Peymann als Burgdirektor möglich ist, dann hat Bennings Jahrzehnt das Fundament dazu gelegt.« (THEATER 1986 – JAHRBUCH DER ZEITSCHRIFT *Theater heute*)

Vielen Widerständen zum Trotz kam Claus Peymann nach Wien und blieb, alle Unkenrufe und Umsturzversuche überlebend, immerhin dreizehn Jahre auf dem Direktionssessel der *Burg*. Er weigerte sich beharrlich, den goldenen Mittelweg fauler Kompromisse einzuschlagen, und nahm unbeirrt den Kampf mit denen auf, die die Umwandlung des Burgtheaters in ein offenes, der Gegenwart und den Realitäten der Zeit zugewandtes aufklärerisches Theater verhindern wollten. Er hatte gute Bedingungen ausgehandelt und den Vertretern der Regierung und der Bundestheaterverwaltung klarmachen können, dass er, das bestaunte Theaterwunder von Bochum, ein *Nobody* wäre ohne sein Team, seine engsten Mitarbeiter Hermann Beil, Alfred Kirchner, Uwe Jens Jensen, Vera Sturm, sein Schauspieler-Kernensemble, zu dem u.a. Kirsten Dene, Gert Voss, Martin Schwab, Ignaz Kirchner, Branko Samarowski, Traugott Buhre, Anneliese Römer, Lore Brunner, Urs Hefti gehörten sowie die Regisseure Manfred Karge und George Tabori. Die Messer wurden gewetzt von der Ensemblevertretung, der Gewerkschaft, von Burgtheaterfreunden, von der Wiener Presse, von patriotischen Verbänden. Gegen ihre Argumente stand sein enormer Erfolg in Bochum, sein von den führenden Kritikern der deutschen Zeitungen gerühmter und überregional bestätigter Rang als Regisseur und fähiger Theaterleiter. Seine kunstbesessene Unverfrorenheit machte ihn für die Wiener Entscheidungsträger attraktiv, die eben doch von der dringend notwendigen Reform des noch monarchischen Gesetzen und Prinzipen unterliegenden Betriebssystems des Hauses am Ring überzeugt waren. Elisabeth Orth verhielt sich vorurteilslos fair und abwartend; sie bewarb sich nicht um die Gunst des neuen Intendanten, stellte sich aber auch nicht gegen ihn, sondern erwartete, dass er ihre Fähigkeiten und ihre künstlerische Eigenart zur Kenntnis nehmen und sie brauchen würde. In Wien machte Peymann seinem Ruf als »Piefke« alle Ehre, aber er setzte sich durch und er setzte die Reformen um; er bewies Humor, steckte Kritik und Polemik weg, ließ sie aber nicht auf sich sitzen, schlug zurück,

SOMMER: Anneliese Römer
(Marthe), Elisabeth Orth (Xenia),
Akademietheater 1987

machte sich neue Feinde durch provokante vollmundige Erklärungen. Unter Bescheidenheit litt er nicht. Die Schlagzeilen brachten das Haus und die Aufführungen ins Gerede. Von der Arbeit abhalten aber ließ man sich nicht. Nicht nur vor und hinter der Bühne herrschte Aufregung, auf der Bühne war eben auch alles in Bewegung. Seinen Gegnern wurde nun bewusst, dass dieser Claus Peymann ein kollegiales Leitungsteam war, das zusammenhielt, weil es zusammen passte, in bestimmter Hinsicht jeder hier den anderen ergänzte. Seinen Schauspielern mutete er keine Aufführungen oder Regisseure zu, die sein künstlerisches Programm und die Arbeit der von ihm engagierten Künstler desavouiert hätte. Selbstverständlich war ein Pluralismus der Stile und Arbeitsweisen erwünscht, nur kontrapunktive Unternehmungen tolerierte er nicht.

Um das Publikum auf sein Programm und seine in Wien noch unbekannten Schauspieler einzustimmen, war es sinnvoll, eine Reihe der in Bochum erfolgreichen Produktionen auch in Wien zu zeigen. Nicht zuletzt verschaffte sich Peymann dadurch Luft und Spielraum für das sorgfältige

DOÑA ROSITA BLEIBT LEDIG:
Annemarie Düringer (Tante),
Elisabeth Orth (Haushälterin),
Akademietheater 1988

Vorbereiten neuer Inszenierungen und für besseres gegenseitiges Kennenlernen. Auch einige Aufführungen der Ära Benning standen ja weiterhin auf dem Spielplan. Die radikalste Programmänderung war die Vielzahl neuer und zwar hauptsächlich österreichischer Autoren, die jetzt zu Hausautoren der *Burg* avancierten: Thomas Bernhard an erster Stelle, aber gleichzeitig auch Peter Handke, Elfriede Jelinek, Peter Turrini. Wird das *Burgtheater* »bochumisiert«? lauteten die Schlagzeilen. Und insgeheim schürte man die Konflikte im Ensemble durch die Meldung, dass die hochbezahlten und hochverdienten österreichischen Schauspieler unbeschäftigt spazieren gingen.

Elisabeth Orth ging nicht unbeschäftigt durch Wien; sie spielte noch die Gertrud und die Courage, sie probierte mit dem Regisseur Harald Clemen die Arkadina in der MÖWE, eine Produktion, in der nicht die »Bochumer«, sondern ältere und jüngere, noch von Benning engagierte Schauspieler mitwirkten. »Unbeschäftigt« war ein Zustand, den Elisabeth Orth gar nicht kannte, sie liebte ihren Beruf und bekundete durch ihr Interesse, das sie

OTHELLO: Regie George Tabori, Ensembleszene mit Elisabeth Orth (Emilia), Bühne Karl-Ernst Herrmann, Akademietheater 1990

für die Arbeit von Kollegen zeigte, ihre Bereitschaft zur Mitarbeit. Talent zur verkannten Künstlerin hatte sie nicht. Sie war neugierig auf die Bochumer Produktionen und deren Protagonisten. Sie war übrigens für spielfreie Tage auch dankbar, die sie zum Lesen und Schreiben und für ihre zahlreichen gesellschaftspolitischen Aktivitäten nutzte. Seit 1979 (bis zum Jahr 2000) schrieb sie regelmäßig die Kolumne *Nur so am Rande* für die Zeitschrift *Die Furche*: persönliche Beobachtungen, glossierende Streifzüge durch den Alltag, politische Stellungnahmen. Die *Furche*-Beiträge waren übrigens auch Verständigungsbriefe zwischen ihr und ihrer Mutter, die jetzt im hohen Alter Gerichtstag hielt mit sich selbst und sich mit der Rolle auseinandersetzte, die sie als prominente Künstlerin in der NS-Zeit spielte: »Ja, es tut mir leid, dass ich damals nicht den Mut gefunden habe, zurückzuweisen, dass sich dieses Regime mit mir brüstet, dass ich nicht den Mut gefunden habe, die Dreharbeiten zu HEIMKEHR einfach abzubrechen. Vielleicht habe ich aber doch einiges von dem wieder gutgemacht, indem ich konkreten Menschen, jüdischen Kollegen und Freunden, in

IVANOV: Hans Michael Rehberg (Schabelskij), Elisabeth Orth (Sinaida), Uwe Bohm (Borkin), Akademietheater 1990

dieser Zeit konkret geholfen habe.« Ein wesentlicher Aspekt der Auseinandersetzung Elisabeth Orths mit Politik war ihr Engagement gegen Fremdenfeindlichkeit, Diskriminierung von Minderheiten und Ausländern, ihr Eintreten für eine soziale Politik, ihre Lesungen für Opfer des Holocaust; Gespräche wie jenes am 5. Juni 2005 im *Kreisky-Forum* mit Ari Rath über die Wiener Wurzeln eines Israeli prägten ihr Denken und hatten auch auf ihre künstlerische Arbeit bestimmenden Einfluss. Sie präsentierte von 1985 bis 1994 die ORF-Sendung *Schatzhaus Österreich*, die sich zum Ziel setzte, »Unsichtbares sichtbar zu machen«: ein Plädoyer für engagierte Arbeit in Museen und auf dem Theater, um dort gegen die Verarmung an humanistischer Bildung anzukämpfen und etwas gegen die Lüge und die Wahnwitzigkeiten der Politik zu unternehmen.

In der *Furche* (12.9.1986) schrieb sie: »Wir Schauspieler, wir raffen die samtenen Mäntel unserer Begabung und lüpfen die irrlichternden Kronen unserer Phantasie und heißen euch Neue willkommen. Wir sollten keinen Dolmetscher brauchen, weil unsere Geheimsprache ohnehin nur wir

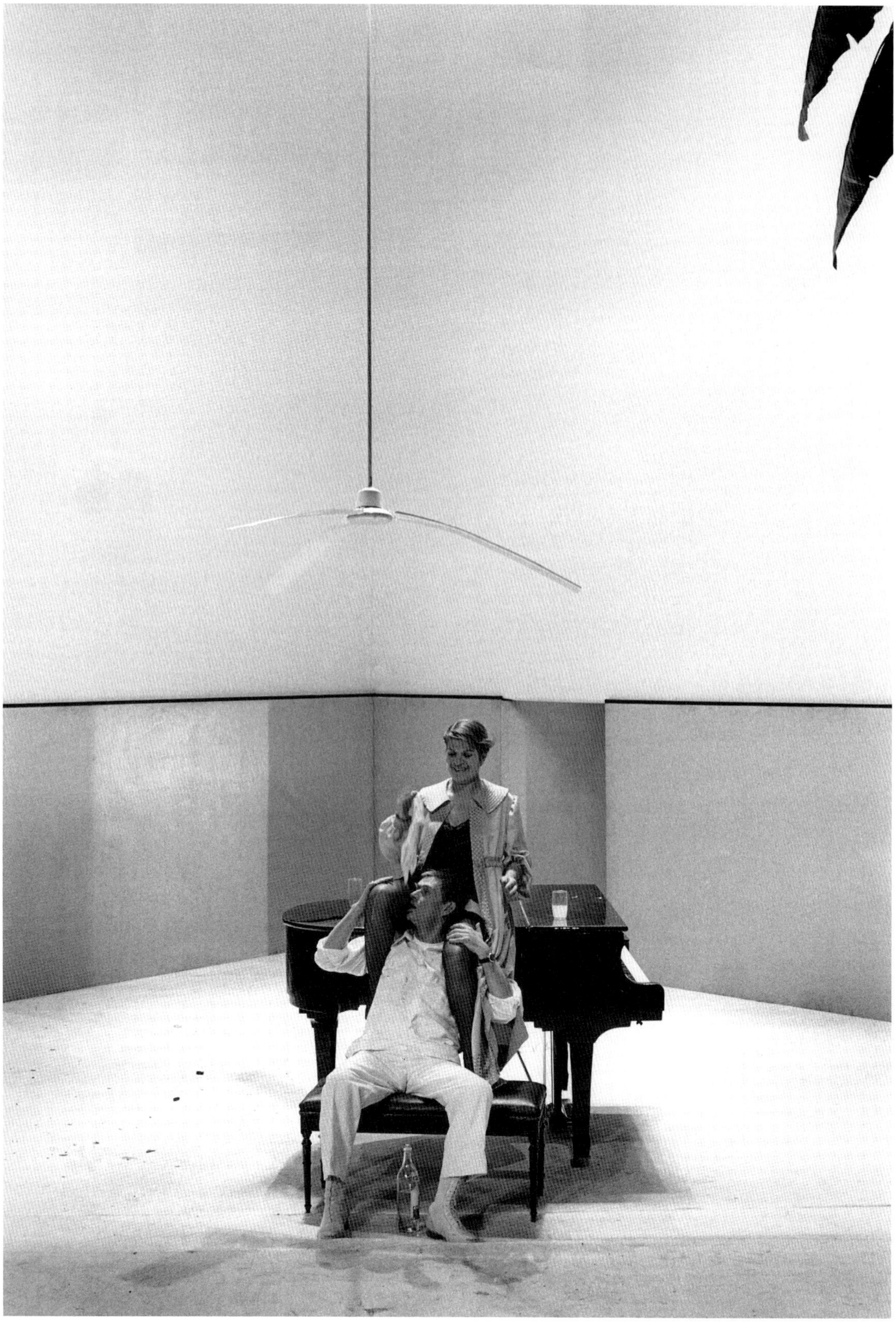

Königlichen verstehen. (...) Bis alle »Alten« alle Neuen kennen und mögen, oder nicht mögen werden, gibt's vielleicht schon wieder einen neuen Direktor.« Elisabeth Orth war der Meinung, dass man es unverkrampft miteinander versuchen und die Möglichkeiten ihres Metiers, ihrer künstlerischen Geheimsprache ausnutzen sollte. Sie ließ sich nicht von den starken, provozierenden, kein Blatt vor den Mund nehmenden undiplomatischen Verlautbarungen Claus Peymanns ins Boxhorn jagen; als er ihr eine Rolle im HELDENPLATZ anbot, lehnte sie, wie viele andere Ensemblemitglieder, darunter auch Gertraud Jesserer und Hans Michael Rehberg, ihr Mitwirken ab, weil ihr das Stück und die Rolle nicht gefielen, zu belanglos schienen, gemessen an der Rolle der Xenia in Edward Bonds das Verhalten in der NS-Zeit in Erinnerung rufendem Schauspiel SOMMER die sie in der Inszenierung von Harald Clemen damals spielte, und auch der Rolle der Haushälterin in Lorcas DOÑA ROSITA BLEIBT LEDIG unter der Regie von Alfred Kirchner gab sie den Vorzug. Zweimal arbeitete sie mit großer Freude bei Achim Freyer mit, in dessen WOYZECK-Version spielte sie den Doktor und Margreth und in PHAETON verkörperte sie mehrere Figuren und war die Chorführerin. Zwar lag Achim Freyer nur sehr wenig an dem für sie so wichtigen »Wort«, an der Sprachgestalt, bei ihm konnte sie aber ungeahnte Erfahrungen des Raums machen, die sich für ihr Spielen als unbedingt förderlich erwiesen.

Dann, viel zu spät, wie sie fand, wirkte sie in einer Inszenierung von George Tabori mit, in dessen OTHELLO spielte sie noch einmal die Emilia, jetzt völlig burschikos, übermütig, die Jago zu ganz anderen Gipfeln der Wonne verführen möchte als er im Sinn hat. Manchmal dachte man, sie würde jetzt eine Astaire-Nummer mit einem Kumpel vom Marineballett hinlegen; umso entschiedener war der Schmerz ihrer Empörung, ihr Entsetzen über die Blindheit und Gefühlsroheit der rivalisierenden Männer. OTHELLO war eine Arbeit, bei der sie sehr bereichernde Erfahrungen machen und viel lernen konnte, bei der »länger Vergessenes« wieder zu frischem Leben erweckt und zum Leuchten gebracht wurde. Erst in dieser Produktion (1989/90) lernte sie Gert Voss und Ignaz Kirchner als Bühnenpartner kennen, mit denen sie dann anschließend auch

Brief von Elisabeth Orth an George Tabori zur Premiere von OTHELLO am 10.1.1990: George – unsere erste gemeinsame Arbeit kam spät. Ich habe gelernt, länger Vergessenes auch. Bitte, ich würde gerne mit Dir noch weiterlernen! * Es war eigentlich ein monatelanges Fest. Toi Toi Toi Elisabeth – *das meine ich unangenehm ernst!

Linke Seite:
OTHELLO: Elisabeth Orth (Emilia), Ignaz Kirchner (Jago), Akademietheater 1990

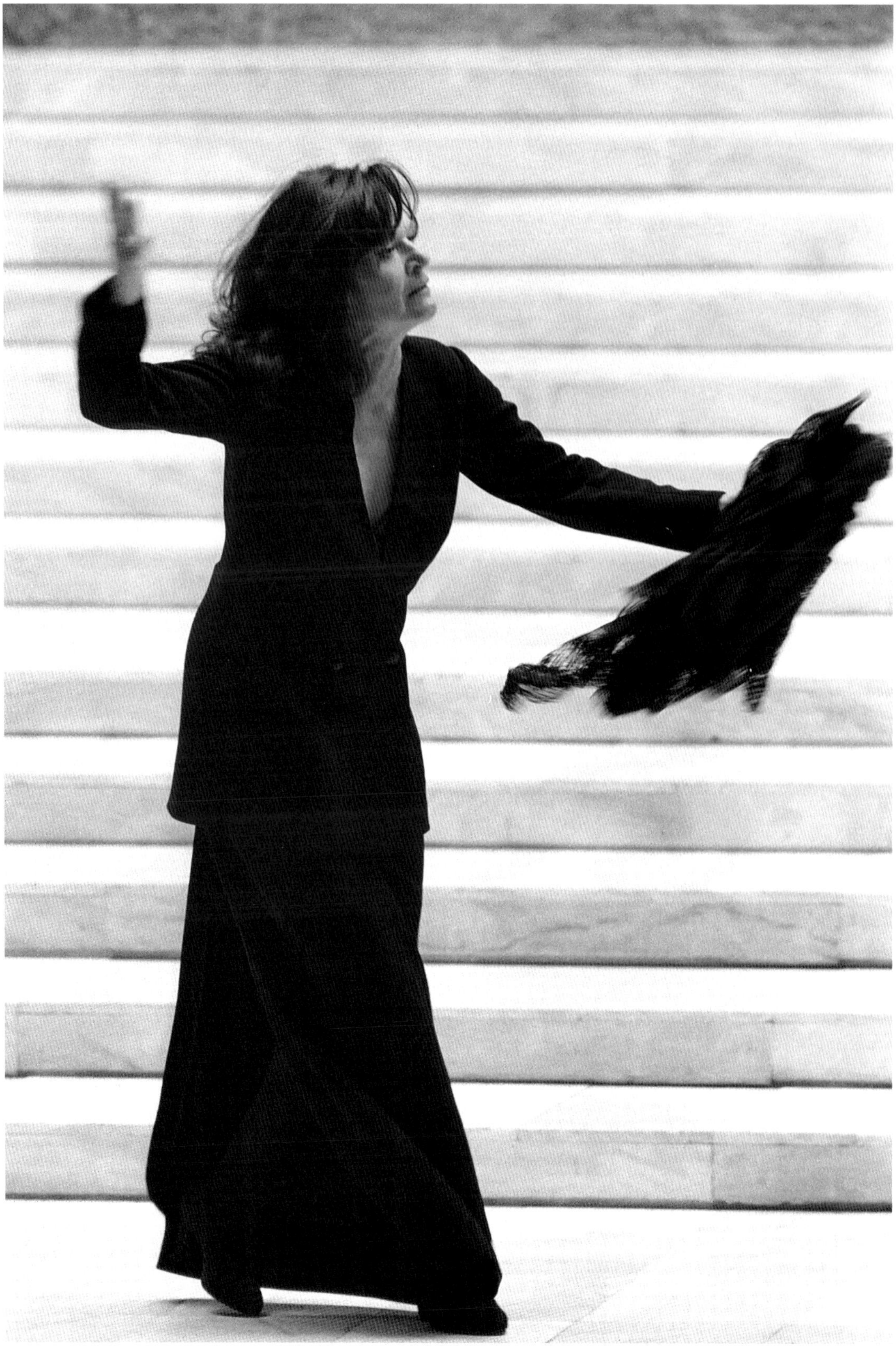

in Peter Zadeks IVANOV-Inszenierung erneut zusammentraf. Schließlich ergab sich in der Spielzeit 1991/92 das Glück einer ersten Zusammenarbeit mit der Regisseurin Andrea Breth, die Peymann und Hermann Beil 1990 anstelle des ausscheidenden Alfred Kirchner in die Künstlerische Direktion geholt hatten und die, nach einer episch breit angelegten, sprachlich streng gefügten Inszenierung des ZERBROCHNEN KRUGS von Kleist eine »schnelle», ganz auf Situationskomik gestellte ländliche Komödie inszenieren wollte und sich für den burlesken Einakter DAS ENDE VOM ANFANG des Iren Sean O'Casey entschied, in dem nun Elisabeth Orth die Rolle der leidgeprüften Ehefrau Lizzie übernahm, der ihr Mann und dessen Freund, gespielt von Rolf Ludwig und Branko Samarovski, statt ein bisschen im Haushalt Hand anzulegen und ihr unter die Arme zu greifen, die Bude mit sicherem Ungeschick völlig auf den Kopf stellen, die Verhältnisse zum Tanzen bringen, so dass alles beim Alten bleibt, und die geplagte Lizzie am Rande der Verzweiflung steht, während das Geschehen doch zum Heulen komisch ist. Andrea Breth und ihren Schauspielern gelang eine herrlich überdrehte, surrealistische, irrsinnig komische Slapstick-Komödienaufführung. Alle in dem Stück rumorenden sozialen und menschlichen Teufeleien wurden wahnsinnig komisch von dem Trio Orth-Ludwig-Samarovski zur Darstellung gebracht. Es war eine O'Casey-Aufführung im Shakespeare-Format, ganz in der Tradition der irischen Music-Hall.

Kurz: Elisabeth Orth erlebte die Peymann-Direktion, wenn sie auch mit dem Regisseur Peymann nie arbeitete, als eine sehr aufregende, arbeitsintensive und für ihre Entwicklung sehr ergiebige schöne Theaterzeit. Mit den vielen zusätzlichen Programmen, Lesungen, die die Hauptlinien des Spielplans unterfütterten, ihm zusätzliche Sprengkraft und verdeutlichende Konturen gaben, konnte sie sich sehr anfreunden. Diese Veranstaltungen korrespondierten mit dem Programm, das sie als Präsidentin der *Aktion gegen den Antisemitismus in Österreich* vertrat und immer noch vertritt. 1993 war das Ensemble, das »alte« Wiener und das »neue« aus Bochum wirklich zusammen gewachsen und demonstrierte gegen Fremdenfeindlichkeit und für Menschenfreundlichkeit. Elisabeth Orth beteiligte sich an der Lesung des Stücks JUBILÄUM von George Tabori und bildete dann mit den Künstlern des Burgtheaters eine Lichterkette, sich der großen Demonstration gegen das Ausländervolksbegehren der FPÖ auf dem Heldenplatz anschließend.

Die Angriffe auf Peymann hörten nicht auf, aber sein Theater lebte; es hatte sich das »alte« *Burgtheater* in gewisser Weise anverwandelt, und Peymann fing an, ein ruhmreiches Kapitel der Geschichte des Hauses am

Linke Seite:
»Ach, welch ein schwaches Ding
Das Herz des Weibes ist!
O Brutus!
Der Himmel helfe Deinem
Unternehmen!«
JULIUS CÄSAR: Elisabeth Orth
(Portia), Felsenreitschule Salzburg
1992

Ring zu werden. Sigrid Löffler schrieb im *profil* (29.3.1993): »Betrachtet man den Spielplan von März bis April, so geben selbst eingefleischte Peymann-Gegner im Ensemble, die lieber heute als morgen ›diese schmutzige weiße Fahne auf dem Burgtheaterdach‹ eingeholt sehen möchten, bereitwillig zu: ›Der Spielplan ist ganz ausgezeichnet – dagegen lässt sich nichts sagen.‹ Binnen einem Monat bietet Peymanns *Burg* in ihren zwei Häusern je zwei Inszenierungen von Zadek, Tabori und Achim Benning, je eine Produktion von Regisseuren wie Jürgen Flimm, Hans Hollmann, Hans Neuenfels, Andrea Breth, Wilfried Minks, Dieter Giesing oder Achim Freyer, dazu nicht weniger als fünf Inszenierungen vom Hausherrn selbst – einen Turrini, einen Handke, einen Goethe und einen Goldoni. Der Spielplan offeriert nicht nur Uraufführungen und so genannte Klassiker, österreichische und Weltliteratur in ausgewogener Mischung, er gibt alteingesessenen wie neuengagierten Ensemblemitgliedern und gastierenden Stars gleichermaßen ihre Glanzauftritte. Die Pluhar, die Düringer, die Orth, die Jesserer, die Holzmeister, die Speiser, dazu Muliar, Bißmeier, Hackl, Gasser, Pekny, Heltau und Robert Meyer haben die Chance, in großen Rollen zu brillieren und sind nicht weniger beschäftigt als die Peymannen von Kirsten Dene bis Martin Schwab, von Anne Bennent bis Traugott Buhre, von Andrea Clausen bis Thomas Thieme, von Therese Affolter bis Uwe Bohm, von Ursula Höpfner bis Branko Samarovski. Ihre *Burg*-Auftritte haben außerdem Solitär-Schauspieler wie Angela Winkler, Eva Mattes, Hans Michael Rehberg, Ulrich Mühe, Will Quadflieg oder Ignaz Kirchner. Was kann man mehr wollen? Welches deutschsprachige Theater hätte größere Vielfalt bei gleicher Qualität zu bieten?«

## »Immer wieder von vorn anfangen«

Elisabeth Orth ging am 29.2.1996 in Pension. Seit der Spielzeit 1994/95 hatte sie nur noch Vorstellungen gespielt und sich von Proben freistellen lassen, um in Berlin im Renaissance-Theater zwei Rollen in Stücken Eugene O'Neills zu spielen, die Glanzrollen ihrer Mutter gewesen waren, die Nora Melody in FAST EIN POET und Deborah Harford in ALLE REICHTÜMER DER WELT. Und danach wechselte sie an die *Berliner Schaubühne*, wo seit Herbst 1992 Andrea Breth arbeitete, die leider sehr schnell wieder aus dem Peymann-Direktorium ausgeschieden war, um künstlerische Mitdirektorin an der *Schaubühne* zu werden, die seit Peter Steins Rücktritt von der künstlerischen Leitung eine längere Phase der Orientierungslosigkeit erlebt hatte. Andrea Breth konnte nun hier versuchen, eine Schauspielerfamilie ganz nach ihren Vorstellungen zusammenzubringen und – was das Schwierigere war – auch zusammenzuhalten. Ihr gelang es mit der Strahlkraft ihrer Inszenierungen und der nie halbherzigen Besessenheit, mit der sie die Schauspieler zur Wahrheit der Dichter und des szenischen Spannungsgefüges (ver-)führte, den immer noch stark präsenten »Schatten« von Peter Stein aus dem Hause zu verdrängen. In Andrea Breths Inszenierung der HEDDA GABLER (1993) übernahm Elisabeth Orth für die erkrankte Bärbel Bolle 1995 die Rolle der Berte, der Haushälterin bei Tesmans, und in Edith Clevers allzu weihevoller und zu statuarischer Darbietung (Regie und Titelrolle) der MEDEIA, wie sie in Ernst Buschors Übertragung heißt, spielte sie die Amme. Voll integriert war Elisabeth Orth an der Schaubühne nur in den beiden Produktionen von Andrea Breth DIE FAMILIE SCHROFFENSTEIN (1997) und ONKEL WANJA (1998), so dass in Berlin genügend Zeit blieb, das politische Geschehen in Wien nicht aus dem Auge zu verlieren und mit Kommentaren sich zu Wort zu melden, wenn der Anlass gegeben war. Gelegentlich betätigte sie sich auch schauspielpädagogisch an der Berliner *Hochschule für Schauspielkunst »Ernst Busch«* als Dozentin für Szenenstudien und lehrte Schauspielstudierende den Umgang mit Literatur, das Entwickeln einer Figur und von Haltungen, das Finden des passenden gestischen Materials zum Aufbau einer Rolle. Ihr besonderer Schüler war Roman S. Pauls, ein sehr begabter, aber gefährdeter, weil damals zu wenig Selbstdisziplin bereiter Student, um den sie sich mit fordernder Geduld besonders »kümmerte« und mit ihm zwei Rollen, Büchners Woyzeck und den Drucker Richard in der TRILOGIE DES WIEDERSEHENS von Botho Strauß, vom sozialen Gestus sehr genau baute und rhythmisch gliederte, ihn »formte«, ohne dass seine bezwingende Emotionalität, sein starkes »Mitempfinden« verloren ging.

Was den Beruf, dessen Eros und Handwerk, angeht, ist Elisabeth Orth in ihrer energischen,

DAS ENDE VOM ANFANG:
Elisabeth Orth (Lizzie Berrill),
Akademietheater 1992

MARIA STUART: Gerd Böckmann (Burleigh), Elisabeth Orth (Elisabeth), Martin Schwab (Shrewsbury), Burgtheater 2001

dennoch sensiblen und überhaupt nicht missionarischen Art ein wunderbares Vorbild, und es wäre zu wünschen, dass ihr ganz undogmatischer, bezwingender pädagogischer Elan Schule machen würde in Schauspielschulen und in Theater, wenn diese denn noch in Zukunft den Mut aufbringen, sich nicht nur besinnungslos und damit eben auch gesinnungslos als marktorientierte Selbstbedienungsläden und Serviceeinrichtungen zu verstehen.

Ihre schauspielpädagogischen Fähigkeiten, ihr hohes Verantwortungsgefühl prädestinieren Elisabeth Orth für Rollen, wo sie sich königlich bewähren kann, auch als proletarische Darstellerin, wofür ihre O'Casey-Figuren Zeugnis ablegen, die Minnie Powell in DER REBELL, DER KEINER WAR in jungen Jahren in Ulm, dann die Bessie Burgess in DER PFLUG UND DIE STERNE (1984) oder die Lizzie Berrill in DAS ENDE VOM ANFANG, meldet sie königliche Hoheit an, ist sie bei aller Bescheidenheit eine selbstbewusste Frau, mit hoher emotionaler Vitalität, die mit Nachdruck zu verstehen gibt, dass Menschen stärker sein können als die Widrigkeit ihrer Verhältnisse. Ihr beinhartes Auftreten, sei es als steinreiche und steinherzige Gutsbesitzerin Sinaida Savischna in IVANOV (1990) oder verbittert törichte Marja Wassiljewna in ONKEL WANJA (1998), hat immer einen

Beigeschmack von königlicher Haltung. Schon im *Reinhardt-Seminar*, als Helene Altenwyl im SCHWIERIGEN, bewegte sie sich wie eine Königin in Wesen und Haltung. Was weniger mit Etikette und Herrschaftsgebaren zu tun hat, denn das sind reine Äußerlichkeiten; bei Elisabeth Orth ist es eine Königin von innen heraus, stolz, unabhängig, vorurteilsfrei, rau und unsentimental, aber gefühlsbetont, immer neugierig auf die Welt zugehend. Auch im größten Schmerz (»Der Worte Wunden bluten heute nur nach innen«) noch signalisierend: »Stets wiederauferstanden, stets verloren: Von den Bedrängten Hoffnung bist genannt.« Solche Haltung, wie sie der Dichter Stephan Hermlin in seinen Balladen zum Ausdruck gebracht hat, bestimmte in der MARIA STUART-Inszenierung Andrea Breths die Darstellung ihrer Königin Elisabeth, der bei aller Kälte der Berechnung, die sie für Realpolitik tauglich gemacht hat, doch graut vor dem Gedanken,

DIE SEE: Elisabeth Orth (Louise Rafi), Sabine Haupt (Jilly), Akademietheater 2000

Rechts: DER KIRSCHGARTEN: Teresa Weißbach (Varja), Ignaz Kirchner (Firs), Elisabeth Orth (Charlotta Ivanovna), Andrea Clausen (Ljubov Andreevna Ranevskaja), Sven-Eric Bechtolf (Ermolaj Alekseevic Lopachin), Burgtheater 2005

DER JÜNGSTE TAG: Cornelius Obonya, Wolfgang Gasser, Franz J. Csencsits, Elisabeth Orth (Frau Hudetz), Gerd Böckmann, Burgtheater 2000

dass sie ihren »edlern Teil« nicht retten könnte bei ihrem ständigen Bemühtsein, »unangreifbar zu sein vor dem Tadel der Welt«. In ihren Augen ist die Trauer erstarrt, dass sie weder Rat noch Trost bei Menschen gefunden hat.
Mit Andrea Breth, die Klaus Bachler zu Beginn seiner Intendanz 1999 als Regisseurin ans *Burgtheater* holte, kehrte Elisabeth Orth an ihr Stammhaus zurück, um mit dieser Regisseurin das ihrem Wesen eigene Glück der Arbeit im Theater neu und auch noch einmal völlig anders zu erleben. Nach den für sie so wichtigen Begegnungen mit den Regisseuren Heinz Hilpert und Hans Lietzau ist die Theaterarbeit mit Andrea Breth für sie ein außerordentlich bedeutsamer und schöner intellektueller Gewinn, weil dieser Regisseurin eben das Theatermachen wesentlich dazu dient, »Welt« zu verstehen und zu erklären, alles Schöne und Elende des Lebens in allen Widersprüchen auszuloten und für die Zuschauer erfahrbar zu machen. Unter der Regie von Andrea Breth spielte Elisabeth Orth in Wien in den vergangenen sieben Jahren die Louise Rafi in Edward Bonds DIE SEE, Frau Hudetz in DER JÜNGSTE TAG von Horváth, Gräfin Helena im KÄTHCHEN VON HEILBRONN von Kleist, die Königin Elisabeth in Schillers MARIA STUART, Frau Wahl im WEITEN LAND von Arthur Schnitzler (bei den *Salzburger Festspielen*, 2002), die Mutter Claudia Galotti in EMILIA GALOTTI, den Großinquisitor im DON CARLOS, nach der Mae bei Adolf

Dresen (1981), nunmehr die Big Mama in der Katze auf dem heissen Blechdach von Tennessee Williams (2004) und die in Zaubertricks verliebte, schräge Charlotta Ivanovna im Kirschgarten (2005).

Elisabeth Orth, die nun bald ihr 50-jähriges Bühnenjubiläum feiern kann, ist eine immer noch »junge«, weil neugierige Schauspielerin, für deren Haltung zum Leben und zum Theater das Motto Hilperts Verpflichtung geblieben ist: »Du musst immer wieder von vorn anfangen.« Die Darstellung der Circe, einer Redebegabten, in Albert Ostermaiers Stück Nach den Klippen, inszeniert von Andrea Breth im *Akademietheater* (2005), stellt das eindrucksvoll unter Beweis.

Don Carlos: Elisabeth Orth (Großinquisitor), Sven-Eric Bechtolf (Philipp II.), Burgtheater 2004

Die einfache Wahrheit und Klarheit der Sprache ist ihr alles. Kein »gemachtes« Theater, keine Schnörkel, sondern wie es in einem Gedicht von Paul Eluard heißt: »Die Augen noch weiter offen unterm Wind ihrer Hände/Träumt sie davon, dass sich der Horizont für sie entgürte.« Politisches Theater der direkten, agitatorischen Art hat Elisabeth Orth nie angestrebt, aber nie unerwähnt gelassen, dass sie eine Haltung zum Leben, zum Weltgeschehen und zur Politik hat und diese auch ihre Theaterarbeit mitbestimmt. »Wenn wir über unser Leben sprechen, dann tun wir so, als stünden wir hier und uns *vis-à-vis* ›das Leben‹, als wären das zwei verschiedene Dinge. Wir sagen zum Beispiel: Das Leben ist nicht viel wert, es hat keinen Sinn, es ist mir alles schuldig geblieben. Ja, wir und das Leben sind doch eines, wir leben unser Leben. Wir können nicht das Leben anklagen, dass es uns den Sinn schuldig bleibt, denn es kann doch immer nur den Sinn gewinnen, den wir ihm geben. Diesem Leben, von dem Freud so schön und pessimistisch gesagt hat, dass es nicht viel sei, aber dennoch alles, was wir besitzen.«

# Albert Ostermaier

NACH DEN KLIPPEN
von Albert Ostermaier:
Elisabeth Orth (Circe)
Akademietheater 2005

*für Elisabeth Orth*

**die zauberin**

und an diesem zauberfädchen
das sich nicht zerreissen lässt
hält sie mich ein mädchen noch
in den augen sieh nur wie frech
sie blickt ein mädchen im herzen
an diesem fädchen dem roten
das mir die zeilen zieht denn
ein faden wär schon fast ein
strick an diesem fädchen hält
hält sie mich fest und hält zu mir
unverrückbar wie verrückt und
wenn es mal drückt und zieht
hier in meinem  herzen ist es weil
wir unzertrennbar sind und flieht
es mein herz und schlägt mich fort
nie bleibe ich länger an einem ort
dann gibt sie mir sinn zu bleiben
wie ich bin anders und wie sie
veränderbar und dennoch treu
dem augenblick treu dem wort
der suche nach dem glück das
zwischen den zeilen im schweigen
oder hier in einer pause liegt
und nicht verfliegt in dem Moment
wenn wir statt im satz zu stehen
uns drehen und wenden und ohne
einander zu sehen uns blind
verstehen du wirst immer wilde
wege gehen mit einer unbedingtheit
leben die nur freunde bedingt
überall dort wirst du sie verorten
wo deine stimme durch wände
dringt hinein in die herzen und
in den worten einen klang zum
klingen und auf die klinge bringt
der weiss dass auch die Wahrheit
singt wenn wir sie beherzen und
ihren verlust nicht verschmerzen
aber nichts ist verloren alles hängt
noch an einem faden und wenn wir
statt abzuwägen es wagen ihn zu
halten und das was wir versprechen
warum sollten wir zerbrechen wir
haben Phantasie haben ihr spiel ihre
magie haben sie wie sie lacht sie macht
aus dem nie ein jetzt dass sich allem
entgegensetzt was uns verletzt ihr
zauber scheut keine klippen ihr
zauber ist wörtlich und er spricht
mit ihren lippen selbst in der grössten
bitterkeit bleibe zärtlich denn nichts
ist so gefährlich wie die zärtlichkeit

IPHIGENIE AUF TAURIS:
Elisabeth Orth (Iphigenie),
Martin Benrath (Orest),
Residenztheater 1966

## Wer ist Iphigenie bei uns, für uns?

Elisabeth Orth und Kirsten Dene, beide seit 1986 Kolleginnen am *Burgtheater*, haben nie miteinander gespielt; ein einziges Mal nur, in der von Raoul Schrott nachgedichteten Version der BACKCHEN von Euripides, 1999 von Silviu Purcarete im Haus am Ring inszeniert, standen sie gemeinsam auf der Bühne: Elisabeth Orth als eine der Backchen im Chor, Kirsten Dene als Agaue. Als Schauspielerinnen haben beide ihre ganz besondere Aura, die auf einem faszinierenden Eigensinn beruht. Beide sind erstaunlich vielseitige Verwandlungskünstlerinnen, die im tragischen wie komischen Fach zu brillieren verstehen. In einem kleinen Theater kämen sie sich besetzungsmäßig sicher ins Gehege, obwohl sie vom äußeren Erscheinungsbild, dem »Typ« nach, in der Wesensart und vom Temperament her sehr verschieden sind. Da es die Fächer jugendliche Liebhaberin, Naive, Heroine, Charakterspielerin, komische Alte und so weiter nicht mehr gibt, hängt es ganz von der Lesart der mit der Vorbereitung einer Inszenierung beschäftigten Regisseure und Dramaturgen ab, wie eine Rolle besetzt wird, ob Elisabeth Orth oder Kirsten Dene die Lady Bracknell, die Königin Elisabeth, die Großmutter in GESCHICHTEN AUS DEM WIENER WALD oder die Marthe Rull im ZERBROCHNEN KRUG spielen. Interessant ist, mit welchen Rollen beide Schauspielerinnen nicht besetzt worden sind (dabei aber sicher der Zufall mehr seine Hand im Spiel hat und keine Absicht dahinter steckt). In jungen Jahren entging ihnen Gretchen, Julia, Ophelia, Desdemona, Stella, Minna, Recha, das Käthchen von Heilbronn, Penthesilea, Alkmene, die Amalia in den RÄUBERN, die Thekla im WALLENSTEIN, Maria Stuart, Viola, Rosalinde, Prinzessin Lena, Lulu, Judith, Fräulein Julie, Christine in LIEBELEI, Marianne im GESCHICHTEN AUS DEM WIENER WALD.

Anders als Elisabeth Orth hat Kirsten Dene als Anfängerin in Essen selten die begehrten Titelrollen spielen können, keine Sara Sampson, Porzia, Emilia Galotti, Johanna von Orleans, Cristina, Hero. In Frankfurt konnte sie die Eve spielen, die Elisabeth Orth entging, weil die Inszenierung Hilperts, der sie besetzen wollte, in den Zeitraum ihres Urlaubs für eine Gastrolle am *Burgtheater* fiel. Eine Art Ersatz-Julia war für Kirsten Dene die Annabella in John Fords SCHADE, DASS SIE EINE HURE ist. Die Anzahl der prominenten Rollen, die beide Schauspielerinnen verkörpert haben, ist wesentlich geringer als die, die beiden entgangen sind. Sowohl Elisabeth

Orth als auch Kirsten Dene spielten die Luise in KABALE UND LIEBE, die Marie im WOYZECK, die Eboli im DON CARLOS, die Sophie Guilbert im CLAVIGO, beide waren Medea, Elisabeth Orth die von Grillparzer, Kirsten Dene die von Heiner Müller, beide spielten die Olga in DREI SCHWESTERN und beide Mutter Courage. Und beide verkörperten sehr überzeugend die Iphigenie in viel diskutierten und umstrittenen Inszenierungen von Goethes Schauspiel IPHIGENIE AUF TAURIS. Elisabeth Orth spielte sie ein erstes Mal am *Residenztheater* in München 1966 unter der Regie des Intendanten Helmut Henrichs, mit Martin Benrath als Orest und Gerd Brüdern als Thoas – und 1977 am *Burgtheater* unter Adolf Dresens Regie, mit Wolfgang Hübsch als Orest und Heinrich Schweiger als Thoas. Ebenfalls 1977 war Kirsten Dene die Iphigenie in der Inszenierung von Claus Peymann, mit Martin Schwab als Orest und Branko Samarovski als Thoas.

Das Problem jeder Inszenierung von Goethes IPHIGENIE AUF TAURIS ist, von der Interpretation abgesehen, zunächst einmal die Notwendigkeit, das »dramatische Gedicht« zur Wirkung kommen zu lassen, denn »Theater« und jede Art realistischer Darstellung führt bei einer zwingend dem dichterischen Wort verpflichteten Inszenierung leicht zu marmorner oder gar gipserner Antike. Niemand konnte der Sprache Goethes so überzeugend Schönheit und Klang verleihen wie Maria Wimmer. Goethes Iphigenie betrachtete sie als ihre Schicksalsrolle, die sie von 1943 an bis Mitte der sechziger Jahre in den verschiedensten Inszenierungen in Hamburg, Berlin, Recklinghausen, Bad Hersfeld, Düsseldorf und auf Tournee gespielt hat. Die Schwierigkeit der szenischen Verkörperung des Stücks liegt an den Gegebenheiten klassischer Wertvorstellungen von »prästabilierter Harmonie«, bei der nicht psychologisch erklärt werden muss, wenn jemand plötzlich von seinem Wahn geheilt ist wie Orest oder unerwartet Großmut beweisen kann wie Thoas. Umso entscheidender wird die Fähigkeit des Schauspielers, das Einssein mit der Welt, dieses nicht begründbare, aber existierende Gott- und Weltvertrauen aller Vernunft zum Trotz hinzunehmen, es rein seelisch, aber nicht glaubensstark »verbohrt« zum Ausdruck zu bringen. Maria Wimmer gelang es mit ihrer Iphigenie, der inneren Wahrheit der Sprache Goethes einen Sprachkörper zu geben, die Sprache formal zu beglaubigen, ohne eine Missionarin des Gutmenschentums oder göttlicher Schicksalshoheit zu sein, vielmehr von den Göttern in einem prozessualen Dialog Menschlichkeit verlangend mit dem »Rettet euer Bild in meiner Seele.« Die Inszenierungen, in denen sie die Rolle spielte, vermochten ästhetisch selten zu überzeugen, denn sie versuchten einem Schauspiel mit Requisiten und Kostümen griechisches Aussehen zu geben, in dem es aber lediglich darauf ankommt, dass der Mensch »sein eignes geistiges Wesen in seiner Sprache« (Walter Benjamin, *Über die Sprache*) mitteilen kann. Maria Wimmer brauchte für ihre Iphigenie im Grunde gar keine inszenatorische Arbeit mehr. Ihre Form war ganz Gefühl, so eins mit der Sprache, dass sie zwar Bewunderung hervorrief, ein enormes Sprachentzücken auslösen konnte, aber kein Mitfühlen. Heinz Hilpert, unter dessen Regie Maria Wimmer gerne gespielt hätte, gestand ihr in seiner Antwort vom 6.1.1949 sehr ehrlich, er würde durch ihr Spiel vom Gefühl aus überhaupt nicht angesprochen: »Ich habe immer Deine wirklich innig wirkende Schönheit bestaunt und mir gesagt, diese Frau müsste man von unten bis oben aufreißen, damit sie endlich mal einen Ton von sich gäbe, der ursprüngliches und echtes Gefühl verrät. Ich habe immer das Empfinden gehabt, dass sich hinter der sehr kühlen und bildhaften Außenseite doch eine Natur verbirgt, die so eingekapselt ist, dass man sie vielleicht in langsamer Arbeit (…) in Deine Leistungen hinein projizieren könnte.« Hilperts Kritik drückte einerseits sicher das Bedürfnis nach psychologischer Begründung aus, andererseits aber auch seine Weigerung, Darstellungsrituale und Manierismen gesprochener Literatur dann noch szenisch zu illustrieren. Helmut Henrichs, der Intendant des *Residenztheaters*, entschloss sich 1966, nachdem er sie in den mit Heinz Hilpert erarbeiteten Rollen der Cristina und der Hero erlebt hatte, Elisabeth Orth in seiner Inszenierung der IPHIGENIE AUF TAURIS die Priesterin in Dianens Tempel spielen zu lassen, ein kühner Versuch, dem Joachim Kaiser in *Theater heute* (12/1966) den Rang einer »vorsichtigen Erkundung« zubilligte: »Henrichs, der wohl am besten bei den Rea- beziehungsweise Naturalisten zu Hause ist, zog sich nicht in das Dickicht schützender Requisiten zurück. Er erprobte vielmehr, wie viel Sprachaffekt zulässig sei, hielt seine Schauspieler oft zu einer Art Denk-Flüstern an, aus dem heraus ein leicht skandiertes Mezzo-Forte dann schon die relativen Höhepunkte bezeichnete. Diese Höhepunkte nun wirkten nie verlogen (was schon viel ist), aber sie waren denn doch manchmal nicht stark genug. Immerhin war es nach vielen Jahren ängstlicher Flucht vor Goethe ein Münchner Anfang. Der eigentlich spannungsvollste Akt, der vierte, zerfiel und misslang am meisten; im übrigen aber war es eine Aufführung, die soviel Respekt vor dem Text hatte, dass dem Publikum eine gewichtige Ahnung davon sich aufdrängen musste, was Größe ohne Pomp und was Reinheit ohne Lüge ist. Elisabeth Orths junge Iphigenie war nicht frei von Hochmut. Die will einfach keinen Barbaren-König heiraten, manchmal schien die Sprache für sie überhaupt mehr ein Instrument, ›Wollen‹ zum Ausdruck zu bringen, nicht Melodie.

Erstaunlich, aber durchaus einleuchtend, dass Frau Orth ihren Monolog am Ende des ersten Aktes: ›Du hast Wolken, gnädige Retterin,/Einzuhüllen unschuldig Verfolgte‹ mit einem spürbaren doch sprach. Mehr als Aufforderung denn als Einsicht. Überhaupt schwang viel Tantaliden-Bitterkeit mit, wenn Elisabeth Orth, als scheinbar demutsvolle Priesterin, über sich und die Götter nachdachte. Dass ihr im vierten und fünften Akt manches zu flach geriet, mag mit noch nicht voll entwickelter Sprechtechnik zusammenhängen. Ein großer Ton, tief angesetzt, würde wohl von selbst auch größere Bewegtheit, erfülltere Pausen mit sich bringen. Es ist fast unmöglich, immer mit der hier notwendigen äußersten Konzentration verhalten oder gar leise zu sein. Immerhin hatte Frau Orth in dem Bezirk, den sie sich gestattete, eine Fülle bewegender Nuancen. Gerd Brüdern setzte seinen Thoas um eine Spur zu harmlos an. Ließ sich fast zuviel Zeit für die Steigerung zur Bedrohlichkeit, der dann Versöhnung folgt. Aber auch seine Verhaltenheit war frei von falschen, peinlichen Tönen. Martin Benrath spielte den Wahnsinn des Orest nicht, wie es oft geht, in die Mitte der Aufführung. Er verließ sich bei der Darstellung des Wahns um eine Spur zu sehr auf den starren Blick. Die Steigerungen, die er sparsam setzte, hatten freilich große Wirkung.«

Im schlechten Sinne stadttheaterhaft war die Aufführung von Helmut Henrichs nicht, sie war ein Anfang, ein klassisches Stück des Weimaraners Goethe mit einer von großer Sprache beglaubigten Utopie näher an die Realitätserfahrungen des Jahrhunderts zweier großer Weltkriege und größter Verbrechen gegen die Humanität heranzubringen, ohne Mittel krampfhafter Aktualisierungen einzusetzen. Und er hatte in Elisabeth Orth eine Darstellerin, die der Rolle mädchenhaft-heutige Züge verlieh, auch als Priesterin eine junge Frau mit empfindsamem Herzen blieb, keine gestrenge Künderin von Humanität war, schwelgend in einer Wonne von Erhabenheit, wie eine Maria Wimmer sie zum Strahlen zu bringen vermochte, vielmehr fordernd, dass reine, unbesonnene Himmelsfreude nicht bloß Ersatz für Liebe und Lust und keinesfalls »strafbar« sein darf.

Ein gutes Jahrzehnt später inszenierten Adolf Dresen in Wien und Claus Peymann in Stuttgart IPHIGENIE AUF TAURIS. Jetzt aber wollte man, auch wenn die Szenenanweisung »Hain vor Dianens Tempel« heißt, griechische Gewänder und Säulentempel tunlichst vermeiden, um die von Goethe selbst als »verteufelt human« bezeichnete Botschaft des Stücks in eine aktuell lesbare zu verwandeln. Der Diskursebene des dramatischen Gedichts galt es nunmehr einen unmittelbar verstehbaren Sinn zu unterlegen. Sowohl Dresen als auch Peymann machten sich Adornos berühmten Aufsatz *Zum Klassizismus von Goethes Iphigenie* aus dem Jahr 1967 zu

IPHIGENIE AUF TAURIS:
Elisabeth Orth (Iphigenie),
Wolfgang Hübsch (Orest),
Burgtheater 1977

eigen und wollten wie der Philosoph die Klassizität der Dichtung mit gegenständlicher Sinnlichkeit aufbrechen: »Goethes Sprache muss mit dem Gehalt sich erzeugen; das verleiht ihr die Frische von Wald und Höhle.« Dresen, dem nach der Ausbürgerung Wolf Biermanns in der DDR jeglicher politischen Motivierung seiner Arbeit, wie er sie für sich in Anspruch zu nehmen pflegte, der Boden entzogen war, suchte 1977 im Westen neue Ansatzpunkte für eine essentielle Theaterarbeit. Thematisch reizte ihn an der IPHIGENIE AUF TAURIS, dass es ein Stück war, »in dem der Mensch sozusagen der Barbarei abgerungen wird«. Dieses Schauspiel schien ihm damals eine unerhörte Stoßkraft zu besitzen: »Denn die Sympathie für Thoas ist im Westen wichtiger als in der DDR: das Stück spielt auf der Krim, und die weiche Mentalität des Thoas ist sehr russisch, was erstaunlicherweise von Adorno bemerkt worden ist. Das Stück als Zivilisationskritik funktioniert besser in dieser hoch zivilisierten, hoch technisierten, überzüchteten Kapitalismus-Gesellschaft, wo man immer das Gefühl hat, dass es bald bricht.« Adorno jedenfalls spricht von einer »Aufklärung« in Goethes Schauspiel, »die sich selbst entläuft« und die sichtbar macht, dass Thoas der »Übervorteilte« ist, »mit dem das Gedicht insgeheim sympathisiert«. Um das Gedankendrama zu materialisieren und den zivilisationskritischen Effekt zu erzielen, musste der Regisseur eine für die Gegenwart griffige Spielebene schaffen. Dresens Szene war kein Tempelbezirk mehr, sondern ein weißes Zelt, dessen Bahnen sich zum Zuschauerraum und zum Hintergrund hin hoch raffen ließen. Darinnen stand, sozusagen als Zitat und als Sinnbild für das Beschädigte des Mythos, auf einer Treppe als Diana-Statue der noch teilweise verschnürte Torso einer riesigen kindsköpfigen Puppe. Der Skythenkönig von Heinrich Schweiger war ein krummsäbelbewaffneter, breitschultriger Koloss mit Glatzkopf, dem aber Dresen bei allem orientalischen Filmschurkengebaren doch einen bewegenden Rest von unverstellter Menschenwürde zubilligte: »Schweiger spielt einen unbeholfenen Wüterich, mal sanft, mal aufbrausend und gegenüber Iphigenie ein gerne zarter Grobian. Barbar im Habitus, edler Wilder im Gemüt – im Ganzen eine unsichere, aber auch undeutliche Figur. Wir können uns einen solchen Menschen in seinen Alltagsgebärden eben nicht richtig vorstellen: weder poetisch noch skythisch und am wenigsten in beidem zusammen.« (Peter von Becker, *Theater heute*, 12/1977)

Für Elisabeth Orth war es eine reizvolle, aber sehr schwierige Aufgabe, ihrer Iphigenie die Sprachgewalt der Dichtung Goethes zu erhalten und zugleich ihrer Figur eine Bodenhaftung zu geben, die ihren Wahrheitsfanatismus und die Versöhnungssehnsucht am Schluss als etwas »unverwelkt Modernes« (Adorno) erscheinen lassen. Der angestrebte »heutige«, einfach klagende Ton der in sich zerrissenen, unterm Wahnsinn der »ernsten, heil'gen Sklavenbanden« leidenden gefangenen Frau glückte ihr nicht so überzeugend, wirkte nur wie der epische Kommentar einer Märchenerzählerin. Der »Vermenschlichung« des Wilden, seiner jetzt für sie ja umso heikleren, gefährlicheren Werbung konnte sie nichts ihrer humanen Gesinnung Entsprechendes entgegenhalten als nur die kalte Dusche einer schnellen Absage. Elisabeth Orths Dilemma war das Problem der Inszenierung, die das »Philosophische« der Dichtung in schlüssige Gegenwart zu übersetzen bestrebt war, ohne der Darstellerin »Spielmaterial« für die aktualisierenden neuen Akzentsetzungen zu geben. Was in der Münchner Inszenierung von 1966 noch »Diskurs« war, wurde in der Wiener Inszenierung kein Gespräch. Und damit wirkte das Spiel der Iphigenie oft zu aufgesetzt theatralisch. Die Inszenierung wertete die humane Erkenntnis der Iphigenie ab, weil sie zu sehr Griechin sein musste und ihr dadurch das von Herzen Kommende und aus der Seele Sprechende genommen war: »Die Iphigenie Elisabeth Orths aber war von Exil und Aufopferung durch nichts mehr gekennzeichnet als durch ein schnell abgeworfenes graues Bettelwams, unter dem, staatstheaterverlogen, gleich sonnengelb ein Cocktailkleid made in Mycene zum Vorschein kam.« (Peter von Becker, *Theater heute*, 12/1977)

Die Aufführung wirkte übrigens in der Premiere besonders »gestemmt«, unkonzentriert und überagiert. Beim Premierenpublikum und einem Großteil der Presse stieß das derart »Gewollte« auf eisige Ablehnung. Im Bemühen, alles im Sinne des Regisseurs richtig zu machen, wurde manches von den Schauspielern falsch gemacht, das Selbstverständliche oft überspielt. Spätere Vorstellungen wollten weniger beweisen, Elisabeth Orth gelangte zu einem mehr aus ihren eigenen Impulsen geführten Spiel. Besinnung auf den Kern der humanen Aussage des Stücks war Dresen auch wichtiger als die aufgesetzte Aktualität und andeutungsweise Agitatorisches. Beim Publikum setzte sich die Aufführung durch, die, nach einer erfolgreichen vierwöchigen Österreichtournee, lange im Spielplan blieb und auch zu vielen Gastspielen, u. a. nach Israel und in die Sowjetunion eingeladen wurde. In einem Brief an das Iphigenie-Ensemble schrieb der Regisseur am 5.12.1977, um den Anzeichen von Verschleiß zu begegnen und die Schauspieler aus der distanzierenden Reserve zu locken: »Denken Sie bitte einmal darüber nach, ob nicht Goethe den überhaupt einzigen Weg zeigt, einem Tantalidenschicksal zu entgehen. Die latente Barbarei unserer Hochzivilisation, die täglich in die offene Barbarei ausbrechen kann, gibt keinen Anlass zu irgendeinem Optimismus. Entscheidend ist, dass Gewalt und List, auf denen in jedem Sinn unsere industrielle Zivilisation beruht, in diesem Stück nicht, auch nicht indirekt, gepriesen werden, sondern die Demut, das Dienen, Kindlichkeit, Zärtlichkeit – Liebe. Gepriesen wird das Niedrige, es soll erhöht werden. Es geht hier weniger um eine Aussage oder gar Agitation. Man muss sich erinnern, dass Theater mit Magie und Religion zu tun hatte und dass es auch nicht mehr Theater sein kann, wenn es diese Wurzeln verleugnet. Wenn der Schauspieler den Magier oder Priester völlig verloren hat, dann hat er sich selbst verloren. Ich bin überzeugt, dass alle Theaterkrise auf solchem Verlust beruht und dass jeder Erneuerungsversuch ein Versuch war, den Verlust irgendwie zu ersetzen. Unser industrielles Theater ist eine Negation des Theaters, unterm Anschein seiner erst wahrhaften Etablierung. Aus diesem Sumpf können wir uns nur selbst, an den eigenen Haaren, herausziehen. Genau das ist, was Iphigenie tut, sie durchbricht den Teufelskreis, sie tut wahrhaft etwas, ohne von ›großen Taten‹ zu reden. Das Beispielhafte der Figur ist umso größer, je weniger sie selbst etwas davon weiß, je weniger ihr Autoritäres oder Denkmalhaftes anhängt. In der Darstellung zwei Gefahren: die erste, dass aus der Kindlichkeit Nettigkeit, Unverbindlichkeit wird, dass sie nicht kindlich, sondern kindisch ist. In Abwehr dessen kann man ins andere Extrem fallen – dass die Kindlichkeit, die aufopfernde Liebe, die für sich nichts will, preisgegeben wird. Für den Prolog bleibt wichtig: die Bescheidenheit, mit der sie ihre Verzweiflung äußert; sie leidet unter der Heimatlosigkeit, mutet aber niemandem ein Mitleid zu, sie drängt sich nicht auf. Sie ist, wenn man so will, eine ganz untheatralische, undramatische Figur – sie beendet die Dramen der andern. Im 1. Akt bleibt das Zentrum ihre Angst vor Thoas, den sie doch beinahe liebt. Mit der Tantalidengeschichte bekennt sie sich zu ihrem Haus, wie immer dies aussieht; sie präsentiert sich mit allen Geschwüren nackt: *ecce homo*. Diese Selbstfindung ist zugleich ein frivoler, verbotener, prostituierender Akt: hier ist nicht eine Heilige vom Himmel gefallen, vielmehr versucht ein Mensch der Hölle zu entkommen. Im 2. Akt ist sie ganz überwältigt von Mitleid,

IPHIGENIE AUF TAURIS:
Bühnenbild Matthias Kralj,
Elisabeth Orth (Iphigenie),
Heinrich Schweiger (Thoas),
Burgtheater 1977

versucht sich aber noch zu reservieren, vorzuenthalten, um im 3. nahezu jubelnd ihr ganzes schon mühsam festgehaltenes Selbst fahren zu lassen. Hier kulminiert alles, was Iphigenie ausmacht, die vollkommene bedenkenlose Hingabe und Innigkeit. Doch da hier die höchsten Frauentugenden geradezu als Schwäche, ja Sinnlichkeit erscheinen, ist daran eher Unmoralisches. Die Szene schlägt um an der Unerreichbarkeit Orests. Iphigenies tiefster Absturz aus dem Jubel in Rotz und Wasser, dem dann nach Orests Erwachen ein eher vorsichtiges, etwas beschämtes, noch-nicht-dran-rühren-wollendes Glück folgt. Im 4. Akt dann die von den Griechen umgedrehte Iphigenie, deren Impuls die Angst um den eben

Wiedergefundenen, dessen akute Gefahr ist. Sie zwingt sich zur Lüge und ordnet sich willig Pylades unter – folgsam fühlte sie sich immer am schönsten frei. Sie hat sogar die Kraft, Thoas entgegenzutreten – man ahnt den Atridensprößling. Aber sie hat nicht die Kraft das durchzuhalten; und wie sie – aus Schwäche! – Thoas vorher an die Griechen verriet und sie fliehen ließ, so verrät sie jetzt die Griechen an Thoas. Diese doppelte Schwäche ist das Kernanliegen des Stücks, sie ist die eigentliche Kraft Iphigenies, macht die Fabel aus. Das Überraschende und ungeheuer Moderne des Stücks ist der Sieg, ja Triumph in solchen Niederlagen. Das ist weit mehr als alle Heldenabtakelung und Denkmalsabrüstung. Bei Iphigenie – und das nimmt ihr alles Heroische - ist nicht Wille, was sie tut: sie kann an den beiden entscheidenden Stellen nicht anders. Wenn man will, kann man ihr daher auch alles Verdienstliche absprechen. Ich kenne kein anderes Stück der Weltliteratur, das eine solche Aktualität beanspruchen könnte wie Iphigenie, die aktuellen, neuen Stücke eingeschlossen. Wir müssen das sehr tief und unmittelbar, ohne jeden Umweg über Politik oder Zeitung oder Unpersönliches anderer Art, begreifen. Nur dann können wir es brennend genug spielen.«

Die Stuttgarter Inszenierung fiel zeitlich zusammen mit den politischen Ereignissen vor dem so genannten Deutschen Herbst, als Ulrike Meinhof, der intellektuelle Kopf der RAF, sich in ihrer Zelle im Stammheimer Gefängnis umbrachte, als ein RAF-Kommando den Industriellen Hans Martin Schleyer in die Gewalt von Terroristen brachte und dabei vier Männer seiner Bodyguard kaltblütig erschoss, eine Lufthansa-Maschine nach Mogadischu entführt wurde und dort die Befreiung der Passagiere gelang, Schleyer daraufhin ermordet wurde und die in Stammheim einsitzenden RAF-Führer Baader, Ensslin, Raspe Selbstmord verübten, ohne dass geklärt werden konnte, wie die Waffe, mit der sie sich töteten, in ihre Hände gelangte. Und Peymann wurde, wegen seiner »Zahnspende« für Gudrun Ensslin, verdächtigt, mit den Terroristen zu sympathisieren. Vera Sturm, die Dramaturgin der Produktion, fertigte ein im Programmbuch veröffentlichtes Probentagebuch an, in dem es heißt: »Immer wieder beginnen wir morgens mit Debatten über die politische Situation, über Gewalt, Terror, Vernunft. Die Schauspieler haben immer mehr das Gefühl, dass die Arbeit an Iphigenie eine Möglichkeit ist, für sie eine Möglichkeit, sich mit dieser aktuellen Wirklichkeit auseinanderzusetzen, etwas zur Debatte beizutragen, an gesellschaftlicher Problematik teilzunehmen. (…) Iphigenies Familiengeschichte. Was hat sich denn abgespielt in der Familie Tantalus? (Auch hier wieder das Bild der eisernen Bande um die Stirn und Seele der Tantaliden.) Krankheitsbilder: unmäßige Wut, Tobsucht; zwar

IPHIGENIE AUF TAURIS:
Bühnenbild Ilona Freyer,
Gert Voss (Pylades), Kirsten
Dene (Iphigenie), Stuttgart 1977

bleibt die Erzählung im mythologischen Stoff, ihre Vorgänge müssen wir uns übersetzen: Raub, Mord, Betrug, Erpressung, Verbrechen aus Eifersucht, Rache; ist das ein Stück Menschheitsgeschichte? Iphigenie muss sich diesen Abschnitt ihrer Geschichte erst einmal wieder klarmachen, um einen Schritt weitergehen zu können, auf eine Veränderung ihrer Lage hin; das hat etwas von den Phasen einer Psychoanalyse (ohne die Situation auf der Bühne nachzustellen). (…) Kirsten Dene bei den Proben. Ihr Versuch: keine Heldin, auch kein Unschuldsengel. Sie erfindet Situationen, spielerische Ausdrucksformen, die immer stark an der Realität überprüft sind, die psychologische Vorgänge ganz konkret zusammenfassen; die Mittel sind immer einfach, deshalb besonders einleuchtend: sie geht in den Monologen so weit, schlicht eine kurze Ansprache an das Publikum zu halten, oder sie spielt in Szenen mit Orest ganz klar das Verhalten der großen Schwester zum jüngeren Bruder; oder sie bringt in die ganze Rolle eine spannende Ökonomie, indem sie – nach der Zartheit am Anfang – mit wachsendem Bewusstsein der Figur immer kräftiger im Widerstand wird. Fast agitatorisch spielt sie die Auseinandersetzung mit den Göttern, ›Rettet mich und

IPHIGENIE AUF TAURIS:
Kirsten Dene (Iphigenie), Martin
Schwab (Orest), Gert Voss
(Pylades), Stuttgart 1977

rettet euer Bild in meiner Seele‹, dann wieder zeigt sie die Unerfahrenheit eines Menschen im Umgang mit einem andern, die Unerfahrenheit, die lange Isolation mit sich bringt, zum Beispiel die Tolpatschigkeit einer Umarmung; Kirsten Dene versucht immer wieder, die Figur auf einen konkret nachvollziehbaren Boden zu bringen, Spannungen in der Figur zu zeigen. Die Figur soll nicht planmäßig ablaufen.«

Täglich wurde die Probenarbeit des IPHIGENIE-Ensembles mit neuen von außen eindringenden Nachrichten aufgeladen und von den Schauspielern ihren Goethe-Versen als Subtexte unterlegt, so dass Iphigenies Schicksal sehr stark als Reflex der Gefangenschaft der Ulrike Meinhof und der Gewaltdebatte wirkte. So befand sich denn Kirsten Dene auf der Bühne in einer Mischung aus Denk- und Gedenkraum, Gefängniszelle und Klassenzimmer, mit einer voll gekritzelten Schultafel, Stuhl und zerschlissenem Polstermöbel für Besucher, ein Plattenspieler auf dem Boden, die tristen Wände mit Merkzetteln und anonymen Drohbriefen zur Zahnspendenaffäre beklebt, ein Raum, der den Kritiker der *Zeit*, Rolf Michaelis, an Peymanns Theaterbüro erinnerte. Assoziation um Assoziation schufen eine Art Indizienkette, eine lockere Gedankenübung ohne Endgültigkeitsanspruch. Für so manchen Kritiker war die Aufführung ein nachdenklich stimmendes Emanzipationsdrama am Puls der Zeit, viele hielten die politisch aktualisierende Lesart dennoch für verfehlt und misslungen. Hans Mayer, das grundsätzliche Bemühen Peymanns um Aktualität und um Verschärfung des Konflikts zwischen Mythos und Aufklärung bejahend, bemängelte das Fehlen eines Gegenkonzepts, so dass der Aufführung lediglich das Enttarnen von Mythos und Aufklärung zu bescheinigen war, aber keine »Aufklärung«: «In sonderbarer Weise stehen sich plötzlich in Thoas ein moderner Caliban und in Pylades ein zeitgenössischer Prospero gegenüber. Zwischen ihnen kann sich folglich nichts entscheiden. Dieser Stuttgarter Thoas ist aus eigener Tradition und Geistesanlage noch unfähig zur Humanität. Er kippt stets von einer – imitierten – Aufklärung zurück in den soliden heimischen Mythos. Pylades aber, der Mythos und Aufklärung gleichermaßen als Hirngespinste abtun muss, die nur stören beim nützlichen Planen, verkörpert keine Aufklärung, sondern deren Ende. Auch an ihm bestätigt sich, dass wirkliche Aufklärung, wie sie Iphigenie anstrebt – ›verherrlicht durch mich die Wahrheit!‹ – in der spätbürgerlichen Konkurrenzgesellschaft abgelöst wurde durch den neuen Mythos einer gesellschaftlichen Endzeit, die Aufklärung nicht bloß ablösen, sondern verhindern möchte. (…) In Goethes streng gebautem Drama spielt sich die Auseinandersetzung zwischen Iphigenie, Thoas und Orestes ab. Ihnen entsprechen, wie bei den französischen Klassizisten, die ›Confidents‹, die Vertrauten: Pylades für Orest, Arkas für Thoas. Mit diesem Arkas aber, den Hans Mahnke außerordentlich gut spielt, doch in einem anderen Stück (vielleicht war es der Polonius aus HAMLET?), hat Peymann gar nichts anfangen können. Ein weißer und weiser Berater des Barbarenfürsten, im Gehrock und Künstlerschlapphut? Ein nach Tauris verschlagener Grieche? Es bleibt nicht auszumachen, obwohl Mahnke als einziger imstande ist, die Goethe-Verse als vollkommene dialogische Mitteilung zu sprechen, was keinem der anderen gelingt: aus Gründen, die nichts mit Talent zu tun haben, sondern mit dem Fehlen eines Gegenkonzepts von Aufklärung gegenüber der so genannten ›primitiven‹ alten und der neuen Barbarei. Iphigenies Entscheidung für letale Wahrheit zwischen Mensch und Mensch ist zu verstehen als Sprengung einer jeden mythischen Konzeption. Humanität und Aufklärung sind nach wie vor daran zu erkennen, dass sie das Gespräch suchen, den Konsens, damit natürlich im Grunde auch immer wieder den Kompromiss. Wer jedoch den Kompromiss ablehnt, leugnet das Gespräch, weil er – gottähnlich – im Besitz einer absoluten Wahrheit zu sein glaubt. Aufklärung will das Gespräch und die

Verständigung ohne Gewalt und Erpressung. Jeder Mythos hingegen ist dadurch gekennzeichnet, dass er die Menschen in Gleiche und Ungleiche einteilt. In die Unsrigen und die Anderen, die Feinde sind. Demnach nicht gleichberechtigt und nicht möglich als Gesprächspartner. Wie aber kann Iphigenie ohne Partner die Aufklärung nicht bloß für sich selbst erringen, sondern erfolgreich als Maxime des Handelns durchsetzen? Es ist gut herausgearbeitet in der Stuttgarter Aufführung, dass diese Iphigenie der Kirsten Dene, auch wenn sie bisweilen mit ihrem weißen Arbeitskittel in der sitzend-nachdenklichen Pose der Iphigenie von Anselm Feuerbach gezeigt wird, durchaus nicht sicher ist im Besitz ihrer eigenen Humanität und Rationalität. Auch bei ihr, doch mit einer gegenüber Thoas ganz verschiedenen Akzentuierung, ist der Umschlag in mythische Barbarei stets möglich. Es gibt einen einzigen wirklich großen Moment an diesem Theaterabend: wenn Orest den Muttermord in allen Einzelheiten schildert und die Schwester Iphigenie ekstatisch ausbricht, um gleichsam im Nachvollzug mitzumorden. Plötzlich ist sie in der Tat die ältere Schwester einer Elektra. Humanität ist folglich auch bei ihr in jedem Augenblick gefährdet. (…) Im übrigen scheitert Iphigenies Bemühung um Humanisierung in dieser Aufführung an der Unentschiedenheit der Sprachführung und an der Unfähigkeit, mit den von Peymann angestrebten Mitteln die Goethe-Sprache zu sprechen. Eindrucksvoll ist der Beginn des Abends, wenn eine modern gekleidete Iphigenie aus ihrem kleinen Gehäuse als Priesterin und wohl auch als tauridische Medizinfrau – einer Welt mit Schreibmaschine, mit Photographien der Lieben von einst – hinaustritt in die Tempelwelt einer von Ilona Freyer im wesentlichen als Totemstätte aufgebauten, schreinartigen Hütte. Bevor es zum ersten Monolog kommt, zeigt die Dene den Weg zwischen zwei Zivilisationsformen, die beide mythisch sind und unmenschlich. Dann aber müssen die Verse gesprochen werden. Doch sollen es natürlich nicht Verse sein, die man eh' kennt. Ein Rezitationsabend findet nicht statt. Iphigenie/Kirsten Dene versucht sich in eine fremde Sprache hineinzufinden und lässt den Abstand fühlen der Zeiten und Sprachformen. Gewollt wird vom Regisseur: dass die Verse des Schauspiels als reale Auseinandersetzung gehört, als Argumentation vorgetragen werden. Das misslingt allen, mit Ausnahme des Arkas. Es wird nicht argumentiert, sondern ›diskutiert‹ in einem flachen zeitgenössischen Verstande. Immer wider rudert Iphigenie diskutierend mit den Händen; hektisch (und durchaus mythisch) versucht sie ihre Partner auf eine feste Wahrheit einzuschwören, statt in Goethes Sprache die Möglichkeit eines klaren Gesprächs anzubieten. Von wenigen erfüllten Augenblicken abgesehen, erreicht die Schauspielerin sonst niemals das Denk- und Sprechniveau der dichterischen Gestalt. Man soll hier nicht von ›Verfremdung‹ reden, sondern vom fehlenden Zugang der Inszenierung zu Goethes Konzept der Aufklärung. Diese verteufelt humane Aufklärung wird nicht erkennbar. Vermutlich, weil die Interpreten daran ebenso wenig ›glaubten‹, im Sinne einer geistigen und schwer erworbenen Überzeugung, wie diese Iphigenie an ihre Götter glaubt.« (*Theater heute*, 12/1977)

Günther Rühle knüpfte in seinem Jahresrückblick auf Klassiker-Inszenierungen hier an (Sonderheft *Theater heute* 1978): »Peymann inszenierte denn auch seine Fragen in das Stück. Kirsten Dene spielte zwei Iphigenien in einer: im weißen Kittel ein Mädchen, das in seiner Studierstube nach Iphigenie fragt. Es sah sich in jener und geriet so immer ins Spiel, durchlebte Iphigenisches und notierte, was sie an Erkenntnis wahrnahm, auf einer Tafel. Es wurde eine Identität voller Berechnungen, von der etwas verzappelten Dene gleichwohl mit unmerklichen Sprüngen spielend und so anmutig bewältigt, dass sie die Liebe der Zuschauenden (unter denen wohl mancher Thoas saß) auf sich zog. Ein Lehrspiel, in dem Thoas mit zwei Gesichtern, einem menschlichen und einem Maskengesicht, seine zwei Haltungen zeigte. Dieses fragende und darlegende Spiel verwies zwar auf den Text, aber es verzichtete ganz auf die Form, das große Denkbild, das Stück Goethescher Utopie. Man sah das alte Prinzip Verkleinerung bis in die schönsten Details vor Augen geführt. Manchmal auch bis ins Rührstück. So löste er das Problem einer IPHIGENIE-Aufführung letztlich nicht, er schnitt es sogar noch weniger an als Dresen (der Goethes formale Komposition immer wieder hervorhob); er ersetzte es, indem er die anmutigste Schulstunde über IPHIGENIE inszenierte, die seine Zuschauer je erlebten. Der Fall zeigt, wie selbst Regisseure, die sich die Einschüchterung durch Klassizität weggespielt zu haben schienen, unversehens ihr wieder ausgesetzt sind. Auch in ihrer (dem WALLENSTEIN gegenüber) mittleren Dimension stellt IPHIGENIE die Frage nach der großen Form. Die Aufgabe ist nicht eine Inszenierung des Inhalts, sondern die inszenierte Gestalt des Stücks, die in sich jene Erkenntnisse vermittelt, die Peymann noch durch den fragenden Gestus seiner weniger schreitenden als schreibenden Iphigenie ermittelte.«

Trotz (oder wegen?) der bedenkenswerten, hier zitierten, Einwände von Hans Mayer und Günther Rühle gegen Trivialisierung und Verkleinerung, gegen die Demontage großer Formen und des »Erhabenen« fand besonders die Inszenierung von Claus Peymann, auch beim Berliner Theatertreffen, jubelnde Zustimmung beim Publikum, sie konnte mit der Darstellung einer Iphigenie überzeugen, die einen Prozess des Lernens durchlebt und Mut zur Menschlichkeit bekundet.

In Wien blieb Adolf Dresens Inszenierung bis zum Ende der Spielzeit 1982 im Repertoire und brachte es auf 47 Vorstellungen. Die Inszenierung von Claus Peymann wurde in Stuttgart 45 Mal gespielt und erlebte dann in Bochum bis 1986 weitere 65 Vorstellungen. Für Elisabeth Orth und Kirsten Dene gehörte die Iphigenie zu den ganz wichtigen Rollen ihrer Biografie.

Iphigenie auf Tauris:
Kirsten Dene (Iphigenie),
Branko Samarovski (Thoas),
Stuttgart 1977

# Kirsten Dene

## » ... glaube ich, dass mir Baptiste am nächsten stand.«

Kirsten Dene, am 16.3.1943 in Hamburg geboren und dort aufgewachsen und zur Schule gegangen, entsprach nicht dem Typ des hanseatischen Teenagers der »kleinen Amazone im Petticoat«, wie ihn der Schriftsteller Hans Erich Nossack 1958 auf der Straße, »wachsam und mit etwas überspielter Selbstsicherheit« vor sich dahingehen sah. Und schon gar nicht war sie, wie Martin Kessel die Teenies jener Jahre portraitierte, »ein flatterndes Mädchen auf silbern blitzendem Rad, das jubelte und sich fühlte«: »Mehr ist ja nicht daran und mehr nicht dahinter (auch nicht darunter). Der Rest ist Kulisse, Kantine, Kanalisation, Besetzungsbüro, Betrieb, Kasse, Sexus, Defekt, Schererei.« Vielleicht entsprach sie mehr dem »schweigsamen Fräulein«, das Erich Kästner im Auge hatte: »Sie war sehr jung, sehr unerfahren und sehr wissbegierig.« Theateraufführungen im *Deutschen Schauspielhaus* Hamburg und bestimmt mehr noch Filme wie Marcel Carnés KINDER DES OLYMP, Ingmar Bergmans ABEND DER GAUKLER und Vittorio de Sicas FAHRRADDIEBE waren Schlüsselerlebnisse der Sechzehnjährigen, die ihren Entschluss bestärkten, Elevin der *Staatlichen Schauspielschule für Musik und Theater* zu werden. Sie konnte die Prüfungskommission von ihrem Talent überzeugen und wurde aufgenommen. In ihrem Jahrgang (1959–1962) studierten noch drei weitere Mädchen und vier Jungs.

Immer von Ängsten und erheblichen Zweifeln geplagt, fragte sie sich ständig, ob sie überhaupt den Anforderungen des Berufs gewachsen sei, ob ihr Talent und ihr Wissen ausreichten. Öfters wollte sie das Begonnene aufgeben und lieber in ein normales Angestelltenleben fliehen. Aber die Erinnerung an den träumerischen Baptiste in KINDER DES OLYMP und seine Hingabe an die Welt des Theaters waren stärker. Ihr hauptsächlicher Lehrer, Eduard Marks, war ein geduldiger und fürsorglicher Begleiter ihrer Entwicklung, und als Ermunterung empfand Kirsten Dene auch die Anregungen von Ludwig Benninghoff, dessen mimische Übungen ihr nicht schadeten, dessen Erzählen von Hans Henny Jahnn sie begeisterte und sie anregte, sich mit den Büchern dieses 1959 verstorbenen Hamburger Autors zu beschäftigen. Benninghoff, vor 1933 Künstlerischer Leiter der *Hamburger Bühne* und Herausgeber der Kulturzeitschrift *Der Kreis*, war ein engagierter Kunstvermittler und hilfsbereiter Mensch, der immer »ein paar teilnehmende Worte« fand. Jahnns Theaterauffassung gefiel Kirsten Dene, sein beeindruckendes Plädoyer für dramatische Bühnenwerke, die »im

Die Meerschweinchen:
Thalia-Theater 1962

Bild links:
Kirsten Dene(Lucia Matouffle),
Rolf Nagel(Dugrenier)

Bild rechts:
Kirsten Dene(Lucia Matouffle),
Charlotte Kramm(Leonore,
Fischhändlerin)

Stofflichen den Forderungen des Normalmenschen in dieser Zeit nicht nachkommen« oder sein Hinweis auf den Unterschied von Einfalt und Dummheit, die für ihn keineswegs identisch waren: »Der Einfalt fehlt vielleicht ein bestimmtes Maß an Wissen; darunter leidet die Dummheit nicht. Die Dummheit ist etwas Aktives, nämlich die Tendenz, sich fremden Eindrücken und Einsichten zu verweigern. Sie ist eine Kampfhandlung.«
Da immer noch Mädchen aus den höheren Jahrgängen an die Theater vermittelt werden mussten, wurde Kirsten Dene in Schulaufführungen nicht besetzt, sie konnte aber während des Studiums in kleinen Rollen erste praktische Bühnenerfahrungen am *Deutschen Schauspielhaus* sammeln. Sie hatte in den beiden Teilen der Faust-Inszenierung von Gustaf Gründgens mehrere Auftritte und spielte in der Gründgens-Inszenierung von Shaws Cäsar und Cleopatra eine der beiden Sklavinnen der von Ingrid Andree verkörperten ägyptischen Königin. Rolf Nagel, ebenfalls Lehrer an der von Eduard Marks geleiteten Schauspielschule und Ensemblemitglied des *Thalia-Theaters*, empfahl sie dem Regisseur Werner Kraut, der sie mit der Rolle der Lucia Matouffle in dem französischen Familienstück Die Meerschweinchen besetzte, in dem Rolf Nagel auch die Rolle eines Lehrers spielte. Die Meerschweinchen stammten von einem erfolgreichen

ELEKTRA: Kirsten Dene, Beate Eichler, Irmgard Kootes (Die drei Eumeniden), Elisabeth Opitz (Elektra), Essen 1962

Hörspielautor der Nachkriegszeit, Yves Jamiaque, der in diesem Stück, Marcel Pagnol nacheifernd und Dario Fo vorwegnehmend, auf unterhaltsam pfiffige Art den Alltag, die sozialen Nöte und das Unglück einer fünfköpfigen Familie auf die Bühne brachte. Kirsten Denes wichtigster Partner, ihr Bruder Bibou, wurde von Peter Striebeck gespielt. Die Premiere im *Thalia-Theater* im Januar 1962 war ihr Debüt als Schauspielerin und war gleichzeitig die Abschlussaufführung ihrer Schauspielausbildung.

Mit Beginn der Spielzeit 1962/63 wurde sie als Anfängerin an die *Bühnen der Stadt Essen* verpflichtet, die damals von Erich Schumacher geleitet wurden und wo die Dramaturgin Ilka Boll für interessante Projekte, besondere Spielplanakzente sorgte und um Regiegäste aus Frankreich bemüht war. So widerfuhr Kirsten Dene das große Glück, nach einer routinemäßigen Übernahme der kleinen Rolle der Effie, Tochter des Rentiers Beermann und seiner Gattin Lina in der Thoma-Komödie MORAL, bei den Umbesetzungsproben für die Wiederaufnahme von Claudels Schauspiel DAS BUCH VON CHRISTOPH COLUMBUS ihr Schauspieleridol Baptiste persönlich kennen zu lernen. Denn Jean-Louis Barrault hatte COLUMBUS in der vorigen Spielzeit als Gast im Essener Opernhaus inszeniert und wollte nun unbedingt selbst auch die neuen Darsteller mit seiner Konzeption und Auffassung von totalem Theater vertraut machen. Statt Günter Tabor spielte nun Günter Lampe den Columbus des Dramas, der mit dieser Rolle sein Essener Engagement antrat, und Kirsten Dene spielte jetzt die Frau des

Columbus. Barrault saß selten am Regietisch im Zuschauerraum, meistens stand er neben den Akteuren auf der Bühne, die Situation erläuternd, sie beschwörend und auch gerne vorspielend. Auf Formen asiatischen Theaters verweisend, riet er wie Brecht zum Gestus der Verfremdung, weil man die Vorgänge auf der Bühne in gewisser Weise »falsch« darstellen müsse, um sie »wahrer« erscheinen zu lassen. Vermitteln wollte Barrault den Spielern aber auch seinen mit Etienne Decroux entwickelten Ausdruckskanon der Geste und des adäquaten Gefühls für die Gänge auf der Bühne. Analog zu einem Klavier- oder Cello-Konzert hätte er auch gern ein Concerto pour homme eingeführt, um das Thema Mensch im Raum in wechselnden Harmonien und Beziehungen zwischen Orchester (Chor) und Solo-Instrument (Meisterschauspieler) zu gestalten. Derartige Raum-Konstellationen versuchte Barrault nun auch die neu einzuweisenden Darsteller in diesem multimedialen Spektakel von Claudel (mit Musik von Darius Milhaud) entdecken zu lassen.

Die Aufführung wurde nicht nur in Essen begeistert aufgenommen, sie wurde dann auch als Gastspiel bei der *Kieler Woche*, bei den *Ruhrfestspielen* in Recklinghausen und im Oktober 1963 bei den *Berliner Festwochen* gezeigt. Ein weiteres, für Essener Stadttheaterverhältnisse kühnes Experiment war das an verschiedenen Schauplätzen der Welt spielende Politspektakel Gilda ruft Mae West, ein Verhör- und Prozessstück über Hiroshima und die Folgen, das Jean-Marie Serreau in der als Simultanbühne eingerichteten Essener *Grugahalle* im Dezember 1963 inszenierte.

In dieser Aufführung wirkte Kirsten Dene als »Japanerin« mit. Genügend Aufgaben hatte man für die Anfängerin, aber zentrale, ein Stück bestimmende Rollen vertraute man ihr noch nicht an: kein Gretchen, keine Julia, Ophelia, Eve oder Käthchen. Die Hauptrollen blieben den etwas älteren Kolleginnen Elisabeth Opitz, Brigitte Lebahn, Marie-Luise Etzel, Katharina Herberg, Ilse Anton vorbehalten. Deren Rollenansprüche hatten Vorrang, Gewohnheitsrechte und bewährte Besetzungsregeln konnten so ohne weiteres nicht außer Kraft gesetzt werden. Immerhin konnte Kirsten Dene unter Beweis stellen, dass sie sehr vielseitig einsetzbar war, zum Beispiel neben den Opernlieblingen Hans-Walter Bertram (als Baron Gondremarck), Lisa Penting (als Baronin) und Wolff Lindner (als Gardefeu) in Offenbachs Pariser Leben als Julie Folle-Verdure gute Figur machte und an Operettenverrücktheit nichts schuldig blieb. Auch als Flunkerle im Weihnachtsmärchen war sie mit beherzter Verve dabei: in einer Rumpelstilzchen-Version mit Musik und vielen Tänzen.

Die erste Spielzeit schloss für Kirsten Dene mit zwei Jungmädchenrollen unterschiedlicher Art: einmal die treu-deutsche, ergeben mannstolle Jungfer

Luise Krüger in Carl Sternheims Inflationsfarce Nebbich, zum andern die kesse Jennifer in der antikapitalistischen englischen Boulevardkomödie Heiraten ist immer ein Risiko von Saul O'Hara. Es blieb auch in der zweiten Spielzeit bei solchen Jungmädchenrollen, den schnippischen Fräuleins, Nichten und Mägden, Hofdamen und der kleinen Königin in Jean Anouilhs Die Lerche; die Johanna, Elektra, Rosalinde oder Shen Te sah man in ihr offenbar noch nicht. In Hebbels Maria Magdalene musste sie sich mit der winzigen Rolle einer Magd begnügen, ließ sich allerdings, als Marie-Luise Etzel ausfiel, die Gelegenheit nicht entgehen, die Klara »freundlicherweise« ganz kurzfristig zu übernehmen. In Alexander Ostrowskijs Komödie Eine Dummheit macht auch der Gescheiteste immerhin spielte sie die Maschenka, die von Glumow wegen ihrer Mitgift begehrte Tochter aus gutem Hause, die einen anderen liebt, aber sich der »kaufmännischen« Familienmoral anpasst; die Rolle war die etwas großbür-

Rumpelstilzchen:
Kirsten Dene (Florina, genannt Flunkerle), Ilse Anton (Nachbarin), Ursula Staguhn (Heide), Heinz Menzel (Jägermeister), Essen 1962

Heiraten ist immer ein Risiko: Elisabeth Opitz (Lydia Barbent), Kirsten Dene (Jennifer), Essen 1963

gerlichere Variante der Luise Krüger im Nebbich, die Luise Maske aber in der Hose Sternheims, die verheiratete Summe aus Luise Krüger und Maschenka und die eben farbigere, biestigere Rolle, bekam doch wieder Brigitte Lebahn, obwohl Kirsten Dene dieses verträumte, lüsterne Weibchen unbedingt spielen wollte und sie sich die Szene auf der Leiter mit der Nachbarin schon herrlich zurecht gelegt hatte. Als zweite Besetzung nahm sie an den Proben teil und durfte nach der Premiere auch einige Male die Luise spielen. Der Regisseur Joachim Fontheim war von ihrem Talent wohl überzeugt, zugleich aber auch gekränkt, dass sie, als sie die Chance bekam, an einem anderen Theater ihre Stellung zu verbessern, diese auch nutzen wollte.

Für ein Vorsprechen in Frankfurt, wo sich unerwartet »eine Vakanz« ergeben hatte, wollte ihr Fontheim den Urlaub verweigern, doch der verständnisvolle für die Verwaltung der *Essener Bühnen* zuständige Alois Elsenbusch half der Verzweifelten, buchte ihr einen Flug und drückte ihr noch ein Taschengeld für ein Taxi in Frankfurt in die Hand, damit der reibungslose Ablauf der Blitzreise und die rechtzeitige Rückkehr zur Vorstellung am Abend gesichert wäre. Die bescheidene Gage einer jungen Schauspielerin in Essen 1964 hätte derartigen »Luxus« nämlich nicht erlaubt.

In Frankfurt zögerte man nicht. Ihr Vorsprechen gefiel, und Heinrich Koch sicherte sich die Neuerwerbung für noch nicht besetzte Rollen in seiner Inszenierung von Faust. Zweiter Teil. Generalintendant Harry Buckwitz schien überzeugt, mit Kirsten Dene einen geeigneten Ersatz für die demnächst ausscheidende Kollegin Marianne Lochert engagiert zu haben. Der Ruf der *Frankfurter Städtischen Bühnen*, die Buckwitz seit 1951 erfolgreich leitete, war inzwischen nicht mehr der beste; mit dem Einzug in den Neubau des *Schauspielhauses* im Dezember 1963 wurde das Ende einer Epoche offenbar, in der Theater schon deshalb wichtig gewesen war, weil es einen Nachholbedarf an lange entbehrter dramatischer Literatur und weltanschaulichen Debatten erfüllen konnte, weil es in den beengten Verhältnissen der Nudelbrettbühne des Börsensaals Zauber entfachen, erfinderisch, unkonventionell und immer beweglich sein musste, um hier die passenden Bedingungen für die ungewöhnlichsten und an Personen und Dekorationen aufwendigsten Stücke zu schaffen. Es war einfach notwendig, phantasievoll zu improvisieren und zu experimentieren. Denn das Große Haus, das ehemalige *Schauspielhaus*, diente in erster Linie als Opernspielstätte. Die Aufführungen im neu erbauten *Schauspielhaus* verfehlten nun das »Wesentliche«, sie hatten kein »Herz«, sie atmeten nicht, sie entbehrten einer selbstverständlichen Ästhetik. Die Verpackung schien nun wichtiger als der Inhalt zu sein. Die »sichtbare« Technik, die üppigen Dekorationen waren kein Kulissenzauber mehr, sie wirkten nur kunstgewerblich. Auch der Lack und Glanz des Neuen machten einen durchaus verstaubten Eindruck. Die Aufführungen streiften den Kern der Sache nur noch nebenbei. Die besseren Produktionsbedingungen bot das neue *Kammerspiel*, weil der Raum theatergemäßer, offener war, sich leichter verwandeln ließ und die Verwandlung des Schauspielers leichter in Gang setzte.

Erschwerend hinzu kam sicher auch die zunehmende Unfähigkeit oder Unlust der hauptverantwortlichen Regisseure Buckwitz und Koch, auf die neuen gesellschaftlichen Gegebenheiten und Konflikte produktiv zu reagieren. Neue Tendenzen der Kunst berührten sie nicht mehr und deshalb gelang es ihnen kaum noch, das aktuelle Konfliktpotential der Stücke ästhetisch zu reflektieren. Ihren Inszenierungen fehlte die geistige Spannung. Ihr Spielplan bot durchaus die wichti-

HABEN: Kirsten Dene (Rozi), Alfred Hansen (Der alte Vago), Michael Enk (Der Maurer), Essen 1964

Eine Dummheit macht auch
der Gescheiteste:
Kirsten Dene (Maschenka),
Moje Forbach (Sofia Terussina),
Essen 1963

gen Gegenwartsstücke von Peter Weiss und Armand Gatti, aber ihr progressiver dramaturgischer Ansatz verpuffte im harmlosen ästhetischen Zugriff üblicher Theaterroutine. Ein Theater des Aufbruchs wie zum Beispiel die Stadttheater in Ulm, Bremen oder Heidelberg waren die *Städtischen Bühnen* in Frankfurt Mitte der sechziger Jahre nicht. Mit dem Ende der Ära Buckwitz 1968 konnten sich die verantwortlichen Rechtsträger des Theaters noch nicht zu einer generellen Kursänderung entschließen. Um drohende Gespenster wie Peter Zadek, Claus Peymann, Peter Stein oder Hans Neuenfels abzuwehren, bestimmten sie den mittelmäßigen Hausregisseur und langjährigen Gründgens-Stellvertreter Ulrich Erfurth zum Nachfolger, der sich dann nicht einmal als ein guter Krisenmanager bewährte.

Sechs Spielzeiten lang, von 1964 bis 1970, war Kirsten Dene Ensemblemitglied dieses künstlerisch schwer angeschlagenen Großstadttheaters, um das das führende Fachblatt der Republik, *Theater heute*, eher einen Bogen machte. In den entsprechenden Jahrgängen der Zeitschrift kommen Aufführungen, in denen sie mitwirkte, selten vor, wenn doch, ist an ihnen kein gutes Haar gelassen. In den meisten Fällen wohl zu recht. Doch dass die Schauspieler jetzt nur noch im Licht der Wirkung einer Inszenierung wahrgenommen wurden, ist sehr ungerecht. Auch in weniger »bemerkenswerten« Inszenierungen kann ein Schauspieler bestehen, sich nicht nur

BEUTE: Hans Richter (Truscott), Kirsten Dene (Fay), Jodoc Seidel (Hall), Peter Fitz (Dennis), Frankfurt 1968

behaupten, sondern auch mit seinen Besonderheiten gestaltend auf die Aufführungen Einfluss nehmen. Es ist natürlich sehr viel schwieriger und nervenaufreibender, wenn man die Pflege seines Talents selber in die Hand nehmen muss, wenn man nur von Künstlern umgeben ist, die sich zu schnell mit dem Erreichten zufrieden geben und nur auf wohlmeinenden Applaus hören. Jedenfalls hat im Fall von Kirsten Dene der Umstand, dass ihr in Frankfurt die Rahmenbedingungen fehlten, um zur »Schauspielerin des Jahres« gekürt zu werden, nicht ihre künstlerische Entwicklung verhindert. Welcher Humor in ihr schlummert, zu welchen Exaltationen, verschmitzten Durchtriebenheiten und Leidenschaften ihr Wesen fähig ist, war oft zu erleben. Dass »die Dene« in ihr steckte, zu der sie dann in Stuttgart, Bochum und schließlich Wien erblühte, war auch in Frankfurt zu sehen, wo sie in oft nur hausbackenen, zu redlichen oder allzu verspielten, manierierten oder routinierten Inszenierungen Rollen wie Annabella, Eboli, Maria, Mathurine, Eve, Luise und Diddo Geiss in sehr eigener Ausprägung auffallend gut spielte.

Jean-Pierre Ponnelle besetzte 1965 die Titelrolle in John Fords Tragödie SCHADE, DASS SIE EINE HURE IST, einem mit ROMEO UND JULIA vergleichbaren elisabethanischen Liebesdrama, mit Kirsten Dene. Allerdings sind die Protagonisten Giovanni und Annabella, die hier ihre Haut auf einem Schlachtfeld der Liebe zu Markte tragen, Geschwister. Der entscheidende

ANNABELLA ODER SCHADE, DASS
SIE EINE HURE IST:
Michael Degen (Giovanni),
Kirsten Dene (Annabella),
Frankfurt 1965

Bild rechts:
DER SCHWARZE FISCH:
Kirsten Dene (Tschang Nien),
Hannsgeorg Laubenthal (Meister
King Ko), Frankfurt 1966

»Fehler« der immerhin doch spannend missglückten Inszenierung Ponnelles war die verwendete stümperhafte, ganz unkünstlerische Übersetzung. So konnte dieses Drama von tragischer Wucht und Schönheit nicht genügend in die Körper der Schauspieler eindringen, die Inszenierung erschöpfte sich zu schnell in den Äußerlichkeiten der Intrigen und Mantel- und-Degen-Aktionen. Den Gestalten wurde die Tragik verweigert. Der Regisseur schwelgte lieber dekorativ in den bizarren Gefilden der blutigen Story. Doch deutlich wurde, welch aufregendes, wildes Stück John Ford wider die gesellschaftlichen Konventionen und die Unmoral seiner Zeit geschrieben hatte. Michael Degen als Giovanni fehlte zuweilen das Feuer und die jugendliche Unbekümmertheit eines rücksichtslos Liebenden, doch Kirsten Dene lockte mit laszivem Charme, ließ erkennen, wie der Dämon Liebe lodern kann, wenn die Unschuld nicht länger Maske zu sein braucht. Einem Teil des Publikums missfielen dann die beängstigend gut gespielten

Szenen, in denen Annabella Opfer ist, wenn sie vom getäuschten Soranzo, von Joachim Böse sehr glaubhaft »enthemmt« verkörpert, getreten und geschlagen wird, weil er gemerkt hat, dass Annabella ihn nur heiraten will, um ihrem Kind, das sie von Giovanni bekommt, den Makel unehelicher Geburt zu ersparen. Mit dieser unschuldig sexhungrigen, naiv berechnenden Darstellung der Annabella gelang Kirsten Dene in Frankfurt der entscheidende Durchbruch, sie hatte sich jedenfalls für das Fach der »Ersten Liebhaberin« bestens qualifiziert.

In seiner Inszenierung von Molières DON JUAN gab Ponnelle Kirsten Dene lieber die Rolle der bauernschlauen, auf erotische Abenteuer spitzen Magd Mathurine und nicht die der für ihn doch schon etwas ältlichen, verlassenen Donna Elvira. Und auf die Mathurine folgten entsprechende launig Verliebte oder gerissene Luder wie die Mariane in DER GEIZIGE oder die Jungfer Müller im HOFMEISTER. Ganz wunderbar spielte sie die in General

JOHANNA AUF DEM SCHEITERHAUFEN:
Kirsten Dene (Johanna), Hannsgeorg Laubenthal (Bruder Dominik), Frankfurt 1968

Bild links:
DER ZERBROCHNE KRUG:
Peter Kuiper (Ruprecht), Kirsten Dene (Eve), Frankfurt 1967

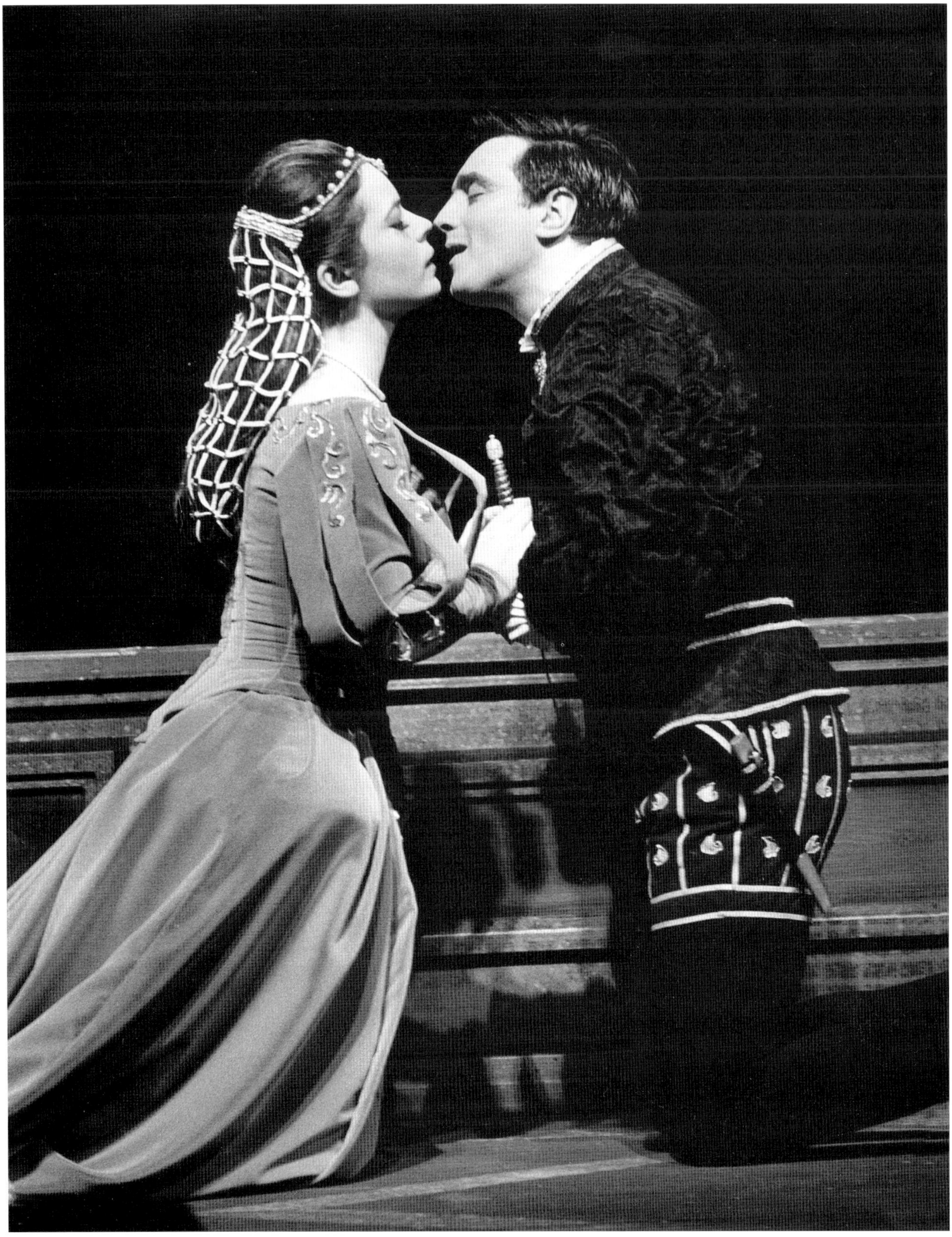

Harras verliebte Schauspielerin Diddo Geiss in Helmut Käutners Inszenierung von DES TEUFELS GENERAL. Wenn auch diese Aufführung fast nur mit verschlissenen Klischees aufzutrumpfen versuchte und viel Schmiere bot, gab es in ihr Stellen von schönster Klarheit und anrührender Einfachheit. Nicht Harras, das »Heldendenkmal« und der Mannskerl, verführte »die Kleine«, nein, der betrunkene Fliegergeneral war plötzlich nüchtern und ganz bei sich, während die schüchterne Nichte der Operettendiva sich einen Schwips leistete und den »Schwerverbrecher, was Frauen anlangt«, zum Trinken verführte: »Ach, es ist wunderbar, leicht betrunken zu sein!«

Als ich vor einigen Jahren im Wiener Akademietheater Peter Turrinis Stück DIE LIEBE IN MADAGASKAR sah, in dem Kirsten Dene den vermeintlichen Filmproduzenten Johnny Ritter alias Otto Schenk zum Trinken verführte, um eine Rolle zu ergattern, es ihr dann aber bald um nichts mehr ging als um Verführung und Liebe, und alle Beschwernis sich verflüchtigte, musste ich an die Szene der Diddo Geiss mit Harras denken, an die gut dreißig Jahre jüngere Kirsten Dene, wie sie damals »mit unverhohlener Neugier errötend«, alle Beklommenheit und Ängste fahren lassend, in einen Moment der Stille der sonst meist lärmenden Partygesellschaft ihr Bekenntnis ablegt: »Ich hab mir immer gewünscht, eine Wahnsinnige zu spielen. Vielleicht könnte man dann etwas loswerden.« Sicher spielte Kirsten Dene damals in Frankfurt bedeutendere Rollen, aber Carl Zuckmayer schien diese Schauspielerin schon geahnt zu haben, als er die Figur der Diddo Geiss schrieb, so sehr war die Rolle mit ihr eins, und Käutner, der Altmeister und kluge Schauspieler, der weitgehend nur schreckliches Stadttheater-Gehabe arrangiert hatte, gab Kirsten Dene hier Raum sich zu offenbaren, wie er es einst bei Ilse Werner in WIR MACHEN MUSIK oder bei Marianne Hoppe in ROMANZE IN MOLL getan hatte: »Ich war wie in Trance. Das Herz hat mir gebubbert bis in den Hals, wie mein Stichwort kam – also zu meiner Hinrichtung wäre ich leichter gegangen.«

DES TEUFELS GENERAL hatte im März 1967 Premiere. Der Rolle der Diddo Geiss, wie sie Kirsten Dene spielte, kam gewiss zugute, dass sie einige

DES TEUFELS GENERAL:
Hannsgeorg Laubenthal (General Harras), Kirsten Dene (Diddo Geiss), Klaramaria Skala (Olivia Geiss), Frankfurt 1967

Linke Seite:
ANNABELLA ODER SCHADE, DASS SIE EINE HURE IST:
Kirsten Dene (Annabella), Michael Degen (Giovanni), Frankfurt 1965

Monate zuvor zwei Rollen von Carmen-Renate Köper übernehmen konnte, die in Mutterschaftsurlaub ging: die Eboli im Don Carlos und die Helena Charles in John Osbornes Blick zurück im Zorn. Der Partner, dem sie in beiden Stücken als »Liebende« gegenüber zu treten hatte, dessen Liebe sie zu gewinnen hoffte, war wie in Schade, dass sie eine Hure ist Michael Degen. Es gelang Kirsten Dene, den Zuschauer glauben zu machen, dass der, dem sie sich offenbarte – einem bösen Irrtum erlegen bei Don Carlos, berechnend bei Jimmy Porter – ein glücklicheres Leben geführt hätte, wenn er ihren Lockungen gefolgt wäre.

Mit Don Carlos, inszeniert von Heinrich Koch, mit Werner Hinz als König Philipp, Johanna Wichmann als Elisabeth, Michael Degen als Carlos, Wolfgang Hinze als Posa, Joseph Offenbach als Großinquisitor und eben Kirsten Dene als Eboli gastierten die Frankfurter *Städtischen Bühnen* im November 1965 im Ostberliner *Deutschen Theater*. Bei dieser Gelegenheit sah Kirsten Dene dort die später legendäre Inszenierung Der Drache von Benno Besson und war tief beeindruckt von dem, was Theater sein und leisten kann. Sie war glücklich, dass es solches Theater gab und sie es erlebt hatte; unglücklich, dass es nicht »ihr« Theater war und die meisten ihrer Kollegen ihre Sehnsucht nach solcher Vollkommenheit, Schönheit, ideen- und phantasiereicher Theaterarbeit gar nicht nachempfinden konnten. Baptiste, ihr heimlicher Begleiter und Theatergott, teilte ganz ihre Gefühle: Jean-Louis Barrault nämlich sah die Aufführung des Drachen im Januar 1966 bei einem Gastspiel des Deutschen Theaters in Bonn. Er umarmte Besson und seine Schauspieler und sorgte dafür, dass Der Drache im Juni 1966 zum *Theater der Nationen* nach Paris eingeladen wurde. Barraults Bewunderung galt der beglückenden Phantastik der Aufführung und der Fähigkeit des Regisseurs Besson, die Phantasie der Schauspieler zum Sieden zu bringen.

Außer Michael Degen war in Frankfurt sehr oft Peter Fitz der Bühnenpartner von Kirsten Dene; mit ihm und dem Regisseur Dieter Reible konnte sie sich auch über die Fragen verständigen, die viele jüngere Theaterleute in den Jahren 1968 bis 1975 beschäftigte: inwieweit eine Mitbestimmung des Ensembles in den Theatern sinnvoll, erwünscht oder notwendig sein kann und wie unter Kollegen eine Verständigung und Kritik über die Arbeitsweise, Konzepte, Erwartungen und Ziele der am eigenen Hause engagierten Regisseure, Bühnenbildner und Schauspieler erfolgen könnte. 1969 arbeiteten Claus Peymann, Dieter Reible und Peter Stein mit einigen Schauspielern, zu denen Kirsten Dene und Peter Fitz gehörten, den Vorschlag einer Dreier-Direktion aus und legten ihn der Kulturbehörde vor. Weil zu viele Alteingesessene und Interessenverbände um ihren Einfluss bangten, wurde der die Probleme konkret benennende Vorschlag des Dreier-Direktoriums abgelehnt. Die Ära Ulrich Erfurth erledigte sich erst 1972.

Kirsten Dene, Peter Fitz und Thomas Stroux (Partner von Kirsten Dene in den Reible-Inszenierungen von Kabale und Liebe und Omphale) wechselten 1970 von Frankfurt an die von Hansjörg Utzerath geleitete Berliner *Freie Volksbühne*, ein Theater das »en suite« spielte und das in der Regel für die zentralen Rollen Gäste verpflichtete und daneben ein kleines Stammensemble beschäftigte, das in allen Produktionen eingesetzt werden konnte. Utzerath versuchte bessere Ensemblebedingungen zu schaffen und gute Darsteller wie Anneliese Römer, Otto Sander, Hans Dieter Zeidler, Stefan Wigger durch Mitsprache bei der Spielplangestaltung oder durch Regieversprechungen fest zu binden. Das Gespenst der Mitbestimmung ging also auch in der *Freien Volksbühne* um, löste einigen Ärger und Kräche aus, zog aber andererseits auch Schauspieler an, die an anderen Theatern »in der Krise« Enttäuschungen oder zuviel Chaos erlebt hatten.

Der Spielpan pflegte »realistische Volksstücke« – Molière, Gorki, Goldoni, O'Casey, Martin Sperr, aber es fehlten intelligent zupackende Regisseure, die die Stücke auch mehr als nur platt unterhaltsam inszenieren konnten. Kirsten Dene erledigte mit Bravour ihre erste Aufgabe, die schöne Kaufmannsgattin Celia in Ben Jonsons Volpone, eine sinnliche Frau, die gerne geliebt, aber nicht eifersüchtig bewacht sein möchte, von ihrem geld-besessenen Ehemann aber als Lockspeise für einen Gegner benutzt wird, von dem er weiß, dass er seine Celia begehrt. Hans Dieter Zeidler spielte Volpone, Peter Fitz dessen Diener Mosca und Axel Bauer den Ehemann. Danach kam Rolf Hochhuths Tragödie Guerillas heraus, nach des Autors Vorstellung »die Analyse und Ideenskizze einer Verschwörung, deren

Kabale und Liebe:
Kirsten Dene (Luise),
Thomas Stroux (Ferdinand),
Frankfurt 1969

Vorbereitung in Nord- und Südamerika die fiktive Handlung bildet«, eher ein Männerstück, in dem Kirsten Dene eine amerikanische Senatorengattin zu verkörpern hatte. Man spielte das Stück nur des Themas wegen, beschränkte die Kolportagehandlung, reduzierte sie, Hochhuth links überholend, auf seine Staatsstreich-Theorie und empfahl mittels Textdokumenten (gesprochen von Peter Fitz) und weithin unbekanntem Filmmaterial »Revolution als Mittel der Veränderung zur Diskussion«. Nach einem dünnen, lustig angelegten irischen Volksstück HOCHZEITSTAG mit Kirsten Dene, Thomas Stroux und Anneliese Römer als Mama, inszeniert vom Wiener »Komödianten«-Regisseur Conny-Hannes Meyer, standen DIE KLEINBÜRGER von Gorki mit einer erstklassigen Besetzung auf dem Plan, darunter Hans Dieter Zeidler, Hortense Raky, Peter Fitz, Elfriede Irrall, Dieter Kirchlechner als Nil, Walter Schmidinger als Teterew und Kirsten Dene als Lehrerin Zwetajewa; nur ein überzeugender Regisseur fehlte; Karl Paryla, von Hortense Raky alarmiert, war immer gegenwärtig, stand aber nicht zur Verfügung, er mischte sich, die Verwirrungen steigernd und die Schauspieler zerpflückend, als »Experte« ein: schließlich war der Nil eine seiner berühmtesten Rollen, und seine Inszenierung (zusammen mit Wolfgang Heinz), zuerst in der *Neuen Wiener Scala*, dann im *Deutschen Theater* in Ostberlin, war legendär. Und 1969 hatte er DIE KLEINBÜRGER noch einmal in Köln erfolgreich inszeniert. Der Utzerath-Assistent Horst Balzer war mit der Regie völlig überfordert, er wollte keine Menschen, sondern einen Menschenzoo, Paryla konnte die Inszenierung nicht übernehmen, weil er parallel MÖRDERISCHE ENGEL im *Schiller*-Theater probierte. Utzerath beschwor die Truppe. Der Premierentermin wurde eingehalten. Es war eine spürbar »unentschiedene Inszenierung«, die um etliche Grade zu lustig geriet, weil die Schauspieler, jeder für sich, sich nun kräftig ins Zeug legten und dabei nur eine schlechte Posse herauskam. Politisches Theater als Katastrophenproduktion.

Ein ordentlicher Premierenskandal, der aber ebenfalls die »Diskussion« anheizte und in diesem Fall der Kasse nicht weiter schadete, war das damals an allen großen Bühnen aufgeführte Stück MARTIN LUTHER & THOMAS MÜNZER ODER DIE EINFÜHRUNG DER BUCHHALTUNG von Dieter Forte: ein theatralischer historischer Bilderbogen über den Streit zwischen dem protestantischen Revolutionsverräter Luther und dem revolutionären Reformator Münzer sowie über die Kapitalinteressen von Bankhäusern und Kirche. Nicht die Luther-Anhänger buhten am Ende, weil ihr Geistes- und Glaubensheld Luther vom Sockel gestürzt wurde, sondern Christdemokraten witterten Gotteslästerung, als Fugger (die Rolle wurde von Peter Mosbacher sehr nuancenreich ausgekostet) genüsslich seinem Gott dankte:

»O Kapital. Erbarme dich unser. Du Anfang und Ende aller Dinge.« Mit größter Lust drückten alle Schauspieler auf die kabarettistische Tube ihrer frechen, witzigen, die Historie immer nur ganz oberflächlich streifenden Texte. Günther Grack schrieb im *Tagesspiegel*: »Hans Dieter Zeidler, der Luther, und Peter Fitz, der Münzer, dürfen ihre bekannten persönlichen Stereotypen einmal mehr einsetzen: Zeidler in festem bauernschlauem Fleische stehend, hier auftrumpfend, da kuschend – Fitz eifernd mit schmalem Mund und schmalen Augenschlitzen, von seinem demagogischen Furor aufgezehrt. Während Peter Mosbacher als Fugger in elegantem pelzverbrämtem Rock ganz den gelassenen Geldherrn markiert, lebt sich Karl Paryla als Friedrich von Sachsen in aller komödiantischen Breite in der ungentlemännisch-derben Rolle aus: gegen das Schimpfwort »Schmierant«, das ihm jemand aus dem Premierenpublikum an den Kopf warf, müssen wir ihn in Schutz nehmen – wer wird denn einem Schauspieler verübeln, dass er Leben in die Bude bringt! Spaß machen auch Kirsten Dene, die einen Papst spielt, der sich mehr für die Länge seines Ornats und für Raffaels Malereien in Kardinal Bibbienas Badezimmer interessiert als für Glaubensfragen, sowie Wolfgang Schwarz und Eric Vaessen, die mit puderweißen verlebten Hedonisten- Gesichtern blasierte Adlaten ihres päpstlichen Herrn stellen.« Nur mit sehr kleiner Münze wurde hier dem Großkapital heimgezahlt, Utzerath bot eine amüsante politische Schmiere, aber es war kein ernst zu nehmendes politisches Theater und schon gar kein Theater der Phantasie mit politischem Hintergrund, wie es Benno Besson mit leichter Hand, aber vollem Ernst zu machen verstand oder Konrad Swinarski, der so früh verstorbene polnische Regisseur, der 1964 im *Schiller-Theater* MARAT/SADE von Peter Weiss uraufgeführt hatte – übrigens mit Peter Mosbacher als Marat, ein Darsteller, der die Berufsauffassung von Kirsten Dene teilte und der ihr als der ihr sympathischste Kollege des Jahrs an der *Freien Volksbühne* in Erinnerung geblieben ist.

Das Jahr 1970/71 war auch die erste Spielzeit der Berliner *Schaubühne* mit Peter Stein. Peter Fitz und Elfriede Irrall, von Stein angesprochen, wechselten im Sommer 1971 zu ihm ans Hallesche Ufer. Sich dort zu »bewerben«, kam Kirsten Dene nicht in den Sinn. Wirkliches Interesse wurde ihr, seit sie in Berlin auf der Bühne stand, nicht mehr signalisiert. Claus Peymann, der sie als Schauspielerin wohl besser kannte als Stein, hatte sich nach seiner ersten Arbeit, die nur mit Hilfe von Wolfgang Wiens zur Premiere gelangt war, von der Schaubühne getrennt. So blieb Berlin für sie nur ein episodisches Zwischenspiel. Ab der Spielzeit 1972/73, von seinem Amtsantritt an, hatte sie immerhin schon ein festes Angebot von Hans Peter Doll für Stuttgart in der Tasche.

DIE ZÄHMUNG DER
WIDERSPENSTIGEN:
Gerhard Garbers (Petrucchio),
Kirsten Dene (Katharina),
Bonn 1971

Für das Übergangsjahr entschied sich Kirsten Dene für Bonn. Die Intendanz dort hatte Hans-Joachim Heyse übernommen, der mit ihr als Katharina Shakespeares ZÄHMUNG DER WIDERSPENSTIGEN inszenieren wollte. Heyse gehörte zu der liberalen, aber dennoch machtbewußten Intendantengeneration, die den künstlerischen Mitarbeitern mehr Mitbestimmung zugestehen sowie fortschrittlich und offen gegenüber allen neuen Theaterformen sein wollte. Deutliche Konfrontationen wünschte er lieber nicht. Er propagierte, ziemlich nichts sagend, Theater »als Möglichkeit zur gesellschaftlichen Kommunikation«. Als Regisseur von der ZÄHMUNG DER WIDERSPENSTIGEN war ihm das Wichtigste, dass Katharina am Ende, als Gezähmte, die souveränste Figur auf der Bühne ist. Wilhelm Steffens schrieb anerkennend in *Theater heute* (1/1972): »Ich habe das Stück selten (von deutschen Schauspielern) so grad und furios gespielt gesehen, wie hier, zum Beispiel von Kirsten Dene (Katharina) und Gerhard Garbers (Petrucchio). Da war einmal nicht die Verquältheit am Werk, nicht die ›Romanisches‹ so vordergründig imitierende Artistik.« Heyse hatte eine Reihe viel versprechender jüngerer Schauspieler engagiert, machte ihnen aber immer zu viele Versprechungen oder Zugeständnisse, die er dann nicht einhalten konnte und zurücknehmen musste. Und auch als Regisseur versprach er meistens mehr als das, was er am Ende halten konnte. Seine

Inszenierung des KAUKASISCHEN KREIDEKREISES von Brecht war dann eine beachtliche, unterhaltsame, nicht gerade überwältigende, doch die Fabel genau erzählende Arbeit, eine Inszenierung, die allerdings nie etwas riskierte oder den Rahmen des Üblichen zu sprengen versuchte. Kirsten Dene war hier eine praktische, herzhaft zupackende, mütterliche Grusche. Sehr schön war ihr Zögern vor zu viel Freundlichkeit. Sie hielt sich dabei an Brecht: »Freundlichkeit ist begrenzt, da existiert ein Maß.« Die Schönheit der Breughel'schen ›Tollen Grete‹ wurde ihr leider nicht abverlangt. Es hätte nämlich bedeutet, gerade dieser menschlich so sympathischen Figur, durchaus noch im Sinne Brechts, ein Quäntchen Verrücktheit zuzugestehen. In der ZÄHMUNG DER WIDERSPENSTIGEN und im KAUKASISCHEN KREIDEKREIS spielte auch Ignaz Kirchner mit, der zukünftig, neben Martin Schwab, Branko Samarovski, Gert Voss zu den häufigsten Bühnenpartnern von Kirsten Dene zählen sollte, in Stuttgart, Bochum und immer noch am *Burgtheater* in Wien. Bis Bochum wären noch Peter Sattmann und Manfred Zapatka zu nennen.

Peter Sattmann, Kirsten Dene, Stuttgart 1973

ICH BIN EIN GUTER UNTERTAN:
Politische Lieder und Texte,
Kirsten Dene, Stuttgart 1975

# Das Fräulein-Wunder

Kirsten Dene gehörte zu den an die zwanzig von Hans Peter Doll neu engagierten Schauspielern, die, zusammen mit vierzehn in Stuttgart verbliebenen Ensemblemitgliedern, die schwierige Aufgabe hatten, die Sympathie der zögerlichen Stuttgarter Zuschauer zu gewinnen, die lange sehr reserviert gegenüber den Aufführungen vom vorigen Schauspieldirektor Peter Palitzsch und dessen Regiekollegen Peter Zadek und Hans Neuenfels geblieben waren, um ihnen und ihren Schauspielern, die mit nach Frankfurt und Bochum wechselten, vehement nachzutrauern. Doll, der die Generalintendanz von Walter Erich Schäfer übernommen hatte, sparte nicht mit Lob für die Vorgänger und versprach einen reibungslosen Neuanfang, stellte sich als Pragmatiker dar, der nicht zu inszenieren gedenke, sondern das »Verwalten« und »Pflegen« als seine Aufgabe betrachte und der seinen Mitarbeitern die »Freiräume« für künstlerische Tätigkeit schaffen wolle: »Der Intendant muss nicht der Größte sein.« Diese sympathische »Tiefstapelei« wurde in der Presse eher höhnisch kommentiert, man erwartete programmatischere Absichtserklärungen und die Ankündigung attraktiver Vorhaben als lediglich »fabelbezogenes Theater«, das »Einsichten über das Wesen von Menschen und über das Zusammenleben von Menschen«, selbstverständlich mit Spaß und Vitalität »und dem Vergnügen auf der Spur«, vermitteln sollte. Sein neuer Schauspieldirektor Alfred Kirchner hatte auch kein Talent für effektvolle Öffentlichkeitsarbeit, und so musste das neue Team mit seinen Aufführungen zu einer Art Schattenboxen antreten, bei dem das Entwicklungspotenzial unerkannt und lange ungewürdigt blieb. Die ersten beiden Spielzeiten Hans Peter Dolls wurden allgemein als »glücklos« abgeschrieben. Eine sehr ungerechte Beurteilung, weil er den Grundstein für ein neues Ensemble gelegt hatte: mit Kirsten Dene, Gert Voss, Martin Schwab, Anne-Marie Kuster, Peter Sattmann, Beate Tschudi, Wolf Flüs, Alexander Grill, Branko Samarovski, Manfred Zapatka, Eleonore Zetzsche und dem noch völlig unbekannten jungen Bühnenbildner Axel Manthey aus Tübingen. Außerdem arbeiteten Karl Kneidl und Erich Wonder auch in der »Vor-Peymann-Zeit« schon in Stuttgart. Nur bei den Regisseuren fehlte das die »Linie« vorgebende und Stimmung schaffende Zugpferd. Das neue Schauspielensemble wurde nicht spürbar genug entwickelt und hatte wenig Gelegenheit zum Zusammenwachsen. Das gelang erst 1974 mit dem Engagement von Claus Peymann. Danach änderte sich alles atmosphä-

KIKERIKI: Gerhard Just (Michael Marthraun), Karl Heinz Tauss, Klaus Henninger (2 grobe Kerle), Kirsten Dene (Marion), Erich Aberle (Schipper Mahan), Renate Heuser (Lorna), liegend: Johanna Mertinz (Julia), Stuttgart 1972

risch, ästhetisch, politisch und eben auch in der Qualität erfreulich rasch. »Und das war damals«, erklärte Hans Peter Doll rückblickend, »für das Zusammenarbeiten und Fortbestehen des Schauspielensembles existenzentscheidend.« Kirsten Denes Stuttgarter Anfang waren Rollen in fünf Inszenierungen von Friedrich Beyer, der dann mit den Dramaturgen Statkus und Gromes nach Heidelberg weiter zog, als Peymann und Hermann Beil Einzug hielten. Sie wirkte in KIKERIKI von Sean O'Casey mit, einer poetisch gestimmten bitteren Komödie des irischen Dramatikers, bei der Beyer den steten Wechsel zwischen Idylle und dämonischem Aufruhr sehr schön herausarbeitete, die Szenen jedoch zu behäbig und gedehnt gerieten, wie Hans-Dieter Seidel kritisch vermerkte, doch dem Regisseur bescheinigte, dass er die Schauspieler immerhin präzise dorthin führen könnte, »wohin er sie haben will«, nie mit Tricks und beliebter »irischer Atmosphäre« auftrumpfend, aber auch »von der blutigen Dickköpfigkeit des nordirischen Konflikts« kaum etwas anklingen lassend (*Theater heute*, 12/1972). Kirsten Dene war Marion, die nicht auf den Mund gefallene Hausgehilfin beim Landwirt Marthraun, die praktische Vernunft in Person und, wie sich zeigt, die treibende Kraft der sich emanzipierenden Frauen, die am Schluss die aussichtslosen Verhältnisse einer borniertenMännerwelt hinter sich lassen, um in das Land zu gehen, »wo das Leben wirklich Leben ist«. Allein der in Marion verliebte Postbote Robin, den Manfred Zapatka spielte, schließt sich den Frauen an. In Gerhart Hauptmanns Künstlerdrama MICHAEL KRAMER spielte Kirsten Dene die eigensinnige Wirtstochter Liese Bänsch, in die Arnold, der gequälte und verkannte Sohn des alten Kramer, rettungslos verliebt ist. Den dieses Mal in sein Unglück rennenden Liebhaber der Rolle von Kirsten Dene spielte wieder Manfred Zapatka.

Beyers Inszenierung des DON JUAN von Molière war ungeheuer einfallsreich, aber die vielen nur auf den Effekt hin arrangierten Lustbarkeiten ergaben ein übertriebenes Spektakel, dessen »bilderstürmender Furor« (Hans-Dieter Seidel, *Theater heute* 10/1973) mit zu vordergründig scherzender tieferer Bedeutung überfrachtet war: «Mit einer nur gewaltsam zu deutenden Requistenpantomime und Koloraturen vom Band beginnt es. Und dann kommt die Bühne Axel Mantheys kaum mehr zur Ruhe: Wölkchen marschieren auf in Reih' und Glied und wiegen sich sanft im Zwischenakttakt; aus einem marmornen Triumphbogen klappt ein rotes

Lotterbett, das gleichzeitig als verfremdete Treppe dient; endlos gepinselte Bäume und Sandhügel ziehen als Vorhang über die Bühne; Sterne funkeln auf; Blitze zucken; es ist, als sollte gegen Kitsch mit Kitsch protestiert werden. Doch dieses muntere Bühneneigenleben wäre vermutlich zu verkraften gewesen, hätte sich Beyer nicht zu allem Überfluss symbolisch ausgetobt. Auf welch kurzem Weg die Phantasie des Regisseurs zu diesem Zweck diesmal überstrapaziert wurde, mag nur ein Beispiel belegen. Don Juan heißt es, verstand seine Umgebung einzuwickeln. Also versieht man ihn in Stuttgart mit einer überdimensionalen Stoffbahn, in die er seine Opfer und zuweilen sich selbst zum Zweck des Verbergens – einwickelt. Von korrespondierender Überdeutlichkeit das Personal. Da röcheln die Bauernmädchen, breitbeinig hingefläzt auf heißen Sand, nach Liebe; da stolpert trampelnd und stotternd eine abgetakelte Heroine im Reifrock auf die Szene (Elvira: Kirsten Dene); da müssen sich die beiden brüderlichen Rächer der Dame (Manfred Zapatka, Klaus Bauer) in einem plump einherkollernden Rauf- und Neckballett gefallen. Don Juan (Karl-Heinz Pelser): ein ausgestopfter Pascha, der seine Erfolge vermutlich ironisch brechen möchte und sich dabei darstellerisch den Hals bricht. Sganarelle (Martin Schwab, die einzige in sich geschlossene Leistung): ein auf den Sexualneid und die mühsam beherrschten Verklemmungen reduziertes Angstbündel, das seinen Herrn bewundert und sich dafür verabscheut.« Lauthals wie selten brachte das Publikum seine Empörung zum Ausdruck. Nachdem Intendant Doll Ende 1973 für die nächste Saison Peymann als neuen Schauspieldirektor angekündigt und kurzfristige Umdisponierungen vorgenommen hatte, wurde eine Restspielzeit der verzagten Verlegenheitslösungen befürchtet, doch unerwartet schien für das krisen-gebeutelte Ensemble die Durststrecke überwunden. Die Premieren im Frühjahr 1974 bewirkten eine Sympathiewende, und Friedrich Beyer und Alfred Kirchner konnten mit ihren Inszenierungen von DIE TRAUUNG und DIE MÖWE beachtlichen Erfolg verbuchen und überregionale Beachtung verzeichnen.

Das in einem höchst produktiven Sinn »rätselhafte« Stück DIE TRAUUNG von Witold Gombrowicz ist von seiner Struktur her ein Alptraum, den Henrik, ein polnischer Soldat an der französischen Front am Ende des Zweiten Weltkriegs träumt, ein wüstes Traumspiel, in dem die Menschen sich einander die Rollen zuteilen. Zugleich ist es eine Hamletvariante, ein Heimkehrerdrama, die Parodie einer Haupt- und Staatsaktion und eine bösartige philosophische Farce. Beyer hatte das Stück bereits in Ulm sehr spannend auf die Bühne gebracht, interpretierte es jetzt in Stuttgart viel spielerischer, »gelöster« und erkennbarer als Traumspiel. Im Unterschied

DIE TRAUUNG: Kirsten Dene (Mania), Hans-Jörg Assmann (Wladzio), Stuttgart 1974

zu Don Juan war Die Trauung ein Stück, an dem sich die oft zu überbordende Phantasie des Regisseurs die Zähne ausbeißen und austoben konnte. Sein Henrik war Joachim Bliese, der die ekstatisch visionären und die wachen Zustände der Figur sehr bizarr verkörperte und der bewusst machen konnte, dass er sowohl das auslösende Opfer als auch eine Art Analytiker seiner Träume zu spielen hatte. Bei dem Versuch, sich die Vision der verwüsteten Heimat in eine Utopie reiner, unbefleckter Welt zu verwandeln, erlebt Henrik »einen sonderbaren Rausch«, und es gelang Beyer, das Visionäre und diesen Rausch sehr bildkräftig in Szene zu setzen. Auch Hans-Dieter Seidel schrieb jetzt begeistert: »Aus Sprache, Bewegung und Licht entstand ein Oratorium von beklemmender Eindringlichkeit. Zwischen Leichenbergen im Schützengraben wühlt sich Henrik in seinen Traum, unter den Leichen kriechen seine Eltern (Waldemar Schütz und Eleonore Zetzsche) wie Lemuren hervor in den Dunstkreis der Illusion. Wo Bühnen dabei üblicherweise wegen des gewaltigen Aufwands an Statisterie verzweifeln, engagierten Beyer und sein Bühnenbildner Eberhard Matthies lebensgroße Puppen (Realisation Manfred Noky), die – an feinen Drähten zappelnd – den Traumbefehlen blindlings gehorchten. Der ingeniöse Einfall zauberte die Masse Mensch lautlos herbei, wann immer sie vonnöten war (als Leiche eben oder kirchlicher Würdenträger, als Scherge oder Staatsmann), und ließ sie danach wieder im Schnürboden verschwinden. Und zwischen den Marionetten huschten die wenigen verbliebenen Figuren, die sich auch mittels ihrer Stimme charakterisieren durften, durch Henriks Traumfetzen. Das ergab in der exakt choreographierten Summe der Schnalzer und Zischlaute, des Summens und leise Tönens zuweilen ein Stimmenballett wundersamen und ungeahnten Ausmaßes, für das man selbst die fehlende Bedrohlichkeit der Säuferszenen gerne hingab (das Ensemble, Jan-Geerd Buss, Klaus Henninger, Martin Schwab und Klaus Bauer, sei für seine deutlich erarbeitete Konzentration und Disziplin ausdrücklich hervorgehoben). Allein für die Figur des Mädchens Mania fand Beyer keinen Ansatz; Kirsten Dene durfte nur mitlaufen im vorüberflimmernden Tanz der Schatten, ohne eine Motivierung ihrer Rolle aufzuspüren.« (*Theater heute*, 6/1974) Dieses Urteil war ungerecht, denn den Ansatz, die »Motivierung«, lieferte Henrik; von einem bestimmten

DIE TRAUUNG: Ensembleszene, Stuttgart 1974

Moment an ist die ja beinahe stumme Mania die Triebfeder, die Bewegende. Sie, »die Braut« Henriks, ist »die Unklare«, die er »aufklären« und aufrichten will, und dann ist sie die »theatralisch« Liebende, das »Theaterluder« seiner Obsessionen. Dieses Theaterluder, die unklare Ophelia, die auch eine Callas sein kann, spielte Kirsten Dene mit leicht diabolisch verzücktem Charme.

In Alfred Kirchners Inszenierung der MÖWE spielte Kirsten Dene mit einer leisen, ganz in sich gekehrten Verzweiflung die Mascha, die unglücklich in Kostja (Gert Voss) verliebte Frau des Dorfschullehrers, und in der in allen Rollen treffend besetzten, sehr beseelten, ganz mit den Gefühlen der heranwachsenden Jugend solidarischen Inszenierung Kirchners von FRÜHLINGS ERWACHEN spielte sie den vermummten Herrn, der Melchior (Gert Voss) den Weg ins Leben weist. Jetzt, wo er keine Verantwortung als Schauspieldirektor mehr hatte, war alle Bleischwere und alles Ehrgeizige, das seinen Arbeiten anhaftete, wie weggeblasen. Seinen größten Erfolg hatte er am Jahresende noch mit Ionescos DIE KAHLE SÄNGERIN und den vor der Pause gespielten CLOWNNUMMERN von Tristan Rémy, ein artistisch ungemein reizvoller Komödienabend, der ganz »leicht« daherkam, was bekanntlich schwer zu machen ist. Kirsten Dene lieferte Glanzstücke als Clown und Dummer August, herrlich sekundiert von Peter Sattmann und

Alexander Grill. Auch in Claus Peymanns Eröffnungspremiere, der Uraufführung von HIMMEL UND ERDE, mit Anneliese Römer in der Hauptrolle der todkranken Sonja Wilke, wirkte Kirsten Dene als Krankenschwester Irene mit, und »ihre stille Akuratesse«, mit der sie diese Rolle spielte sowie »die fast physisch zu erfahrende Eiseskälte, die Karin Schlemmer als sterbende Nachbarin ausstrahlte«, empfand Gerd Jäger (*Theater heute*, 10/ 1974) als ausgesprochene »Lichtpunkte am Rande dieser Aufführung, die sich zu einer entschiedenen Formalisierung nicht durchringen wollte«, weil der Regisseur zu stark nur der alle Register ihrer Komik ziehenden Anneliese Römer das Feld überließ, ohne dass zu erkennen war, wieso diese Moribunde komisch ist, die jetzt alle Realitäten, alle Bedingungen des Lebens, an denen ihr »Glück« scheiterte, in beschönigendem, rosigen Licht sieht.

Die insgesamt dennoch mit respektvoller Anerkennung aufgenommene Uraufführung des Stücks von Gerlind Reinshagen sowie die Wedekind- und Ionesco/Rémy-Inszenierungen Kirchners bestätigten die Neu- und Umverteilung der Aufgaben im Stuttgarter Schauspiel als glückhaft. Claus Peymann hatte die nötige Chuzpe, ungebrochenes Selbstvertrauen, Provokationslust, großen Sachverstand zur Leitungskompetenz. Er hatte die Fähigkeit, seine Truppe zusammenzuschweißen und ihr Theater offensiv zu betreiben, nicht defensiv. In seiner Peymann-Biographie ALLER TAGE ABENTEUER schildert Roland Koberg den Stuttgarter Anfang des nach der Berliner *Schaubühne* künstlerisch erfolgreichsten und überzeugend praktizierten Ensemble-Theaters, das dann *Bochumer Ensemble* hieß und danach im Wiener *Burgtheater* Fuß fasste: »Hermann Beil erinnert sich, in Stuttgart einen verschreckten Hühnerhaufen vorgefunden zu haben, lauter Schauspieler, die alles, was man zu ihnen sagte, dankbar und gierig aufnahmen und um ihrer Leben drauf losspielten. ›Die waren alle so deprimiert‹, sagt Peymann, ›ein Kritiker brauchte bloß mal zu husten und schon fand eine Trauersitzung statt.‹ Beil und die mit ihm gekommene Dramaturgin Vera Sturm übernahmen da von Anfang an die Rolle von Vermittlern, während Peymann selber sich auf eher direktem Weg Respekt verschaffte. Er hatte einen Motor angeworfen, Achtzylinder, und als Energiebolzen überdrehte er diesen Motor natürlich mächtig, wie es vielleicht bessere Stuttgarter Söhne mit ihrem ersten Mercedes machen. Einzelne Schauspieler bekamen es schon auch mit der Angst zu tun, aber es war für sie zu spüren: Hier geht einer Konflikten nicht aus dem Weg, sondern fordert sie heraus, der hat kein Problem damit, der Unangenehme, Laute, Aufbrausende zu sein. Zu dritt beobachteten die Neuen alle Vorgänge am Haus mit einer Intensität, wie es das Ensemble von Kirchner/

Doll nicht gewohnt war. Die Schauspieler erlebten den Wechsel so: Auseinandersetzungen mit Alfred Kirchner, das war wie Pudding-an-die-Wand-Nageln gewesen. Jetzt aber kamen Leute, die sich kümmerten, die mit einem um jeden Satz rangen. Gleich als die erste Premiere zu scheitern drohte (Richards Korkbein von Brendan Behan, eine kleine Anfängerinszenierung unterm Dach des Kleinen Hauses, im so genannten *Kammertheater*), mischten sich Beil, Sturm und Peymann lebhaft ein, bis die Arbeit als vorführbar galt. Das war neu für die Stuttgarter Schauspieler, die sich oft im Stich gelassen fühlten.«

Peymann, salopp im Umgang mit Schwierigkeiten und Andersdenkenden, und die ausgleichende Ruhe von Hermann Beil ergänzten sich aufs Beste; sie hatten einen gut ausgerüsteten, aber orientierungslosen Dampfer übernommen, den sie ohne große Vorbereitungen in volle Fahrt brachten, der volle Einsatz aller wurde gefordert. So sehr zunächst noch die Quantität der Produktionen Eindruck machte und das Publikum auf eine sympathisch unbekümmerte Weise neugierig gemacht wurde, setzte sich mit der Zeit doch ein beachtlicher Qualitätsmaßstab durch. Zum Dramaturgenteam des Intendanten Doll gehörte seit Beginn seiner Amtszeit auch Uwe Jens Jensen, der nun unter Peymann seine Fähigkeit einbringen konnte, Lieder, Texte zu aktuellen Themen in polemisch zugespitzter, aber immer auch sehr unterhaltsamer Form zusammenzustellen. Die von ihm zusammen mit dem Musiker Hansgeorg Koch arrangierten und einstudierten Sonderprogramme, politische Revuen, Lieder- und Leseabende im *Kammertheater* begründeten ein Genre, bei dem die Schauspieler noch ungeahnte Seiten ihres Talents mobilisieren und zur Wirkung bringen konnten; es waren Abende, die zum Markenzeichen des Stuttgarter, später Bochumer Ensembles gehörten und auch am *Burgtheater* unter Peymann den Spielplan wesentlich bereicherten, ein Genre wie gesagt, das Jensen und Koch bestens beherrschen und inzwischen von Franz Wittenbrink erfolgreich an vielen Bühnen weiter entwickelt oder auch nur betrieben wird.

Kirsten Dene war immer ein Glanzpunkt in diesen Lieder-Programmen von Jensen/Koch, immer überraschend in der Art, wie sie die Lieder und Texte präsentierte, mit allen Sinnen sich der Sache annahm, um die es jeweils ging, sich ihr ganz auslieferte, mit Anmut und hingebungsvoll. Eine erstaunlich begabte Sängerin war sie überdies. Die Abende, bei denen sie mitwirkte, hießen Ich bin ein guter Untertan, O Liebste, wie nenn ich dich? (das war ein Beiprogramm zu Peymanns Inszenierung des Käthchen von Heilbronn), Brechtabend Kleine Königstrasse, später in Bochum Unsere Republik – ein deutsches Singspiel,

CYANKALI: Kirsten Dene als Hete, Stuttgart 1975

WINTERREISE, JOHN LENNON, in Wien die revolutionsgeschichtliche Revue AH...CA IRA oder DIE SCHRITTE DER MENSCHHEIT SIND LANGSAM.

Während der Vorbereitungen zur Uraufführung des Botho Strauß-Stücks BEKANNTE GESICHTER, GEMISCHTE GEFÜHLE Anfang 1975 bahnte sich eine Krise an, weil die Arbeitsweise von Niels-Peter Rudolph bei allen die Angst auslöste, nicht genügend zu wissen über den komplexen Wirklichkeitshintergrund sowie die Bedeutungsebenen des Stücks und die Herkunft der Figuren; man einigte sich, den Botho Strauß erst einmal zurückzustellen und, um einander besser kennen zu lernen, ein »klares«, eindeutigeres, politisch aussagekräftiges Stück zu machen. Innerhalb von drei Tagen beschloss man, an die Spielplanlinie Wedekind, Horváth anknüpfend, Friedrich Wolfs Stück CYANKALI aufzuführen, dessen Anliegen 1929/30 war, der Diskussion um die Abschaffung des Abtreibungsparagraphen § 218 eine größere Öffentlichkeit zu verschaffen; es war ein Stück, das, wie Günther Rühle anmerkte, »seiner Gegenwart auf der Haut saß«. Zur Aufführung, in der Kirsten Dene die durch eine unprofessionelle Abtreibung zum Sterben verurteilte Hete spielte, schrieb er: »Der Regisseur interessiert sich mehr für die Typologie der Figuren als für den kämpferischen (agitatorischen) Duktus des Ganzen. Den Hausverwalter Prosnik, der nach dem Mädchen Hete grapscht und nicht ankommt, der sich durch Verrat an die Polizei an ihr rächt, wird von Branko Samarovski wie ein kommender Nazi-Hauswart gespielt, aber seine soziale Ambivalenz (›eigentlich gehörst du zur Arbeiterschaft‹) bleibt sichtbar. Eleonore Zetzsche zeichnet ganz knapp und sicher die ›Engelmacherin‹, Wolfgang Höper den bulligen, zwiegesichtigen Arzt, Martin Schwab mundfix und tatenfeig den Zeitungsverkäufer Kuckuck. Von der agitatorischen Vernehmungsszene am Bett der sterbenden Hete ist

der polemische Druck weggenommen. Sogar ein Ausstieg aus der Realitäts-Ebene ist im Bühnenbild versucht, wenn im Bett bei der Engelmacherin anscheinend eine Tote liegt, von der man nur die Füße sieht. Haben Anneliese Römer als Hetes Mutter und Elke Twiesselmann als Frau noch das abstrapazierte Gesicht der gealterten, grauen Arbeiterfrau, so ist das ›Proletarische‹ in Gang, Geste und Typus sowohl bei Hete (Kirsten Dene) und vor allem bei Paul (Manfred Zapatka) weitgehend ›weggewachsen‹. Ihre Sprache ist verwischt wie ihre Gänge und ihre greifenden Gebärden. Das sind ›Leistungen‹ und eine Besetzung, die den von Wolf gemeinten Typus nicht zum Vorschein bringen; Verwischungen eher als Konkretisierungen. Beide Schauspieler werden dann immer stark im Ausdruck, wenn sie in persönliche Empfindungen eintreten. Zapatka im nachwirkenden Schrecken, wenn er bei Hete den Eingriff versucht hat, Kirsten Dene, wenn sie hinausschreit, sie sei noch zu jung um zu sterben. Gerade die jüngeren Hauptdarsteller zeigen also die Entfernung des arrivierten Schauspielers vom historischen Typus, die Entfernung von der damals aktuellen Anlage des Stücks. Solche Verwischung führt freilich noch zu einem positiven Ergebnis. Je weniger die beiden das Proletarische mitspielen, um so mehr werden sie zu Vertretern der bürgerlichen Generation, die an jenem Fall ihren politischen Willen nachspielen.«
(*Theater heute*, 6/1975)
Dass Kirsten Dene zu den verlässlichen, vielseitig einsetzbaren Ensemblemitgliedern zählte, war Claus Peymann klar, schließlich war sie ja schon einige Jahre beim Theater und hatte sich auch als Protagonistin bewährt. Niemand hätte allerdings 1974 für möglich gehalten, dass sie jetzt binnen weniger Monate vom Kritiker Benjamin Henrichs zum »Fräulein-Wunder« ausgerufen werden würde, dass ihr mit der Hete in CYANKALI, der Hedda in der zunächst verschobenen, dann aber kongenial von Niels-Peter Rudolph inszenierten Botho Strauß-Uraufführung von BEKANNTE GESICHTER, GEMISCHTE GEFÜHLE und mit der Kunigunde in Claus Peymanns höchst verspielter, mit schönsten Comic-Effekten und grimmigem Märchengift durchsetzter Inszenierung von Kleists KÄTHCHEN VON HEILBRONN der so genannte Durchbruch gelingen würde. Für Claus Peymann war die Schauspielerin nunmehr »die Dene«, mit der er von 1974 bis 2001 zweiunddreißig Inszenierungen bestritten hat, die vielen Bernhard-Neuauflagen nicht mitgerechnet. In *Theater heute* (2/1976) hob sie Benjamin Henrichs für ihre Leistungen in BEKANNTE GESICHTER, GEMISCHTE GEFÜHLE und im KÄTHCHEN VON HEILBRONN auf den Schild: »Bei ihrer vorletzten Premiere spielte sie, mit ausgestopftem Bauch und Hintern, eine sehr dicke Dame: Hedda in Botho Strauß' Komödie BEKANNTE GESICHTER, GEMISCHTE

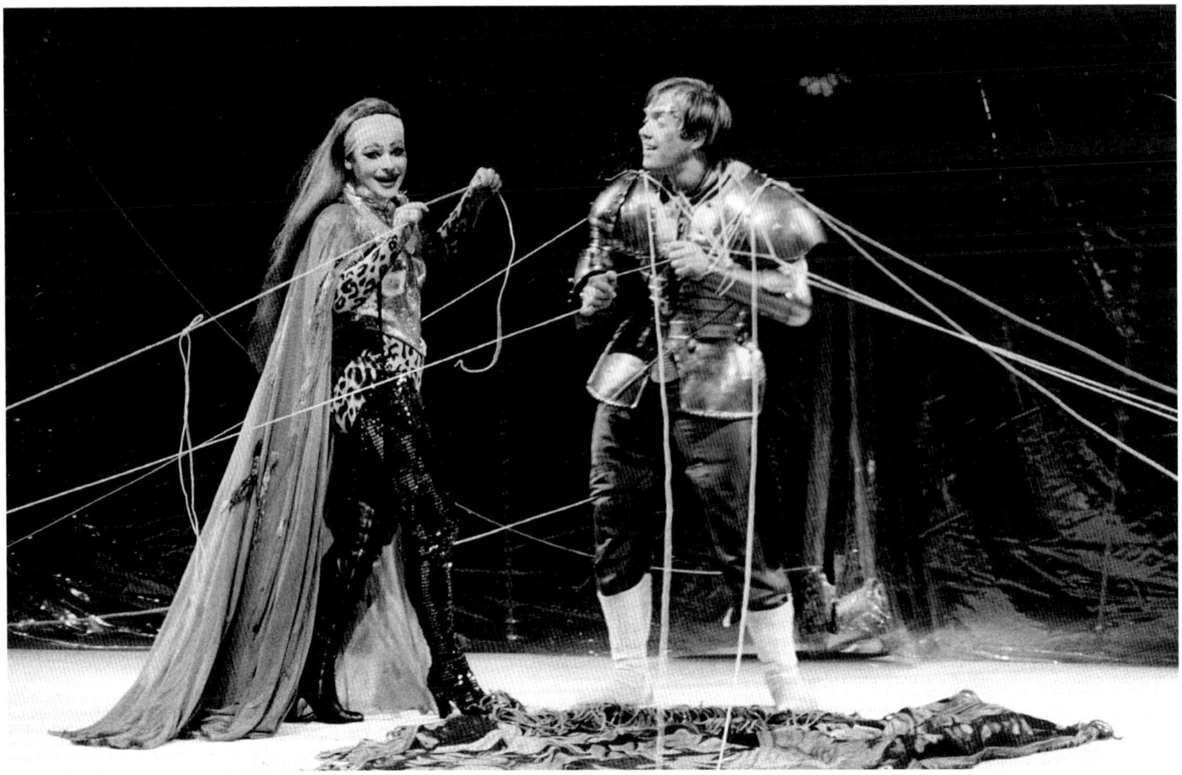

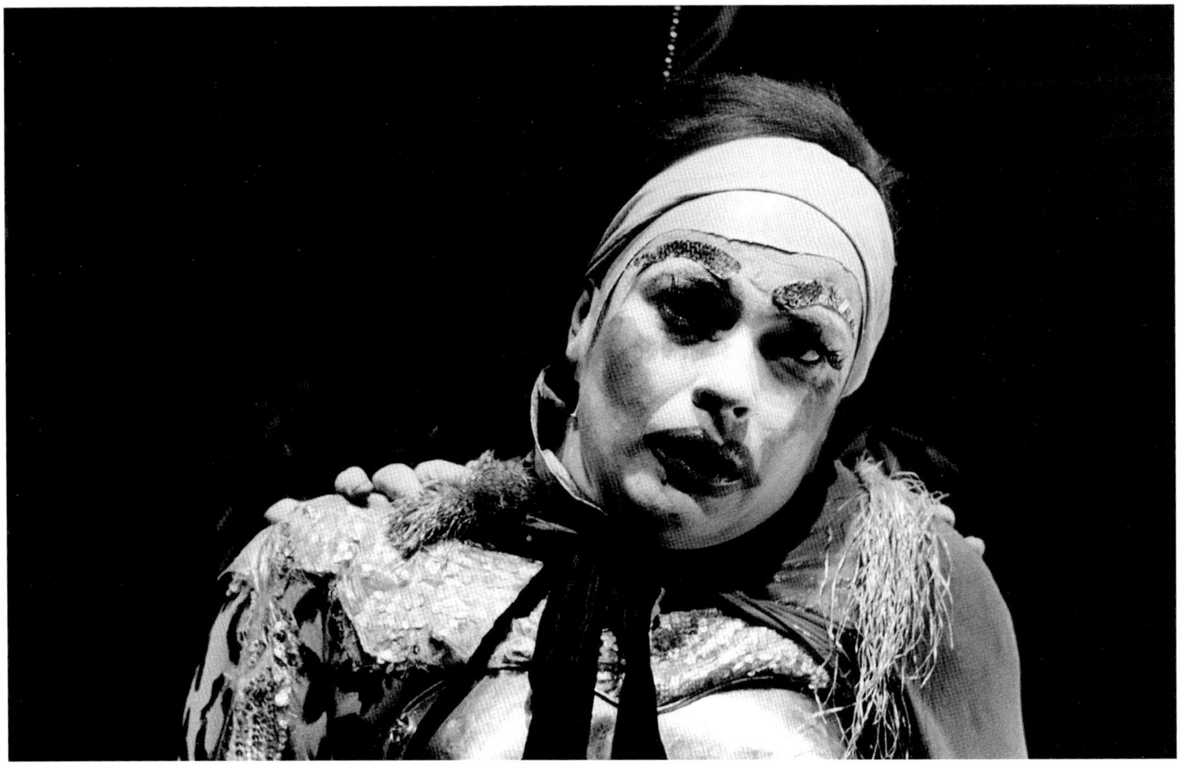

Gefühle. Immerzu redend, dauernd kichernd, ewig hungrig: ein Monster, aber eines von den durchschnittlichen, vertrauten, wie man sie in jeder Konditorei, an jedem Badestrand sehen kann. Kirsten Dene gelang in dieser Rolle etwas ganz Außerordentliches: sie zeigte den Horror eines entfesselten Kleinbürgerweibs, aber auch dessen hinter Lärm und Schminke und Speck verborgene Zartfühligkeit. Im zweiten Akt hatte sie eine elende Schnulze zu singen (›Nur du, du, du allein‹) und tat das so innig, so aufrichtig, als sei dies ein Schubert-Lied. Und man begriff etwas vom Zauber des Allertrivialsten, sah, wie sich schlechter Geschmack und tiefes Gefühl höchst lächerlich und doch ergreifend paarten. Bei ihrer letzten Premiere spielte sie wieder ein Brachial-Weib: Kleists Kunigunde von Thurneck. Wieder eine Versammlung von Superlativen: eine lachhaft bizarre Kostümierung, grellste Schminke, lärmende Fröhlichkeit und tiefste Todtraurigkeit – in dieser unangestrengt-heiteren, aber auch heiter-unbedrohten Peymann-Inszenierung, der einzige Mensch, der den Sprung vom fröhlichen Ulk in den Irrsinn, in gefährdete Kleist-nahe Zustände riskierte. Am Ende geht dieses Fräulein, grambgebückt, tödlich gedemütigt über die Bühne: eine Leidensfratze auf dem Gesicht, zum Lachen und zum Fürchten. Auch da ist Kirsten Dene etwas Außerordentliches, alle Peymannschen Nettigkeiten weit Überragendes gelungen: große Trivialkunst. Oder richtiger: große Schauspielkunst, die die Spielwollust, die Gefühlsradikalität des Trivialtheaters auf unsere noch immer viel zu seriösen Bühnen zurückholt.«

Das Beispiel Kirsten Dene, die nun über die einzelne Aufführung hinaus, in der sie gerade spielte, als eigensinnige Schauspielerpersönlichkeit wahrgenommen und zum »Begriff« wurde, zeigt, wie entscheidend es ist, mit Partnern und Regisseuren zu arbeiten, die das, was in einem als »Potenzial« vorhanden ist und den Vorschlägen, die man auf Grund eigener Gedanken zur Welt und eigener Rollen-Vorarbeit macht oder machen kann, aufgreifen und damit, es verändernd, umgehen und einen Entwicklungsprozess befördern. Die Stuttgarter Kollegen und Kolleginnen, das Dramaturgenteam um Hermann Beil, der Musiker Hansgeorg Koch und die ganz unterschiedlich arbeitenden, aber, befeuert vom Ensemblegedanken, an einem Strang ziehenden Regisseure Kirchner, Peymann und Rudolph waren die Voraussetzung, das entscheidende Sprungbrett für das so genannte Wunder, den »Durchbruch« der Künstlerin. Dieser sicher lang ersehnte Erfolg, besser: die für das eigene Empfinden, den Arbeitseifer und die selbstverständliche Risikobereitschaft notwendige Anerkennung stieg Kirsten Dene nicht zu Kopf; sie litt überhaupt nicht unter falscher Bescheidenheit, war aber nicht eitel, sie ließ sich in keiner Weise durch

Linke Seite:
Das Kätchen von Heilbronn: Stuttgart 1975

Oben: Kirsten Dene (Kunigunde), Martin Lüttge (Graf Wetter vom Strahl)

Unten: Kirsten Dene (Kunigunde)

BEKANNTE GESICHTER, GEMISCHTE GEFÜHLE: Kirsten Dene (Hedda), Gerd Kunath (Karl), Manfred Zapatka (Guenther), Susanne Barth (Doris), Stuttgart 1975

Lob bestechen oder gar zur zufriedenen Faulheit verleiten. Wie für Therese Giehse und Brecht beinhaltete für sie das Erreichte immer auch ein Nochnichterreichtes.

Der von Benjamin Henrichs bewunderte Sprung der Kirsten Dene vom fröhlichen Ulk in den Irrsinn war in dieser Form ein folgerichtiger, in der Inszenierung angelegter, Verwandlungsvorgang. Diese Kleist-Inszenierung von Claus Peymann war nun wirklich nicht »nett«, und der Regissseur hat sich in diesem Fall nun wirklich keinen, wie ihm von Kritikern vorgehalten wurde, harmlosen Spaß mit dem KÄTHCHEN VON HEILBRONN erlaubt. Die Zirkuselemente, die Ritterkasperliade entsprachen durchaus dem Charakter des Kleistschen »Ritterschauspiels«, dessen Untertitel »Die Feuerprobe« ja auch etwas Jahrmarktmäßiges anklingen lässt. Mit dem KÄTHCHEN VON HEILBRONN hatte der Dichter dem Genre der beliebten Ritterspektakel Tribut geleistet und ein, wie Goethe anmerkte, »wunderbares Gemisch aus Sinn und Unsinn« geschrieben, was der Weimarer Theaterdirektor bedauerlicherweise für etwas Unvereinbares hielt und eine Aufführung in seinem Theater auch ablehnte. Die ganz besondere Leistung von Kirsten Dene in dieser Aufführung leuchtet noch mehr ein und wird bedeutender, wenn man die Würdigung der besonderen Eigenart der Peymannschen Aufführung von Günther Rühle liest: »Kleist bezog sich für die Staffage seines Stücks nicht auf die Wirklichkeit, sondern auf: Theater. Eben dies versucht der Regisseur Peymann: Er lässt Spaßmacher ein Spiel über jene Ritter spielen und über solche, die eine verwunderliche, seltsame, mit moritatenhaften Zügen versehene Geschichte erlebten. (...) Die Leute auf der Bühne erscheinen zwar als Spaßmacher, aber sie machen sich nicht lustig über die Leute, die sie spielen. Sie spielen deren Positionen, Ambitionen, den halbirren, scheppernden Hintergrund, die Verstörungen von Käthchens Vater wie die naiven und zunächst sogar plumpen Regungen der Herzen, die sich in diesem Chaos der Interessen finden. Im anscheinend anschmeißerischen Spiel steckt doch eine große Distanz, mit feinen Stufungen im Einzelnen wie im Ganzen, vom Erscheinen der schönen Einfalt bis in die groteske Welt der Ritterschaft. Ritter Flammberg: ein dürres Männchen im roten Trikot, mit Federpenis und Bummelhoden und einer Beinschiene noch (Hans-Jürgen Gerth); der Burggraf (Gert Voss), der Rheingraf (Martin Schwab) und ihre Freunde, die hinter der anscheinend so schönen Kunigunde – sprich: ihrem Besitz – her sind: im bösen Schwarz ausgestopft, mit Daunenkissenröcken gewandet, Wasserschlauchbäuchen, Wasserkesselhelmen, mit Rüstungsarmen, die sich verklemmen. In der Karikatur ist das noch wüst, im Lächerlichen gefährlich. Schon diese Übertreibungen im Kostüm (Zitate) lenken Witz und Komik aus dem Ulk ins Bizarr-Visionäre. (...) Der Graf Wetter vom Strahl ist nicht gegen die Verkommenheit gesetzt, sondern tritt langsam deutlich aus ihr heraus: Martin Lüttge spielt ihn jungenhaft und unprätentiös. Er sucht keine ›magische‹ strahlende Wirkung, sondern eine menschliche. Ein junger Schwärmer, brummig und zart, dümmlich und erregt, wenn er sich von der forsch-attraktiven Kunigunde umgarnen und erotisieren lässt; er erscheint klug aus Naivität, wenn er Käthchens Erzählungen zuhört und seine Ahnungen wahrnimmt. Ins Groteske ist also ein sehr menschliches Feld eingelassen, das immer deutlicher hervortritt. Im Zentrum lebt dieses Käthchen (gespielt von Lore Brunner): klein, leicht, ohne den Theaterschmelz früherer süß-sentimentaler Darstellerinnen. Dies Käthchen macht dem Zuschauer soviel zu schaffen wie dem Wetter vom Strahl. Beide erkennen Käthchens herben Zauber nur langsam, weil diesem von der direkten, greifbaren Attraktivität der Kunigunde von Bruneck ein unmittelbar wirkender Eros entgegengesetzt wird, den Kirsten Dene mit energischem Blick, einem den Leib betonenden Schritt und einer starken, beschwingten selbstsicheren Energie auch körperlich spürbar macht. Das bunte Hosenkostüm tut ein übriges. Ein Weib produziert sich da, das –

kaum den Decken entwickelt, in die sie ihre Verführer verschnürten – ihre Verführungsmittel gegen ihren Befreier Wetter vom Strahl einsetzt und die Feindschaft gegen ihn vergisst. Peymann macht aus dieser ›Umkehr des Konflikts‹ anscheinend wiederum einen ›Spaß‹: diese Kunigunde wippt auf einmal mit den Hüften und singt; kurze Momente scheint es, sie käme aus einem Jazzclub. Die Szene ist äußerst riskant, immer vom Abkippen ins Triviale bedroht, aber die Dene fügt sich souverän in die Kalkulation, dass hier durch ihren ein anderer Körper zu rhythmisieren und also zu greifen sei. Man spürt es, wie ihr bewusstes Rhythmusspiel sich in Wetters Körper überträgt, er bis zur kumpelhaften Rempelei freundlich zur Feindin wird und sich wehrlos verstricken lässt. Der Regisseur (der wohl einst Bazon Brocks BÜRGERSCHULE in Frankfurt sah) führt die Verstrickung, das Einwickeln, vor Augen. Sie bindet den armen Ritter mit langen Schnüren fest, und inmitten der Fäden, an denen er rüttelt, zeigt er seine, die eigene Situation nicht wahrnehmende Faszination durch die Circe Kunigunde. Diese Einwickelei: was soll das bei Kleist? Peymann inszeniert Nummern (auch Materialnummern). Manche, wie der Kampf Wetters gegen den Rheingrafen, dem der Kopf rot skalpiert wird, sind große Clownerien; alle bleiben im Tableau ›Jahrmarkt‹. Aber die Nummernhaftigkeit nimmt ab, je näher die Szenen dem Zentrum, der Käthchen-Wetter-Handlung kommen. Die Nummern isolieren sich nicht gegeneinander, weil sie ihren Witz immer auf ähnliche Weise übersetzen. Immer wird der Schritt über den puren Spaß hinaus getan. Das Femegericht zu Anfang, unter einem schwarzen Tuch im durchsichtigen Zelt verborgen suggeriert – unsere Vorstellungen von Feme bedienend – ein mythisch-dunkles Ungeheuer. Wenn dann aber die Vernehmung des Schmieds und des Ritters mit Schreibmaschinengeklapper akkompagniert wird, so ist solche Kopplung von undefinierbar-unheimlichem Ritual mit dem eilfertigen Geräusch einer Sekretärinnenbeflissenheit nicht nur ein Gag. Anders: ein Seiltänzerseil bei Kleist? Was da zunächst ›Zirkus‹ signalisiert, meint – übertragen – auch den schmalen, vom Absturz bedrohten Steg, auf dem die beiden einander Ahnenden aufeinander zugehen. Käthchen erklettert das Seil, als es dem Ritter von der Begegnung im Stall erzählt. Sie hat sich in die Höhe entfernt, sie spricht wunderbar beseelt, arglos, kindhaft, eine hohe Freude ist in ihr. Aus der Höhe spricht sie wie ein besonderes, aus sich herausgetretenes Wesen, ein irdischer Engel, und ihr jäher Abgang, ihr ›Fall‹ mit einer schnellen, überraschend schnellen Knierolle rückwärts hält sich turnerisch im Tableau ›Jahrmarkt‹, aber ist so voll Sicherheit und Anmut, als habe sich für einen Augenblick Kleists harmonische Bewegungsvision aus dem Aufsatz über das Marionettentheater hier hergestellt. Ein Abschwung, an dessen Grazie am Ende der Aufführung noch einmal erinnert wird, wenn Kunigunde, nun am Ende ihres Spiels, sich wie eine sterbende Kasperlpuppe schwer und umständlich übers Seil legt, das zwischendurch vielerlei anderes war: als es noch straff gespannt war eine Brücke für die Flucht des Reichsgrafen über den Fluss, und eine zerstörte Brücke, als es als Schlappseil hing.« (*Theater heute*, 1/1976)

Nach der Kunigunde spielte Kirsten Dene die Marie im WOYZECK. Alfred Kirchner gab sich, wie mehrere Regisseure damals, die die neuen Ergebnisse der Büchner-Forschung auch für die Bühne nutzen wollten, nicht mehr mit der üblichen, allzu glatten, die Szenen nach dem Muster einer brav zu Ende gedachten Fabel ordnenden Fassung des Fragments zufrieden, und Hermann Beil unterstützte diesen Versuch, die unterschiedlichen Entwürfe nicht im Sinne von Bruchstücken eines nur noch zu vollendenden fertigen Stückkonzepts zu nehmen, sondern sie als unterschiedliche Perspektiven gegenüber ein und demselben Stoff zu lesen: »Die dramaturgische Methode, die Form dieses Fragments zu realisieren und an den Fall Woyzeck möglichst nahe heranzukommen ist für unseren Versuch deswegen nicht die Konstruktion nur einer Geschichte, sondern die Darstellung des Szenenmaterials als verschiedene, gegensätzliche und sich ergänzende Versionen, Lesarten, Spielarten. Der Eifersuchts- und Mordgeschichte (erster Teil), ganz auf die Figur Woyzeck konzentriert, steht im zweiten Teil die Darstellung des sozialen Umfelds, des äußeren Drucks, der permanenten , auch öffentlichen Abrichtung des Woyzeck gegenüber.« (*Programmbuch* Nr. 17 zu Georg Büchners WOYZECK) Kirchner entschloss sich also zu einer Aufführung: »Die Geschichte des Franz Woyzeck zweimal erzählt.« Im ersten Teil spielten Gert Voss den Woyzeck, Kirsten Dene die Marie, im zweiten Teil übernahmen Branko Samarovski und Lore Brunner die Rollen. Besonders im ersten Teil, der Darstellung der Innenwelt, der Ängste und Zwangsvorstellungen Woyzecks, kamen die schauspielerische Intensität und die stark vom Bühnenbild inspirierte Erzählweise des Regisseurs zu einem stimmigen Ergebnis: »Alfred Kirchners Regie gelingen in diesem Teil aufgeraute Szenen voll merkwürdiger Fremdartigkeit sowie eine druckvoll lastende Grundstimmung des Hilflosen. Für den innerlichen Amoklauf Woyzecks hat der Bühnenbildner Andreas Reinhardt den denkbar trostlosesten Ort errichtet: einen schmutzig-schwarzen Schlackehügel, voller Stolpertücke und spärlichen Zivilisationsunrats. Die Wirtshausszene quetscht ihr Personal in eine roh gezimmerte, enge und nur bei Bedarf auf den Hügel geschobene Hütte, wo Hansgeorg Kochs ekstatische Musik die schwitzenden Leiber zu Paaren treibt. Sinnliche Komprimierung ist also das Mittel dieses Theaters, das

Büchners karge Dialoge zu einem Nebeneinander ausdrucksvoller Impressionen von Bildern und Klagelauten verdichtet.« (Hans Dieter Seidel, *Theater heute*, 5/1976.)

Gert Voss spielte einen panisch vor sich selbst davonjagenden Woyzeck, Kirsten Dene eine Marie voll naiver Sehnsucht, eine anrührend schlichte Trauer, in der die abwesende Freude aber dennoch mitschwang, stand ihr im Gesicht, in dem Woyzeck, gebeutelt von seinen eigenen Visionen, nicht mehr zu lesen verstand. Nach WOYZECK wirkte Kirsten Dene in der damals in Stuttgart sehr viel politischen Staub aufwirbelnden Inszenierung der GERECHTEN von Albert Camus mit, ein Stück über eine Gruppe junger anarchistischer Revolutionäre im zaristischen Russland, in dem die Probleme von Gerechtigkeit und Terror abgehandelt werden, wobei die Wirklichkeit längst die moralischen Vorbehalte, wie sie von den Genossen der Jahre um 1900 formuliert werden, eingeholt hat, die Fragen aber geblieben sind. Claus Peymann führte Regie. Kirsten Dene übernahm die Rolle der Studentin Dora, die die Bomben für die Gruppe bastelt, die ihr persönliches Glück erst nicht aufgeben will, es dann aber doch für die »Sache« hingibt, Verzicht leistet zugunsten des Kampfes für eine gerechte Welt und die ungewisse Hoffnung, dass es diese Welt geben, sie selbst sie aber nie erleben wird. Ähnlich wie bei dem agitatorisch politischen Stück von Friedrich Wolf im Vorjahr wollten die Schauspieler sich des sozialen Umfelds der Figuren vergewissern und ihre eigene Betroffenheit und Haltung klären. In Vorbereitung auf ihre Figur und während der Proben fuhr Kirsten Dene mehrmals nach Stammheim, um Ulrike Meinhof und Gudrun Ensslin im Prozess zu beobachten: »Ich habe mich da, auch für die eigene Arbeit gefragt, wie weit jemand gegenüber sich und seiner Umwelt gehen kann in der Selbstaufgabe; und wie man sich selbst und

GEORG BÜCHNERS WOYZECK: Gert Voss (Woyzeck), Kirsten Dene (Marie), Stuttgart 1976 seine Ziele dann überhaupt noch vermitteln kann.« Im Endergebnis machten Claus Peymann und die fünf Darsteller Kirsten Dene, Peter Brombacher, Martin Lüttge, Manfred Zapatka und Martin Schwab keinen Versuch, das Stück von Camus zu aktualisieren, es auch nicht zu historisieren oder besserwisserisch zu dekonstruieren; der theoretische Diskurs des Stücks wurde völlig entideologisiert, in die emotionale und intellektuelle Aufgeregtheit politisch engagierter junger Menschen der unmittelbaren Gegenwart verlegt. Gerd Jäger beschrieb sehr anschaulich die Leistung dieser Inszenierung Claus Peymanns: »Iwan Kaliajew (Peter Brombacher) tritt auf wie ein Modebohèmien von anno dazumal, schwungvoll tänzelnden Schrittes, Zitate auf den Lippen, die Jacke ganz auf Untergrund-Eleganz geschnitten, die Pelzmütze mit auffälligen Zotteln. Beim ersten Attentatsversuch kann er die Bombe nicht werfen, weil Kinder in der Kalesche des Großfürsten sitzen, beim zweiten Mal bleibt er konsequent bis zum Strang. Er lernt hinzu, überwindet die Liebe zum eigenen Leben, damit ›andere leben können‹. Oder weniger idealistisch: Brombacher zeigt, wie die Tünche der Lustigkeit von diesem Mann abfällt, wie er, auch in seinem Auftreten, ›weise‹ wird. Zu Kaliajews Liebe zum Leben gehört die Liebe zu der Studentin Dora Duljebow (Kirsten Dene). Es gibt einen sehr schönen Augenblick in dieser Inszenierung, wo die beiden sich anspringen wie brünstige Tiere, von der Wucht des Aufpralls zu Boden gerissen werden und, dort angekommen, sich krampfhaft beruhigen: der immer noch fordernden Dora weicht Kaliajew aus, ob er sie nun liebe oder nicht, Disziplin gehe vor. Auch die Dene zeigt die große, schmerzende Entwicklung ihrer Figur: von der strammen (oder Strammheit vorschützenden) Genossin zur Liebenden jenseits des eigenen Lebens: ›Gib mir die Bombe … Ich will sie werfen.‹ Und: ›Bin ich denn jetzt noch eine Frau?‹ Kaliajew hatte die Kraft, die Bombe zu werfen, (auch) daraus gewonnen, dass er beim ersten Mal versagt hatte. Dora gewinnt die Kraft, nachdem ihr Geliebter schon hingerichtet ist. Das sind sehr menschliche Erklärungen der Inszenierung für ein theoretisierendes Stück. (…) Ein entsprechendes Stück von heute gibt es nicht. Aber Peymann hat Camus' Stück zum Anlass genommen, ›bekannte Gesichter‹ auf die Bühne zu projizieren. So, wie die Stuttgarter Schauspieler das nachvollziehen, ist im letzten Jahrzehnt an den Universitäten, in Verbänden, Gruppen und Grüppchen, diskutiert worden. So ist miteinander gelebt, gestritten, gelitten worden. Beileibe nicht überall, beileibe nicht nur, wenn es um Bomben ging. So gelebt und gestritten wurde (und wird, wenn auch weniger), wo es um effektives Engagement, um Hochschulreform und Wohngemeinschaften, um Demonstrationen und Sitzstreiks ging. Peymanns Inszenierung engagiert sich dafür – und sie legitimiert sich durch kunstvolle Differenzierung –, dass hinter Bombenlegern und Demonstrierern nicht einfach verquere Ideologien, sondern Menschen gesehen werden müssen. Menschen mit bestimmten Biographien, mit Widersprüchen, mit Liebeskraft und Irrtümern, mit dem Zwang in den Amoklauf und mit der Sehnsucht nach Gerechtigkeit, die, oft, nicht immer, sich in ihr Gegenteil verkehren kann. Eine parteiische Inszenierung, weniger von politischer denn von humaner Bewegkraft.« (*Theater heute*, 6/1976)

In seinem sie als »Schauspielerin des Jahres« feiernden Porträt würdigte Peter von Becker Kirsten Denes Leistung als Dora und ging auch auf die Beatrice ein, die sie ebenfalls im Frühjahr 1976 noch in DER DIENER ZWEIER HERREN von Goldoni spielte: »Was mich an ihrem Spiel dabei am stärksten berührte: Verstandeskraft und Emotionalität halten sich in dieser Figur immer die Waage, und Kirsten Dene zeigt dies ganz körperlich, theatralisch. Während ihr die Glieder zittern, sind die Gesichtszüge klar und entspannt – kein Lippenkrampf, kein gehetztes Zucken der Augäpfel –, wenn sie sichtlich mit den Tränen kämpft, steht sie nur ruhig da, ihr Körper wirkt wie von Schmerz betäubt und so über ihn schon fast hinweg. Hier gibt es einen wunderbaren ästhetischen Zusammenhang zwischen den mimischen Mitteln und der ausgedrückten Wahrheit: also zwischen Idee und Wirklichkeit: Kirsten Dene spielt noch mit nahezu tonloser Stimme einen riesigen, erstickten Schrei, und wenn sie plötzlich von Stepan, ihrem Geliebten, zu Boden gerissen wird in eine stumme, heftige Umarmung, dann weiß man bei Denes Dora, in diesem Augenblick gewinnt sie schon die Kraft zur Trennung. (Bei der englischen Schriftstellerin Doris Lessing gibt es die Geschichte zweier Männer, die sich so lange Zeit bis aufs Blut gehasst haben, dass sie einander auf einmal völlig gleichgültig werden und merken: jetzt könnten sie bereits Freunde sein.) Bei solchem Theater gewinnt das Spiel (die nach Adorno ›heitere‹ Kunst) wieder anschaulich etwas zurück von der Dichte und den Widersprüchen des natürlichen, realen Ernstes. Im Rauen ist das Zarte verborgen, in der Komik die Trauer. In Rudolphs Goldoni-Inszenierung des DIENER ZWEIER HERREN kommen Martin Lüttge und Kirsten Dene (Florindo, Beatrice) am Ende scheinbar zusammen wie Hans Dampf und die komische Nudel. Zunächst die Körpergroteske einer schmachtend verbumsten Balgerei, doch dann passiert auch hier etwas Überraschendes: Die beiden sinken plötzlich auseinander auf den Boden, und als sie sich die vorangegangene, tatsächlich turbulente Handlung nochmals erzählen, liegen sie ganz ruhig auf dem Rücken, mit geöffneten Beinen, einander wie Kunstschwimmer nur an den Zehen berührend. Kirsten Dene, vorher wieder in den angestrengt närrischen Posen eines Mannweibs, hat sich in diesen Sekunden weit zurückfallen lassen in ein rührend verliebtes, wie auf einer Kinderspielwiese von ihrem Jungen träumendes Mädchen. In unserem Gespräch sagte sie, dass vor allem die Brüche sie interessieren: wenn im Lustigen der Ulk am Nachdenken erstickt, wenn in der Trauer noch die abwesende Freude durchschimmert. Spielt sie so, dann ist das nicht nur Theater.« (*Theater heute*, Sonderheft 1976)

Das Stuttgarter Schauspiel war von großer Unternehmungslust und Experimentierfreude erfüllt und versuchte sein Publikum mit immer neuen Überraschungen in Bewegung zu halten, mit sehr vergnüglicher und dann wieder ernsthafter politischer Aufmüpfigkeit zu unterhalten. Im Spektrum des Überprüfens einstiger Bühnenerfolge fehlte noch das Genre der Operette, das in Deutschland durch den von den Nazis verordneten Exodus der Künstler der »leichten Muse« völlig auf den Hund gekommen war. Es war nun an der Zeit, dem ganz in die »Provinz« und dem ausgedienten Opernpersonal und Schlagerkitschverwaltern in die Hände gefallenen Genre durch singende Schauspieler, pfiffige Musiker und intelligente Regie wieder Geltung zu verschaffen. Alfred Kirchner wählte im Verein mit Hansgeorg Koch die 1931 uraufgeführte exotisierende Revueoperette DIE BLUME VON HAWAII von Paul Abraham, und Kirsten Dene ließ es sich nicht nehmen, Jim Boy zu spielen und hier ihrer androgyn angehauchten Singstimme im Einsatz für die Reize einer unerhörten Kunst, freien schmissigen Lauf zu lassen. In seinem wunderbaren Handbuch zur Operette schreibt der Stuttgarter Literaturwissenschaftler Volker Klotz zur BLUME VON HAWAII: »Was alles hier die Bühne zu sehen und zu hören gibt, überträgt den Extrakt zeitgenössischer Schiffsreiseprospekte ins Dreidimensionale und Akustische. Südsee! Die Fremden im Stück – vornehmlich Yankees der Oberklasse –, aber auch die Einheimischen – vornehmlich aus fürstlichem Geschlecht – erfahren Hawaii und sich selbst mit den Augen und Ohren von Luxustouristen aus jener Zeit, als die Ballräume der Ozeanriesen in gleißendem Art déco einen Vorgeschmack gaben auf bräunliche Hulamädchen, zwischen Palmen und Korallen. ›Ein Paradies am Meeresstrand‹, ›Blume von Hawaii,/ich liebe dich fürs Leben‹, ›Lied von Hawaii,/singender Schmerz,/zwing mir ihr Herz‹, ›Du traumschöne Perle der Südsee,/schenk mir Liebe‹: im sämigen Rhythmus von langsamem Foxtrott und so genannter Hawaii-Waltz ersingt man sich hier eine Aura kostbarer Kitschphantasien. Ausgemalt in aparten Klangfarben aus Vibraphon und Celesta, Hawaiigitarre und Xylophon, chinesischen Trommeln und gedämpften Blechbläsern. Umgaukelt von sichtbaren und unsichtbaren Summchören, von halb nackten Tänzerinnen und sanftfarbe-

Im Theater, sagt Kirsten Dene, erscheint das Leben oft nur entschärft: »Ich glaube, dass die Realität in ihren Widersprüchen und Gegensätzen viel krasser, grotesker ist als alle Theatralik. Ich beobachte doch die Leute um mich, in Cafés, in der Straßenbahn oder wenn große Oper ist: da habe ich unendlich viele Botho Strauß-Typen gesehen.« Für Kirsten Dene sind das tatsächlich »bekannte Gesichter«, diese scheinbar erkünstelten Papiermasken, diese Gefühlsspießer in Botho Straußens Stück, dem Niels-Peter Rudolph bei seiner Stuttgarter Inszenierung so monströse Wirklichkeitsgestalten entwendet, dessen poetisches Niemandsland er in deutsches Inland verwandelt hat. Und dabei am groteskesten, schauderhaftesten ließ die Schauspielerin Kirsten Dene (als Hedda) alles Fett und allen Seelenschweiß des so erlebten Alltags von der Bühne zurück ins (dargestellte) Leben triefen.

Nicht theatralische Tollkühnheiten und keine verschwitzte Virtuosenartistik haben sie zum physischen wie psychischen Höchsteinsatz in der Strauß- oder Kleist-Rolle gereizt, die ihr soviel Kritikerlob eingebracht haben. Eher der radikal-vergebliche Versuch, mit einem (...) vollkommen realistischen Exhibitionismus auf dem Theater noch einmal die Schale der (in Freude und Leid) übermächtigen Außenwelt zu durchstoßen. Oder: die eigenen Sinne und Gedanken soweit nach außen zu stülpen und sich und die Empfindungen, den kalten »guten« Geschmack der Zuschauer so sehr zu verletzen, dass gegenseitiges Erkennen und Anteilnahme, dass wieder (sinnliche) Berührungsangst und -freude möglich werden.

Peter von Becker (*Theater heute*, Sonderheft 1976)

nen Lichtorgeln. Den kessen Gegenton und Gegenrhythmus scharf synkopierter Foxtrottnummern liefert, auf der andern Seite, Jim Boy, ›ein berühmter amerikanischer Jazzsänger‹. Keine andre Rolle spielt er als ebendiese: mitreißende Songs vorzubringen und auszutanzen, mal mit der einen oder andern Soubrette, mal mit einer Gruppe Girls.«
Der Witz nun der Stuttgarter Inszenierung war der geglückte Versuch, die zugeschütteten, nicht mehr sicht- und nicht mehr hörbaren Reize sichtbar und hörbar zu machen. Man ging also nicht ins große Haus, sondern stopfte die »große« Welt, die Girltruppen und Südseechöre aufs Nudelbrett des *Kammertheaters*. Große Ausstattung auf der sehr kleinen Bühne. Der Bühnenbildner Axel Manthey zauberte aus allen Kisten des Ausstattungswesens. Hans-Dieter Seidel begutachtete das Ereignis: »Mehr als die Hälfte des Raums gehört der Bühne. Sie wird begrenzt von der bananenverzierten, unumgänglichen Glitzertreppe und von einem gewaltig drohenden Schiffsbug, über den eine Kanone lugt. Cola-Bar und Holiday Inn, ein hölzerner Ausguck fürs Militär und ein paar gummiballverzierte Palmen quetschen sich zwischen die Zuschauer, die auf der ehemaligen Bühne und an der verbliebenen Längsseite des *Kammertheaters* dicht bei dicht Platz finden. Vogelstimmen liegen in der Luft, das Licht spielt mit der Farbenpracht, und ein paar freundliche, halbnackte oder bunt kostümierte Hawaiianer halten Zuckerwatte und aufmunternde Worte bereit. Als ob dieser verwirrend schöne Aufwand noch längst nichts wäre, lässt Kirchner auch noch die Szenenanweisungen der Librettisten Alfred Grünwald, Fritz Löhner-Beda und Emmerich Földes in den sich verdunkelnden Raum raunen: ›Die Bühne ist vollkommen dunkel, dann fällt links seitlich ein Mondscheinwerfer auf eine Gruppe schlanker Palmen, auf und unter denen man hawaiische Bauchtänzerinnen sieht. Ein malerisches Bild von zartem, eigenartigem Reiz. Die Mädchen tragen entzückende Phantasiekostüme, Blumen im Haar, Blumenketten um den Leib; sie sind reichlich dekolletiert, trotzdem wirken sie dezent …‹ Und so weiter und so weiter. Was passiert, wird beschrieben, während es passiert. Wer jedoch eine wohlfeile Parodie erwartet, sieht sich getäuscht. Hier wird mit jener schmissigen Ernsthaftigkeit Operette gespielt, die dem Genre einst seine Beliebtheit eintrug. Das Libretto der BLUME VON HAWAII zeigt sich bekanntlich eher um eine ausgewogene Nummernfolge als um eine vernünftige Handlung besorgt. (…) Regine Vergeen zeigt das strahlende Weiß falscher Zähne und den jederzeit abrufbereiten Frohsinn des *american girl* her, Peter Sattmann ist ein geschniegelter Pomadejüngling, der seine manieristischen Ticks hätschelt wie das gepflegte Äußere. Gerhard Just mimt lächelnd einen Bilderbuchgouverneur, Urs Hefti zähnefletschend,

Waldemar Schütz devot den Bilderbuchsoldaten. Und Alfred Kirchner selbst, bei der Premiere eingesprungen für den erkrankten Bert Oberdorfer, hat mit der geballt finsteren Wut des Revolutionärs Kanako Hilo keinerlei Mühe. Eine perfekt aufeinander eingespielte sechsköpfige GI-Riege entledigt sich ihrer Revueeinlagen ebenso bravourös, wie sie ›die mittlere Choraufgabe‹ meistert, die der Operettenführer nennt. Martin Schwab, dem Manthey eine schaukelnde Fischgondel beschert hat, ist ein dunkel glänzender Prinz Lilo-Taro voll tenoraler Würde, umschwirrt von den sich unermüdlich wiegenden Hawaiimädchen aller Altersklassen. Obwohl man auf Hawaii hauptsächlich braune Schminke und Blumenschmuck trägt, kann Kirchner die Nacktheit frei von jeder Indezenz halten. Und selbst die ewig lächelnde Amerikanerin Julia Costa oder der das Geschehen mit einem greisenhaften Grienen begleitende alte Hawaiianer Hans Mahnke wirken niemals als pure Beigabe, sondern stets sinnfällig in das Bild integriert, welches sie schließlich nur ausschmücken. Unübertroffen aber wieder einmal Kirsten Dene. Ihr Jim Boy ›sitzt‹, von der auf Wunsch knödelnden oder im Negerbass grummelnden und rollenden Stimme bis zu den Fingerspitzen, die durchs angeklatschte Haar streichen. Die Siegesgewissheit, das permanente *keep smiling* des erfolgreichen Jazzsängers hält ohne Atempause hof, und das Publikum ist zu Recht hingerissen. Kirsten Dene braucht mit der Hosenrolle nicht zu kokettieren; sie spielt, singt, spricht wie ein Mann, der von der Überlegenheit seines Geschlechts überzeugt ist. (…) Hansgeorg Kochs Arrangements für kleine Besetzung (die übrigens hervorragend musiziert) rücken die Musik Paul Abrahams noch stärker in Schlagernähe: für die Virtuosität der herzhaften Stuttgarter ein Kinderspiel und ein Vergnügen. Wie ansteckend, wie mitreißend zu schmelzender Hawaiigitarre, pochendem Rhythmus rundum Operette gespielt, gesungen, getanzt wird, das ist kaum zu beschreiben. Ein tauber Stockfisch, wer sich nicht anstecken lässt. Erste Warnzeichen, dass das Schwelgen in der Seligkeit kaum dauerhaft sein kann, dass der Idylle nur ein Scheinfrieden geschenkt ist, verstecken Kirchner und seine Dramaturgen Horst Brandstätter und Uwe Jens Jensen noch. Die Hawaiimädchen müssen sich den Po mit amerikanischen Fähnchen zieren lassen, einmal schwenkt ein Soldat, das Messer noch zwischen den Lippen, zwei abgeschlagene Eingeborenenköpfe, ein andermal wird Prinzessin Laya beinahe vergewaltigt. Doch Kirchner erwähnt es wie nebenbei, nimmt es scheinbar nicht wichtig. Nach dem Blumenfest aber, auf dem die Hawaiibewohner der versuchten Revolution gegen die Unterdrücker eigens abgeschworen haben, explodiert das aufgestaute Herrenmenschentum. Brutal lässt Kirchner seine bisher so harmlos munteren, zackigen GIs in die

Eingeborenenmenge schießen, und gleichsam über die Leichen hinweg geht man zur Tagesordnung über, die da heißt: Sekt, Lachen, nichts wahrhaben wollen. Monte Carlo triumphiert (der Handlungssprung des Librettos ist hanebüchen und wird genial aufgefangen), Suzanne Provence (die Doppelgängerin der Prinzessin) bietet ihren Körper feil und ertränkt Gewissensbisse im Champagner. Das ›Schwipserl‹ des Couplets wächst zur orgiastischen Raserei. Und Kirsten Dene verkauft plötzlich nicht mehr eine bis in die feinsten Nuancen genau nachempfundene Operettenfigur, mit dem Niggersong ›Bin nur ein Jonny‹ katapultiert sie, schwarz geschminkt mit großem weißem Clownsmund, die Rolle ekstatisch über die Grenze, jenseits derer die Ausbeutung solcher Showgrößen offenbar wird. Dieses ›Bin nur ein Jonny‹ ist bei Kirsten Dene nicht länger ein wohl rhythmisiertes, sentimentales Lied, sondern ein Verzweiflungsausbruch, der fast tonlos schluchzend endet. Mit diesem schier nihilistischen Abgesang bricht Kirchner ab, das Operettenfinale des vierfachen *Happy Ends* ist nun nicht mehr möglich. Die Wirkung ist durchschlagend. Der Zuschauer, eingelullt und willig hingegeben zunächst, wird gründlich verstört. Das Lachen bleibt in der Kehle stecken und man sinniert, worüber man sich bis zur Pause unerschrocken amüsiert hat. Autonomiebestrebungen eines Volkes als Unterhaltungsanlass – die Vermarktungsgesetze der Operette kannten wahrlich keine Scheu. Kirchners Hawaii ist zeitlos, könnte Pearl Harbour ebenso meinen wie Vietnam oder Wounded Knee. Die Interpretation, ungleich gewichtiger als jede Parodie, mag überraschend hereinbrechen, aber sie hat die einleuchtenden Argumente auf ihrer Seite.« (*Theater heute*, 11/1976)

Das *Happy End* ist an sich der Tribut, der dem Genre der Operette geschuldet ist. So »gescheit«, progressiv und jeder Art von Rassismus abhold waren die Librettisten allemal, mit der richtigen »Haltung« aufgeführt und mit raffinierten musikalischen Gegenläufigkeiten zeigt ihr aufgesetztes *Happy End*, was von ihm zu halten ist. Doch Kirchners »Tiefschlag« am Ende hatte, weil manchmal nur der Holzhammer hilft, eine gewisse Konsequenz. Vor allen Dingen war dem Werk keine »Gewalt« angetan, nur eben zu einer gewissen verdeutlichenden Kenntlichkeit verholfen. Es war kein »verlegener« Betroffenheitsschluss, dank der klaren, geschmeidigen, unsentimentalen Haltung, mit der Kirsten Dene den Song »Bin nur ein Jonny« vortrug:

*Bin nur ein Jonny*
Bin nur ein Jonny,
Zieh' durch die Welt,

DIE BLUME VON HAWAII:
Heidemarie Rohweder (Raka),
Kirsten Dene (Jim Boy),
Stuttgart 1976

Singe für money,
Tanze für Geld.
Heimat, dich werd' ich niemals mehr sehn!
Du – du – du – du!
Dort in Kentucky kenn' ich ein Haus,
Nachtschwarze Augen schauen heraus.
Bimba, wann werd' ich wieder dich sehn?
Du – du – du – du!
Bin nur ein Nigger, und kein weißer Mann.
Reicht mir die Hand,
Aber die Ladies finden mich pikant,
Interessant!
Bin nur ein Jonny,
Zieh' durch die Welt,
Singe für money,
Tanze für Geld.
Heimat, dich werd' ich niemals mehr sehn.
Du – du – du – du!

Nach der gründlichen Auseinandersetzung mit Schiller und Kleist verlangte es der mit viel Neugier gespickte Ehrgeiz Claus Peymanns, nun mit seinem Team auch den Gipfelklassiker Goethe zu bezwingen, das heißt, theatralisch umfassend zu erobern. Nach den RÄUBERN und dem KÄTHCHEN VON HEILBRONN wollte er nun FAUST, vor allen Dingen auch den zweiten Teil, ohne Klassikerehrfurcht mit dem nötigen Ernst und entsprechender Freude am Spaß, auch am albernen Joke auf die Bühne bringen. Es wurde im engen Zusammenspiel mit dem Maler und Bühnenbildner Achim Freyer eine abenteuerliche Reise in die Geschichte des Bürgertums, der Kunst und des Theaters, ein Theaterprojekt, das über mehrere Monate alle Kräfte und Nerven der Beteiligten beanspruchte. Das Ergebnis im Februar 1977 wurde vom Publikum begeistert gefeiert. Die Aufführung insgesamt scheute keinen Aufwand, keine Anspielung auf stilistische Eigenarten oder Manierismen bekannter Theatermacher, lebte von ihren Widersprüchen und eklatanten Stilbrüchen. Die Spannweite reichte von sehr zarten, berührenden Szenen bis zum marktschreierischen Spektakel, vom erregenden Drama bis zum bunten Zirkus, vom Brettlspaß bis zur üppigen Bilderrevue. Günther Rühles bilanzierende Kritik lautete: »Dieser FAUST ist die Anstrengung eines ganzen Theaters, ist die Mühsal eines Dramaturgen (Hermann Beil), der den Text durch geschickt gestrichene Verse dem Reinklang entzog. Auf der Premiere lag noch die Last der überlangen

Proben. Das Ergebnis erklärt sich aus der Zufuhr immer neuen theatralischen Stoffs. Achim Freyers Phantasie ist anscheinend unerschöpflich. Er spielt mit allen Materialien, die die letzten fünfzehn Jahre hervorgebracht haben, mit allen Brechungen. (…) Das Problem für Freyer wie für Peymann ist jetzt der Erfolg. Der Versuch, schwierige Stücke aus der Heiterkeit zurück zu gewinnen, ist zum zweiten Mal geglückt. Aber dieser ist schon fast abgetrotzt. Im Käthchen von Heilbronn war noch ein Zentrum, aus dem alle Einfälle kamen, hier muss, kann, darf man sich forttragen lassen und vom Endpunkt her das eingebrachte Konzept ermitteln. Trotzdem: Noch ein Ereignis. Der Abend stürzt fast aus dem Übermut in die Demut. Aus dem Theaterwissen ins Gewissen. Nach Mephistos Scheitern öffnet sich der Vorhang noch einmal und vier Schauspieler lesen vor dem Ensemble einen Teil der Schlusschöre, zitierend aus dem Buch, als sagten sie: Das ist von uns nicht zu spielen, wir fügen es an. Es war der Abgesang des Ensembles, das Pendant zur Zueignung, und die als Helena prächtige, gleißende Kirsten Dene hatte das letzte Wort. Es klang so, als zitiere sie ein Rätsel, jenseits der feinen und derben Späße: ›Das ewig Weibliche zieht uns hinan‹.« (*Theater heute*, 4/1977)

Das im Nachhinein bemerkenswerteste Phänomen jener fünf Stuttgarter Jahre war die sich großartig ergänzende Arbeit mehrerer Regisseure, die nicht jeder eine bestimmte Schauspielergruppe um sich versammeln und gegen die anderen im Theater arbeitenden Darsteller abschotten konnten, sondern ein aufeinander eingeschworenes Ensemble vorfanden, in dem zum Beispiel alle es für selbstverständlich hielten, eine zweite, kleinere Rolle auch parallel zu probieren. Die Aufführungen ergänzten sich in der Regel, wurden, manchmal sicher von der Kritik, aber nicht von Mitgliedern des Ensembles gegeneinander ausgespielt. So war Kirsten Dene, die in Stuttgart zunächst nur bei Friedrich Beyer besetzt war, dann einige Male mit Alfred Kirchner gearbeitet hatte, in der Peymannschen Direktionszeit gleichermaßen Protagonistin in Inszenierungen von Alfred Kirchner, Niels-Peter Rudolph und Claus Peymann. In der letzten Stuttgarter Saison spielte sie noch im Balkon von Jean Genet die Rollen Madame Irma und Chantal in der etwas überanstrengten, die beiden Fassungen des Stücks seltsam mischenden Inszenierung von Christof Nel. In allen Stuttgarter Inszenierungen von Niels-Peter Rudolph spielte Kirsten Dene eine hervorstechende Rolle: Sie war Hete in Cyankali, die Beatrice in Der Diener zweier Herren von Goldoni, verkörperte die Hedda in Bekannte Gesichter, gemischte Gefühle, und in seiner zweiten Botho Strauß-Uraufführung, Trilogie des Wiedersehens, spielte sie die Susanne. »Niels-Peter Rudolphs hervorragende Inszenierung im

DER BALKON: Kirsten Dene (Irma), Susanne Tremper (Carmen), Stuttgart 1979

Stuttgarter Schauspiel«, schrieb Helmut Schödel, »bedurfte keiner theatralischen Effekte, keiner Verzerrungen. Da sind Straußens Figuren überaus genau beobachtet worden. Das waren richtig lebendige, man möchte fast sagen (wenn man nicht davor erschrecken würde): ganz normale Menschen, nachprüfbar, mit einer glaubwürdigen Biographie. Und immer auch ein bisschen mehr: von Rudolph in einen (symbolischen) Bildzusammenhang geschoben, der über den einzelnen Fall einer jeden Figur hinausweist. Kirsten Dene, unvergleichlich die Susanne spielend, vertraut Straußens Text, glaubt (mit Recht) an die Belastbarkeit dieser Sätze, ruft nie ängstlich Theater zur Hilfe. Kaum hörbar und unheimlich langsam beginnt sie ihren Anfangsmonolog: in halbem Dunkel, von keinem Spot ins rechte Licht gerückt. Mit fahrigen Bewegungen, wie man sie von Trinkern kennt, geht sie über ihre Sätze hinweg. Moritz, der ihr zuhören sollte, steht hinter der Glaswand des Ausstellungsraumes, hört nichts, schaut bloß - vergleichbar einer jener Ausstellungsgruppen, wie sie der Spiegel im Nachbarraum zeigt. Da sind also Straußens Sprachbilder Theaterbilder geworden. Kirsten Dene weiß auch von der Komplexität der Strauß-Figuren. Da gibt es extreme Gegensätze. ›Du gibst mir kein Gefühl

TRILOGIE DES WIEDERSEHENS: Hans Mahnke (Wärter), Kirsten Dene (Susanne), Stuttgart 1977

für mich‹, sagt sie zu Moritz mit einer früheren Kraft; sie ist wieder bei sich selbst (und eingetaucht in kaltes Neonlicht). Diese Susanne muss ständig Material berühren, tasten, sich vergewissern: Gibt's mich noch? Und auch etwas außer mir? Kirsten Dene flüchtet sich gegen Ende des Stücks nicht zum Schmerzensschrei, sondern sitzt auf der Rundbank inmitten des Raums und - ja was tut sie? Beginnt sie zu weinen? Oder suchen ihre Lippen Sätze für ihre Situation? Da ist Strauß fast unübertrefflich aufs Theater gekommen.« (*Theater heute*, 7/1977)

Leider gingen die Stuttgarter Truppe und Niels-Peter Rudolph dann getrennte Wege, letzterer entschied sich, am Hamburger *Deutschen Schauspielhaus* selbst Intendant zu werden, was ihm aber wenig Erfolg brachte. Auch als Regisseur hatte er später nur noch selten jene Arbeitsbedingungen wie unter Lietzau in München, Hamburg, Berlin und beispielhaft eben im Stuttgarter Peymann-Team, wo ihm sichere Rückendeckung, produktiver Widerstand und genügend Geduld mit seiner »realistischen« Genauigkeit, seiner peniblen Aufmerksamkeit für die existenzielle Not der darzustellenden Figuren zuteil wurde.

Im Sommer 1977 wurde von der Baden-Württembergischen Landesregierung und dem Landtagsvorsitzenden Lothar Späth der schwäbische Bürgersinn und des Volkes Stimme gegen Claus Peymann mobilisiert; die so genannte Zahnspendenaffäre war der äußere Anlass, die sofortige Entlassung des Schauspieldirektors zu fordern, weil er am Schwarzen Brett der Staatsbühne einen Geldspendenaufruf für die Zahnbehandlung der in Stuttgart-Stammheim einsitzenden RAF-Mitglieder Ensslin, Baader, Raspe ausgehängt hatte. Der Protest richtete sich vor allen Dingen an die Zuschauer, die nicht ins Theater gingen. Wer sich gedanklich mit der RAF befasst (im Stück DIE GERECHTEN von Camus), BAMBULE von Ulrike Meinhof in den Spielplan nehmen wollte, schließlich Goethes IPHIGENIE aktualisierend inszenierte, musste ja ein »Sympathisant« sein. In ihrem Solidaritätsbrief erklärte die Berliner *Schaubühne* zutreffend, Peymann würde bestraft »als gleichsam symbolisches Opfer für den ewig unbekannt bleibenden Sympathisanten«. Claus Peymann wies die Vorwürfe zurück, kündigte aber seinerseits seinen mit Ende der Spielzeit 1978/79 auslaufenden Vertrag. Die offensive Haltung Peymanns stärkte die Position der Vermittler in den Verhandlungen mit den Hardlinern der Landesregierung. Der urbaner denkende Stuttgarter Oberbürgermeister Rommel und Generalintendant Doll erklärten am Ende, der Vertrag des Schauspieldirektors würde nicht verlängert, der Verwaltungsrat beschied sich mit einer »Rüge«, die Peymann zur Kenntnis nahm, die noch verbleibenden anderthalb Spielzeiten aber noch kräftig nutzte, künstlerisch Flagge zu zeigen und sich auf seine Weise zu revanchieren. Er verbündete sich mit Rolf Hochhuth und drohte nun seinerseits Ministerpräsident Filbinger mit einer Inszenierung der JURISTEN. Hochhuths Recherchen über die Tätigkeit Filbingers als Nazirichter bewirkten immerhin den Rücktritt des Politikers. Peymann aber ersetzte das dramaturgisch und sprachlich ohnmächtige Drama Hochhuths durch Thomas Bernhards Komödie »von deutscher Seele« über den bundesdeutschen Gerichtspräsidenten Höller, der am 7. Oktober jeden Jahres mit seinen beiden Schwestern Himmlers Geburtstag feiert und aus diesem Anlass seine alte SS-Uniform anlegt: VOR DEM RUHESTAND.

Da Peter Zadek damals in Bochum nicht länger Intendant sein wollte, entschied die von der SPD regierte Stadt im Ruhrgebiet sehr schnell, Claus Peymann zum Nachfolger zu küren, der alles daransetzte, mit seinem Leitungsteam und möglichst allen Schauspielern 1979 dort antreten zu können. So blieb Peymann erspart, mit einem von der Politik angerichteten Scherbenhaufen klarkommen zu müssen. Man arbeitete mit der Perspektive Bochum unbeirrt weiter und machte sich und dem Stuttgarter

Publikum den Abschied nicht leicht. Und so schwirig das Publikum am Anfang auch gewesen war, jetzt strömte es nicht nur in Scharen, in den letzten Monaten wurde es zum Fan-Club und applaudierte in einem nie gekannten Maße. Die letzten Vorstellungen wurden ein in der Theatergeschichte wohl einmaliges Abschiedsfest. Eine ganze Woche lang bedankten sich Zuschauer mit Blumen, Esskörben und anderen Geschenken, die sie auf die Bühne warfen oder an die Rampe stellten, entrollten Transparente, jubelten, weinten und klatschten sich die Hände wund. Am allerletzten Abend, den 14. Juli 1979, endete der Applaus erst nach etwa fünf Stunden, eine Schulklasse sang auf der Bühne ein Abschiedslied, die Schauspieler eröffneten eine Polonaise, man tanzte miteinander. Es gab keine Zugaben, nur, angesagt von Peter Sattmann, traten die Schauspieler »zum letzten Male« auf. Für alle Beteiligten war es eine unvergessliche Theaternacht. In einem offenen Brief bedankte sich Claus Peymann bei seinem Stuttgarter Publikum: »Ich möchte Ihnen danken für den immer herzlicheren Applaus nach den Vorstellungen der letzten Wochen, für die Demonstrationen der Zusammengehörigkeit in den letzten Tagen vor unserem endgültigen Rausschmiss aus Stuttgart. Ich möchte Ihnen allen wünschen, dass staatliche Macht nie wieder in Ihre eigenen Bedürfnisse und Träume sich bevormundend einmischt. (…) Es war eine schöne Zeit, für Sie zu spielen, zu träumen, Theater zu machen. Den Abschied wird keiner von uns je vergessen. Adieu, Claus Peymann.«
Den »Preis« für den Umzug der Stuttgarter Schauspieltruppe mit Peymann nach Bochum zahlte das Bochumer Restensemble, die künstlerisch sitzen Gebliebenen, die sich keinen Namen gemacht und auch wenig Chancen bekommen hatten, künstlerisches Profil zu entwickeln. Ihre Fürsprecher

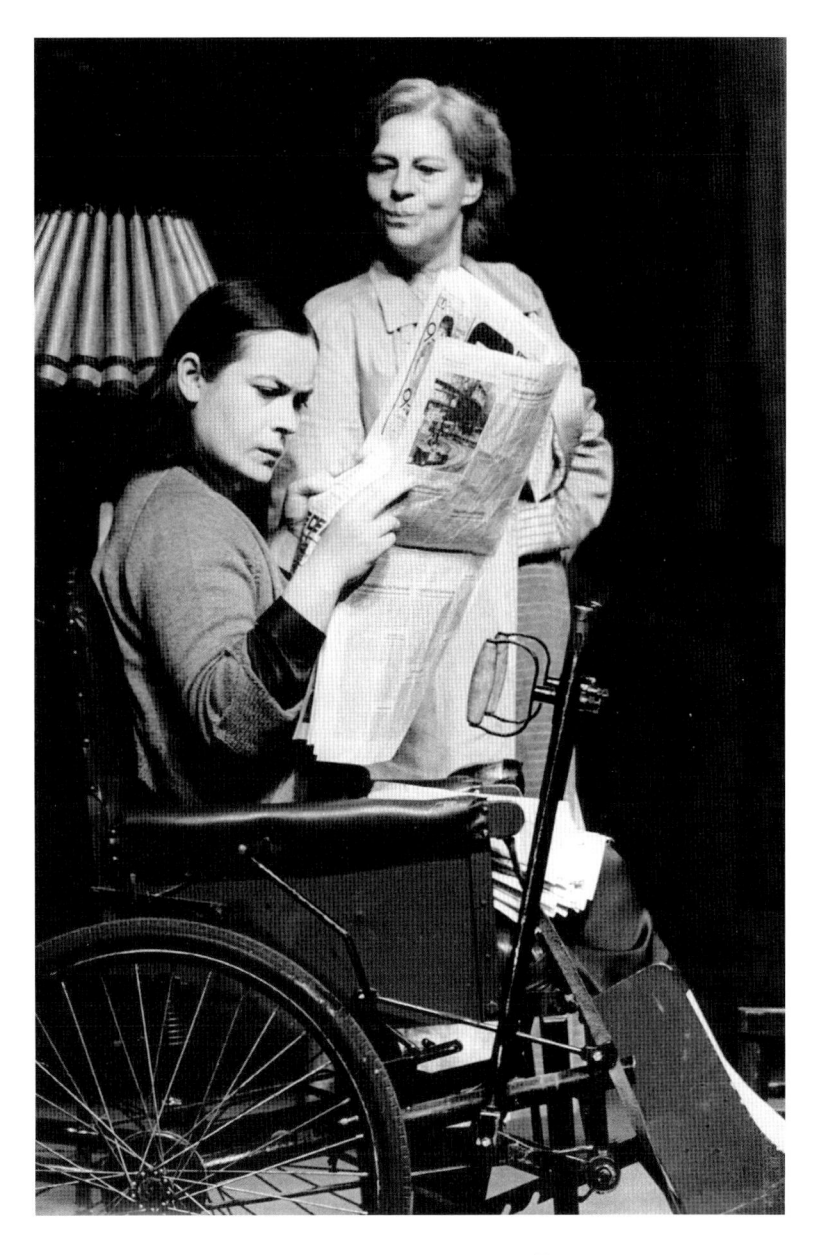

Vor dem Ruhestand:
Kirsten Dene (Clara), Eleonore Zetzsche (Vera), Stuttgart 1979

Die Bochumer Eröffnungspremiere TORQUATO TASSO: Branko Samarovski (Tasso), Kirsten Dene (Leonore Sanvitale), Ulrich Pleitgen (Alphons II.), Martin Schwab (Antonio), Barbara Nüsse (Leonore von Este), Bochum 1980

Eine der letzten Premieren von Peymanns BE
JOHN LENNON: Kirsten Dene als Queen im Kreise ihrer Beatles, Bochum 1985

waren die Funktionäre der Bühnengenossenschaft, die in der Geschichte des bundesrepublikanischen Theaters so gut wie nie unter künstlerischen oder politischen Gesichtspunkten agierte, sondern immer nur das Sozialverträgliche ihrer Klientel vor Augen hatte. Erfreulicherweise konnten sie sich 1979/80 nicht durchsetzen und Peymanns »Sturheit«, für sein Team in Bochum freie Stellen zu schaffen, nicht ausbremsen. Die Bochumer Kulturpolitiker entschieden sich für die Chance, ein »intaktes« Ensembletheater in ihre Stadt zu holen. Die Schauspieler (und unter ihnen Kirsten Dene) kamen ausschließlich »ihres« Theaters wegen und für die Möglichkeit, weiterhin miteinander zu arbeiten, nach Bochum, die Stadt an sich lockte sie überhaupt nicht und deren fehlende Urbanität und Hässlichkeit war nur ein weiterer vorteilhafter Grund für die Verlagerung fast aller Lebensenergie in die künstlerische Arbeit sowie die Chance, das Theater zum zentralen kulturellen Mittel- und Treffpunkt auszubauen. Aus dem unter Zadek Schlagzeilen machenden Bochumer Theater (BO) machte Peymann das *Bochumer Ensemble* und nannte es frei nach Brecht ganz bewusst BE.

Aus Stuttgart brachte Peymann zwei seiner erfolgreichen Inszenierungen mit, Goethes IPHIGENIE AUF TAURIS und Thomas Bernhards bitterböse Komödie VOR DEM RUHESTAND, Beispiele für das, was ihn auch in Bochum als Regisseur in erster Linie beschäftigen würde, nämlich deutsche Klassiker auf ihre aktuelle Brisanz zu untersuchen und die kontinuierliche Zusammenarbeit mit dem Autor Thomas Bernhard. Offiziell eröffnete Claus Peymann das Bochumer Große Haus Anfang 1980 mit einer Neuinszenierung des Torquato Tasso von Goethe und der Wiederaufnahme seiner Stuttgarter IPHIGENIE. Die Kombination beider Stücke machte verständlich, warum der Regisseur den Tasso von Branko Samarovski spielen ließ; den als Thoas in der Liebe glücklosen, edlen Barbaren wollte er jetzt als Opfer eines Barbarenfürsten zeigen, und die beiden Leonoren sollten das Kehrbild der reinen Seele Iphigenie sein, eben nur adlige Puten, dumme höfische Gänse, dem Dichter in keiner Weise liebend zugetan. In einem Interview hatte Peymann behauptet, von der »auflebenden Kompliziertheit einer Schauspielerin wie Kirsten Dene« vollständig in Anspruch genommen zu sein und damit auch zu erkennen gegeben, dass er es respektiert, dass die Dene, gerade weil sie so »flexibel« ist und in Widersprüchen denkt und es liebt, sich in unterschiedlicher Weise in Rollen zu spiegeln und deren Erfahrungshorizont auszutesten, genau wissen will, welcher genaue Realitätsgehalt der zu spielenden Figur unterlegt werden soll, um nicht nur »Register« ziehen zu müssen. (Vgl. *Theater heute*, Sonderheft 1977) Für solche Überlegungen schien es im

Vorfeld der Tasso-Inszenierung keine Zeit gegeben zu haben. Jener in ihrem Fall lobenswerten »Kompliziertheit« ging Peymann hier völlig aus dem Weg, stattdessen identifizierte er sich viel zu ausschließlich mit der Tasso-Figur und bekundete damit, wie tief er offensichtlich doch durch die Auseinandersetzungen mit den Stuttgarter Regierungsbeamten immer noch verletzt war. »Mindestens eine Stunde lang« sei der Bochumer Tasso Peymanns »die erregendste Vergegenwärtigung eines klassischen Stückes seit Jahren« gewesen, schrieb Peter von Becker, ansonsten aber sei die Aufführung eher knapp am Desaster verendet: »Kurze Zeit drauf aber ist der gute Trost dahin, denn Torquato Tasso, nach der Pause, fragt mit jenen nicht ganz geraden Bildern, die ihm der Kollege Goethe eingegeben hat: ›Wo sind die Stunden hin,/Die um dein Haupt mit Blumenkränzen spielten?/Die Tage, wo dein Geist mit freier Sehnsucht/Des Himmels ausgespanntes Blau durchdrang?‹ Die nun nachfolgenden anderthalb Stunden müssen jedenfalls dem Regisseur Claus Peymann nicht so sehr ums Haupt als ums Gefühl, dort, wo's am duseligsten ist, gespielt haben. Was bis dahin nämlich wie eine bitterböse Komödie wirkte, wurde im vierten und fünften Aufzug ein gebrechendes Rührstück. Zum Schluss regierte auf dem Lustschloss Belriguardo unumschränkt die Dame Hedwig Courths-Mahler. (…) Wenn zwar nicht die ›Spezialbegabung‹ des Feudallyrikers, so hätte ich mir bei Samarovski nun doch den ›Emotionalclown‹, den Poeten als bösen, scharfen (Hof-) Narren ausmalen können. Dass ihm dazu die schönen Worte des Weimaraner Ministers und Dichters eingegeben sind und nicht die Taten eines Chaplin, wäre sein sonderbares, ja sonderbar utopisches Verhängnis gewesen. Und zumindest wie ein Narrentreiben fängt der Tasso in Bochum auch an. Der Fürst von Ferrara, Alfons II., seine Schwester Leonore d'Este und die Gräfin Sanvitale kommen vom Parkett aus auf die Bühne, sind offenbar Theatergänger, Ballbesucher, die angeheitert gegen Morgen heimkehren, in leicht derangierter Abendgarderobe der Fünfziger Jahre. Feixend umschleichen sie im Halbdunkel Tassos Gehäuse, Alphons knipst den Dichter mit Blitzlicht wie ein Schaustück (oder Beweisstück?). Kirsten Dene zunächst gibt der Sanvitale Züge einer Madame Neureich, frech, forsch, eine Matrone mit ausgestopftem Busen und etwas ordinär auch. Spricht sie ›Es ruft die Pflicht, es ruft die Liebe mich/Zu dem Gemahl, der mich so lang entbehrt‹, ist das, mit einem spöttischen Augenaufschlag, noch ein Witz; sagt sie zu Leonore, schäkernd und nicht deren ›Scherz‹ über Tasso, sondern Tasso selber meinend, ›Er trifft mich zwar, doch trifft er mich nicht tief‹, hört sich dann schon an wie eine Zote. Und Gelächter noch gleich drauf, wenn die Dene runterblickt auf ihre rosengeschmückten Kunstbrüste, und über Tasso

spricht ›Sein Auge weilt auf dieser Erde kaum‹. Barbara Nüsse ist daneben, beschwipst, mal mit drögen, mal fahrigen Gesten, eine übernächtigte Partyschlange, noch immer dabei geläufig chichihaft von Dichtern und Denkern plappernd – so erfüllen diese Damen das Klischee eines Klischees vom Kultur-Jet-Set, von Jackie O. und Gaby H. (...) Antonio provoziert den gefühligen Poeten weniger durch die Abwehr freundlicher Anträge als, raffinierter, durch das überaus professionelle Kaschieren eigener Emotionen. Antonio – nicht nur Fels, auch Eisberg. Die Szene könnte nicht viel anders, nicht schärfer und nicht tragikomischer wirken, verweigerte ein britischer Snob, die Atmosphäre seines heimischen Herrenclubs gewohnt, auf einer Südreise die Debatte mit einem italienischen Kellner. Wie Schwab so scheinheutig und mit feinstem Understatement (dabei aber ohne Sinnunterschlagung) die Verse des Weimaraner Staatsministers spricht, ist schon ein großes Kunststück. Man mag Schwabs Dauerbrillanz sicher auch für perfektes Boulevardtheater halten; zugleich ist es doch eine höchst konzentrierte und genau pointierte Aneignung der Figur. Nicht nur eine kokette Vorführung wie die Sanvitale bei Kirsten Dene. Dene kommt in Peymanns Tasso vom Boulevard nämlich nie mehr herunter (oder: herauf), sie kittet, überkleistert alle Zerrissenheit der an Tasso und seiner Kunst vielleicht nicht nur konventionell interessierten Frau mittels einer Karikatur der Intrigantin und statiösen Heuchlerin. Ihre Sanvitale hätte besser Platz gehabt in einer Kleinbürgerkomödie von Labiche oder Botho Strauß. Warum verfällt die Aufführung nach der Pause? Weil Claus Peymann den Blick jetzt allein auf Tasso lenkt und die Figur, aus Sympathie gewiss, verkleinert und verengt. Tasso kämpft nun überhaupt nicht mehr um (Selbst-) Verständnis, ist nur noch Opfer der Verhältnisse und verrinnt in Lamento und Selbstmitleid. Dazu fällt Peymann und seinen Spielern inszenatorisch so wenig ein, als habe sie nun ganz Erinnerung und Rührung angesichts ihres eigenen (im Effekt viel gnädigeren) Künstlerschicksals in Stuttgart überwältigt.« (*Theater heute*, 2/1980)
Viele Kritiker sahen in dieser oberflächlichen kabarettistischen Goethe-Inszenierung ein viel zu kurzgeschlossenes Peymannsches Privatissimum, ohne nachhaltige politische Aussagekraft: »Es ist die in Stuttgart geborene, nach Bochum verschobene Rache an allen kleinkarierten Dienern des Staates, die sich als seine großmächtigen Herren aufspielen.«(Georg Hensel, *FAZ*, 14.1.1980) Das Publikum gab sich natürlich mit Kirsten Denes rein boulevardesker Darstellung der Leonore Sanvitale zufrieden, wahrscheinlich war es damals so etwas wie eine Flucht nach vorn, wenn die Schauspielerin es bei einer die Figur denunzierenden Auseinandersetzung mit der Rolle beließ und hier kein Vertrauen in die Sprache

LEONCE UND LENA: Julia von Sell (Lena), Ulrich Gebauer (Leonce), Fritz Schediwy (Valerio), Kirsten Dene (Gouvernante)
Bochum 1985, Wien 1986

Goethes zum Tragen bringen konnte. Mit der Iphigenie und der Clara in VOR DEM RUHESTAND machte Kirsten Dene den Ausrutscher (nicht nur ihren, nur wirkte er bei ihrer Rolle am auffälligsten deplaziert) wieder wett, und zwei Monate später zeigte sie mit der Rosalinde in der FLEDERMAUS, dass ihre Komik beseelt, ungeheuer nuancenreich und auch in der boulevardesken Spielart elegant, feinnervig, sprachempfindsam war. Dass auch eine werkverliebte (um das missverständliche Wort werkgetreu zu vermeiden) Art die kritische Auseinandersetzung mit einer Gesellschaft, von der nichts zu halten ist, nicht ausschließt, zeigte Adolf Dresens Inszenierung mit den Schauspielern von Peymanns BE. Dresen war überzeugt, dass man gerade bei Operetten, Boulevardstücken die Situationen und Figuren ernst nehmen muss, wenn man sie wirksam kritisieren will. Er ließ sich von der musikalischen Aura des Werks nicht einschüchtern, nur das »Einlagenmäßige« entfernte er: »Alle musikalischen Texte sind sehr gut und genau, man kann auch die bei der Uraufführung 1874 zensierten Gesangstexte benutzen.« Der Musik vertraute er unbedingt und kehrte auch zum ursprünglichen Libretto zurück, das heißt, er entschlackte die

DIE FLEDERMAUS:
Kirsten Dene (Rosalinde),
Manfred Zapatka (Eisenstein),
Bochum 1980

Operette von ihrer Wiener Tradition, nahm Die Fledermaus nicht als Wegbereiter der Lustigen Witwe, sondern führte sie auf ihren französischen Ursprung zurück und stellte sie neben Offenbach, Labiche und Feydeau. Diese Betonung des Vaudeville-Charakters gelang vorzüglich. Da die Schauspieler von Dresen nicht in die Position von Sängern gedrängt wurden, mit denen sie es nicht aufnehmen können, sondern es lieber darauf anlegten, Sänger zu spielen, die sich mit der Fledermaus abmühen, konnte sich der Witz, die Frechheit und die Verkommenheit des Genres voll entfalten. Welche Mühen machten die Freuden, um die es hier ging, wie gequält jagten die Menschen ihrem Glück hinterher. Die Vaudeville-Handlung der Fledermaus hieß für Dresen Eisensteins Ehe: »Die Geschichte muss beginnen mit dem Ehebett, das verlassen wird. Im 1. Akt verführt der verflossene Liebhaber Alfred die Ehefrau Rosalinde, nur durch Zufall kommt es nicht zum Äußersten. Im 2. Akt betrügt Ehemann Eisenstein seine Frau, zuerst mit seinem Dienstmädchen, dann, wovon er nichts weiß, mit dieser selbst. Im 3. Akt wird Rosalindes Betrug offenbar, ebenso der von Eisenstein: ›folglich hebt ja die Geschichte sich.‹ Wer will da den ersten Stein werfen? Ein einziges Mal sieht man Eisenstein mit seiner Frau glücklich, – als er denkt, sie ist eine andere. Die Ehe wird sozusagen nur als Ehebruch erträglich. Es ist kein *Happy End*, wenn sich herausstellt, dass er seine Frau am Ende nur mit seiner Frau betrogen hat. Es bleibt die Ernüchterung, weil die andere sich doch nur wieder als die eigene, allzu bekannte erweist. Die überraschende Wendung: die Versöhnung – da jeder jeden betrogen hat, treffen sich alle wieder, ein Stockwerk tiefer, *Happy End* in der Gosse. Eine Lüge liefert den Kitt: ›Wir wollen ihm den Glauben, der ihn beglückt, nicht rauben‹.«

Indem Dresen das Salon-Stück, das Wienerische Milieu, vermied, gab er den Blick frei auf das Operettenhafte der Gesellschaft. Nur Frosch, der Gefängniswärter blieb eine Wiener Vorstadttheaterfigur (gespielt von Branko Samarovski), der nicht so richtig mit den Verhältnissen klarkommt und einen verzweifelten Kampf gegen Ratten führt und zwei mit seinem Bürostempel erlegt, während draußen an den Gittern die Ballettratten kichern und um Einlass bitten. Hier blühte nun ganz die Offenbach'sche Dimension der Operette auf. Eisenstein und seine Frau Rosalinde erinnerten an Orpheus und Eurydike. Vom erhofften Himmel führte die Handlung zur Hölle: Eisenstein findet seine Frau, mit der er im Himmelbett der Ehe nichts mehr zu tun haben will, die er dann unbekannterweise beim Fest des Fürsten Orlofsky umwirbt, erst im Orkus wieder. Die Gesellschaft ist am Ende. Dresen ließ sie buchstäblich abfahren, in der Versenkung verschwinden. Die Musik überlebte als das Subversive, die Gegenwelt. »Man kann sich totlachen vor diesem Lachtheater, man kann sich ironisch delektieren, man kann zuweilen auch – wie es die Akteure tun – mit der Musik in den Walzerhimmel entfliegen, der jedoch stets, visuell wie akustisch, ausgewiesen wird als seligmachender Fluchtweg für Augenblicke. ›Glücklich ist, wer vergisst, was doch nicht zu ändern ist.‹ (…) Im Club der aufgedonnerten Lemuren, die sich so schamlos wie lüstern ihren fahlen Vergnügungen hingeben, sind zwei Gestalten. Rosalinde (Kirsten Dene: eine souverän singende Mittelstands-Walküre) und Orlofsky (Zadeks bleichblonder Musikmacher Herbert Grönemeyer) agieren wie impertinente Voyeure, die dem von ihnen veranstalteten Festival zuschauen. Zwischen Neugier und mokantem Ekel. Sie sind die Götter der Amoral, Dirigenten eines (ihren) kleinen Weltuntergangs. Dass sie dabei zeitweise auf einem kitschigen roten Plüschthron mitten im Parkett sitzen, ist ein deutlicher Fingerzeig ans verehrte Publikum. Spieler und Opfer die anderen. Eisenstein (Manfred Zapatka, mit schlankem Tenor), ein geiler Mannsbock im Frack – und welch ein Komiker! Bert Oberdorfers Dr. Falke: ein schmallippiger Pedant, der sich kleinlich rächt für die längst vergangene Fledermaus-Blamage. Die Soubretten-Adele (Cordula Gerburg) ist ein selbstbewusst-proletarisches Stubenmädel – sie hat Zukunft. Vorgesetzter und Untergebener aus dem Ratten-Untergrund: Martin Schwabs Gefängnisdirektor und sein Frosch Branko Samarovski spielen bis an die Grenze vulgärer Komik, doch zeigen sie, dass die Hierarchie der Macht auch lallend noch funktioniert. Wenn sie nicht so komisch wären – man müsste sich fürchten.« (Ingrid Seidenfaden, *Theater heute*, 5/1980) – Nicht ganz so mitreißend und im Detail so gestisch genau gearbeitet geriet ein zweiter Versuch Adolf Dresens mit Operette, gespielt von singenden Schauspielern, jetzt »originaler« Offenbach: im *Burgtheater* inszenierte er 1996 Orpheus in der Unterwelt. Hier wirkten vom Bochumer Fledermaus-Ensemble Kirsten Dene als Juno, Branko Samarovski als Jupiter, Bernd Birkhahn als Merkur und Martin Schwab als John vom Styx mit.

Sehr kontrastreiche Rollen zu spielen, bedeutete Kirsten Dene sehr viel, um der Gefahr der Routine zu entgehen und um das Bild, das andere von ihr sich machen, auch wieder in ein anderes zu verwandeln. So hat sie denn nach der beschwingten, leichtfüßigen und die Sinne betörenden Rosalinde Eisenstein die älteste der fünf Susn-Darstellerinnen in Achternbuschs Frauenbiographie Susn gespielt, die in fünf Bildern von der verhinderten Selbstfindung bis zur Selbstzerstörung einer Frau führt. Für jedes der jeweils eine zehn Jahre älteren Susn zeigenden Bilder wählte die Regie führende Dramaturgin Vera Sturm eine andere Schauspielerin, weil nicht die Lebenstragödie einer Frau erzählt wird und es hier auch keine Kontinuität der Entwicklung dessen gibt, was einmal »Persönlichkeit« genannt wurde. Die jeweils ältere Susn ist auch eine immer ganz andere. Die Aufführung arbeitete deutlich heraus, wie das Leben einer Frau »langsam nach innen zerbröselt«, wenn die Selbstaufgabe einer Frau in der Beziehung zu einem Mann die Bedingung seiner Produktivität ist: »Im Schlussbild kauert eine alte Susn (Kirsten Dene) in der Wüste. Jetzt fast ganz verstummt, ist sie schon dem Tier ähnlich geworden. Ihr Schriftsteller-Mann (Peter Sattmann) sitzt neben ihr und liest ihr aus seinem Buch vor. Während er ihr Leben in Worte fasst, bringt sie sich endgültig ums Leben. Diese Aufführung macht wirklich betroffen, weil etwas, was man schon immer geahnt hat, so sorgfältig, radikal und unnachgiebig ins Bild gebracht wurde.« (Stefanie Carp, *Theater heute*, 12/1980)

WINTERREISE: Kirsten Dene, Bochum 1983
»Fremd bin ich eingezogen,/ Fremd zieh ich wieder aus./... Die Liebe liebt das Wandern, –/Gott hat sie so gemacht –/Von einem zu dem andern –/Fein Liebchen, gute Nacht!«

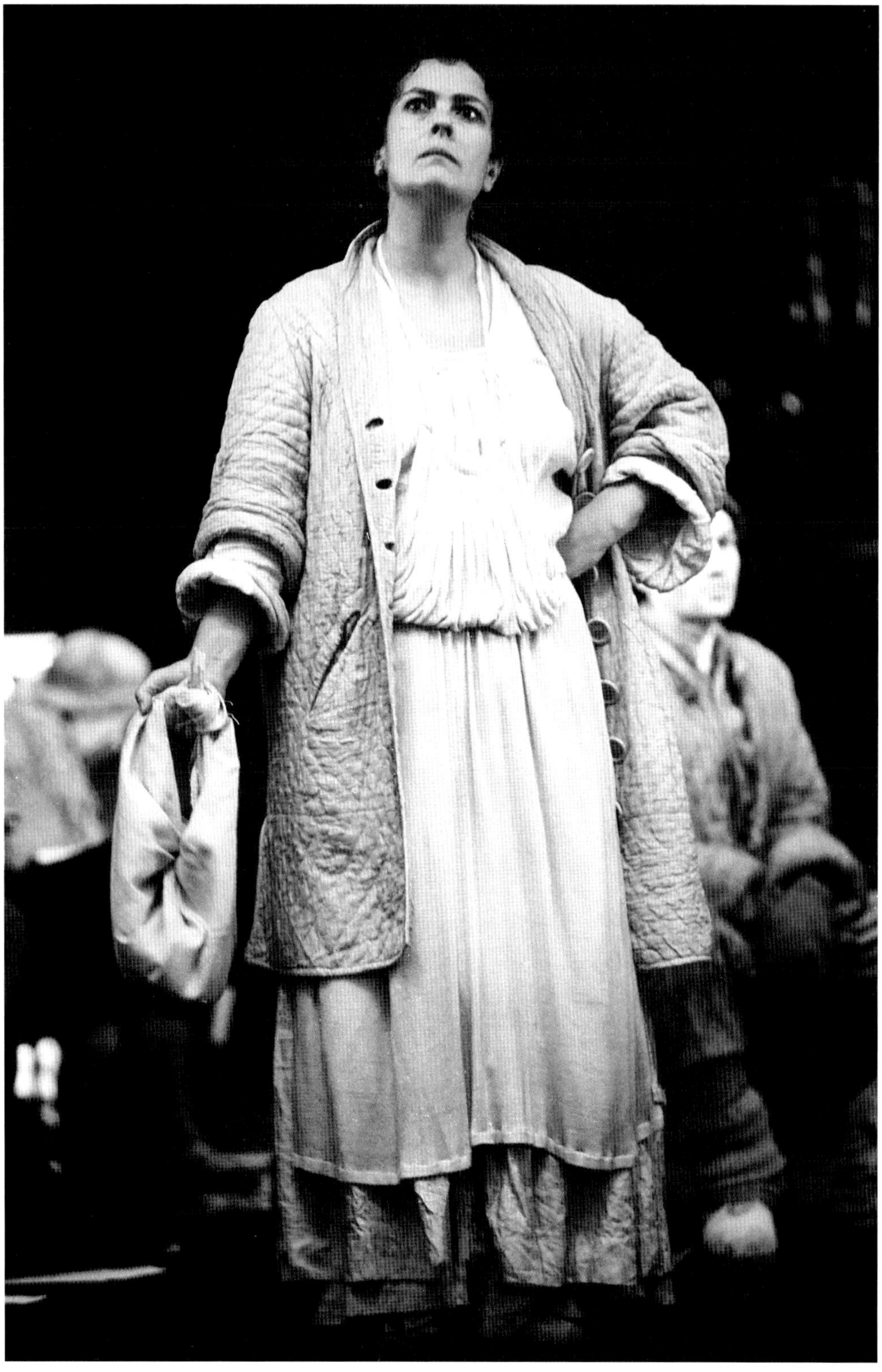

# Die Komödiantin

Mit links gelangen Kirsten Dene Rollen wie die noch sehr junge, geschäftstüchtige Kantinenwagenbetreiberin Mutter Courage, die sie in Alfred Kirchners aktualisierender Inszenierung des Brechtschen Antikriegsstücks wie eine nicht auf den Mund gefallene Kassiererin an einer Supermarktkasse spielte, je nach Lage der Emotionen oder Geschäfte in Kleid oder Jeans, immer vergnügt, nie verbittert, auch wenn tiefer Schmerz an ihr zehrt; sie glänzte als spießig aufgemotzte, ihre stattliche Figur als drohende Waffe einsetzende Fabrikantengattin Dreissiger in Gerhart Hauptmanns DIE WEBER, ebenfalls von Alfred Kirchner inszeniert; und nur knapp an der Ulknudel vorbei brillierte sie in Kirchners allzu lachbarer, nur mit ein paar bösen Momenten des Erschreckens durchsetzter Inszenierung von Molières DER EINGEBILDETE KRANKE mit Branko Samarovski, dessen ihn liebevoll verhätschelnde Ehefrau Béline Kirsten Dene als häuslich gewordene Courage spielte, die mit wogendem Busen, ihren Geldbeutel bedeutungsvoll überm Schoß klingeln lassend, nach der Erbschaft hechelte; eine giftig virtuose Ehegattin auf Psychotrip und voller Sexphantasien verkörperte sie an der Seite von Gert Voss in dem strindbergisierenden Zimmerschlachtdrama DÄMONEN von Lars Norén, das Claus Peymann als fetzige Boulevardgroteske mit knallharter Symbolik und als Schauspielerfressen inszenierte.

Zwei Bochumer Rollen verdienen aber ganz besonders hervorgehoben zu werden, in denen Kirsten Dene ihren hinreißenden »Charme« und komische Verführungslust aufblühen lassen konnte (sich nicht mit statiöser Komik begnügend) und zugleich erschreckende Abgründe erkennen ließ, verletzten Stolz und liebestollen Vernichtungswahnsinn, kurz: Leistungen, die zeigten, dass die große Komikerin auch Tragisches mitschwingen lässt und die Tragödin durchaus sehr komisch vom Leder ziehen kann. Die Rollen waren die Thusnelda in Kleists Drama DIE HERMANNSSCHLACHT (1982) und die Medea in Heiner Müllers Stück VERKOMMENES UFER MEDEAMATERIAL LANDSCHAFT MIT ARGONAUTEN (1983).

Mit der HERMANNSSCHLACHT gelang Claus Peymann eine seiner schönsten, künstlerisch überzeugendsten Inszenierungen überhaupt; er inszenierte – und in diesem Fall ging sein politisches Kalkül auch wunderbar auf – nicht das besonders von den Nazis in Dienst genommene vaterländische Drama, sondern ein staatsfeindliches Stück, mehr noch: er zeigte uns das Kriegsstück eines Friedensträumers. Auf einer Tagung der Heinrich-von-Kleist-

Linke Seite:
DER ZERBROCHNE KRUG:
Kirsten Dene (Frau Marthe Rull),
Burgtheater 1990

Gesellschaft (gedruckt im KLEIST-JAHRBUCH 1984) hat sich Claus Peymann zum Stück und zu seiner Interpretation sehr direkt und plausibel geäußert: »Ich habe mich aus dieser 68er Aufbruchsstimmung heraus, die bei mir immer noch nicht ausgeklungen ist: ich bin immer noch voll bester Hoffnungen – interessiert für das Modell eines Befreiungskrieges, für das Modell einer Revolution gegen den übermächtigen Gegner, wenn Sie so wollen, den Staat. (…) Auch in den Versuchen der Unruhestifter in den großen zivilisierten europäischen Staaten, also der Terroristen und Aufrührer, finden wir die Aufnahme des Kampfes gegen den anscheinend unschlagbaren totalen Staat vor. Mit den Widersprüchen, die bei dieser Art von Kriegen auftreten – wie sieht jetzt das Gesicht dieses Kriegers aus, wie glücklich oder wie zerstört ist es am Ende, im Augenblick des Sieges – mit diesen Widersprüchen sich auseinanderzusetzen, auch aus aktuellem Anlass, war sicher eines der Motive, das Stück heute wieder aufzunehmen und noch einmal zu probieren, besser gesagt, das erste Mal zu probieren. Es gibt kaum ein Stück, das die Realität des Krieges, auch die Realität des berechtigten, des Befreiungskrieges, erfasst. Von Kleist wird diese Realität gesehen in einer ganz fürchterlichen, schrecklichen Weise, und das hat mich fasziniert. (…) Die HERMANNSSCHLACHT ist auch eine herrliche Komödie über ein Ehepaar in mittleren Jahren, wo der Mann noch einmal den großen Versuch unternehmen will. Die Erlebnisse von Hermann und Thusnelda: diese komische Geschichte, dieses Wechselbad in der Beziehung eines Ehepaares, das steht für mich ganz in der Tradition von Adam und Eve im Zerbrochnen Krug. Das ist für mich auch die Geschichte des Ritters vom Strahl mit seinem Käthchen. Das ist Alkmene und Amphitryon. Diese drei großen Szenen der zwei bilden das Herzstück der ganzen HERMANNSSCHLACHT. Ein Ehedrama! Für mich ist das auch ein Ehedrama mit einer großen Kulisse.« Konsequent im Sinne seiner Interpretation war dann das Schlussbild der Bochumer Aufführung: Nach der Schlacht im Teutoburger Wald erleben wir Hermann nicht als Triumphator, sondern als einen vom Morden und Siegen entgeisterten, völlig zerstörten, verzehrten Mann und ihm zur Seite die nicht weniger von ihren Intrigen und mörderischen Liebeshändeln gezeichnete Frau. Der letzte Kriegsfluch gegen Rom erstirbt dem Held der Befreiung und schrecklichen Unhold auf den Lippen und er erstarrt zur Denkmalspose. Hermann und Thusnelda spielten Gert Voss und Kirsten Dene. Ihr Ehedrama ist das rührend komische und immer in schmerzlicheren Schrecken tauchende Spiegelbild der großen Schlacht. Peter von Becker schrieb über das Ehepaar in seiner Kritik: »In Bochum ist Die HERMANNSSCHLACHT auch eine Zimmerschlacht – für ein Paar und ein paar ungebetne Gäste.

DIE HERMANNSSCHLACHT:
Gert Voss (Hermann), Kirsten
Dene (Thusnelda), Bochum 1982

Das Zimmer freilich ist kein Zimmer, sondern die große Theaterwelt. Mitten auf der leeren Bühne steht ein Sessel, mit reichlich rotem Stoff überworfen, dem Insignum der Würde und des Bluts. Ein Shakespeare-Thron. Drüber die einzige Lichtquelle im schwarzen Raum, eine tiefhängende Blechlampe. Die Szene also auch eines Beckett-Stücks. Der Theaterkönig und seine Königin, die hier hausen, spielen zwar kein Endspiel, aber sie kämpfen, jeder auf seine Weise, eine Entscheidungsschlacht: es geht um den Hinauswurf jener Besucher, die sich von Hausbesetzern unwiderstehlich in Hausfreunde verwandelt glauben. Dabei scheint das Königs-Paar zunächst nicht völlig einig. Er, Hermann, will die Römer weghaben, zu diesem Zwecke ist ihm jedes Mittel heilig, und seien es die Waffen seiner Frau. Sie, Thusnelda, aber gewinnt dem von ihrem Mann inszenierten Verführungsspiel noch eigene Reize ab: denn so verführerisch mag dieser Mann im ehelichen Alltag sonst nicht sein, und etwas Chic und Charme haben die neuen Herrn aus Rom den alten Germanen alle Mal voraus. Kirsten Dene und Gert Voss spielen dieses Spiel mit Bravour. Die statiöse Dame in ein körperbetonendes (und doch irgendwie unförmiges) rostbraunes Kleid gesteckt, schaut unter wasserstoffblondierten Locken ihren Gatten an aus Augen, die mal Kuh, mal Katze zeigen;

dieses Thuschen plaudert über die verzwickten Staatsgeschäfte mit ihrer patent hellen, norddeutsch tönenden Stimme so umstandslos heiter, dass sie den intriganten Mann immer wieder zum Lachen bringt. Das Lachen des Überlegenen freilich wirkt angestrengt, weil von Herzen zum Auslachen ist das doch nicht, was sie so sagt und wie sie fragt. Eben noch ein Schmoll- oder Oh-Mündchen unter der Nase, zieht sie ihre Lippen schon wieder breit und gurrt selber ein tiefer herrührendes, ungläubig spöttisches Lächellachen, als wollte sie ihm sagen: erzählst du mir, dass die Römer den Germanenfrauen das Blondhaar rauben und ihnen die Zähne ausbrechen, weil die Römerinnen nur dunkle Fettsträhnen und kariöse Gebisse besäßen, dann mag ich ja naiv sein, aber du bist übergeschnappt. Wirft sich ihr der südliche Gesandte mal allzu hitzig zu Füßen, dann haucht sie zwar ein ›Ventidius‹ wie im deutschen Eheschwank vorm Seitensprung (›Ach, Egon!‹) und ist doch im nächsten Augenblick wieder, Kinn und Kreuz gereckt, ganz pikiert berechnend die hohe Hausfrau; oder: wechselt sie die plumperen Lederstiefel in Erwartung des römischen Offizierschors und des Anführers Varus gegen steilhackige Gold-Pumps und zwackt sich dazu zwischen Knie und Schoß ein Glitzerding ins Kleid, dann amüsiert und irritiert die Aufmachung den eignen Mann, obwohl sie auch auf seiner strategischen Linie liegt. Komik und Distanz. Was dabei nach Karikatur klingt, hat zur Folge, dass raffinierterweise zwischen Hermann und Thusnelda, allem ›Ei, Thuschen‹ und ›Ach, Hermann‹ zuwider (oder: den Floskeln ganz entsprechend) nie eine Spur Herzlichkeit aufkommt. Beide betreiben ein gänzlich geschlechtsloses Schäkern, es herrscht frigide Freundlichkeit. Niemals berührt sich dieses Paar – bis endlich die Stunde der Mordrache an den Römern naht; da nur biegt sich spillerig Voss einmal über die in seinen Sessel fast mit Schrecken eingekuschte Dene, umarmt und küsst sie gar, behält aber die Baskenmütze auf. Eine kalte kleine Ekstase, mehr nicht. Hermann, ein Verwandter Jagos und des Dritten Richard, und diese Thusnelda erinnern auf einmal zum Staunen an ein andres Königspaar: Macbeth. Hier nur ist die Tragödie eine Komödie.« (*Theater heute*, 12/1982)

Dass Hermann und Thusnelda die beiden Pole der Inszenierung Peymanns repräsentierten, faszinierte auch Georg Hensel: »Als sanftes Ungeheuer lässt Gert Voss seinen Hermann erscheinen. Er ist ein zartgliedriger, versonnener, auf den Nägeln kauernder Intellektueller; ein Taktiker der lächelnden und lauernden List; ein gebändigter Fanatiker, der sich den Ausdruck seines Hasses erst später und dann nur zögernd gestattet. Seine Frau Thusnelda behandelt er als ein naives Dummerchen mit einer Ironie, deren Bosheit er durch gönnerhafte Nachsicht genussvoll verstärkt. Und

Kirsten Dene, das germanische Vollweib, die begriffsstutzige Blondine im Lederkleid, gewährt als Korpulenzkomikern Einblicke in die Abgründe einer Seele mit sentimentalem Übergewicht. (...) Ins Lächerliche verfremdet Peymann die Rache der Thusnelda am Römer Ventidius: weil er ihr eine blonde Locke nicht für sich aus Liebe, sondern für seine Kaiserin als Perückenprobe geraubt hat, wirft sie ihn einem Bären vor, und dies lässt Peymann auf einem Bühnchen mit gemaltem Mond und Waldkulissen wie ein burleskes Märchen spielen. Der Römer wird zum Todesopfer eines schwarzen Humors, der die Leiche irreal und belachbar macht. Gewalt und Gelächter: Peymann lässt keinen Zweifel, dass die Taten des Guerrillero Hermann blutig sind, doch wo er Gelächter herausschlagen kann, da schlägt er unerbittlich zu, und besonders genießt er es, wenn er Gewalt und Gelächter zusammenzwingt: wenn die Römer über die Sümpfe schlittern; wenn ihre gesichtslose Armee als choreographische Gruppe im Kampfe wankt und im Tod erstarrt. Schlimme Gewalt und schlimmes Gelächter: wenn der gefangene Römer Septimius sich auf sein Recht beruft und Hermann ihn dennoch totschlagen lässt; wenn Hermann über das Recht des Gefangenen höhnisch lacht und das Publikum mit ihm.« (*FAZ*, 12.11.1982)

Die Auseinandersetzung mit wichtigen Stücken der Klassik war für Peymann und sein Team nicht Ausdruck des Desinteresses für die Stücke zeitgenössischer Autoren. Bereits in Stuttgart waren Stücke von Gerlind Reinshagen, Herbert Achternbusch, Thomas Bernhard, Thomas Brasch, Botho Strauß uraufgeführt worden, auch im Bochumer Spielplan spielten sie weiterhin eine zentrale Rolle, hinzu kamen George Tabori (der PEEPSHOW und JUBILÄUM mit Schauspielern entwickelte und zur Uraufführung brachte) und vor allen Dingen Heiner Müller, dem das aus der DDR kommende Regiegespann Manfred Karge/Matthias Langhoff zur Bühnenwirksamkeit verhalf. 1983 brachten sie den aus verschiedenstem alten und neuerem Material collagierten Text VERKOMMENES UFER MEDEAMATERIAL LANDSCHAFT MIT ARGONAUTEN zur Uraufführung. In diesem Stück verzichtet der Autor auf die Chronologie eines Handlungsablaufs, in drei voneinander unabhängigen Zeitabläufen spricht er Gegenwart, Vergangenheit und Zukunft an und verlangt deshalb einen »Naturalismus der Szene«. Ein solcher fehlte in Karge/Langhoffs ausdrucksstarker Inszenierung keineswegs und gleichzeitig behaupteten sich dagegen die in der Spielweise sehr divergierenden, aber von der Regie bewusst so eingesetzten Schauspieler mit größter Intensität: Kirsten Dene verkörperte die gleichermaßen in Kolchis wie in Straußberg bei Berlin verankerte Medea, Manfred Karge den Jason und Eleonore Zetzsche die Amme. In der *FAZ* (25.4.1983) berichtete Georg Hensel: »Die Zuschauer in den Bochumer *Kammerspielen* sitzen unter dem Wrack des Argonautenschiffs. Sie blicken in ein blutrotes Halbrund, mit dem Matthias Langhoff seine Bühne hinten abschließt. Durch einen Spiegel ragt eine sich träge drehende Schiffsschraube. Wrackteile davor; ein Waschbecken mit Wasserhahn daneben. Drei Personen: Amme, Jason und Medea. Der Boden ist mit Weißblechbüchsen bedeckt, als sei die ›Argo‹ an einer Konservenfabrik gestrandet. Jason mit Maske, ein bulliger Kahlkopf über einer Lederjacke, sieht aus wie ein Fehltritt von Hans Albers mit Jean Genet. Er wird gespielt von Manfred Karge. Während man die drei Dutzend Zeilen vom ›verkommenen Ufer‹ über Lautsprecher hört, pfeift Jason LA PALOMA, und zu den Zeilen ›Einige hingen an Lichtmasten Zunge heraus Vor dem Bauch das Schild Ich bin ein Feigling‹ stößt Jason seine Stirn unermüdlich gegen einen Felsen. Er wird exzessiv oft wiederholt. Er nagelt die Argonauten ins zwanzigste Jahrhundert. Nach einer Viertelstunde beginnt MEDEAMATERIAL, das Herzstück der Darbietung. Von Eleonore Zetzsche, der Amme, die unentwegt Strampelhöschen faltet und auch mal das üppige Rüstzeug ihre Berufes entblößt, erfährt Medea, dass Jason bei Kreons Tochter ist. Sie sind Flüchtlinge, sie haben keine Arbeitserlaubnis. Jason ist Medeas überdrüssig. Gegen ihre Klage ›Du bist mir einen Bruder schuldig, Jason‹, setzt er: ›Zwei Söhne gab ich dir für einen Bruder‹, und das ist ihr Stichwort für eine lange Rede, für einhundertfünfzig Verszeilen. Kirsten Dene, die Medea, stolpert mit ihren hohen spitzen Absätzen über die Konservenbüchsen. Sie erbricht sich ins Waschbecken. Sie redet mit der schweren Zunge einer Betrunkenen. Ihre Pausen sind länger als ihre Texte. Es herrscht die übernächtigte Atmosphäre nach versoffenen Stunden, der Ekel überm Frühstückstablett bei der ersten Zigarette. Im Hintergrund kreischen Dschungeltiere, und wie eine Tarzana kreischt Medea, die Barbarin, dschungelwild mit. Sie schüttet Jason den Kaffee ins Gesicht. Sie redet sich in die Ernüchterung und wieder zurück in die Betäubung, sie wird geschüttelt von Schluchzkrämpfen, vom heulenden Elend. Medea zieht ihr Kleid aus und gibt es Jason als Brautkleid für ihre Rivalin: sie spielt es rasend vor, wie ihre Rivalin an ihrem vergifteten Kleid verbrennen wird. Sie klopft aus zwei Büchsen die Fleischwalzen heraus, redet sie an, als seien sie ihre Söhne, und zerquetscht diese Büchsenkinder wie ihre Söhne. Medea, die Barbarin, die im griechischen Korinth lästig wird; die alternde Frau, die der jüngeren Rivalin weichen muss; die Giftmischerin aus Kolchis, die ihre Rivalin verbrennt; die verlassene Geliebte, die imstande ist, sich an dem treulosen Geliebten zu rächen, indem sie ihre gemeinsamen Kinder tötet – was zur klassischen Medea gehört, das durchlebt auch Kirsten Dene. Sie aber spielt es wie eine zerfetzende Rolle von Edward Albee, wie eine Frau von heute, verkommen durch die Lieblosigkeit ihres Mannes.

Im dritten Teil, der letzten Viertelstunde dieses Abends, hat sich Medea erhängt. Jason stößt seinen Monolog, mehr als hundert Verse, im Laufschritt heraus. Nach den individuellen Untergängen des Medea-Mythos wird der allgemeine Weltuntergang beschworen. LANDSCHAFT MIT ARGONAUTEN setzt – so erläutert Heiner Müller – ›die Katastrophen voraus, an denen die heutige Menschheit arbeitet‹. Jason, das heutige Ich, sucht im Selbstgespräch sich selbst ›zwischen Nichts und Niemand‹. Es springt umher zwischen hoffnungslosen Bildern unserer Gegenwart und entdeckt in ihnen die Bilder der künftigen Katastrophe. In der ›Jugend von heute‹ sieht er ›Gespenster der Toten des Krieges, der morgen stattfinden wird‹, und die ›Landschaft mit Argonauten‹ enthüllt sich als eine Landschaft des Todes. Ein Flugzeug, das als Projektion über der Bochumer Bühne Loopings dreht, schießt das Ich in den Rücken: ‹Der Rest ist Lyrik.› (…) Die Regisseure Manfred Karge und Matthias Langhoff haben ihr Kolchis in Kassel gefunden. Zu ihrem Regie-Spiel gehört, was 1972 auf der fünften ›Documenta‹ aktuell war: das Künstlermuseum, die individuelle Mythologie, die Performance, die Selbstdarstellung. Doch entspringt ihrem Eklektizismus schließlich ein Emotionsgeballe von großer theatralischer Kraft. Es drückt die noch immer neuesten Stimmungen im Westen aus: die vom Mann misshandelte Frau und die Angst vor der atomaren Apokalypse. Ohne die Gewalt der Verse von Heiner Müller wäre dies alles nichts. Und ohne die Bildassoziationen der Regisseure wären Heiner Müllers Verse nur ein längeres Gedicht. ›Der Rest ist Schweigen‹, damit endet HAMLET. ›Der Rest ist Lyrik‹, diese Schlussformel der Argonauten bezeichnen auch das, was hier vom Dramatiker Heiner Müller übrig geblieben ist. Der eigentliche

VERKOMMENES UFER
MEDEAMATERIAL
LANDSCHAFT MIT ARGONAUTEN:
Manfred Karge (Jason), Kirsten Dene (Medea), Bochum 1983

Triumphator des Abends, der mit hingerissenen Ovationen gefeiert wurde, ist die Schauspielkunst der Kirsten Dene. Die manieristischen Verkrustungen der Aufführung springen von ihr ab; es bleibt: eine leidende Frau – die große Stunde einer großen Schauspielerin.«

Nach Stuttgart waren auch die sieben Spielzeiten des Bochumer Ensembles eine gute und höchst erfolgreiche Theaterzeit. Im Kern bestand dieses Ensemble noch aus den Schauspielern, die 1979 den Umzug ins Ruhrgebiet mitgemacht hatten. Kirsten Dene, die so Vielseitige, nicht auf bestimmte Rollen Fixierte oder Festlegbare spielte in Bochum die meisten Vorstellungen und auch meisten Rollen (18 insgesamt, mehrere Rollen in einem Stück wie bei DIE WEBER und die »Rollen« in den von Jensen/Koch arrangierten Programm- oder Liederabenden wie WINTERREISE oder LENNON nicht gerechnet); die meistbeschäftigten Männerspieler waren Branko Samarovski und Gert Voss. Es gab auch einige »Stuttgarter«, die künftig »frei« arbeiten wollten oder dem Ruf eines anderen Regisseurs folgten (Peter Sattmann, Manfred Zapatka, Barbara Nüsse, Peter Brombacher), aber dafür kamen Johann Adam Oest, Fritz Schediwy, Andrea Clausen, Ulrich Pleitgen, Bernd Birkhahn). 1986 übernahm Claus Peymann die Direktion des *Burgtheaters* und ihm gelang es auch jetzt, sein Team und viele Schauspieler mit nach Wien zu locken. Weil das *BE* ein funktionierendes tolles Stadttheater war, verfügte es auch über ein Repertoire, und immerhin konnte man sieben erfolgreiche Produktionen in Wien weiterspielen, darunter folgende mit Kirsten Dene: DIE HERMANNSSCHLACHT, LEONCE UND LENA, DER THEATERMACHER von Thomas Bernhard und JOHN LENNON. In dem das Bochumer Ensemble portraitierenden JAHRBUCH 1986 der Zeitschrift *Theater heute* versuchte Günther Rühle »aus Bewunderung und Vorsicht« die Schauspielkunst der Kirsten Dene zu beschreiben: »Die Königin im Theater der Komödianten war Kirsten Dene, ein Weib von inzwischen unnachahmbarer Art. Eine radikale Natur, die sich mit der deftigen Fülle ihres Leibes hinstellt auf die Bühne und unübersehbar wird, wie vorsichtig, wie ›charmant‹, wie betulich oder tantig sie sich auch immer zu verstecken versucht. Ihre Wahrheit ist einfach: Wer spielt, spielt. Im Spielen trifft sie sich mit sich selbst, wird komplett als Person und erreicht aus solcher Vereinigung ihre Vehemenz. Die Rollen, die sie sich anzieht, füllt sie bis zum Bersten mit sich und geht dann mit ihnen um bis zur Selbstvergessenheit. Trotzdem versinkt sie nicht in ihnen. In der Lust ihres Körpers am Spielen, die bis in die Füße geht – sie macht mit ihnen noch die herrlichsten Seelengrimassen –, ist hohe Vorsicht am Werk, Kalkulation und Kalkül. Sie lehnt sich, so betrunken, dass man den Alkohol schon riecht, der ihr die Glieder schwanken macht,

RICHARD III.: Kirsten Dene (Elisabeth), Gert Voss (Richard), Burgtheater 1987

an den Pfosten einer Tür, nah am Kotzen, und man sieht doch: das ist bewusst gemacht, alles ist kontrolliert. Sie hat Augen in ihren Augen, ihr Spürsinn durchdringt die Gebärden. Man nimmt wahr, wie sie steht, geht, schlurft, schiebt, taumelt, wie sie schreitet, stöckelt, wackelt oder sitzt, hockt, sich räkelt oder spreizt, wie sie ein Liebesdrama durch ein Zucken der Schulter entfacht oder beendet. Sie ist souverän in der Kunst, Bewegungen zeichenhaft zu vergrößern und zu wirksamen Zeichen zu machen, und prachtvoll, wenn sie mit sehr viel Aufwand nichts anderes darstellt als die Hoheit einer prätentiösen Person. Sie spielt mit dem Kopf, den Beinen, aber auch der Hüfte, dem Hintern, den Knien, den Schultern, den Augen, den Mundwinkeln und dem wogenden Fleisch und den sichtbaren und unsichtbaren Hüllen, die sie um sich hat. Sie scheut sich nicht vor vielerlei Masken oder Bloßstellungen. Wie aus ihren Kleidern steigt sie aus einer Pose in die andere. Immer ist solches Umsteigen ein szenischer Akt, der die Atmosphäre, die Situation und auch den Raum der Bühne verändert. Sie lacht, und schon vibriert oder ernüchtert sich die Szene. Ihre Wirkung kommt aus einer hohen, immer aktiven Präsenz; sie fiebert vor Energie. Ihre Strahlkraft löst die Figuren nicht auf, die sie spielt, obwohl sie es liebt, sie bis ins Derangement zu verändern.«

Rechte Seite:
ÖDIPUS, TYRANN: Kirsten Dene (Iokaste), Ignaz Kirchner (Ödipus), Burgtheater 1988

Das Bochumer Publikum feierte am Ende sein *BE* überaus herzlich, man bedauerte den Wegzug, viele Theaterleute verstanden nicht, weshalb sich Peymann, Kirchner, Hermann Beil, Vera Sturm und Uwe Jens Jensen auf den »Schleudersitz« der *Burgtheater*-Intendanz begeben wollten und ein intaktes Theater dafür aufgaben. Andere wieder fanden es an der Zeit, dass nach sieben Jahren eine Veränderung erfolgte; Peymann und sein Ensemble, meinten sie, hätten alle Möglichkeiten erprobt und ausgereizt, jetzt würden nur noch Wiederholungen und *Déjà vus* stattfinden; selbst die besten Schauspieler hätten hier nur noch die Chance, ihr perfektes Können zur Schau und zur Verfügung zu stellen, sie sollten sich lieber anderen Ortes neu orientieren und möglichst auch in anderer personeller Konstellation zu neuen Ufern aufbrechen. Ein Vorwurf an die Adresse Peymanns lautete, er hätte keine jungen Schauspieler mehr in Bochum zu Schauspielerpersönlichkeiten entwickelt, sondern nur mit den in Stuttgart gewachsenen Darstellern oder prominenten Gästen gearbeitet. Diesen Einwand bestätigte die Erklärung Peymanns, ein wesentlicher Grund, weshalb ihn das *Burgtheater* reize, wäre das große Ensemble von Schauspielern aller Generationen, so dass er endlich die Königsdramen Shakespeares inszenieren und angemessen besetzen könnte.

Auch der große Erfolg der Stars des Ensembles wurde gelegentlich »hinterfragt«. Im Fall von Kirsten Dene schrieb zum Beispiel ein Theaterwissenschaftler und strenger Heiner Müller-Exeget, Michael Erdmann, dass man »mit einer so unglaublich inständigen Identifikationswut« Heiner Müllers Texten nicht beikommen könnte: »Es gibt kein Einssein in solcher, mit solcher Sprache. Sie hat in sich mehr Raum und Fallhöhe als ein noch so ausgearbeiteter psychologischer Realismus abschreiten kann, den die Schauspielerin Dene bei Claus Peymann erlernt und zur Virtuosität getrieben hat. Gleiches gilt, *mutatis mutandis*, auch für Kleist.« (*Theater heute*, 6/1983) Bei der Rolle der Thusnelda in der HERMANNSSCHLACHT ist der Einwand nun überhaupt nicht angebracht, aber auch die Darstellung der Medea von Kirsten Dene in VERKOMMENES UFER war außerordentlich und fügte sich auch inhaltlich völlig in das Konzept der Regie, die Jason als eine so gut wie »emotionslose Texttransportmaschine« in Erscheinung treten lassen wollte; die Medea indessen sollte nach dem Willen der Regisseure Karge/Langhoff keine solche, nicht interpretierende, Texttransportmaschine sein. Heiner Müller äußerte sehr oft Vorbehalte gegenüber Schauspielkunst und arbeitete ja auch sehr gerne am Verschwinden des Autors – wie zum Beispiel in DIE HAMLETMASCHINE: »Meine Gedanken sind Wunden in meinem Gehirn. Mein Gehirn ist eine Narbe. Ich will eine Maschine sein.« Und so war ihm oft auch das Verschwinden

183

DIE RATTEN: Kirsten Dene als Frau John, Burgtheater 1989

des vom reinen Theater nur ablenkenden professionellen Schauspielers ein Anliegen. Nachdem er die ausgezeichnete und sehr erfolgreiche Uraufführung seines PHILOKTET 1969 im Münchner *Residenztheater* gesehen hatte, erklärte er mir, dass Hans Lietzau statt mit Martin Benrath, Helmut Griem und Wolf Redl das Stück besser mit Kindern hätte inszenieren sollen, die den Text nur brav aufsagen, aber nicht interpretieren. Karge/Langhoff wussten, weshalb sie die Medea mit Kirsten Dene besetzt hatten, und bei seiner Inszenierung von ÖDIPUS, TYRANN (von Sophokles nach Hölderlin, in der Bearbeitung von Heiner Müller), 1988 im *Burgtheater*, entschied sich Matthias Langhoff wieder für die Dene als Iokaste und ließ sie auch die Magd spielen, die vom grausigen Ende der Iokaste Bericht gibt und schildert, wie Ödipus die Nadeln vom Gewand seiner toten Gattin riss, um sie sich ins Helle seiner Augen zu stoßen. Auch die anderen Rollen waren mit ehemaligen »Bochumern« besetzt; den Ödipus spielte Ignaz Kirchner, Kreon war Martin Schwab und Tiresias war Gert Voss. Nein, eine Texttransportmaschine wäre nur eine kalt zu erledigende formale Übung für Kirsten Dene, die mit ihrer Kunst, bei aller Lust zur artifiziellen Gestaltung, doch immer wieder ins volle Leben drängt oder bes-

MACBETH: Gert Voss (Macbeth), Kirsten Dene (Lady Macbeth), Burgtheater 1992

ser gesagt: die schon Instrument der Sprache des Autors sein will, aber auch darauf bedacht ist, dass die Töne den Widerhall ihrer Seele haben. Bei Rollen wie Medea, Iokaste, Frau John (in DIE RATTEN, 1989 von Peter Palitzsch im *Burgtheater* inszeniert) erinnerte sie mich sehr an die große italienische Komödiantin Anna Magnani, wie diese die Serafina in DIE TÄTOWIERTE ROSE von Tennessee Williams oder die WÖLFIN in Vergas Drama (von Zeffirelli inszeniert) spielte, mit großem Pathos, erstaunlicher Disziplin und exzessiver Leidenschaft, die alle Register von der herrschaftlichen Gräfin bis zur Gossenhure beherrschte, böse Hexe und zärtlich Liebende sein konnte, abstoßend und hinreißend attraktiv, ein heilloses und verflixtes Weib, wie Kirsten Dene als Katharina in DÄMONEN (Bochum, 1984) oder als Lady Macbeth (Wien, 1992).

Günther Rühle deutete in seinem die Dene als Komödiantenkönigin feiernden Portrait an, dass sie dabei sei, »sich im anhaltenden parodierenden Einsatz zu verbrauchen. Die ernsthaften, sozial geprägten Rollen, gegen ihre mondänen, rücksichtslosen, oft auch unflätigen Kabinettstücke erscheinen immer seltener: Ihre Regisseure teilen sich derzeit in ihre konträren Talente. Die Widerstände, die sie früher sich vor ihren Rollen aufge-

Raststätte oder sie machens alle: Kirsten Dene (Isolde), Maria Happel (Claudia), Akademietheater 1994

baut hat, scheinen geringer zu werden oder fehlen ganz. Auf Dauer heißt das: aus erreichter Virtuosität seinen Stil zu machen.« Es ist Kirsten Dene immer wieder gelungen, ihre betörende, möglicherweise für puristische Theatergänger beängstigende Virtuosität nicht zum »Stil« verkümmern oder in einer Manier verkommen zu lassen. Das kann man auch heute sehr gut in einer Aufführung des *Akademietheaters* in Wien miterleben, die im Februar 2005 Premiere hatte und noch gespielt wird: in Ernst ist das Leben von Oscar Wilde, einer von Elfriede Jelinek übersetzten Fassung von Bunbury, musikalisch aufgepeppt von Rocko Schamoni und Jonas Landerschier und entsprechend überdreht inszeniert von Falk Richter, den Zuschauern signalisierend, dass man über den schwachsinnigen Schwank, den irren Plot und die Trivialität des Dialogs erhaben sei. Und die Schauspieler, besonders Michael Maertens, der jede Pointe als Knallbonbon auf der Zunge zerplatzen lässt, hält er dazu an, mit überlegen sarkastischem Mienenspiel satirisch oder zynisch sich darüber lustig zu machen. Nur Kirsten Dene macht sich nicht in solch schamlosen Wonnen breit. Jeder ihrer Auftritte als Lady Bracknell ist ungeheuer komisch, sie erlaubt sich auch ein verschmitztes Augenzwinkern, verrät aber die Figur in keinem Moment und bleibt identisch mit ihrem Hier und Jetzt.

Sie allein spielt Oscar Wilde, dessen »Stil« beherrschend, der der Devise geschuldet ist, dass das Leben als das eigentliche Kunstwerk und die Kunst als das eigentliche Leben zu betrachten sei. Oder hält sie sich einfach nur an Alfred Polgars liebevollen Hinweis, mit seinen Lustspielen sei es Wilde nie gelungen, den erhofften neuen Komödienstil zu kreieren: »in Geist gehüllt wie in lauter strahlende Seide«? Stets sei er dabei gescheitert und »in die Schablone« zurückgefallen: »Und rettete die Überlegenheit seines schöpferischen Intellekts, indem er aus dem Zwang eine Freiwilligkeit machte, die missglückte Originalität in eine gewollte Parodie der Unoriginalität hinüberleitete.« Natürlich ist auch Kirsten Dene auf Wirkung erpicht, aber sie drängt sich nicht auf, schmeißt sich nicht ran, ihre künstlerische Wahrheitsliebe erlaubt keine Geschmackssache. Auf einen künstlerischen Stil ist sie nicht aus. Aber sie weiß, dass zu einem Autor wie Oscar Wilde Stil gehört und »Seele«, was kein Widerspruch ist zu Polgars Empfehlung: »Regie und Darsteller müssen verstehen, dass nicht Seelen und Schicksale, sondern Geist und Worte der Inhalt dieser Stücke sind.«
Kirsten Dene war sich nie zu »gut«, die Gelegenheit auszuschlagen, eine schöne Rolle in einem Lustspiel zu spielen, wie etwa die Tutti in dem Schwank WEEKEND IM PARADIES von der Autorenfirma Arnold und Bach (Bochum 1985, inszeniert von Alfred Kirchner). In dieser Beziehung ist sie ein Theatertier und Zirkuskind, das in die Manege muss; aber auch in Fällen, wo mit der Tür ins Haus gefallen und zu sehr auf die Tube gedrückt wird, setzt ihr Kunstempfinden ein, beweist sie Intelligenz, kann sie Galle zeigen oder ein unerwartet zart besaitetes Wesen sein. Sie weiß, was sie Claus Peymann zu verdanken hat, aber »verheizen« lässt sie sich nicht. Wenn sie

ERNST IST DAS LEBEN (BUNBURY): Kirsten Dene (Lady Bracknell), Dorothee Hartinger (Gwendolen), Akademietheater 2005

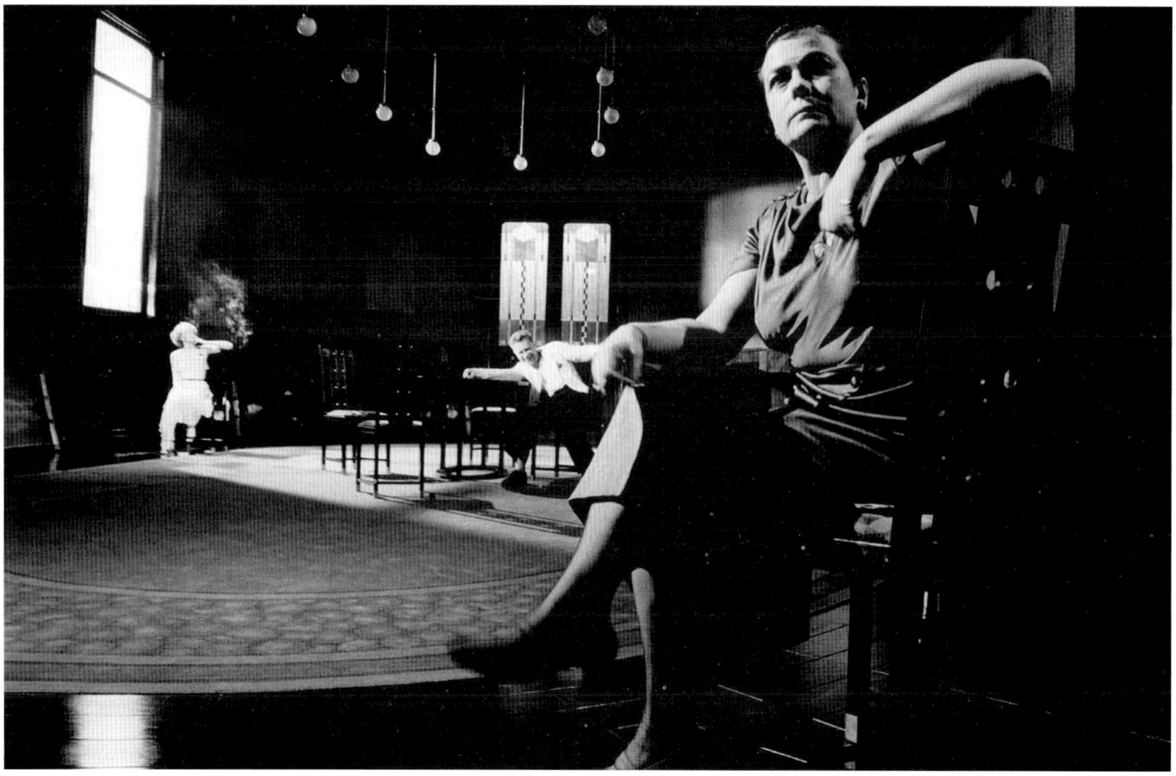

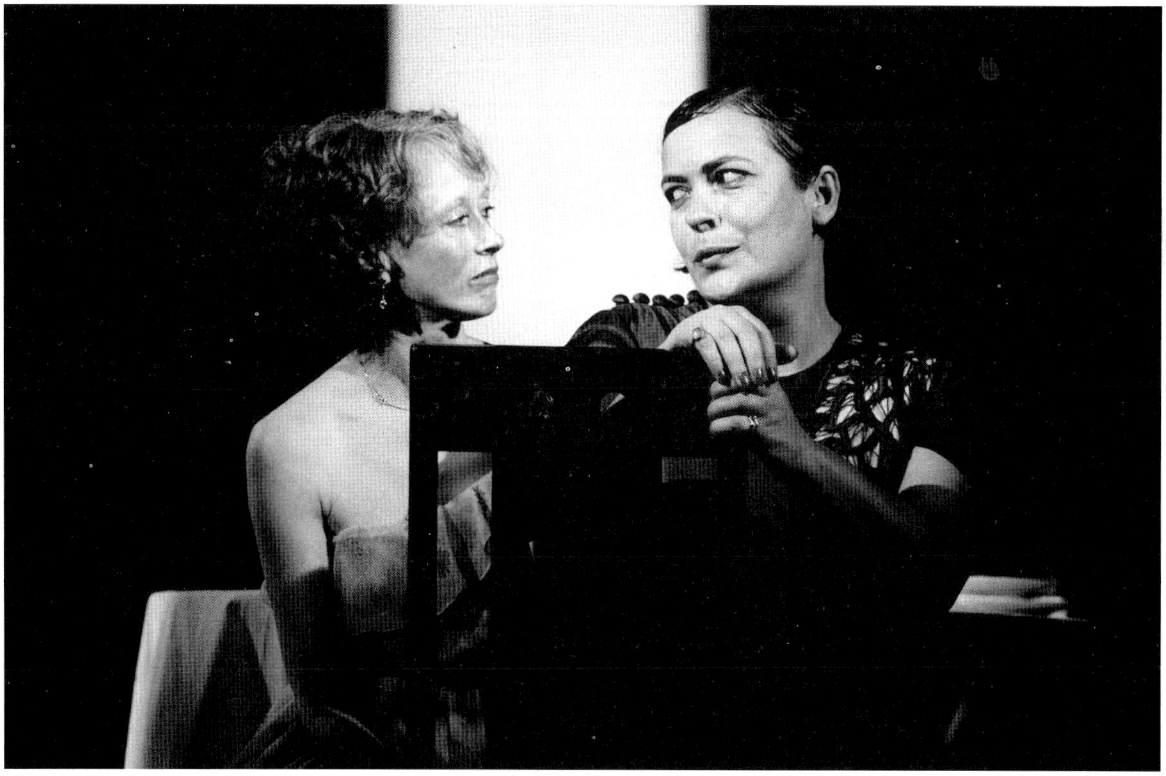

in den vielen Jahren auch manchmal zu folgsam gewesen ist und dadurch
vielleicht sich mehr als zuträglich dieser Gefahr ausgesetzt hat, »sich in
anhaltendem parodierenden Einsatz zu verbrauchen«, dann war das
Nachgeben ihrer bei Theaterleuten heute selten gewordenen Neigung
anzulasten, Stücken zeitgenössischer Autoren zum Durchbruch zu ver-
helfen. So viel Uraufführungen wie Kirsten Dene hat wohl kaum eine
Schauspielerin ihres Formats in ihrem Rollenverzeichnis aufzuweisen.
Das dabei auch Flops wie Die Unsichtbare von Christoph Ransmayr
passieren können, ist eine lässliche Verfehlung; hier wollten Freunde sich
einen Theaterjux machen, der keinerlei Durchschlagskraft hatte. Doch
in solchem Fall betreibt Kirsten Dene weniger Raubbau an ihrem Talent
als Kollegen, die für das Mitwirken in einem Dutzendfilm oder einer
Vorabendserie mit Risiken behaftete Theateraufgaben ausschlagen.

Linke Seite:
Ritter, Dene, Voss:
Salzburger Festspiele/
Akademietheater 1986

Oben:
Ilse Ritter, Gert Voss, Kirsten
Dene

Unten:
Ilse Ritter, Kirsten Dene

## »Immer an der Grenze der Verrücktheit«

An der Bar des Parkhotels in Witten an der Ruhr, nach einer Vorstellung
seines Stücks Der Weltverbesserer im Bochumer Theater mit Bernhard
Minetti und Edith Heerdegen, erzählte der Theaterkritiker Benjamin
Henrichs etwa zehn Jahre später in seiner Preisrede auf Kirsten Dene,
1991 in Mülheim, hätte ihm Thomas Bernhard anvertraut, dass er ein
Stück schreiben wolle für eine Schauspielerin aus Bochum: »er habe sie
auf der Bühne gesehen, so Bernhard, und einmal, da habe er sie in Bochum
über die Straße gehen sehen. Und seit diesem Augenblick wolle er ein
Stück für sie schreiben.« Ein Stück Dene analog zu Minetti schrieb
Bernhard nicht, aber 1984 erschien bei Suhrkamp Ritter, Dene, Voss mit
der Nachbemerkung »Ritter, Dene, Voss, intelligente Schauspieler.
Während der Arbeit, die ich zwei Jahre nach dieser Notiz abgeschlossen
habe, waren meine Gedanken hauptsächlich auf meinen Freund Paul und
dessen Onkel Ludwig Wittgenstein konzentriert gewesen. Th. B. Juni
1984.« Die Rollen heißen Voss, Dene und Ritter, Voss ist Philosoph und
heißt im Stück Ludwig, Dene und Ritter sind seine Schwestern, haben
keine Vornamen und sind beide Schauspielerinnen am *Theater in der
Josefstadt*. Dene holt ihren Bruder wieder einmal aus der Anstalt Steinhof
in die ihnen von den Eltern hinterlassene Villa in Döbling. Sie, die sich
für ihren Bruder opfert, seine philosophischen Aufzeichnungen ins reine
tippt, hofft auf seine »Heilung«, aber jede Rückkehr in das seit dreißig
Jahren unveränderte Haus erinnert Ludwig nur an seinen Werdegang
vom gehassten Kind zum von der Fachwelt abgelehnten Philosophen.

Nicht die elterliche Villa ist sein Zuhause, sondern die Anstalt, denn sein Denken folgt der Maxime: »immer an der Grenze der Verrücktheit/niemals diese Grenze überschreiten/aber immer an der Grenze der Verrücktheit/verlassen wir diesen Grenzbereich/sind wir tot.«

Kirsten Dene hat Thomas Bernhard, bevor er RITTER, DENE, VOSS schrieb, in mehreren seiner von Claus Peymann inszenierten Stücken sehen können, »bewusst« hat er sie sicher erst in VOR DEM RUHESTAND (1979) wahrgenommen, wo sie Clara, die an den Rollstuhl gefesselte Schwester spielte; zuvor hatte sie, in Übernahme, die Rolle der Schauspielerin in DER PRÄSIDENT (1975) gespielt und war als »Maskierte« in MINETTI (1976) aufgetreten. Dann verkörperte sie 1981, in Salzburg und anschließend in Bochum, die fast stumme, in betulicher Geduld und leicht schmollender Ergebenheit vor sich hin leidende fügsame Tochter in AM ZIEL, mit Marianne Hoppe als Mutter und Branko Samarovski als dramatischer Schriftsteller. Den wirklichen Ausschlag dafür, dass Bernhard sie in einer Notiz als »intelligente Schauspieler« festhielt und als Figuren für ein Stück wählte, war nach der festen Überzeugung von Claus Peymann seine Begeisterung über Dene und Voss als Thuschen und Hermann in der HERMANNSSCHLACHT, die er sich im Oktober in Bochum ansah, von Köln kommend, wo er Ilse Ritter als stumme Tochter in AM ZIEL als das einzig Bemerkenswerte der Inszenierung von Luc Bondy verbucht haben soll. Aber mir scheint wahrscheinlicher, dass er Ilse Ritter damals auch als Lady Macbeth in Bondys grandioser MACBETH-Inszenierung gesehen und bewundert hat.

Haben die Figuren Ritter, Dene, Voss wirklich nichts mit den Schauspielern gleichen Namens zu tun? Selbstverständlich können auch andere Schauspieler diese Menschenüberdrusskomödie spielen, mit einem »Gegenkant« und seinen ihm inzestuös verbundenen Schwestern, die zum Theater gegangen sind, »weil unser Bruder das Theater gehasst hat«. Und wenn man die Texte von Bernhards Schauspielerin Dene nun doch einmal im Hinblick auf Kirsten Dene liest, die heute Burgschauspielerin ist, im Stück an der Josefstadt ihr *Comeback* plant, sie, die Komödiantin und Tragödin will jetzt nur die kleine Rolle einer Blinden übernehmen: »Ein kurzer Auftritt nur/zwei Sätze sonst nichts/Es geht mir nicht darum/eine große Rolle zu spielen/ die hätte ich auch spielen können/neinnein zwei Sätze/aber wie.« Ritter, die immer die großen Rollen spielen wollte, hält ihr entgegen: »Du warst immer ehrgeizig auf der Bühne/hast du nichts riskiert.« – Dene: »Alles meine Liebe alles.« Ritter lenkt ein: »Ja alles.« Jetzt holt Dene zum Grundsätzlichen aus: »Die vielen stummen Rollen/die ich gespielt habe/während ich doch die allergrößten/hätte spielen können/Es kommt nicht darauf an/wie lange ein Schauspieler auf der Bühne agiert/es kommt nur darauf an *wie*/zwei drei Minuten exzellentes Theater.« Resigniert gibt Ritter der Schwester klein bei: »Jaja.« Und konstatiert dann bewundernd: »Dein Talent ist das größere/dein Talent ist meinem entgegengesetzt/Du bist die geborene Theatermacherin/das ist nicht abwertend gemeint/im Gegenteil/du bist Schauspielerin durch und durch/mich kostet es jedes Mal das Äußerste/dir fällt alles leicht/wie eben dem Genie alles leicht fällt.« Dene auflachend: »Dem Genie/Ein Schauspieler hat niemals ein Genie/Interpreten sind keine Genies/schon gar nicht Schauspieler/Und leicht gefallen ist mir nie etwas/das ist dein Irrtum/Ich weiß ich kann nur drei Minuten gut sein/und ich trete auch nur drei Minuten auf/ein ganzes Stück eine so genannte große Rolle/war nie mein Ehrgeiz.« – Ritter: »Aber du hast auch die großen Rollen gut gespielt.«

Mit RITTER, DENE, VOSS hatte Claus Peymann eine attraktive Lockspeise, um diesen Schauspielern den Entschluss, mit ans *Burgtheater* zu gehen, zu erleichtern. Vor RITTER, DENE, VOSS inszenierte Peymann 1985 erst noch (als Koproduktion der *Salzburger Festspiele* mit dem Bochumer *Schauspielhaus*) DER THEATERMACHER, mit Traugott Buhre in der Titelrolle als schwadronierendem Schmierentheaterdirektor Bruscon und Kirsten Dene als dessen Gattin sowie Josefin Platt und Martin Schwab als Kinder, die alle zum Zuhören und nahezu stummen Ertragen der Größenphantasien des Striese-Napoleon gezwungen sind. Bei der Kritik fiel das Stück eher durch, Peymanns Inszenierung wurde zu großer Respekt gegenüber den Textkalauern Bernhards vorgeworfen. Von Sigrid Löffler erhielt Kirsten Dene ein Sonderlob für ihre Disziplin in der kleinen Rolle, ihre »zwei drei Minuten exzellentes Theater«: »Einzig Kirsten Dene, aus frühren Bernhard-Rollen (in VOR DEM RUHESTAND und in AM ZIEL) versiert als stummer Widerpart, vermag die Strategie der aggressiven Schweigsamkeit bedrängend und bedrohlich auszuspielen. Sie gibt der lungenkranken Theatermacherin, die sich hinter ihrem Gattenscheusal her gastspielend über die Dörfer schleppt, eine beklemmendere Kontur, als Thomas Bernhard der Rolle überhaupt zugestanden hat. Die Dene behält ihr Geheimnis: Sie zerhustet mit virtuosem Gebell alle Proben, sie treibt ihr aufsässiges Schweigen bis zur wortlosen Opposition hoch, sie riskiert gegen Stückende die einzige furchtbare Geste der Revolte gegen den Despoten, und sie lässt erahnen, dass der Machtkampf noch keineswegs entschieden ist, wenn der Vorhang gefallen ist.« (*Theater heute*, 10/1985) Auch die Uraufführung von RITTER, DENE, VOSS, von Claus Peymann sehr textgenau, locker, man könnte sagen »entspannt« inszeniert, also den Schauspielern den nötigen Spielraum lassend, fand bei vielen Kritikern kein begeistertes Echo; sie betrachteten das neue Stück nur als Fortsetzung

DER THEATERMACHER:
Traugott Buhre (Bruscon),
Kirsten Dene (Frau Bruscon),
Burgtheater 1986

von Bernhards großer *comédie misanthropique*: eine Wort-Etüde nur, keine Neuerung, nur Wiederholung dessen, was der Autor schon in früheren Stücken zum Ausdruck gebracht hätte. »Einmal mehr das Bewährte: Peymann inszeniert Bernhard«, schrieb Michael Merschmeier enttäuscht (*Theater heute*, 10/1986). Die Schauspieler empfanden die giftende Komödie als eine glänzende Spielvorlage, die ihnen ein Höchstmaß von Konzentration und artistischem Geschick abverlangte; sie waren drei Solisten, die aber als Orchester unter dem Dirigenten Bernhard »Schauspieler durch und durch« sein mussten. Thomas Bernhard, der sich in Salzburg einige Durchlaufproben angesehen hatte, gefiel die Aufführung außerordentlich gut. Bei der Wiener Premiere im *Akademietheater* war RITTER, DENE, VOSS ein Riesenerfolg, und der Autor, von Gert Voss im Zuschauerraum entdeckt und auf die Bühne geholt, stellte sich sichtlich erleichtert dem Applaus und bekundete seine diebische Freude darüber, dass den »Bochumern« der Einstand in Wien erst einmal geglückt war und die Peymann-Gegner eine Doppelniederlage erlitten hatten; denn wenige Tage zuvor hatte DER THEATERMACHER bereits im *Burgtheater* begeisterte Zustimmung erhalten und keinen Skandal hervorgerufen.

Der »Skandal« für viele Journalisten bestand ja darin, dass sie Skandal erleben wollten und einen tollen Theaterabend mit wunderbaren Schauspielern für nichts Sensationelles hielten. Michael Merschmeier immerhin gönnte den Akteuren den Erfolg und würdigte ihr »kopfabenteuerlustiges« Grenzgängertum zwischen Genialität und Interpretationskunst, im Wissen, dass die »Leichtigkeit« einer Komödie nicht etwas ist, was so nebenbei leicht herstellbar ist. Zu Dene meinte er: »Kirsten Dene unterlegt das Hilfsbereitschaftsmonster ›Dene‹ mit genau dem richtigen Maß an schwerleibiger Mütterlichkeit, um ausreichend penetrant zu wirken und unausstehlich, versetzt dann diese Wirkung mit genau der richtigen Dosis an Giftigkeit, Berechnung, verklemmter Begierde und auftrumpfender Rätsellosigkeit, um die Gratwanderung zwischen Kunst und Klamotte, zwischen ausgefeiltestem Schauspielerinnenhandwerk und wohlfeilem Chargieren zu meistern, immer nahe dem Absturz, versteht sich.«
Kein Meisterwerk als Stück – nur ein Schauspielerabend: dieses Urteil überlebte RITTER, DENE, VOSS glänzend. Und auch die Aufführung bewies eine erstaunliche Überlebensfähigkeit. Als ich die Wiederaufnahme nach achtzehn Jahren in unveränderter Besetzung im *Berliner Ensemble* sah, zeigte sie schärfere Konturen, hatte elektrisierenderen Biss und wirkte irrwitziger als je. Mir schien es eine ganz neue Aufführung in alter Besetzung und im unveränderten, dem Stück genau angemessenen Bühnenbild von Karl-Ernst Herrmann zu sein. Gegenüber Klaus Dermutz äußerte Gert Voss: »Ich würde dieses Stück sehr gerne wieder spielen. Es ist unabhängig vom Alter der Protagonisten und wird immer wahnwitziger, je älter wir werden. Im übrigen ist es dialogischer als andere Stücke von Thomas Bernhard. Im WELTVERBESSERER und in ELISABETH II. redet eine Figur unentwegt, während die andere schweigt. Ich mochte an der Figur des Ludwig, dass in ihm Autobiographisches von Thomas Bernhard enthalten ist. Er hat dessen Kurzatmigkeit, und er ist wie viele andere Figuren bei Bernhard von der Lust beseelt zu formulieren. Dieser Geometrie-Fanatismus, diese Denk-Equilibristik!« (DIE VERWANDLUNGEN DES GERT VOSS, 2001)
Die Berliner Wiederaufnahmen der alten Inszenierungen von DER THEATERMACHER und VOR DEM RUHESTAND enttäuschten dagegen. Inzwischen wirkten diese Aufführungen doch ausgereizt, erschöpft und verwelkt. Zuschauer, die die Aufführungen nie gesehen hatten, störte ihr Veraltetes wahrscheinlich weniger.
Mit Thomas Bernhard war das Bochumer Ensemble in Wien angekommen. Ohne Skandal. Statt auf die Verstörungskraft des Ästhetischen zu setzen, wollte Peymann in bewährter Art aber auch politisch provozieren und forderte Thomas Bernhard dazu auf, ihm ein Stück mit für Österreich brisan-

HELDENPLATZ: Kirsten Dene (Anna), Wolfgang Gasser (Professor Schuster), Burgtheater 1988

tem Thema zu liefern. Nach seinem viel Staub aufwirbelnden Interview in der Hamburger *Zeit* mit provozierenden Äußerungen über das *Burgtheater* im Besonderem und über Österreich im Allgemeinen, machte ein starke rechte Fronde gegen Peymann mobil, der mit der Ankündigung des neuen Bernhard-Stücks HELDENPLATZ als Beitrag des *Burgtheaters* zum Gedenken an den 13. März 1938 (den »Anschluss« Österreichs an Nazideutschland) und zum anhaltenden Antisemitismus in Österreich noch größere Empörung auslöste. Der Text des Stückes wurde als strikte Geheimsache behandelt, bis eines Tages in einem Wiener Blatt Textauszüge veröffentlicht wurden, die man während einer Probe aus Kirsten Denes Handtasche gestohlen hatte und die eine kräftige Österreich-Beschimpfung versprachen. Eine wahre HELDENPLATZ-Schlacht entbrannte. Und so geriet die Uraufführung am 4. November 1988 zu einem Wien ungeheuer erregenden veritablen, die deutschen Journalisten eher nur unterhaltenden »Theaterskandal«. Eine über vier Stunden sich hinziehende Premiere mit Zwischenrufen und Störversuchen endete dann in mächtigem Applaus, der eine Dreiviertelstunde anhielt.– HELDENPLATZ, meinte Michael Merschmeier (*Theater heute*, 12/1988), sei kein besonders gelungenes Stück, »die leidvolle Vergangenheit wird verharmlost, die leidige Gegenwart dämonisiert«. Darstellerisch käme das Stück in Peymanns sehr konventionellen

Arrangements nicht über einen Mischmasch aus Kabarett und »Goldenen Wahrworten« hinaus: »Die Schauspieler verkümmern jedenfalls unter dem Anspruch, aus Papiertigern Figuren zu erfinden. Nur Kirsten Dene als bärbeißig eloquente Anna gibt zu erkennen, dass sie weder Anna ist noch eine Sprechpuppe, sondern eine Schauspielerin, die sich mit ihrem gewitzten Handwerk zurechtzufinden versucht im heillosen Gestrüpp aus Kabarett, Kunst, (Außen-)Politik und Burgtheaterintrigen, wie es diese Aufführung nun mal bestimmt. Und schon weicht die Weihestimmung, weicht die Selbstbeweihräucherung ob des Muts, HELDENPLATZ überhaupt raus gebracht zu haben. Plötzlich sieht man ein seiltänzerisches Spiel mit der hier und jetzt in Wien möglichen Wirklichkeit. Und die *Burg* ist plötzlich kein Mausoleum mehr, sondern ein Theater wie von dieser Welt.« Nachdem sich die Erregung gelegt hatte, gewann die Aufführung dann noch einige Dichte, das Kabarettistische, Kalauerhafte drängte sich nicht mehr auf, die Figuren wurden brüchiger, durchsichtiger. Auch erwies sich, dass das Stück viel besser als sein Ruf war, und Bernhard sich das Recht herausgenommen hatte, österreichische Juden als Österreicher sprechen zu lassen. Diese Eigenart und Qualität des Stückes hob Benjamin Henrichs in einem Beitrag in der *Zeit* (21.10.1988) hervor: »Es ist Bernhards kühne, gewiss auch diabolische Konstruktion, dass er die Juden nicht in jener Rolle zeigt, in der sie auch dem hart gesottenen Antisemiten die Tränen der Rührung in die Augen treiben. Nicht als dezente, kultivierte, gut aussehende Opfer der Barbarei. Sondern, oh Schreck: als Österreicher. Die alles, was sie hassen, auch selber sind, bis ans Ende ihrer Tage.« Mit Thomas Bernhard verabschiedete sich Claus Peymann auch 1998/99 von den Wienern, u.a. mit einer Inszenierung der drei ihm gewidmeten, ihm huldigenden und ihn durchaus auch enthüllend portraitierenden Dramoletten, inszeniert von Philip Tiedemann. Das erste, CLAUS PEYMANN VERLÄSST BOCHUM UND GEHT ALS BURGTHEATERDIREKTOR NACH WIEN, eine Szene zwischen Peymann und seiner Sekretärin Fräulein Schneider, war für die Publikation über die Arbeit des *BE* in Bochum bestimmt, die 1986 erschien; das zweite CLAUS PEYMANN KAUFT SICH EINE HOSE UND GEHT MIT MIR ESSEN spielt in Wien und wurde im Jahrbuch 1986 der Zeitschrift *Theater heute* veröffentlicht; das dritte, CLAUS PEYMANN UND HERMANN BEIL AUF DER SULZWIESE erschien 1987

CLAUS PEYMANN KAUFT SICH EINE HOSE UND GEHT MIT MIR ESSEN: Kirsten Dene (Thomas Bernhard), Martin Schwab (Claus Peymann), Akademietheater 1998

CLAUS PEYMANN VERLÄSST
BOCHUM UND GEHT ALS
BURGTHEATERDIREKTOR
NACH WIEN:
Martin Schwab (Claus Peymann),
Kirsten Dene (Fräulein Schneider),
Akademietheater 1998

in der *Zeit*. Auch für diese Aufführung erntete Peymann zunächst einmal viel Spott und Hohn. Ist seine Eitelkeit so groß, dass er sich nicht einmal mehr im Spiegel, den Bernhard ihm hier hingehalten hat, erkennt? Sicher steckte in der Lust, diesen von Bernhard Porträtierten dem Lachen des Publikums auszusetzen, auch Eitelkeit, aber doch auch der befreiende Humor eines gleichermaßen größenwahnsinnigen Strieses und souveränen Theaterdirektors, der das Spielen nicht verlernt hat. Den Peymann spielte Martin Schwab, in den Rollen von Fräulein Schneider, Thomas Bernhard und Hermann Beil brillierte Kirsten Dene. »Wie in jedem Bernhard Stück gibt es auch in diesen drei Dramoletten eine(n), der (die) fast immer redet, und eine(n), der (die) fast nur zuhört. In diesem Fall seine Referentin Christiane Schneider, sein Dramaturg Beil und Bernhard selbst. Alle drei spielt nacheinander Kirsten Dene. Sie ist eine zurückhaltend sachliche Gesprächspartnerin, lässt genüsslich Peymann sich um Kopf und Kragen reden, indem sie ihm so lange aufmerksam ihr Ohr schenkt, bis sich der Dauerredner vollständig selbst vernichtet hat. Jeder Blick von Kirsten Dene ist sanftes Erstaunen, wie ein einzelner Mensch soviel Unsinn von sich geben kann. Die Dene steht oder sitzt unauffällig daneben und sorgt mit ihrem raumgreifenden Verschwinden dafür, dass kein Zeile davon überhört wird.« (Franz Wille, *Theater heute*, 12/1998)

Thomas Bernhard ist Kirsten Denes Lieblingsautor, nicht seiner kuriosen Theatralik wegen in den Stücken, die heute meistens sehr reibungslos dargeboten und konsumiert werden: »sie gehen in die Stücke wie in Gasthäuser«, um es Bernhardgemäß auszudrücken. Die Clara in VOR DEM RUHESTAND, die Anna in HELDENPLATZ und selbstverständlich Dene waren ihr die liebsten Rollen, aber auch die »kleineren« Aufgaben und die Figuren in den Dramoletten hat sie gerne gespielt. Vielleicht wird sie eines Tages dann doch die Mutter in AM ZIEL oder sogar die Titelrolle in MINETTI spielen. Also nicht mehr nur die »Opfer«-Rollen. Es geht ihr nicht darum, »eine große Rolle« zu spielen, sie will vielmehr das Gegen-kantische Wissen ins Spiel bringen, das ihre »Haltung« zur Arbeit bestimmt (und ihr Lebensmotto ist?): »Immer an der Grenze der Verrücktheit/verlassen wir diesen Grenzbereich/sind wir tot.«

Neben Thomas Bernhard schätzt Kirsten Dene die hochfahrend betrübten, neurotischen, auch irgendwo verrückten oder besser seltsam entrückten Frauenfiguren der Stücke von Botho Strauß. Kongenial hat sie in den Uraufführungsinszenierungen von Niels-Peter Rudolph in Stuttgart 1975 die Hedda in BEKANNTE GESICHTER, GEMISCHTE GEFÜHLE und 1977 die Susanne in TRILOGIE DES WIEDERSEHENS gespielt, 1993 war sie die erste Marianne Abel in DAS GLEICHGEWICHT, inszeniert in Salzburg von Luc

DAS GLEICHGEWICHT:
Michael Maertens (Markus Groth), Kirsten Dene (Marianne Abel), Jutta Lampe (Lilly Groth), Salzburger Festspiele 1993

Bondy, und im Wiener *Akademietheater* war sie eine sphinxhafte Marie Steuber in Die Zeit und das Zimmer, mit einem beispielhaften Gespür für die Wechselspiele von Gefühl, Ironie und Joke (1990, Regie führte Cesare Lievi).

In Wien trug sie auch wesentlich mit zum Erfolg der Uraufführungen mehrerer Stücke von Peter Turrini bei. Sie spielte in den von Claus Peymann inszenierten Stücken Alpenglühen (1993) die Jasmine und in Die Schlacht um Wien (1995) die Frau des Mannes in Freizeitkleidung. In Die Liebe in Madagaskar (1998), inszeniert von Matthias Hartmann, spielte sie die Schauspielerin, die am Schluss gesteht, in Wirklichkeit eine Versicherungsangestellte aus Hannover zu sein. Im Namen der Liebe hieß ein gemeinsam von Peter Turrini mit Kirsten Dene bestrittenes Programm mit Liebesgedichten des Autors, den Hermann Beil dramaturgisch eingerichtet hatte und Hansgeorg Koch musikalisch begleitete: »Reich mir die Hand mein Leben/komm auf mein Schloss mit mir./Die roten Rosen im Garten/gehören alle dir./Unser Blut klebt zwischen den Blättern/Hautfetzen hängen am Stiel./Wir liegen am Grunde des Teiches./Das war doch unser Ziel.«

Alpenglühen hätte auch »Romeo und Julia in den Alpen« heißen können, es war an und für sich eine ziemlich kitschige Liebesgeschichte zwischen einem etwa siebzigjährigen Blinden und einer etwa fünfzigjährigen, etwas unförmigen Frau im Tigerfellmantel, die der Blinde für eine junge Frau hält. Er weiß natürlich, dass er sich etwas vormacht, und auch Jasmine lügt ihm und sich selbst dauernd etwas vor, gibt sich für eine ehemalige Prostituierte aus, dann behauptet sie, Sekretärin des Blindenverbandes zu sein und dann gibt sie sich als verhinderte Schauspielerin zu erkennen, die von einer zukünftigen Karriere als Julia träumt. Und der Blinde war Zeitungswissenschaftler, Sprengstoffattentäter und schließlich Intendant eines Dreispartenhauses, so dass man wieder bei Romeo und Julia landet. Die Welt ein Traum? Tagträumer in den Bergen? Weltflüchtlinge auf der Suche nach dem Gesicht hinter der Maske? Traugott Buhre als Blinder: bärbeißig und kuschelbärig und Kirsten Dene als Katze auf dem heißen Alpenverandadach. Kitschige Sozialromantik, aber doch ein schöner Theaterabend. C. Bernd Sucher titelte »Altenglühen« (*Süddeutsche Zeitung*, 19.2.1993): »Kirsten Dene reißt den Abend raus, vor dem mir nach der Lektüre eher graust. Sie ist Ereignis wie schon lange nicht mehr. Sie muss sich ja nur auf der Pritsche räkeln und missmutig brummen, weil sie nicht aufgeweckt werden will, schon sind wir hellwach. Gierig warten wir auf neue Grunzlaute und hoffen, dass sie zu sprechen beginnt. Ihre Nutte protzt mit der Rotzigkeit von billigen Gassengören

Die Schlacht um Wien: Kirsten Dene (Frau des Manns in Freizeitkleidung), Burgtheater 1995

ALPENGLÜHEN: Kirsten Dene (Jasmine), Traugott Buhre (Der Blinde), Burgtheater 1993

und glänzt mit der verführerischen Arroganz von hoch dotierten *Callgirls*. In ihrem Polyacrylpelz, dem viel zu engen, viel zu kurzen grünen Kleid, die rot gelockte Perücke wie ein Hut über das Haar gestülpt, macht sie gleich beide Männer an. Sie stemmt die Linke in die fette Hüfte und lockt mit der Rechten. Zwischen Daumen und Zeigefinger verheißt ein Präservativ Lust. Während sie seelenruhig dem Blinden zuhört, zugleich hungrig in ihr Wurstbrot beißt und den Kaffee schlürft, glitscht der Junge mit seinen feuchten Lippen langsam ihre nackten Beine hinauf zum Schoß. Dort, unter dem Kleid, macht er es sich gemütlich: endlich eine Frau! Johannes Krisch spielt keinen Tölpel. Wir erleben einen Verstörten, den man nicht hat erwachsen werden lassen, einen sensiblen Kerl. In seinem stummen Aufbegehren, das ihm die Stirn kräuselt, in seinem Verlangen, das ihm die Hitze in den Kopf und das Kitzeln auf die Haut zaubert, zeigt sich trotzig Wille. Die Dene schenkt dieser Szene die allernatürlichste Grazie. Nichts ist an diesem Akt schmutzig. Sie schafft es, dass das Ordinäre erstrebenswert erscheint, das Billige teuer, das Bürgerliche fad. Wenn sie das Wort ›Benehmen‹ sagt, dann wirkt sie Buchstabe um Buchstabe, als zwinge sie sich, die allergrößte Perversion auszusprechen. Und doch hören wir den Spaß an der Sauerei, ausgerechnet ›Benehmen‹ für Schweinkram zu halten. Manchmal schnauzt die Dene rum wie einst Heidi Kabel in ihren besten Zeiten. Und dann wieder, nachdem sie die Hurenrolle aufgegeben, das

DIE LIEBE IN MADAGASKAR:
Otto Schenk (Johnny Ritter),
Kirsten Dene (Die Schauspielerin),
Akademietheater 1998

bunt geschminkte Gesicht gesäubert hat, wird sie ganz still: aschgrau und erschreckend ernst. Von einer Minute zur andern wandelt sie sich. Aus der torkelnden Alten, die zu laut lacht; aus der quirligen Betriebsnudel wird ein verletztes Rührmichnichtan, eine Frau ohne Schicksal. Eine ENDSPIEL-Lemure. In solchen Momenten senkt sich Dunkel auf Karl-Ernst Herrmanns Bühne in diesen großen Saal mit dem schrägen Glasdach, das den Blick freigibt auf ein imposantes Gebirgsmassiv. Nebel steigen dann vor die Sonne, Regen prasselt laut herab. Wie bei Shakespeare kündet auch bei Turrini/Peymann die Wetterlage von der Seelenlage. Am Schluss strahlen wieder die Sterne. Es ist dunkel, es ist still. Romeo und Julia schweigen, aber sie werden wieder anfangen mit dem Spiel von der Lerche und der Nachtigall.«
Eine ähnlich verschrobene, mit Illusionen und Traumverlorenheiten durchsetzte Liebesgeschichte spielt sich auch in DIE LIEBE IN MADAGASKAR ab, »Altenglühen« in einer Hotelbar in Cannes, wo der Betreiber eines Wiener Vorstadtkinos, Johnny Ritter, nun Kinogeschichte schreiben will als Produzent eines Films mit seinem Idol Kinski, und seine rührselige Story, eben DIE LIEBE IN MADAGASKAR, ist einem dubiosen südamerikanischen Finanzhai auch eine halbe Million Dollar wert. Und an diesen Johnny Ritter macht sich nun eine Schauspielerin heran, um die weibliche Hauptrolle in dem Kinski-Film zu bekommen. Nicht Romeo und Julia ist jetzt fällig, aber Humphrey Bogart und Ingrid Bergmann in CASABLANCA

ORPHEUS IN DER UNTERWELT:
Branko Samarovski (Jupiter),
Kirsten Dene (Juno), Burgtheater
1996

lässt beide zur Höchstform auflaufen. Otto Schenk und Kirsten Dene spielten das meisterhaft, sie, die Wind bekommen hat von dem Filmprojekt, will die Rolle und trinkt sich Mut an, um den Abstinenzler in ihr Boot zu holen, er, der nicht weiß, wie ihm geschieht und ganz am Ende noch aus der Rolle fällt, aus Ungeschick oder um sie los zu werden, bleibt irgendwie offen. Der Produzent, der keiner ist und eine Schauspielerin, die keine ist, erzählen sich die Liebe in Madagaskar, erträumen sie sich über ihre gemeinsame Liebe zum Film. Kirsten Dene gelang es, Otto Schenk von allem Chargieren, allem Gesichtszucken und Händefuchteln, mit dem er sonst seinen Zuschauern zu imponieren pflegt, abzuhalten und auf ihre feineren, erotisierenden, fragileren Trickbahnen zu locken. Die Erinnerung an diese Szene bleibt: die wunderbare Raffinesse der Annäherung, die beispielhafte »Zurückhaltung«, die Koketterie, die Pein des Erschreckens, wenn offenbar wird, dass der andere eine Andeutung falsch »übersetzt« hat.
Um sie als »Riesin« zu feiern, lobte Benjamin Henrichs, Thomas Bernhard gemäß, Kirsten Dene für ihre außerordentliche Leistung in einer »kleinen« Rolle, die allerdings ein wenig mehr als zwei Sätze umfasste, nämlich die Sophie Guilbert in Goethes CLAVIGO, Inszenierung Claus Peymann, 1991 im *Burgtheater* (*Die Zeit*, 6.12.1991): »Was passiert? Clavigo (Journalist, Karrierist, Charakterlump) hat seine Braut verlassen – was das Mädchen fast um Verstand und Leben bringt. Dann kehrt er reumütig zurück –

CLAVIGO:
Kirsten Dene (Sophie Guilbert),
Ulrich Mühe (Clavigo),
Thomas Thieme (Guilbert),
Burgtheater 1991

Marie (in Wien: Andrea Clausen) ist zwischen Erlösungsjubel und Todesangst hin- und her gerissen. Einen zweiten Verrat des Verräters Clavigo würde (und wird) sie nicht überleben. Und nun Sophie, die Schwester. Die ist ordentlich verheiratet, eine vernünftige Person. Gefühlsstürme wie die ihrer Schwester sind ihr vermutlich ganz fern. Sophie verkörpert also inmitten des melodramatischen Rasens so etwas wie die stabile bürgerliche Raison. Das klingt, weil das Theater die außerordentlichen Menschen mehr liebt als die ordentlichen, nicht gerade faszinierend. Sagen wir ruhig: ein bisschen fad. Nun aber Kirsten Dene. Das erste, was an ihrer Sophie auffällt, ist ihre schier überwältigende Güte. Wie sie sich freuen kann, wenn die Herzensdinge dann doch eine freudige Wendung zu nehmen scheinen! Aber mehr noch – wie sie sich überrumpeln, ja anstecken lässt von der schwärmenden Liebe der Verliebten. Eine kleine bürgerliche Person, doch plötzlich: eine Herzensriesin. Die Güte des guten Menschen, man muss es so adventlich sagen, zeigt sich daran, dass er sich in die Verliebten verlieben kann. Dass er den Unglücklichen alles Glück wünscht – und dass das Glück der anderen auch sein eigenes ist. Kirsten Dene unterschlägt dabei überhaupt nicht das Komische, Betuliche, Sentimental-Bestechliche einer solchen braven Bürgerin. ›Hausfrau‹ würde man heute wohl sagen. Natürlich ist Sophie im strengen Sinne

›dumm‹, weil sie sich von Clavigos Zerknirschungstheater nur allzu gern überwältigen lässt. Aber Kirsten Dene entdeckt hinter dieser Weiberdummheit die größere Klugheit – so, wie Sophie die Menschen sieht, müssten die Menschen sein, dann wäre alles ganz einfach. Dann würde das Wünschen wieder helfen – dann könnte der ›Clavigo‹ nach dem 3. Akt aufhören, alle wären gerettet. Dann wäre die gute Sophie, mit ihrer brachialen Lust auf Versöhnung, fast so etwas wie die Cousine von Lessings Nathan. Nicht weise, bei Gott nicht. Aber ›herzensgut‹ und ›herzensklug‹ und ›klug‹ wären auf einmal ein und dasselbe. Aber natürlich, heißt es in einem Stück von Thomas Bernhard, natürlich wird keiner gerettet. Das Schicksalsdrama nimmt knirschend und krachend seinen Lauf – und es macht Sophie Guilbert wieder zur ohnmächtigen Randfigur. Aber Sophies Aufstand gegen das Verhängnis bleibt im Gedächtnis, bis zuletzt. Am Ende wissen wir, dass das so genannte Schicksal viel dümmer ist als die Bürgersfrau, die es aufhalten möchte, mit nichts bewaffnet als mit ihrer Menschenfreundlichkeit.« Und so spielt Kirsten Dene, die Menschenfreundliche, auch gerne ältere, liebenswürdige Damen, wie Abby Brewster im geblümten Kleid mit der ondulierten Dauerwelle, fest entschlossen, das Glück festzuhalten und Schicksal beziehungsweise Gott zu spielen. Im Bund mit ihrer Schwester Martha bringt sie mittels Arsen und Strychnin im Holunderwein ältere allein stehende Herren ins Jenseits. In der unverwüstlichen Wahnwitzklamotte ARSEN UND SPITZENHÄUBCHEN von Joseph Kesselring spielt sie, auf den Spuren von Therese Giehse wandelnd, die diese Rolle und die Irrenärztin in Dürrenmatts Komödie DIE PHYSIKER mit größter Wonne verkörperte, verkehrte Welt und erlebt ihr Glück als vernünftige Irre. Ihr zur Seite ihre Schwester Martha, gespielt von Libgart Schwarz mit mädchenhaft halblangem Haar und keusch hoch geschlossener Bluse. Die beiden Damen haben, schrieb Gerhard Stadelmaier bewundernd (*FAZ*, 16.6.2006), »den zeitlosesten Himmel im Haus«: »Libgart Schwarz als Martha füllt ihre tüftelige Todesgöttin mit den sanften Launen eines pubertierenden, quecksilbrigen Kindes, das vor Freude über jede neue Leiche fast fromm werden möchte. Kirsten Dene als Abby packt ihr glucksendes diebisches Vergnügen am Arsen in die Allüre einer Lady, die selbst dann noch weiß, was sich gehört, wenn sie einem Mann das Bein um die Hüften schlingt.«

WIR WOLLEN DEN MESSIAS JETZT ODER DIE BESCHLEUNIGTE FAMILIE: Joachim Meyerhoff (Jesus), Kirsten Dene (Mutter), Akademietheater 2005

*Peter Turrini* In Denes Hand

Ich saß mit Renée und Otto Schenk in einem Gasthaus. Renée musste gehen, Schenk und ich tranken nach ihrem Weggehen ein paar Cognacs. Ich brachte Schenk zum *Theater in der Josefstadt*, er hatte Abendvorstellung, und ich fragte ihn, ob alles in Ordnung sei, ob er spielen könne. Er schien meine Frage nicht zu verstehen und antwortete, bis 40 Grad Fieber würde er immer auf der Bühne stehen. Ich sagte lachend, dass ich jetzt keinen geraden Satz herausbringen würde, verabschiedete mich von ihm und fuhr zum *Burgtheater*, ich hatte einen Abendtermin mit Hermann Beil, meinem Dramaturgengevatter. Auf dem Gang der Direktionsetage kam mir Claus Peymann entgegen, voller Aufregung. Er sagte, der Hauptdarsteller meines Stückes ALPENGLÜHEN hätte einen Kreislaufkollaps bekommen, ich solle an seiner Stelle spielen, die Vorstellung im *Burgtheater* beginne in einer halben Stunde, Kirsten Dene, die Hauptdarstellerin, sei bereits über alles informiert, sie erwarte mich in der Garderobe, ich solle nicht so fassungslos dreinschauen und mich professionell verhalten, ab auf die Bühne. Wie immer, wenn mich Angst und Bodenlosigkeit befallen, grinste ich und sagte, dass dies unmöglich sei, so gut würde ich mein Stück nicht kennen, und ohne Probe würde ich bestimmt nicht auf die Bühne des *Burgtheaters* gehen, und außerdem hätte ich ein bisschen viel Cognac getrunken. Ich schaute hilfesuchend zu Christiane Schneider, die hinter Peymann auftauchte. Die Schneider kann Ihnen jetzt auch nicht helfen, sagte Peymann, die muss ins Spital zum Hauptdarsteller, und Sie gehen jetzt auf die Bühne, aus. Eine halbe Stunde später stand ich auf dieser. Der Vorhang ging auf, und ich war nüchtern, in der Sekunde, vermutlich aus Todesangst. Ich las und improvisierte den Text. Kirsten Dene führte mich – der ich keine Ahnung von den Gängen hatte – mit sanfter Hand auf der Bühne umher. Man muss sich das vorstellen: Sie, die mindestens ebenso viel Text hatte wie ich, spielte ihren Text, ihre Monologe in Richtung Publikum, drehte sich und flüsterte mir zu, welcher Szenenabschnitt jetzt kommen würde und welche Gänge zu gehen wären. Da ich vor lauter Aufregung kaum etwas verstand, musste sie mich, wie gesagt, an der Hand nehmen und führen. Wie Sie das alles geschafft hat, mein Stück zu spielen, es mir auf der Bühne des *Burgtheaters* zu erklären und mich über diese zu führen, weiß ich nicht. Ich weiß nur, dass ich Sekunden nach der Vorstellung in ihre Arme fiel und schluchzte. Seitdem ist sie für mich nicht nur eine große Schauspielerin, sondern eine Göttin. Am nächsten Morgen rief mich Otto Schenk an; er hätte in den Morgennachrichten gehört, dass ich gestern Abend auf der Bühne des *Burgtheaters* gestanden sei, er könne sich das nicht vorstellen. Ich auch nicht, antwortete ich, denn ich hatte nach der Aufführung so viele Cognacs getrunken, dass ich morgens nicht mehr wusste, ob ich das alles nur geträumt hatte.

Linke Seite:
ALPENGLÜHEN: Kirsten Dene (Jasmine), Johannes Krisch (Der Junge), Traugott Buhre (Der Blinde), Burgtheater 1993

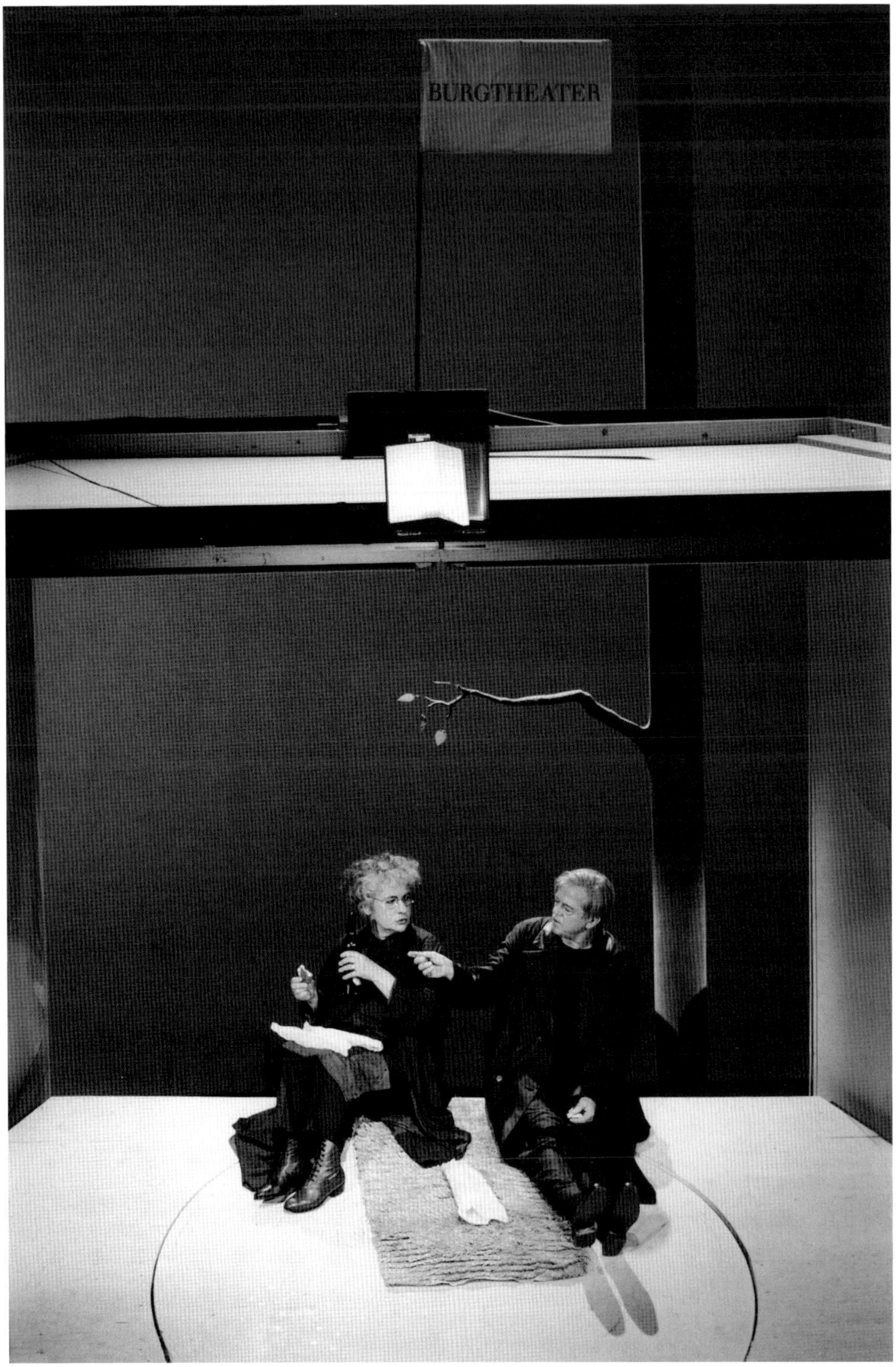
BURGTHEATER

## *Hermann Beil*     Ein Geschöpf der Phantasie

Eine Laudatio auf Dich zu halten, liebe Kirsten, wie geht das bloß? Eigentlich müsste ich diese singen. Aber da ich in meiner Kindheit nicht Wiener Sängerknabe wurde, mir also die gesanglichen Grundlagen nicht mitgegeben wurden, versuche ich es mit Worten – mit Worten allerdings die ich durch jene Theater erlernt habe, an denen auch Du gearbeitet und gespielt hast und noch immer arbeitest und spielst: in Frankfurt am Main, in Stuttgart, in Bochum und natürlich seit vielen Jahren in Wien.

Kirsten und ich, wir kennen uns aus unseren Anfängerjahren, also sozusagen seit unserer Theaterkindheit – aber wenn sie, meine sehr verehrten Damen und Herren, mich fragen sollten, wer sie nun ist, diese Kirsten Dene, dann werde ich Ihnen nur sagen können, bitte gehen sie ins Theater, schauen Sie selbst. Im Theater werden Sie begreifen, wer sie ist. Glauben Sie mir! Sie werden es erleben – und ich hoffe inständig, Sie haben ihn schon oft erlebt, jenen wundersamen Augenblick, der uns selig macht, jenen Augenblick, der unser Herz erlöst zum puren Entzücken: also jene befreienden, betörenden Augenblicke, die wir nur Kirsten Dene verdanken: Sie betritt die Bühne und plötzlich ist alles anders.

Und selbst ein Husten von ihr verwandelt, verzaubert die Szenerie. Gab es je eine Schauspielerin, die hustend am Burgtheater debütierte und damit Theatergeschichte schrieb? Es geschah am 1. September 1986. Freilich imaginierte dieses göttliche Husten der Kirsten Dene das ganze Drama von Glanz und Elend eines Künstlerschicksals. Wie auch ein einziges Wort von ihr oder nur ihr Gesicht die Bühne von einem Augenblick auf den anderen zu verwandeln vermag – und die Wahrheit offenbart. Thomas Bernhard, Peter Turrini, Christoph Ransmayr schrieben, inspiriert von diesem Gesicht, inspiriert von dieser Stimme, Theaterstücke für Kirsten Dene. Wer also ist sie? Ist sie Komödiantin? Ist sie Tragödin? Eine Virtuosin? Eine tollkühne Traumtänzerin? Ein Medium? Eine Lotte Lehmann oder Maria Callas der Schauspielkunst? Eine Muse? Eine traurig zarte Clownin der Poesie?

Oder ist sie ein grenzenlos scheuer, ängstlicher Mensch, der auf der Bühne einen schier grenzenlosen Mut bekommt? Tatsache ist, wenn sie auftritt, wird es hell. Hell und klar auch in ihren dunkelsten Rollen.

Sie spielt, und wir sehen mit ihren Augen. Sie fühlt, und wir empfinden mit ihrem Herzen. Ihre Empörung wird zu unserer Empörung. Ihr Schmerz unser Schmerz. Ihr Lachen eine einzige Verlockung. Und wenn sie singt, so fliegen auch wir.

Linke Seite:
CLAUS PEYMANN UND HERMANN BEIL AUF DER SULZWIESE: Kirsten Dene (Hermann Beil), Martin Schwab (Claus Peymann), Akademietheater 1998

Glücklich der, der sie in der FLEDERMAUS als Rosalinde die »Klänge der Heimat« hat singen erlebt. Oder in der WINTERREISE den »Leiermann«. Oder in Turrinis IM NAMEN DER LIEBE alle Namen der Liebe. Beneidenswert der, der ihrer Komik ausgeliefert war, die einen unweigerlich wie ein Elementarereignis überwältigt. Predigt diese Kirsten Dene gemeinsam mit Karl Valentin den »Allgemeinen Theaterzwang«, so führen wir diesen allgemeinen Zwang stante pede ein, freiwillig, ja geradezu süchtig danach.

Sie träumt sich im wahrsten Sinn des Wortes in ihre Figuren hinein. Staunend, fragend, zögernd, alle Geheimnisse ergründend und doch kein einziges Geheimnis verratend – so bringt sie ihre Menschenfiguren zum Vorschein. Selbst edle Gedankenkonstruktionen wie die IPHIGENIE AUF TAURIS beseelte sie mit so starken Gefühlen, dass Goethes Diskurs über die Humanität einerseits spannend wie ein philosophischer Tatort wurde, andererseits auch und gerade ein junges Publikum enthusiasmierte. Mit 100 Rosen huldigte ihr ein Fan nach der 100. Vorstellung. Iphigenie durch Kirsten Dene ein absoluter Hit.

Ihr Theaterspiel ist spontan und ohne Kalkül, ein allabendliches Abenteuer. Selbst aus ihren Verzweiflungen schöpft sie Energie. Ein Nichtgelingen schiebt sie keinem anderen zu. Sie spreizt sich nicht in der Tratsch- und Klatschwelt der Adabeis, sie flieht panisch jedes öffentliche Getümmel. Im Grunde ihres Herzens muss sie ein sehr fröhlicher Mensch sein, nie und nimmer Hohepriesterin eines eitlen Kunstgehabes. Insgeheim immer noch Kind, zieht sie aus, nicht das Fürchten zu lernen, sondern das Freuen. Nur das Freuen, weil sie es verschenken möchte. An uns.

Es kommt wohl aus der Freude, dass wahre Protagonisten immer echte Ensemblespieler sind. Deswegen fiel Kirsten Dene keine Perle aus der Krone, als sie zum Beispiel – zusammen mit Ortrud Beginnen und Karin Schlemmer – in einer Empfangskapelle am Hafen von New York für Immanuel Kant aufspielte. Im Matrosenanzug, das Saxophon schwingend, begleitete sie den Philosophen bei der Ankunft in Amerika auf seinem Gang ins Irrenhaus. Die Schlusspointe in Thomas Bernhards Komödie IMMANUEL KANT. Welch eine hinreißend komische Marinekapelle.

Nie ist die Dene die augenzwinkernde Komplizin des Zuschauers. Immer ist sie die Komplizin der Rolle, die Verschworene ihrer Figur, die Kombattantin des Dichters. Unvergesslich, wie an ihr und ihrer Unbeirrbarkeit bei der Uraufführung von Bernhards HELDENPLATZ die pöbelhaften Anfeindungen und Störversuche zerschellten. Die flammende Emphase, mit der sie standhielt, kam aus der absoluten Gewissheit der Wahrheit ihrer Argumente.

RITTER, DENE, VOSS:
Thomas Bernhard, Claus Peymann, Gert Voss, Ilse Ritter, Kirsten Dene, Wiener Premiere am 4.9.1986 im Akademietheater

Wenn Kirsten Dene in ihrer Theatergarderobe sich auf ihren Auftritt vorbereitet, zieht sie ihre magischen Kreise. Sie ist buchstäblich im Theater zu Hause. Nur dort. Oder trügt der Schein?

Ist sie vielmehr in der Dichtung zu Hause? In der Musik? Oder ist sie gar ein romantisches Wesen, das jenes geheimnisvolle Viereck, das wir Bühne nennen, zugleich sucht und flieht? Nein, sie ist kein Phantom, denn alle ihre wunderbaren Kolleginnen und Kollegen, mit denen sie zusammengespielt hat, all die wichtigen Regisseure, mit denen sie gearbeitet hat, aufzuzählen, ergäbe allemal ein prächtiges Universallexikon. Und würde doch nur belegen, was alles sie kann, nicht aber erzählen, wer sie ist.

Gewiss, Kirsten Dene ist ein hanseatisches Menschenkind, und wir wissen seit Johannes Brahms von der geheimen Affinität der Norddeutschen zu Wien, gleich ob sie nun aus Bremen oder Hamburg kommen. Ihre schwärmerische Ader hat durchaus wienerische Züge, aber ihr lakonischer Mutterwitz bewahrt sie vor Illusionen. Und wenn sie in Rage gerät – es kommt einem Vulkanausbruch gleich –, dann wehe dem, der sie mit einem bloßen »Aber geh'« beruhigen will.

Wer also ist sie nun wirklich?

Sie ist tatsächlich im wahrsten Sinne des Wortes ein Geschöpf der Phantasie. Was sonst?

Sie ist Helena, Jasmine, Annabella, Frau Stern, Büchners Marie, Beatrice, Thusnelda, Olga, Leonore Sanvitale, Hedwig Tell, Eve, Marthe Rull, Die dunkle Dame, Frau Trutzwall, Raisa, Frau John, Frau Bruscon, Mutter Courage, Jim Boy in der BLUME VON HAWAII, Papst Leo X., Elfriede Jelineks Isolde, Heiner Müllers Medea, in Thomas Bernhards Dramolettenfiguration zusammen mit Martin Schwab als authentischem Peymann das Frl. Schneider/der Thomas Bernhard/der Hermann Beil in einem, Shakespeares Königin Elisabeth, Floria Tosca, Mascha, Lady Macbeth, Dora, Hete, Anna, Strindbergs Alice, Marie Steuber, Iokaste, Caliban, Agaue, Luise, Nestroys Madame Schleyer, Der vermummte Herr, Mrs. Smith, Clara, Lady Bracknell, dies alles ist sie und noch viel mehr ... und sie ist auch eine der Schwestern in dem Stück, das ihren Namen trägt: RITTER, DENE, VOSS. »Intelligente Schauspieler« heißt es in Thomas Bernhards Widmung. Kirsten Denes instinktive Bühnenintelligenz ist geradezu phänomenal. Aber es ist mehr als Bühnenintelligenz, bei ihr kommt ein bezaubernder Leichtsinn hinzu.

O, möge dieser holde Leichtsinn ihr nie verloren gehen. Alle ihre Rollen leuchten durch eine berückende Musikalität, durch eine spirituelle Erotik ihrer Stimme, durch eine unvergleichliche Begabung, die großen Gefühle ganz einfach auszudrücken. Das Pathos der Leidenschaft ist ihr ganz eigen, von ihr könnten wir noch lernen, welch unverzichtbares Ausdrucksmittel Pathos ist.

Ich behaupte, Kleist muss von Kirsten Dene bereits gewusst haben, denn er hat die Kunigunde im Grunde für sie erdacht. In einer anderen Epoche wäre sie ganz selbstverständlich als Mozarts Donna Anna und Goethes Iphigenie aufgetreten, wie das einst üblich war bei ihren großen Vorgängerinnen. Immerhin, sie singt Opernarien von Mozart im Akademietheater und tritt in einem Oratorium von Arnold Schönberg in der Staatsoper auf. Und zur Zeit probiert sie wieder eine Schauspieluraufführung. Ich kenne keine Schauspielerin, die mehr Uraufführungen gespielt hat als Kirsten Dene. Auf sie kann jeder Stückeschreiber bauen, denn sie dichtet die Rollenskizze in die Vollendung weiter. Bei ihr bewahrheitet sich, was ein mexikanischer Dichter sagt: Wenn ein Träumer allein träumt, dann ist es ein Monolog, doch wenn zwei Träumer zusammenkommen, dann wird der Traum Wirklichkeit. So ist es bei Kirsten Dene. Sie ist immer zu zweit. Ihre Rolle ist ihr zweites Ich. Sie träumt nie allein, sie kommt immer mit ihrer Rolle zusammen, sie träumt immer mit und für ihre Rolle – das ist

ihre spielerisch wirklich gewordene Wirklichkeit. Und wir dürfen an ihren Träumen und an ihren Wirklichkeiten teilnehmen.
Wer also ist Kirsten Dene?
Ich weiß es immer noch nicht. Sie ist mir das schönste Rätsel. Aber ich weiß, dass ich sie liebe, diese Kirsten Dene.
Und ich bin ganz gewiss nicht der einzige.

*Laudatio auf Kirsten Dene anlässlich der Verleihung des Goldenen Ehrenzeichens für Verdienste um das Land Wien am 8. Juni 2005*

VOR DEM RUHESTAND:
Eleonore Zetzsche (Vera), Kirsten Dene (Clara), Burgtheater 1999

# Rollenverzeichnis Elisabeth Orth

Der Verfasser hat sich um ein vollständiges Verzeichnis aller Rollen bemüht, die Elisabeth Orth und Kirsten Dene an Theatern, im Film und im Fernsehen gespielt haben. Aus Platzgründen sind die Besetzungen nicht immer vollständig aufgelistet. Im Fall der Aufführungen am *Burgtheater* verweisen wir auf die Anhänge der bisherigen Bände der *Edition Burgtheater* und auf den Registerband zum 200-jährigen Bestehen des Burgtheaters.

R = Regie
B = Bühnenbild/ Ausstattung
K = Kostüme
M = Musik

**1957–1959 Akademie für Musik und darstellende Kunst Wien Max-Reinhardt-Seminar**

**11.03.1958**
Schönbrunner Schloßtheater
Max-Reinhardt-Seminar
HOCHZEITSREISENDE
Von Noël Coward
R Gerben Hellinga/ Susi Nicoletti
B Edith Pfitzner
Mit Elisabeth Orth als Sibyl Chase, Dagmar Thomas (Helen Prynne), Helmut Sigmund, Berno von Cramm, Ingemarie Tramm.
Mit dieser Aufführung gastierte das Reinhardt-Seminar am 21.4.1958 im Stadttheater Steyr sowie in Zürich.

**26.06. 1958**
Schönbrunner Schloßtheater
Max-Reinhardt-Seminar
DER SCHWIERIGE
Von Hugo von Hofmannsthal
R Ernst Haeusserman/ Hermann Kutscher
B Ferdinand Melka
K Clara Zichy
Mit Elisabeth Orth als Helene Altenwyl, Hans Hollmann (Hans Karl Bühl), Eva Bernhofer (Crescence), Heinrich Fanta-Eis (Stani), Harald Harth (Leopold Altenwyl), Roswitha Rieger (Antoinette), Helmut Sigmund (Hechingen), Berno von Cramm (Neuhoff), Evelyn Balser (Edine), Monika Berger (Nanni), Margreet Hannemann (Huberta), Gloria Bertalanffy (Agathe), Helmut Schafschetzky (Neugebauer), Oswald Fuchs (Lukas), Nikolaus Paryla (Vinzenz) u.a.
Wiederaufnahme der Inszenierung am 21.10.1958 mit einigen Umbesetzungen: Dagmar Thomas (Antoinette), Helmut Lex (Hechingen), Roswitha Rieger (Edine), Elfriede Ramhapp (Huberta), Lore Fischer (Agathe), Herbert Kucera (Lukas). Harald Harth (Leopold) nannte sich jetzt Harald Hirsch.

**06.09. 1958**
Volkstheater Wien
SIEH' UND STAUNE!
Von John Patrick
R Heinrich Trimbur
B Willi Bahner
K Maxi Tschunko
Mit Elisabeth Orth als Daisy Durdle, Hans Frank (Milo Alcott), Erich Margo (Mr. Wingate), Aladar Konrad (Dr. Robert Dorsay), Paola Loew (Minnetonka Smallflower), Kurt Sowinetz (Keneth Moore), Helmi Mareich (Honey Wainwright), Rudolf Strobl (Jack Mac Dougall).

**20.12.1958**
Schönbrunner Schloßtheater
Max-Reinhardt-Seminar
EIN ALTES DEUTSCHES WEIHNACHTSSPIEL
Von Max Mell
R Otto Ambros
B/K Hanni Warzilek
M Ingomar Grünauer
Mit Elisabeth Orth als Maria, Ernst Wolfram Marboe (Evangelist), Sonja Brustmann, Claus Oldenbourg, Harald Harth (Josef), Gunther Fischerauer, Helmut Sigmund, Wolfgang Reinbacher (Hauser), Helmut Schafschetzky, Rainer Artenfels, Christine Wiecke, Andreas Adams, Joachim Benning, Adolf Beinl, Roswitha Rieger, Nikolaus Paryla (Herodes), Peter Parten, Heinz Payer, Mihaly Szekely, Henning Heers.

**23.04.1959**
Schönbrunner Schloßtheater
Festvorstellung zur 30.-Jahr-Feier des Max-Reinhardt-Seminars
WAS IHR WOLLT
Von William Shakespeare
R Josef Gielen/ Claus Oldenbourg
B Imre Vincze
Mit Elisabeth Orth als Olivia, Erika Pluhar (Viola), Evelyn Balser (Maria), Harald Harth (Malvolio), Wolfgang Reinbacher (Narr), Nikolaus Haenel (Sebastian), Jon Laxdal (Junker Tobias), Attila Pölzer (Bleichenwang), Heinz Payer (Orsino), Joachim Benning (Antonio), Adolf Beinl, Peter Schenkel, Helmut Sigmund, Klaus Wildbolz, Rainer Artenfels, Gunther Fischerauer, Elfriede Buchegger, Fritz Friedl, Dieter Rupp
In einer Vorstellung für »Theater der Jugend« bereits am 11.04. spielte Henning Heers den Malvolio, Harald Harth den Valentin.

**28.04.1959**
Wien
Theater der Courage
TRAN
Von Eugene O'Neill
R Edwin Zbonek
B Jules Borsody
Mit Elisabeth Orth als Mrs. Keeney, Wolfgang Gasser (Captain Keeney), Werner Pochlatko, Thomas Brehm, Kurt Mejstrik, Kurt Sobotka.
TRAN wurde zusammen mit den Einaktern IN DER ZONE und DER STRICK gespielt unter dem Titel LEIDENSCHAFTEN.

**01.06.1959**
Wien
Kleines Theater der Josefstadt im Konzerthaus
EUSEBIUS UND DIE NACHTIGALL
Von Hans Friedrich Kühnelt
R Hermann Kutscher
B Claus Pack
K Inge Fiedler
Mit Elisabeth Orth als Sylvia (von Eusebius gesehen), Bruno Dallansky (Eusebius), Luzi Neudecker (Sylvia, von ihren Verwandten gesehen), Elisabeth Markus (Tante Theresa), Peter Schratt, Alexander Wagner, Karl Ehmann, Silva Medwed.

**Theaterensemble Oskar Werner Sommer/Herbst 1959**

**01.08.1959**
Innsbrucker Schauspielwochen
Landestheater
KABALE UND LIEBE
Von Friedrich Schiller
R Josef Gielen
B Stefan Hlawa
Mit Elisabeth Orth als Sophie, Oskar Werner (Ferdinand), Gertrud Kückelmann (Luise), Anne-Marie Blanc, Fritz Schulz, Julia Janssen u. a.

**04.08.1959**
Innsbrucker Schauspielwochen
Landestheater
WEH DEM, DER LÜGT
Von Franz Grillparzer
R Harald Benesch
Mit Elisabeth Orth als Fischerknabe, Oskar Werner (Leon), Hans Jungbauer (Bischof Gregor), Gertrud Kückelmann (Edrita), Fritz Schulz (Galomir), Ernstwalter Mitulski (Graf Katt-

wald), Karlheinz Windhorst, Robert Werner, Hannes Heer, Otto Kerry.
Im Herbst Tournee mit KABALE UND LIEBE-Vorstellungen in Hamburg, an weiteren Orten in der BRD und in Wien.

**Jan.–Aug. 1960 München Bayerisches Staatsschauspiel**

15.01.1960
Cuvilliés Theater
MISS SARA SAMPSON
Von G. E. Lessing
R Gerhard F. Hering
B Heinrich Wendel
K Elisabeth Urbancic
Mit Elisabeth Orth als Sara, Karl Walter Diess (Mellefont), Inge Birkmann (Marwood), Sigfrit Steiner (Waitwell), Ursula Ettrich (Arabella), Hans Cossy (Sir William Sampson) u. a.

27.06.1960
Residenztheater
DER TROJANISCHE KRIEG FINDET NICHT STATT
Von Jean Giraudoux
R Hanskarl Zeiser
B/K Johannes Waltz
Mit Elisabeth Orth als Iris, Hans Dieter Zeidler (Hektor), Paul Hoffmann (Odysseus), Horst Tappert (Demokos), Arnulf Schröder (Priamus), Karl Walter Diess (Paris), Rolf Boysen (Ajax), Erwin Faber (Geometer), Elfriede Kuzmany (Andromache), Gisela Peltzer (Helena), Anne Kersten (Hekuba), Edith Heerdegen (Kassandra) u. a.

29.07.1960
Residenztheater
DER WUNDERTÄTIGE MAGIER
Von Don Pedro Calderon de la Barca
R Werner Düggelin
B/K Jörg Zimmermann
Mit Elisabeth Orth als Justina, Ullrich Haupt (Cyprianus), Wolfgang Kieling (Der Dämon), Kurt Stieler (Lysander), Sigfrit Steiner (Statthalter von Antiochia), Harald Leibnitz (Clarin), Frank Hoffmann(Florus), Klaus Schwarzkopf (Moscon), Lotte Ledl (Livia), Reinhard Glemnitz, Adolf Ziegler, Beppo Schwaiger.

**Spielzeit 1960/61 Ulmer Theater**

24.09.1960
DIE JUNGFRAU VON ORLEANS
Von Friedrich Schiller
R Kurt Hübner
B/K Wilfried Minks
Mit Elisabeth Orth als Johanna, Joachim Boldt (Karl VII.), Katharina Tüschen (Königin Isabeau), Elisabeth Karg (Agnes Sorel), Rudolf Peschke, Friedhelm Ptok (Graf Dunois), Hermann Schlögl, Hans-H. Hassenstein, Peter Böhlke, Kurt Hübner/Peter Striebeck (Raoul),Willy Ress (Talbot), Peter Neusser (Lionel), Fred Straub, Hermann Schober, Alois Strempel, Valentin Jeker u. a.

21.10.1960
DER REBELL, DER KEINER WAR
Von Sean O'Casey
R Peter Zadek
B/K Wilfried Minks
M Rudolf Mors
Mit Elisabeth Orth als Minnie Powell, Norbert Kappen (Donal Davoren), Helmut Erfurth (Seumas Shields), Peter Striebeck (Tommy Owens), Willy Ress, Friedel Heizmann, Hans-H. Hassenstein, Valentin Jeker, Elisabeth Botz, Fred Straub, Joachim Giese.

25.11.1960
WO IST CHARLEY?
Musical von George Abbott nach »Charleys Tante« von Brandon Thomas
Musik von Frank Loesser
Deutsche Bearbeitung und Bühneneinrichtung von Jörg Wehmeier und Peter Zadek
R Peter Zadek
B/K Wilfried Minks
Musikalische Leitung und Arrangement Rudolf Mors
Choreographie Louis Conrad
Mit Elisabeth Orth (Ensemble), Helmut Erfurth (Charley), Peter Böhlke (Jack Chesney), Josette Genet-Bollinger, Eva-Marie Wolff, Fred Straub, Hans-H.Hassenstein, Alois Strempel, Elisabeth Karg und das gesamte Tanz- und Schauspielensemble.

13.01.1961
DER GUTE MENSCH VON SEZUAN
Von Bertolt Brecht
Musik von Paul Dessau
R Peter Palitzsch
B/K Wilfried Minks
Musikalische Leitung Rudolf Mors
Mit Elisabeth Orth als Die Shin, Katharina Tüschen (Shen-Te und Shui-Ta), Hermann Schlögl (Flieger Sun), Peter Striebeck (Wang), Alois Strempel, Hans-H. Hassenstein, Valentin Jeker, Friedhelm Ptok, Kurt Hübner, Friedel Heizmann, Elisabeth Karg, Willy Ress, Hermann Schober u. a.

10.02.1961
DER KAUFMANN VON VENEDIG
Von William Shakespeare
Deutsch von A.W. von Schlegel
Bearbeitung und Regie Peter Zadek
B/K Wilfried Minks
M Rudolf Mors und Peter Warlock
Mit Elisabeth Orth als Porzia, Norbert Kappen (Shylock), Hans-H.Hassenstein (Doge), Peter Böhnke (Antonio), Hermann Schlögl (Bassanio), Fred Straub(Salarino), Alois Strempel (Solanio), Peter Striebeck (Graziano), Friedhelm Ptok (Lorenzo), Willy Ress (Tubal), Helmut Erfurth (Lancelot Gobbo), Valentin Jeker (Der alte Gobbo), Beate Richard (Jessica), Ursula Siebert (Nerissa) u. a.

03.03.1961
FAMILIENPAPIERE
Von Jacques Deval
R Karl Wesseler
B/K Jürgen Rose
M Rudolf Mors
Mit Elisabeth Orth als Diane Lancestre, Friedhelm Ptok (Alain Jaumier), Fred Straub/ Norbert Kappen (Boris Chaillou), Karl Schurr, Peter Böhlke, Walther Fr. Peters, Friedel Heizmann, Katharina Tüschen, Helga Riedel, Beate Richard (=Judy Winter), Peter Baum.

28.04.1961
EMILIA GALOTTI
Von G. E. Lessing
R Kurt Hübner
B Wilfried Minks
Mit Elisabeth Orth als Emilia, Friedhelm Ptok (Prinz), Willy Ress (Odoardo Galotti), Friedel Heizmann (Claudia Galotti), Norbert Kappen /Peter Böhlke (Marinelli), Katharina Tüschen (Orsina), Rudolf Peschke (Camillo Rota), Kurt Hübner /Jürgen Rose (Conti), Hermann Schlögl (Appiani), Karl Schurr (Angelo), Valentin Jeker (Pirro), Alois Strempel (Kammerdiener).

18.06.1961
Podium in der Max-Wieland-Galerie
DIE ZOFEN
Von Jean Genet
R Johannes Schaaf
B/K Jürgen Rose
Mit Elisabeth Orth als Claire, Hannelore Hoger (Solange), Elisabeth Karg (Die gnädige Frau).

**1961–1968 München
Bayerisches Staatsschauspiel**

09.09.1961
Residenztheater
DAS KÄTHCHEN VON HEILBRONN
Von Heinrich von Kleist
R Axel von Ambesser
B/K Jörg Zimmermann
Mit Elisabeth Orth als Eleonore, Charlotte Weninger (Käthchen), Thomas Holtzmann (Wetter vom Strahl), Elfriede Kuzmany (Kunigunde), Erwin Faber (Gottschalk), Heinz Leo Fischer (Kaiser), Charlotte Krüger, Annemarie Wernicke, Hans Cossy, Jos Hartmann, Dieter Kirchlechner, Karl Walter Diess, Edgar Mandel, Edmund Saussen, Horst Sachtleben u. a

27.09.1961
Residenztheater
RAUSCH
Von August Strindberg
R Ernst Ginsberg
B Johannes Waltz
K Elisabeth Urbancic
Mit Elisabeth Orth als Jeanne, Gerd Brüdern (Maurice), Agnes Fink (Henriette), Doris Horstmeier (Marion), Otto David (Adolphe), Edmund Saussen (Emile), Lotte Stein (Madame Cathérine), Friedrich Maurer (Abbé), Fritz Schmiedel, Adolf Ziegler, Sigfrit Steiner, Dietrich Thoms, Kurt Stieler, Astrid Falkenau.

25.10.1961
Cuvilliés-Theater
EMILIA GALOTTI
Von G. E. Lessing
R Helmut Henrichs
B/K Johannes Waltz
Mit Elisabeth Orth als Emilia, Hans Quest (Hettore Gonzaga), Hans Baur (Odoardo Galotti), Anne Kersten (Claudia Galotti), Hubert von Meyerinck (Marinelli), Inge Birkmann (Orsina), Kurt Stieler Camillo Rota), Edgar Mandel (Conti), Werner Meissner (Appiani), Klaus Schwarzkopf (Angelo), Beppo Schwaiger, Horst Sachtleben, Gert Harsdorff.

13.12.1961
Residenztheater
DER LÜGNER
Von Carlo Goldoni
R   Kurt Meisel
B/K Elisabeth Urbancic
M   Mark Lothar
Mit Elisabeth Orth als Colombina, Erwin Faber (Dottore Balanzoni), Ursula Lingen (Rosaura), Cordula Trantow (Beatrice), Hans Cossy (Ottavio), Klaus Schwarzkopf (Florindo), Edmund Saussen (Brighella), Friedrich Maurer (Pantalone), Martin Benrath (Lelio), Karl Walter Diess (Arlecchino) u.a.

25.01.1962
Residenztheater
DER ALPENKÖNIG UND DER MENSCHENFEIND
Von Ferdinand Raimund
Musik von Wenzel Müller
R Eduard Loibner
B Kurt Hallegger
K Elisabeth Urbancic
Musikalische Einrichtung Jochen Breuer
Musikalische Leitung Ferdinand Rexhäuser
Mit Elisabeth Orth als Malchen, Kurt Meisel (Rappelkopf), Fritz Schmiedel, Karl Walter Diess, Rolf Castell, Hilde Volk (Antonie), Adolf Ziegler (Silberkern), Dieter Kirchlechner (August Dorn), Margaret Carl (Lieschen), Heinz Leo Fischer (Habakuk), Beppo Schwaiger, Maria Kayssler, Otto Berger, Johanna Baumann, Barbara Gallauner u. a.

01.03.1962
Residenztheater
DER ARME BITOS
Von Jean Anouilh
R Roland Piétri
B/K Jean-Denis Malclès
Mit Elisabeth Orth als Victoire-Lucile Desmoulins, Klaus Schwarzkopf (Bitos-Robesspierre), Martin Benrath (Maxime-Saint Just), Hans Dieter Zeidler (Julien-Danton), Kurt Meisel (Brassac-Tallien), Hans Cossy, Fritz Schmiedel, Karl Walter Diess, Jos Hartmann, Rosemarie Fendel, Edgar Mandel, Edmund Saussen u. a.

16.06.1962
Ulmer Theater
Vor der Barockfassade der Klosterkirche Wiblingen
DAS FESTMAHL DES BELSAZAR
Von Pedro Calderón de la Barca
R   Kurt Hübner
B/K Wilfried Minks
An der Orgel Rudolf Mors
Mit Elisabeth Orth als Die Götzenliebe, Friedhelm Ptok (Belsazar), Willy Ress (Daniel), Katharina Tüschen (Die Welteitelkeit), Helmut Erfurth (Der Gedanke), Siegfried Munz (Der Tod).

28.10.1962
Cuvilliés-Theater
DON JUAN
Von Molière
Deutsch von Arthur Luther
R Roland Piétri
B/K Jean-Denis Malclès
Mit Elisabeth Orth als Charlotte, Martin Benrath (Don Juan), Heinz Leo Fischer (Don Luis), Ursula Lingen (Donna Elvira), Dieter Kirchlechner (Don Carlos), Karl Walter Diess (Don Alonso), Harry Hertzsch (Herr Dimanche), Jos Hartmann (Pierrot), Charlotte Weninger (Mathurine), Adolf Ziegler (Gusman), Klaus Schwarzkopf (Sganarelle), Kurt Meisel (Bettler), Fritz Schmiedel (Komtur) u.a.

01.12.1962
Residenztheater
MINNA VON BARNHELM
Von G. E. Lessing
R Kurt Meisel
B/K Kurt Hallegger
Mit Elisabeth Orth als Franziska, Ursula Lingen (Minna), Thomas Holtzmann (Tellheim), Carl Wery (Just), Hans Cossy (Paul Werner), Max Mairich (Wirt), Siegfried Lowitz (Riccaut), Fritz Schmiedel, Inge Birkmann u. a.

15.01.1963
Residenztheater
DAS MÄDEL AUS DER VORSTADT
Von J. N. Nestroy
Bearbeitung von Philipp von Zeska
Einrichtung der Gesangstexte Florian Kalbeck
R Kurt Meisel
B Kurt Hallegger
K Reinhard Heinrich
Musik Mark Lothar
Musikalische Leitung Ferdinand Rexhäuser
Mit Elisabeth Orth als Rosalie, Heinz Leo Fischer (von Kauz), Elfriede Kuzmany (Frau von Erbsenstein), Hans Clarin (Herr von Gigl), Heinrich Schweiger (Schnoferl), Franz Fröhlich, Sylvia Beck, Elinor von Wallerstain, Annemarie Wernicke, Charlotte Weninger u. a.

28.05.1963
Residenztheater
DIE GROTTE
Von Jean Anouilh
R Roland Piètri
B/K Jean-Denis Malclès
Mit Elisabeth Orth als Adèle, Kurt Meisel (Autor), Albert Lippert (Graf), Eva Vaitl (Gräfin), Anne Kersten (Marie-Jeanne), Karl Walter Diess, Kathrin Ackermann, Jos Hartmann, Klaus Schwarzkopf, Harry Hertzsch, Edmund Saussen, Horst Sachtleben u. a.

*Rollenverzeichnis Elisabeth Orth*

25.07.1963
Residenztheater
CYRANO DE BERGERAC
Von Jean Rostand
R Detlef Sierck
B/K Jean-Denis Malclès
M Ferdinand Rexhäuser
Mit Elisabeth Orth als Schwester Marthe, Kurt Meisel (Cyrano), Sigfrit Steiner, Harry Hertzsch, Karl Walter Diess, Hans Baur, Klaus Schwarzkopf (Ragueneau), Erwin Faber (Lignière), Hans Cossy, Edgar Mandel, Ursula Lingen (Roxane), Eva Vaitl, Elinor von Wallerstain, Otto David, Hans Michael Rehberg, Edmund Saussen u. a.

09.10.1963
Residenztheater
DER EINGEBILDETE KRANKE
Von Molière
Musik von Marc Antoine Charpentier in der Instrumentation von Camille Saint-Saens
R Roland Piètri
B/K Jean-Denis Malclès
Mit Elisabeth Orth als Toinette, Max Mairich (Argan), Eva Vaitl, Brigitte Folta, Angelika Bender, Sigfrit Steiner, Jürgen Arndt, Heinz Leo Fischer, Horst Sachtleben, Erwin Faber (Doktor Purgon), Hans Drahn, Paul Bürks, Hans Winninger.

19.12.1963
Cuvilliés-Theater
CRISTINAS HEIMREISE
Von Hugo von Hofmannsthal
R Heinz Hilpert
B Jan Schlubach
K Elisabeth Urbancic
Mit Elisabeth Orth als Cristina, Friedrich Maurer (Don Blasius), Charlotte Witthauer (Pasca), Martin Benrath (Florindo), Hans Cossy, Horst Sachtleben, Kathrin Ackermann, Klaus Schwarzkopf, Carin Braun, Heinz Leo Fischer, Harry Hertzsch u. a.

10.07.1964
Festspiele Bad Hersfeld
DIE JUNGFRAU VON ORLEANS
Von Friedrich Schiller
R Gerhard F. Hering
B/K Heinz Ludwig
Mit Elisabeth Orth als Johanna, Heinz Bennent (Karl VII.), Hildegard Schreiber (Königin Isabeau), Hilde Mikulicz (Agnes Sorel), Fritz Brünske, Lothar Blumhagen (Dunois), Erich Aberle (Talbot), Rolf Beuckert (Lionel), Fridolin Eppe, Erwin Scherschel, Hans Musäus, Horst Vincon, Werner Berndt u. a. Neun Vorstellungen bis 03.08.1964

19.10.1964
Bühnen der Stadt Köln
Schauspielhaus
MADAME LEGROS
Von Heinrich Mann
R Max P. Ammann
B/K Jürgen Rose
M Peter Fischer
Mit Elisabeth Orth als Madame Legros, Lothar Ostermann (Legros), Renate Schubert (Lisette), Josef Meinertzhagen (Fanchon), Charlotte Asendorf (Madame Touche), Erich Schwarz (Vignon), Brigitte Drummer (Marie Antoinette), Günther Ungeheuer (Chevalier d'Angelot), Renate Grosser, Friedl Münzer, Georg Peter-Pilz, Alois Garg, Annemarie Schlaebitz, Josef Quadflieg, Viktor Weiß u. a.

06.02.1965
Cuvilliés-Theater
DES MEERES UND DER LIEBE WELLEN
Von Franz Grillparzer
R Heinz Hilpert
B Jan Schlubach
K Elisabeth Urbancic
Mit Elisabeth Orth als Hero, Hans-Michael Rehberg (Leander), Sigfrit Steiner, Peter Fricke (Naukleros), Carin Braun, Edmund Saussen, Elinor von Wallerstain.

03.06.1965
Residenztheater
Die Irre von Chaillot
Von Jean Giraudoux
R Günther Rennert
B/K Ita Maximowna
Mit Elisabeth Orth als Irma, Anne Kersten (Die Irre), Willy Meier-Fürst, Albert Lippert, Karl Walter Diess, Klaus Schwarzkopf, Blandine Ebinger, Maria Andergast, Karl Maria Schley, Herbert Mensching, Hans Michael Rehberg, Friedrich Maurer, Edmund Saussen, Jörg Holm, Edwin Noel, Max Mairich, Carola Regnier u. v. a.

26.06.1965
Württembergische Staatstheater Stuttgart
Großes Haus
DIE BERNAUERIN
Ein bairisches Stück von Carl Orff
Musikalische Leitung Ferdinand Leitner
R Vaclav Kaslik
B Zbynek Kolar
K Liselotte Erler
Chor Heinz Mende
Sprechchor Klaus Günzel
Choreographie Salvatore Poddine
Mit Elisabeth Orth als Agnes Bernauer, Karlheinz Peters (Der Ansager), Michael Heltau (Albrecht), Norbert Beilharz, Henning Voßkamp, Attila Pölzer, Werner Schramm, James Harper, Hugo Lindinger, Hubert Buchta, Engelbert Czubok, Constantin Delcroix, Franz Steinmüller, Albert Wisheu, Klaus Bertram, Hans Herbert Fiedler, Karl Renar u. a. Sigurdur Björnsson (Tenorsolo), Liselotte Rebmann (Sopransolo).

21.10.1965
Burgtheater Wien
KABALE UND LIEBE
Von Friedrich Schiller
R Leopold Lindtberg
B Teo Otto
K Erni Kniepert
Mit Elisabeth Orth als Luise, Klausjürgen Wussow (Ferdinand), Paul Hoffmann (Präsident), Boy Gobert (von Kalb), Sonja Sutter (Lady Milford), Heinrich Schweiger (Wurm), Attila Hörbiger (Miller), Alma Seidler (Frau Miller), Josef Meinrad (Kammer-Diener) u. a.

03.01.1966
Residenztheater
WOYZECK
Von Georg Büchner
R Hans Lietzau
B/K Jürgen Rose
Mit Elisabeth Orth als Marie, Heinrich Schweiger (Woyzeck), Max Mairich (Hauptmann), Klaus Schwarzkopf (Doktor), Helmut Schmid (Tambourmajor), Peter Fricke (Andres), Carin Braun, Friedrich Maurer, Erwin Faber, Walter Kohutek, Herbert Mensching, Horst Sachtleben, Edith Schultze-Westrum (Großmutter), Edmund Saussen, Ilse Ritter, Sigfrit Steiner u. a.

31.03.1966
Residenztheater
DIE RATTEN
Von Gerhart Hauptmann
R Helmut Henrichs
B/K Jürgen Rose
Mit Elisabeth Orth als Alice Rütterbusch, Gerd Brüdern (John), Maria Wimmer (Frau John), Martin Benrath (Bruno), Christine Ostermayer (Pauline), Elfriede Kuzmany (Frau Knobbe), Gustl Halenke (Selma), Karl Maria Schley (Hassenreuter), Edith Schultze-Westrum (Frau Hassenreuter), Carin Braun (Walburga), Friedrich Maurer (Pastor Spitta), Peter Fricke (Erich Spitta), Walter Kohutek, Jörg Holm, Jürgen Arndt, Max Mairich, Annemarie Wernicke, Harry Hertzsch

**21.06.1966**
Residenztheater
DER PFLUG UND DIE STERNE
Von Sean O'Casey
R Gerd Brüdern
B/K Siegfried Stepanek
M Peter Fischer
Mit Elisabeth Orth als Nora Clitheroe, Karl Walter Diess (Jack Clitheroe), Friedrich Maurer (Peter Flynn), Hans Michael Rehberg (Der junge Covey), Eva Vaitl (Bessie Burgess), Herbert Mensching (Fluther Good), Doris Kiesow, Carin Braun, Edmund Saussen, Horst Sachtleben, Gaby Dohm, Maria Andergast u. a.

**21.09.1966**
Residenztheater
DIE MITSCHULDIGEN
Von J. W. Goethe
Bearbeitung von Hans Lietzau
Mit Elisabeth Orth als Sophie, Martin Benrath (Alcest), Max Mairich (Wirt), Herbert Mensching (Söller), Horst Sachtleben (Kellner)
und
DIE STÜHLE
Von Eugène Ionesco
Mit Elisabeth Orth als Die Alte, Martin Benrath (Der Alte), Herbert Mensching (Der Redner).
R Hans Lietzau
B/K Jürgen Rose
M Mark Lothar
Die MITSCHULDIGEN wurden schon beim Gastspiel des Residenztheaters am 5.4.1966 in New York gespielt.

**01.11.1966**
Residenztheater
IPHIGENIE AUF TAURIS
Von J. W. Goethe
R Helmut Henrichs
B/K Siegfried Stepanek
Mit Elisabeth Orth als Iphigenie, Gerd Brüdern (Thoas), Martin Benrath (Orest), Peter Fricke (Pylades), Sigfrit Steiner (Arkas).

**19.02.1967**
Residenztheater
DER SEIDENE SCHUH
Von Paul Claudel
R Hans Lietzau
B/K Jürgen Rose
M Wilhelm Killmayer
Mit Elisabeth Orth als Doña Proëza, Martin Benrath (Don Camilo), Thomas Holtzmann (Don Rodrigo), Max Mairich, Hans Baur, Friedrich Maurer, Hans Cossy, Carin Braun, Otto Bolesch, Erwin Faber, Herbert Mensching, Gaby Dohm, Karl Walter Diess, Christine Ostermayer, Gerd Brüdern, Jochen Striebeck, Walter Kohutek, Constanze Menz, Edmund Saussen, Helmut Schmid, Elfriede Kuzmany, Harry Hertzsch, Hugo Lindinger, Heinz Leo Fischer, Hans Michael Rehberg, Eva Vaitl, Peter Fricke, Jörg Holm, Horst Sachtleben, Rudolf Wessely, Annemarie Dermon, Karl Maria Schley, Anne Kersten, Wolfried Lier, Sigfrit Steiner u. a.

**07.05.1967**
Residenztheater
DREI SCHWESTERN
Von Anton Tschechow
R Heinz Hilpert
B/K Siegfried Stepanek
Mit Elisabeth Orth als Mascha, Elfriede Kuzmany (Olga), Annemarie Dermon (Irina), Hans Zander (Andrej), Gaby Dohm (Natalja), Rudolf Wessely (Kulygin), Karl Maria Schley (Werschinin), Karl Walter Diess (Tusenbach), Hans Cossy (Tschebutykin), Robert Naegele, Ingold Wildenauer, Peter Moland, Friedrich Maurer, Elinor von Wallerstain.

**15.09. – 19.12.1967**
Eine Tournee des Euro-Studio
Leitung Ernst Landgraf
FAST EIN POET
Von Eugene O'Neill
R Peter Loos
B/K Willi Bahner
Mit Elisabeth Orth als Sara Melody, Paula Wessely (Nora), Attila Hörbiger (Cornelius Melody), Ursula Schult (Deborah), Hanns Obonya (Paddy O'Dowd), Adolf Lukan, Michael Janisch, Rudolf Rösner, Hans Thimig.
Premiere in Ludwigsburg. Vorstellungen in vielen Städten der BRD, in Holland, Luxemburg, Liechtenstein und in der Schweiz.

**09.02.1968**
Residenztheater
DIE WÄNDE
Von Jean Genet
R Hans Lietzau
B/K Jürgen Rose
Mit Elisabeth Orth als Araberin Ommu, Marianne Hoppe (Mutter), Christine Ostermayer (Leila), Herbert Mensching (Said), Carin Braun, Gaby Dohm, Gustl Halenke, Margret Homeyer, Anne Kersten, Annemarie Kuster, Constanze Menz, Jürgen Arndt, Otto Bolesch, Erwin Faber, Peter Fricke, Wolfried Lier, Max Mairich, Friedrich Maurer, Hans Quest, Hans Michael Rehberg, Horst Sachtleben, Edmund Saussen u. a.

**Ab 15.04.1968 Vertrag mit dem Burgtheater Wien**

**15.06.1968**
Akademietheater
DIE HEILIGE JOHANNA
Von Bernard Shaw
Deutsch von Wolfgang Hildesheimer
R Kurt Meisel
B Lois Egg
K Erni Kniepert
Mit Elisabeth Orth als Johanna, Boy Gobert (Dauphin), Fred Liewehr, Wolfgang Gasser, Klaus Jürgen Wussow, Achim Benning, Paul Hoffmann, Erich Auer, Joachim Bißmeier, Richard Eybner u. a.

**14.08.1969**
Salzburger Festspiele
Kleines Festspielhaus
DER ALPENKÖNIG UND DER MENSCHENFEIND
Von Ferdinand Raimund
R Kurt Meisel
B Lois Egg
Mit Elisabeth Orth als Lischen, Josef Meinrad (Rappelkopf), Susi Nicoletti (Antonie), Kitty Speiser (Malchen), Joachim Bißmeier (August Dorn), Helmut Qualtinger (Habakuk), Heinrich Schweiger (Astragalus) u. v. a.

**23.11.1969**
Burgtheater
ARMER ALTER FRITZ
Von Romulus Linney
Musik von Paul Angerer (unter Verwendung von Originalkompositionen von Friedrich dem Großen)
R Leopold Lindtberg
B/K Zbyněk Kolár
Mit Elisabeth Orth als Elisabeth Christine, Heinz Reincke (Friedrich II.), Michael Janisch, Angelika Hauff, Achim Benning, Frank Hoffmann, Johannes Schauer, Nikolaus Haenel u. a.

**01.02.1970**
Akademietheater
MICHAEL KRAMER
Von Gerhart Hauptmann
R Wolfgang Glück
B Sibille Alken
K Hill Reihs-Gromes
Mit Elisabeth Orth als Michaline Kramer, Ewald Balser (Michael Kramer), Hilde Wagener (Frau Kramer), Joachim Bißmeier (Arnold), Ida Krottendorf (Liese Bänsch), Klaus Behrendt, Helmuth Janatsch, Johannes Schauer u. a.

**Herbst 1970**
Eine Tournee des Euro-Studio
Leitung Ernst Landgraf
DIE JÜDIN VON TOLEDO
Von Franz Grillparzer
R Gerhard Klingenberg

*Rollenverzeichnis Elisabeth Orth*

B/K Günter Walbeck
Mit Elisabeth Orth als Rahel, Walther Reyer (Alfonso VIII.), Dietlindt Haug (Eleonore), Hanns Obonya (Manrique), Günther Heider, MariaGabriele Kaiser, Peter Otten (Isaak), Fritzi Seliger (Esther), Achim Köwecker, Akos Littasy.

17.02.1971
Bayerisches Staatsschauspiel München, Residenztheater
ALLE REICHTÜMER DER WELT
Von Eugene O'Neill
R Hellmuth Matiasek
B/K H.W. Lenneweit
Mit Elisabeth Orth als Sara, Wolfgang Hübsch (Simon Harford), Elfriede Kuzmany (Deborah), Jürgen Arndt (Joel), Sigfrit Steiner (Nicholas Gadsby), Hans Cosby (Benjamin Tenard).

11.05.1971
Burgtheater
DAS GROSSE MASSAKERSPIEL
Von Eugène Ionesco
R Kazimierz Dejmek
B/K Andrzej Majewski
Mit Elisabeth Orth als Zweite Frau, Dienstmädchen, Die Alte, Angelika Hauff, Hannes Schiel, Lotte Tobisch, Paola Loew, Adolf Lukan, Klaus Höring, Erich Aberle, Rudolf Melichar, Fritz Lehmann, Siegmund Giesecke u. a.

20.06.1971
Burgtheater
EGMONT
Von J. W. Goethe
R Dietrich Haugk
B/K Roman Weyl
Mit Elisabeth Orth als Klärchen, Klausjürgen Wussow (Egmont), Sebastian Fischer (Oranien), Aglaja Schmid (Margarete von Parma), Wolfgang Gasser (Alba), Klaus Höring (Brackenburg), Frank Hoffmann (Vansen), Florian Liewehr, Helmuth Janatsch, Achim Benning, Johannes Schauer u. a.

15.12.1971
Akademietheater
NORA
Von Henrik Ibsen
R Gerhard F. Hering
B/K Günther Walbeck
Mit Elisabeth Orth als Nora, Walther Reyer (Helmer), Eva Zilcher (Frau Linde), Joachim Bißmeier (Doktor Rank), Rudolf Melichar (Krogstad) u. a.

27.05.–25.06.1972
(jeweils Samstag und Sonntag)
Festspiele Burg Forchtenstein
DER TRAUM EIN LEBEN
Von Franz Grillparzer
R Leopold Lindtberg
B Karl Eugen Spurny
K Elli Rolf
Mit Elisabeth Orth als Gülnare, Dietlindt Haug, Melanie Horeshovsky, Joachim Brockmann, Heinz Ehrenfreund, Helmut Janatsch, Michael Janisch, Stephan Paryla u. a.

30.07.1972
Salzburger Festspiele Domplatz/Großes Festspielhaus
JEDERMANN
Von Hugo von Hofmannsthal
R Leopold Lindtberg
B Rudolf Heinrich
Mit Elisabeth Orth als Gute Werke, Ernst Schröder (Jedermann), Ewald Balser (Gott der Herr), Peter Arens (Tod), Liselotte Schreiner/Alma Seidler (Jedermanns Mutter), Kurt Heintel (Guter Gesell), Hanns Obonya (Armer Nachbar), Christiane Hörbiger (Buhlschaft), Max Mairich (Dicker Vetter), Heinz Petters (Dünner Vetter), Heinrich Schweiger (Mammon), Sonja Sutter (Glaube), Heinz Reincke (Teufel) u. a.

18.10.1972
Burgtheater
DON KARLOS
Von Friedrich Schiller
R Otto Schenk
B Günther Schneider-Siemsen
K Hill Reihs-Gromes
Mit Elisabeth Orth als Eboli, Werner Hinz (Philipp II.), Erika Pluhar (Elisabeth), Klaus Maria Brandauer/Dieter Witting (Don Karlos), Klausjürgen Wussow (Posa), Fred Liewehr (Alba), Erich Auer (Lerma), Rudolf Wessely (Domingo), Paul Verhoeven/Hanns Obonya (Großinquisitor) u. a.

27.01.1973 (Vorauff. ab 24.01.)
Burgtheater
LEAR
Von Edward Bond
R Edward Bond
B/K Hayden Griffin
Mit Elisabeth Orth als Frau des Totengräbersohnes, Richard Münch (Lear), Blanche Aubry (Bodice), Ida Krottendorf (Fontanelle), Wolfgang Gasser (Warrington), Dieter Witting, Manfred Inger, Hans Gratzer, Wolfgang Hübsch (Totengräbersohn), Frank Hoffmann, Klaus Behrendt u. a.

16.10.1973
Burgtheater
GÖTZ VON BERLICHINGEN
Von J. W. Goethe
R Hans Schweikart
B/K Roman Weyl
Mit Elisabeth Orth als Elisabeth, Attila Hörbiger (Kaiser Maximilian), Heinrich Schweiger (Götz), Hanns Obonya (Bischof von Bamberg), Sonja Sutter (Adelheid), Walther Reyer (Weislingen), Joachim Bißmeier (Sickingen), Helmuth Janatsch, Klaus Behrendt, Klaus Höring, Michael Janisch, Hannes Schiel u. a.

23.03.1974
Akademietheater
VERBANNTE
Von James Joyce
R Achim Benning
B Matthias Kralj
K Leo Bei
Mit Elisabeth Orth als Bertha, Norbert Kappen (Richard Rowan), Ewald Braun, Klausjürgen Wussow (Robert Hand), Paola Loew, Ebba Johannsen.

06.04.1974
Akademietheater
SO IST ES – IST ES SO?
Von Luigi Pirandello
R Wolfgang Glück
B/K Sibille Alken
Mit Elisabeth Orth als Signora Ponza, Karl-Heinz Martell (Lamberto Laudisi), Alma Seidler (Signora Frola), Kurt Beck (Signor Ponza), Jaromir Borek, Eva Zilcher, Gusti Wolf (Signora Sirelli), Johannes Schauer, Hanns Obonya, Otto Kerry u. a.
Die Premiere fand am 16.2.1974 statt. Elisabeth Orth übernahm die Rolle.

08.06.–07.07.1974
Jeweils Samstag und Sonntag
Burg Forchtenstein
MEDEA
Von Franz Grillparzer
R Klaus Maria Brandauer
B Karl Eugen Spurny
K Hill Reihs-Gromes
Mit Elisabeth Orth als Medea, Heinz Ehrenfreund (Jason), Erich Schellow (Kreon), Susanne Altschul, Hortense Raky, Michael Janisch u. a.

03.10.1975
Akademietheater und Burgtheater
DER RAUB DER SABINERINNEN
Von Paul Schönthan
R Ernst Haeusserman
B/K Matthias Kralj
Mit Elisabeth Orth als Marianne, Fred Liewehr (Prof. Gollwitz), Alma Seidler (Frau Gollwitz), Maresa Hörbiger (Paula), Paul Hoffmann (Striese), Susi Nicoletti (Rosa), Ernst Anders (Dr. Neumeister), Johannes Schauer (Karl Gross), Detlev Eckstein (Emil Gross), Siegmund Giesecke (Meissner).

20.03.1976
Burgtheater
DIE ORESTIE
Von Aischylos
Deutsch von Johann Gustav
Droysen
R Luca Ronconi
B/K Luciano Damiani
II. Teil »Choephoren«
Mit Elisabeth Orth als
Elektra, Joachim Bißmeier
(Orestes), Judith Holzmeister (Klytaimnestra), Frank
Hoffmann (Aigisthos), Alma
Seidler, Wolfgang Gellert,
Sigrid Marquardt u. a.

16.06.1976
Akademietheater
DREI SCHWESTERN
Von Anton Tschechow
R Otto Schenk
B Rolf Glittenberg
K Silvia Strahammer
Mit Elisabeth Orth als Olga,
Gertraud Jesserer (Mascha),
Josefin Platt (Irina), Herwig
Seeböck (Andrej), Sylvia Lukan (Natalja), Kurt Sowinetz
(Kulygin), Klausjürgen Wussow (Werschinin), Wolfgang
Hübsch (Tusenbach), Johannes
Schauer (Tschebutykin), Rudolf Melichar, Ph. Zeska, Adrienne Gessner (Anfissa) u. a.

13.11.1976
Akademietheater
DIE KLEINBÜRGER
Von Maxim Gorki
R Dieter Dorn
B/K Hans Kleber
Mit Elisabeth Orth als Tatjana,
Heinz Moog, Judith Holzmeister (Akulina), Wolfgang
Hübsch (Pjotr), Dieter Witting
(Nil), Josefin Platt (Polja), Gertraud Jesserer (Jelena), Norbert Kappen (Tjetjerew) u. a.

09.03.1977
Burgtheater
DER RUF DES LEBENS
Von Arthur Schnitzler
R Johannes Schaaf
B/K Karl Ernst Herrmann
Mit Elisabeth Orth als Irene,
Attila Hörbiger (Der alte Moser), Gertraud Jesserer (Marie),
Eva Zilcher (Frau Richter),
Josefin Platt (Katharina),
Rudolf Wessely (Doktor
Schindler), Joachim Bißmeier
(Eduard Rainer), Erich Auer/
Hanns Obonya/Helmuth
Janatsch (Der Oberst), Wolfgang Hübsch (Max) u. a.

18.10.1977
Akademietheater
IPHIGENIE AUF TAURIS
Von J. W. Goethe
R Adolf Dresen
B/K Matthias Kralj
Mit Elisabeth Orth als Iphigenie), Heinrich Schweiger
(Thoas), Wolfgang Hübsch
(Orest), Franz Morak (Pylades), Fritz Grieb (Arkas).

25.10.1978
Akademietheater
DER PELIKAN
Von August Strindberg
R Achim Benning
B Matthias Kralj
K Xenia Hausner
Mit Elisabeth Orth als Die
Mutter, Georg Schuchter (Der
Sohn), Brigitta Furgler (Die
Tochter), Wolfgang Hübsch
(Schwiegersohn), Hilde Wagener (Dienerin).

22.12.1978
Burgtheater
EMILIA GALOTTI
Von G.E. Lessing
R Adolf Dresen
B/K Pieter Hein
M Hansgeorg Koch
Mit Elisabeth Orth als Gräfin
Orsina, Brigitta Furgler (Emilia), Klaus Maria Brandauer
(Prinz), Johannes Schauer
(Marinelli), Klaus Behrendt,
Martha Wallner, Hannes Siegl,
Otto Collin u. a.

24.02.1979
Akademietheater
DIE GEFÄHRTIN
Von Arthur Schnitzler
R Joachim Bißmeier
B/K Herbert Kapplmüller
Mit Elisabeth Orth als Olga
Merholm, Alexander Trojahn
(Professor Pilgram), Rudolf
Melichar (Doktor Hausmann), Karl Mittner (Professor Werkmann), Otto Kerry
(Professor Brand), Rudolf
Paczak (Diener).
DIE GEFÄHRTIN wurde zusammen mit den Einaktern
DIE LETZTEN MASKEN und
DAS HAUS DELORME gespielt.

26.05.–24.06.1979
(jeweils Samstag und Sonntag)
Festspiele Burg Forchtenstein
LIBUSSA
Von Franz Grillparzer
R Dietrich Haugk
B Karl Eugen Spurny
K Leo Bei
Mit Elisabeth Orth als Libussa, Gabriele Buch, Marion
Dengler, Ulrike Jackwerth,
Ursula von Reibnitz, Harald
Baumgartner, Nikolaus Büchel, Michael Janisch, Stephan
Paryla, Christian Quadflieg
(Primislaus) u. a.

24.11.1979
Burgtheater
SOMMERGÄSTE
Von Maxim Gorki
R Achim Benning
B Matthias Kralj
K Leo Bei
Mit Elisabeth Orth als Julija
Filippovna, Norbert Kappen
(Basov), Erika Pluhar (Varvara Michajlovna), Gertraud
Jesserer (Valerija Vasiljevna),
Helmut Rühl, Wolfgang
Gasser, Heinrich Schweiger,
Maresa Hörbiger, Ernst
Jacobi, Kurt Sowinetz, Inge
Konradi, Brigitta Furgler,
Johannes Schauer u. a.

10.05.1980
Akademietheater
CLAVIGO
Von J.W. Goethe
R Adolf Dresen
B Matthias Kralj
Mit Elisabeth Orth als Sophie
Guilbert, Rudolf Buczolich
(Clavigo), Heinrich Schweiger (Carlos), Franz Morak
(Beaumarchais), Kitty Speiser
(Marie), Tom Krinzinger,
Florentin Groll u. a.

25.06.1980
Akademietheater
WENN ICH IN DEINE AUGEN
SEH
Schauspieler singen Liebeslieder
Zusammenstellung und Einrichtung Hansgeorg Koch,
Gerd Leo Kuck
Mit Elisabeth Orth, Elisabeth
Augustin, Josefin Platt,
Erika Pluhar, Gabriele
Schuchter, Alfred Balthoff,
Florentin Groll, Michael
Heltau/Karlheinz Hackl,
Wolfgang Hübsch, Dieter
Witting
Bis März 1983 30 Vorstellungen. Gastspiel in der DDR
vom 14.–19.10.1981 in Berlin,
Leipzig und Erfurt.

04.11.1980
Akademietheater
EINER MUSS DER DUMME SEIN
Von Georges Feydeau
R Achim Benning
B/K Herbert Kapplmüller
M Alexander Steinbrecher
Mit Elisabeth Orth als Clotilde Pontagnac, Kurt Sowinetz
(Vatelin), Gertraud Jesserer
(Lucienne Vatelin), Heinrich
Schweiger (Pontagnac), Herbert Propst (Soldignac), Maresa Hörbiger (Maggy Soldignac), Wolfgang Hübsch/Ernst
Jacobi (Redillon), Alfred
Balthoff (Jerome), Norbert
Kappen (Pinchard), Michael
Wallner, Otto Bolesch u. a.

01.02.1981
Akademietheater
TRIPTYCHON
Von Max Frisch
R Erwin Axer
B/K Ewa Starowieyska
Mit Elisabeth Orth als Francine, Blanche Aubry, Joachim

Bißmeier, Jaromir Borek, Wolfgang Gasser, Kurt Beck, Maresa Hörbiger, Rudolf Buczolich, Peter Wolfsberger, Thomas Stroux, Adrienne Gessner/Melanie Horeschovsky/Hilde Wagener (Die Greisin) u. a.

15.04.1981
Akademietheater
DIE KATZE AUF DEM HEISSEN BLECHDACH
Von Tennessee Williams
R Adolf Dresen
B/K Herbert Kapplmüller
Mit Elisabeth Orth als Mae, Sylvia Lukan (Margaret), Frank Hoffmann (Brick), Joachim Bißmeier (Gooper), Lilly Stepanek (Big Mama), Heinz Reincke (Big Daddy), Dieter Witting (Reverend Tooker), Michael Tellering (Doctor Baugh).

05.06.1981
Gastspiel im Theater an der Wien
EVERY GOOD BOY DESERVES FAVOUR ODER ES GEHT HURTIG DURCH FLEISS
Von Tom Stoppard und André Previn
Deutsch von Hilde Spiel
R Axel Corti
B Frieder Klein
K Hildegard Hammerschnid-Czermak
Mit Elisabeth Orth als Lehrerin, Frank Hoffmann (Alexander), Ernst Jacobi/Wolfgang Hübsch (Iwanow), Kurt Beck (Doktor), Paul Hoffmann (Oberst)
Das ORF-Orchester (später Bühnenorchester der Bundestheater) dirigierte Peter Keuschnig.
Vier Vorstellungen im Theater an der Wien, ab 11.10.1981 wurde die Inszenierung ins Akademietheater übernommen und zusammen mit dem Stück ARREST von Pavel Landovsky gespielt.

06.01.1982
Burgtheater
DER WIDERSPENSTIGEN ZÄHMUNG
Von William Shakespeare
Fassung nach der Übersetzung von Wolf H. Graf Baudissin
R Gerhard Klingenberg
B/K Toni Businger
M George Gruntz
Mit Elisabeth Orth als Katharina, Peter Arens (auch Frank Hoffmann) als Petruccio, Heinz Reincke (Schlau), Sigrid Marquardt (Wirtin), Felix Römer, Valter Taub, Hugo Gottschlich, Oswald Fuchs, Robert Meyer, Hannes Siegl, Fritz Muliar, Otto Bolesch u. a.

03.03.1982
Burgtheater
DANTONS TOD
Von Georg Büchner
R Achim Benning
B Matthias Kralj
K Leo Bei
Mit Elisabeth Orth als Julie, Norbert Kappen (Danton), Karlheinz Hackl (Camille Desmoulins), Marion Breckwoldt (Lucile), Jaromir Borek, Wolfgang Hübsch, Wolfgang Gasser, Edd Stavjanik, Otto Collin, Klausjürgen Wussow (Thomas Payne), Joachim Bißmeier (Robespierre), Rudolf Jusits, Frank Hoffmann, Herbert Propst, Georg Schuchter, Robert Meyer, Rudolf Melichar, Erich Aberle, Oswald Fuchs, Blanche Aubry, Kitty Speiser, Kurt Sowinetz u. a.

12.06.1982
Burgtheater
DER NEUE MENOZA
Von J. M. R. Lenz
R Benno Besson
B/K Ezio Toffolutti
Mit Elisabeth Orth als Babet, Kurt Sowinetz (Herr von Biederling), Annemarie Düringer (Frau von Biederling), Emanuela von Franken-Berg (Wilhelmine), Robert Meyer (Prinz Tandi), Romuald Pekny (Graf Camäleon), Dieter Witting (Gustav), Brigitta Furgler, Valter Taub, Wolfgang Gasser u. a.

16.04.1983
Burgtheater
OTHELLO
Von William Shakespeare
Deutsch von Rudolf Schaller
R Hans Lietzau
B Hans Kleber
K Frieda Parmeggiani
Mit Elisabeth Orth als Emilia, Norbert Kappen (Othello), Sunnyi Melles (Desdemona), Joachim Bißmeier (Jago), Wolfgang Pampel (Cassio), Robert Meyer (Rodrigo), Erich Auer, Rudolf Buczolich, Otto Bolesch, Helmuth Janatsch, Edd Stavjanik, Rudolf Melichar, Emanuela von Frankenberg u. a.

20.05. – 11.6.1983
Fernost-Tournee des Burgtheaters
WIEN IN SZENEN, LIEDERN, GEDICHTEN UND TEXTEN ÖSTERREICHISCHER UND DEUTSCHER AUTOREN UND KOMPONISTEN
Zusammenstellung und szenische Einrichtung Hansgeorg Koch und Gerd Leo Kuck
Musik. Leitung Hansgeorg Koch
Mit Elisabeth Orth, Blanche Aubry, Gertraud Jesserer, Susi Nicoletti, Gabriele Schuchter, Ulli Fessl, Achim Benning, Frank Hoffmann, Robert Meyer, Franz Morak, Fritz Muliar, Heinrich Schweiger
Vorstellungen in Tokio, Hongkong, Bangkok, Singapur

In der Adolf Dresen-Inszenierung der DREIGROSCHENOPER von Brecht/Weill, die am 22.04.1979 in Wien Premiere hatte, übernahm Elisabeth Orth für die Tournee die Rolle einer stummen Schwangeren.
Vorstellungen in Tokio, Yokohama, Nagoya und Osaka.

23.12.1983
Burgtheater
DIE BESESSENEN
Von Albert Camus
R Angelika Hurwicz
B/K Christian Steiof
Mit Elisabeth Orth als Warwara Petrowna, Rudolf Buczolich (Grigorejew), Wolfgang Gasser (Werchowenski), Otto Clemens, Detlev Eckstein, Lilly Stepanek, Frank Hoffmann, Brigitta Furgler, Paola Loew, Franz Morak, Dieter Witting, Florian Liewehr, Norbert Kappen (Tichon) u. a.

19.05.1984
Burgtheater
DAS GOLDENE VLIESS
Von Franz Grillparzer
R Gerhard Klingenberg
B Günther Walbeck
K Jan Skalicky
M George Gruntz
Mit Elisabeth Orth als Medea, Matthias Habich (Jason), Heidemarie Hatheyer/Lilly Stepanek (Gora), Sebastian Fischer (Kreon), Horst Christian Beckmann, Klaus Höring, Andrea Eckert, Rudolf Bissegger, Helma Gautier, Karl Mittner, Kurt Schossmann u. a.

12.10.1984
Akademietheater
VERBRECHEN UND STRAFE
nach F. M. Dostojevskij
Fassung von Jurij Ljubimov und Jurij Karjakin
Deutsch von Peter Urban
R Jurij Ljubimov
B/K David Borovskij
M Edison Denisov
Mit Elisabeth Orth als Katarina Ivanovna, Gerd Böckmann (Raskolnikov), Gertraud Jesserer (Sonja), Wolfgang Gasser (Svidrigailov), Hans

Michael Rehberg (Porfirij),
Sonja Sutter, Susanne Granzer, Oswald Fuchs, Klaus
Behrendt u. a.

### 08.12.1984
Burgtheater
DER PFLUG UND DIE STERNE
Von Sean O'Casey
Deutsche Fassung von
Michael Eberth
R Thomas Langhoff
B Herbert Kapplmüller
K Joachim Herzog
Mit Elisabeth Orth als Bessie
Burgess, Matthias Scheuring
(Jack Clitheroe), Josefin Platt
(Nora), Rudolf Wessely (Peter
Flynn), Franz Morak (Der
junge Covey), Annemarie Düringer (Mrs.Gogan), Mareile
Geisler (Mollser), Horst
Christian Beckmann (Fluther
Good), Robert Meyer, Dieter
Witting, Kitty Speiser u. a.

### 17.03.1985
Akademietheater
DIE FRAU VOM MEER
Von Henrik Ibsen
R Angelika Hurwicz
B/K Christian Steiof
Mit Elisabeth Orth als Ellida
Wangel, Erich Auer (Wangel),
Jacqueline Als (Bolette), Susanne Mitterer (Hilde), Rudolf
Buczolich (Arnholm), Florian
Liewehr (Lyngstrand), Herbert Kucera (Ballested), Frank
Hoffmann (Der Fremde).

### 03.04.1985
Burgtheater
ANTIGONE
Von Sophokles
Deutsch von Peter Krumme
R Klaus Höring
B/K Alois Gallé
Mit Elisabeth Orth als
Eurydike, Susanne Granzer
(Antigone), Eva Hosemann
(Ismene), Jürgen Hentsch
(Kreon), Oswald Fuchs
(Wächter), Helmut Rühl
(Haimon), Dietrich Hollinderbäumer, Fritz Hakl, Kurt
Schossmann u. a.

### 21.12.1985
Burgtheater
HAMLET
Von William Shakespeare
Fassung nach der Übersetzung von A. W. Schlegel
R Hans Hollmann
B Hans Hoffer
K Frieda Parmeggiani
Mit Elisabeth Orth als Gertrud, Klaus Maria Brandauer
(Hamlet), Heinrich Schweiger
(Claudius), Leslie Malton
(Ophelia), Jürgen Hentsch
(Polonius), Klausjürgen
Wussow (Horatio), Rudolf
Bissegger (Laertes), Rudolf
Buczolich, Rudolf Jusits,
Paul Hoffmann (Erster Schauspieler), Fritz Muliar, Michael
Janisch, Michael Wallner,
Kurt Schossmann u. a.

### 09.04.1986
Burgtheater
MUTTER COURAGE UND IHRE
KINDER
Von Bertolt Brecht
R Christoph Schroth
B/K Lothar Scharsich
M Paul Dessau
Mit Elisabeth Orth als Courage, Barbara Crobath (Kattrin),
Boris Koneczny (Eilif), Peter
Wolf/Alexander Rossi (Schweizerkas), Michael Wallner, Kurt
Schossmann, Frank Hoffmann
(Koch), Robert Meyer (Feldprediger), Dietrich Hollinderbäumer, Sylvia Lukan (Yvette),
Alfred Balthoff (Obrist), Heinz
Günter Kilian, Angelika Hurwicz/Hella Ferstl (Bäurin) u. a.

### 14.12.1986
Akademietheater
DIE MÖWE
Von Anton Tschechow
R Harald Clemen
B Gisbert Jäkel
K Uta Loher
Mit Elisabeth Orth als
Arkadina, Ulrich Reinthaller
(Trepljow), Horst Christian
Beckmann (Sorin), Emanuela von Frankenberg (Nina),
Fritz Grieb (Schamrajew),
Sonja Sutter (Polina Andrejewna), Susanne Granzer
(Mascha), Joachim Bißmeier
(Trigorin), Wolfgang Gasser
(Dorn) u. a.

### 26.07.1987
Salzburger Festspiele
Landestheater
DER EINSAME WEG
Von Arthur Schnitzler
R Thomas Langhoff
B/K Jürgen Rose
Mit Elisabeth Orth als
Gabriele, Wolfgang Hübsch
(Professor Wegrat), Christoph
Waltz (Felix), Anne Bennent
(Johanna), Heinz Bennent
(Julian Fichtner), Helmut
Lohner (Stephan von Sala),
Cornelia Froboess (Irene
Herms), Martin Schwab (Dr.
Reumann).

### 23.10.1987
Lusterboden
DER DEUTSCHE MITTAGSTISCH
Dramolette von Thomas
Bernhard
R Alexander Seer
B Matthias Kralj
K Karin Seydtle
Mit Elisabeth Orth als 2.
Nachbarin, Frau Hueber und
1. Frau Ministerpräsident
(alternierend mit Maresa Hörbiger), Annemarie Düringer/
Sabine Orléans, Hilke Ruthner, Susi Nicoletti, Jaromir
Borek/Reiner Hauer,
Kurt Schossmann/Bernd
Birkhahn, Frank Hoffmann/
Hermann Schmid, Florian
Liewehr/Günther Einbrodt,
Rudolf Melichar u. a.
Die Aufführung wurde ab
17.02.1990 auch im Akademietheater gespielt.

### 14.11.1987
Akademietheater
SOMMER
Von Edward Bond
R Harald Clemen
B/K Susanne Thaler
Mit Elisabeth Orth als Xenia,
Anneliese Römer (Marthe),
Julia von Sell (Ann), Günter
Einbrodt (David), Sebastian
Fischer/ Rolf Schult/Ernst
Anders (Deutscher).

### 03.12.1988
Akademietheater
DONA ROSITA BLEIBT LEDIG
Von Federico Garcia Lorca
R Alfred Kirchner
B Matthias Kralj
K Joachim Herzog
Mit Elisabeth Orth als Haushälterin, Gertraud Jesserer
(Dona Rosita), Annemarie
Düringer (Tante), Brigitta
Furgler (1. Manola), Bettina
Redlich (2. Manola), Regina
Fritsch/Dunja Sowinetz (3.
Manola), Helma Gautier,
Herta Schell/Ulli Fessl, Hilke
Ruthner, Gusti Wolf, Rudolf
Melichar, Paul Hoffmann u. a.

### 22.04.1989
Burgtheater
WOYZECK
Von Georg Büchner
Fassung von Achim Freyer
und Michael Eberth
R/B/K Achim Freyer
M Kurt Schwertsik
Mit Elisabeth Orth als Doktor/Margreth, Martin Schwab
(Franz Woyzeck), Cornelia
Kempers (Marie), Heinz Schubert (Hauptmann), Thomas
Wolff, Bert Oberdorfer, Fritz
Hakl, Oswald Fuchs u. a.

### 28.07.1989
Wiederaufnahme
Salzburger Festspiele
Landestheater
DER EINSAME WEG
Von Arthur Schnitzler
Besetzung wie 26.07.1987
– Zehn Vorstellungen

### 29.11.1989
Vestibül
DER GETEILTE HIMMEL
Von Christa Wolf
Leitung Jutta Ferbers
Mit Elisabeth Orth und Elisabeth Augustin
Neun Vorstellungen

10.01.1990
Akademietheater
OTHELLO
Von William Shakespeare
Nach der Übersetzung von
Erich Fried
Spielfassung von George
Tabori, Ursula Voss
R George Tabori
B Karl-Ernst Herrmann
K Jorge Jara
Mit Elisabeth Orth als Emilia
(später Hildegard Schmahl),
Gert Voss (Othello), Ignaz
Kirchner (Jago), Julia
Stemberger/Anne Bennent
(Desdemona), Florentin
Groll (Cassio), Heinz Zuber
(Brabantio), Günter Einbrodt
(Rodrigo), Rudolf Melichar,
Dieter Witting, Peter Wolfs-
berger, Giorgia Cavini/Wieb-
ke Frost, Georg Wagner/
Anton Gisler am Klavier.

08.06.1990
Akademietheater
IVANOV
Von Anton Tschechow
Nach einer Übersetzung von
Ulrike Zemme
Deutsche Fassung Elisabeth
Plessen und Peter Zadek
R Peter Zadek
B/K Peter Pabst
M Peer Raben
Mit Elisabeth Orth als Sinaida
Savischna, Gert Voss (Ivanov),
Angela Winkler (Anna Petro-
vna), Hans Michael Rehberg
(Schabelskij), Martin Schwab
(Lebedev), Anne Bennent (Sa-
scha), Ignaz Kirchner (Lvov),
Therese Affolter (Babakina),
Pavel Landovsky (Kosych),
Uwe Bohm (Borkin), Urs Hef-
ti, Annemarie Düringer u. a.

29.07.1990
Salzburger Festspiele
Domplatz/Großes Festspiel-
haus
JEDERMANN
Von Hugo von Hofmannsthal
R Gernot Friedel
B Imre Vincze
K Jorge Jara

Mit Elisabeth Orth als
Glaube, Erich Schellow (Tod),
Helmut Lohner (Jedermann),
Agnes Fink (Jedermanns
Mutter), Joachim Bißmeier
(Armer Nachbar), Hans Peter
Hallwachs (Schuldknecht),
Sunnyi Melles (Buhlschaft),
Hans Christian Rudolph
(Mammon), Christine Oster-
mayer (Gute Werke), Ekke-
hard Schall (Teufel) u. a.

06.03.1991
Akademietheater
HOTEL ULTIMUS
Von Georges Feydeau
R Achim Benning
B/K Herbert Kapplmüller
M Robert Opratko, Alexan-
der Steinbrecher
Mit Elisabeth Orth als Angé-
lique, Robert Meyer (Pinglet),
Rudolf Buczolich (Paillardin),
Johann Adam Oest (Mathieu),
Tobias Langhoff/Markus
Hering (Maxime), Sylvia
Lukan (Marcelle), Regina
Fritsch (Victoire), Dunja
Sowinetz (Violetta), Heinz
Zuber, Herbert Propst/Jaro-
mir Borek u. a

21.03.1991
Burgtheater
PHAETON
R/B/K Achim Freyer
M Erhard Großkopf
Nach einem Fragment des
Euripides
Mit Elisabeth Orth als Chor-
führerin, Tanzende, Mann
und Wortführerin, Hans
Dieter Knebel (Phaeton),
Karoline Koczan, Anna
Karger, Cornelia Kempers,
Blanka Modra, Ralf Harster,
Michael Hirsch, Rainer Ho-
mann, Fritz Hakl, Urs Hefti,
Martin Schwab, Brigitta
Furgler, Heinz Schubert u. a.

21.02.1992
Akademietheater
DAS ENDE VOM ANFANG
Von Sean O'Casey
Deutsch von Maik Hambur-

ger und Adolf Dresen
R Andrea Breth
B Gisbert Jäkel
K Annette Schaad
Mit Elisabeth Orth als Lizzie
Berrill, Rolf Ludwig (Darry
Berrill), Brank Samarovski
(Barry Derrill), Otmar Klein
(Saxophon), Anton Gisler
(Klavier), Bühnenorchester
der Bundestheater.

26.07.1992
Salzburger Festspiele
Felsenreitschule
JULIUS CÄSAR
Von William Shakespeare
Deutsch nach A.W.Schlegel
von Peter Stein
R Peter Stein
B Dionissis Fotopoulos
K Moidele Bickel
M Peter Fischer
Mit Elisabeth Orth als Portia,
Martin Benrath (Cäsar),
Daniel Friedrich (Octavius),
Gert Voss (Marc Anton),
Oliver Stern (Lepidus),
Thomas Holtzmann (Brutus),
Hans Michael Rehberg
(Cassius), Branko Samarovski
(Casca), Jörg Holm (Trebo-
nius), Heinrich Schweiger
(Caius Ligarius), Kurt Meisel
(Decius Brutus), Wolfgang
Schwarz (Artemidorus),
Walter Schmidinger (Wahr-
sager), Werner Rehm (Cinna,
der Poet), Wolfgang Michael
(Titinius), Martin Schwab
(Messala), Rosel Zech (Cal-
purnia), Hermann Schmid,
Uwe Eric Laufenberg, Timo
Dierkes u. a.
Eine weitere Vorstellungsserie
im Sommer 1993

08.05.1993
Akademietheater
SECHS PERSONEN SUCHEN
EINEN AUTOR
Von Luigi Pirandello
R Cesare Lievi
B Paul Lerchbaumer
K Luigi Perego
Mit Elisabeth Orth als Die
Mutter, Martin Schwab

(Der Vater), Josefin Platt
(Die Stieftochter), Markus
Hering (Der Sohn), Bibiana
Zeller (Madame Pace), Johann
Adam Oest (Der Regisseur),
Hans Dieter Knebel (Der
Assistent), Silvia Vas, Roman
Kaminski u. a.

29.10.1994
Berlin
Renaissance Theater
FAST EIN POET
Von Eugene O'Neill
R Gerhard Klingenberg
B/K Andreas Rank
Mit Elisabeth Orth als Nora
Melody, Andreas Unglaub,
Horst Pinnow, Béatrice
Bergner, Michael Degen (Cor-
nelius Melody), Gisela May
(Deborah), Bernhard Howe,
Hans W. Hamacher, Heinz
Fabian, Günther Tabor.

25.02.1995
Berlin
Renaissance Theater
ALLE REICHTÜMER DER WELT
Von Eugene O'Neill
R Gerhard Klingenberg
B/K Andreas Rank
Mit Elisabeth Orth als Debo-
rah Harford, Benedict Freitag,
Claudia Wenzel, Wolfgang
Grindemann, Günther Tabor,
Horst Schultheis.

1995–1999
**Berlin**
**Schaubühne am Lehniner**
**Platz**

24.08.1995
HEDDA GABLER
Von Henrik Ibsen
R Andrea Breth
B Gisbert Jäkel
K Florence von Gerkan
M Elena Chernin
Mit Elisabeth Orth als Berte,
Ulrich Matthes (Tesman),
Corinna Kirchhoff (Hedda),
Margret Homeyer (Tante
Juliane), Imogen Kogge (Frau
Elvsted), Thomas Thieme

(Brack), Wolfgang Michael (Lövborg).
Wiederaufnahme der Inszenierung, die am 14.12.1993 Premiere hatte. Elisabeth Orth übernahm die Rolle von Bärbel Bolle.

**31.01.1996**
MEDEIA
Von Euripides
Deutsche Fassung Ernst Buschor
R Edith Clever
B/K Susanne Raschig
M Robyn Schulkowsky
Mit Elisabeth Orth als Amme, Edith Clever (Medeia), Werner Rehm (Aigeus), Wolf Redl (Kreon), Peter Simonischek (Jason), Hans-Werner Meyer (Bote).

**16.04.1996**
DAS ALTE TESTAMENT
Von Anfang bis Ende in Fortsetzungen
Gelesen von Elisabeth Orth und Michael König.

**14.06.1997**
DIE FAMILIE SCHROFFENSTEIN
Von Heinrich von Kleist
R Andrea Breth
B Gisbert Jäkel
K Susanne Raschig
Mit Elisabeth Orth als Eustache, Thomas Thieme (Graf Rupert), Cornelius Obonya (Ottokar), Wolf Redl (Sylvius), Wolfgang Michael (Sylvester), Swetlana Schönfeld (Gertrude), Caroline Peters (Agnes), Robert Hunger-Bühler (Jeronimus), Sven Walser, Reinhart Firchow, Traugott Buhre/ Manfred Andrae, Rainer Philippi, Benno Ifland, Katharina Tüschen, Corinna Kirchhoff u. a.

**15.10.1998**
ONKEL WANJA
Von Anton Tschechow
R Andrea Breth
B Wolf Redl
K Susanne Raschig

M Elena Chernin
Mit Elisabeth Orth als Marja Wassiljewna, Joachim Bißmeier (Professor), Corinna Kirchhoff (Elena), Inka Friedrich (Sonja), Mathias Gnädinger (Wanja), Wolfgang Michael (Astrow), Benno Ifland (Telegin), Katharina Tüschen (Njanja), Rainer Laupichler.

**Ab Spielzeit 1999/2000**
**Burgtheater Wien**

**08.10.1999**
Burgtheater
BACKCHEN
Von Euripides/ Raoul Schrott
R Silviu Purcarete
B/K Helmut Stürmer
M Iosif Hertea
Mit Elisabeth Orth im Chor der Backchen, Elisabeth Augustin, Gabriele Buch, Johanna Eiworth, Ulli Fessl, Helma Gautier, Maresa Hörbiger, Else Ludwig, Hilke Ruthner, Simona Sbaffi, Sandra Maria Schöner, Dunja Sowinetz, Katrin Stuflesser, Isabella Szendzielorz, Bibiana Zeller, Sylvie Rohrer (Dionysos), Heinz Schubert (Tiresias), Wolfgang Gasser (Kadmos), Nicholas Ofczarek (Pentheus), Kirsten Dene (Agaue).

**17.03.2000**
Burgtheater
ONKEL WANJA
Von Anton Tschechow
In der Fassung der Schaubühne
Übernahme der Berliner Inszenierung
R Andrea Breth
B Wolf Redl
K Susanne Raschig
Statt Joachim Bißmeier als Professor: Michael König. Übrige Besetzung wie in Berlin (15.10.1998).

**17.06.2000**
Akademietheater
DIE SEE
Von Edward Bond
R Andrea Breth
B Annette Murschetz
K Heidi Hackl
M Elena Chernin
Mit Elisabeth Orth als Louise Rafi, Lukuas Miko (Willy Carson), Michael König (Evens), Wolfgang Michael (Hatch), Cornelius Obonya (Hollacut), Johannes Terne, Hans Dieter Knebel, Benno Ifland, Jana Becker, Libgart Schwarz, Annette Paulmann, Sabine Haupt, Andrea Clausen, Ulli Fessl.

**08.12.2000**
Burgtheater
DER JÜNGSTE TAG
Von Ödön von Horváth
R Andrea Breth
B Susanne Raschig
K Susanne Raschig/ Dorothée Uhrmacher
M Elena Chernin
Mit Elisabeth Orth als Frau Hudetz, Peter Simonischek (Thomas Hudetz), Michael König (Alfons Hudetz), Hanspeter Müller (Wirt), Johanna Wokalek (Anna), Nicholas Ofczarek (Ferdinand), Annette Paulmann (Leni), Libgart Schwarz (Frau Leimgruber), Florentin Groll, Gerd Böckmann, Cornelius Obonya, Hans Dieter Knebel, Wolfgang Gasser, Urs Hefti, Branko Samarovski u. a.

**28.04.2001**
Burgtheater
DAS KÄTHCHEN VON HEILBRONN ODER DIE FEUERPROBE
Von Heinrich von Kleist
R Andrea Breth
B Annette Murschetz
K Anna Eiermann
M Elena Chernin
Mit Elisabeth Orth als Gräfin Helena, Peter Simonischek (Der Kaiser), Wolfgang

Michael (Graf vom Strahl), Ulli Fessl (Eleonore), Franz J. Csencsits (Flammberg), Cornelius Obonya (Gottschalk), Kitty Speiser (Brigitte), Andrea Clausen (Kunigunde), Annette Paulmann (Rosalie), Michael König (Theobald Friedeborn), Johanna Wokalek (Käthchen), Johannes Zirner (Gottfried Friedeborn), Florentin Groll, Benno Ifland, Wolfgang Gasser u. a.

**26.10.2001**
Burgtheater
MARIA STUART
Von Friedrich Schiller
R Andrea Breth
B Annette Murschetz
K Susanne Raschig
M Elena Chernin
Mit Elisabeth Orth als Elisabeth, Corinna Kirchhoff (Maria), Michael König (Leicester), Martin Schwab (Shrewsbury), Gerd Böckmann (Burleigh), Roland Kenda (Kent), Johannes Terne (Paulet), Nicholas Ofczarek (Mortimer), Gertraud Jesserer (Hanna Kennedy), Franz J. Csencsits, Denis Petkovic, Johannes Zirner, Heinz Frölich, Dieter Witting u. a.

**14.12.2001**
Burgtheater
DER JUDE VON MALTA
Von Christopher Marlowe
Deutsch von Elfriede Jelinek und Karin Rausch
R Peter Zadek
B Wilfried Minks
K Susanne Raschig/ Dorothée Uhrmacher
Mit Elisabeth Orth als Katherine, Gert Voss (Barabas), Dietrich Mattausch (Macchiavelli), Ignaz Kirchner (Callapine), Uwe Bohm (Selim-Calymath/Ithamore), Mareike Sedl (Abigail), August Diehl (Don Mathias), Peter Kern, Paulus Manker, Urs Hefti, Knut Koch, Cornelius Obonya, Hans Dieter Knebel,

*Rollenverzeichnis Elisabeth Orth*

Harald Fuhrmann, Hanspeter Müller, Christine Kaufmann, Nicki von Tempelhoff u. a.

**15.08.2002**
Salzburger Festspiele
Landestheater
DAS WEITE LAND
Von Arthur Schnitzler
R Andrea Breth
B Erich Wonder
K Susanne Raschig
M Elena Chernin
Mit Elisabeth Orth als Frau Wahl, Sven-Eric Bechtolf (Hofreiter), Corinna Kirchhoff (Genia), Angela Schmid (Anna Meinhold-Aigner), Johannes Zirner (Otto), Gerd Böckmann (Dr.Aigner), Denis Petkovic (Gustav), Birgit Minichmayr (Erna), Michael König (Natter), Andrea Clausen (Adele), Werner Wölbern (Doktor Mauer), Franz J. Csencsits (Stanzides), Cornelius Obonya (Paul Kreindl), Swetlana Schönfeld (Marie), Reinhart Firchow (Serknitz), Wolfgang Michael (Rosenstock) u. a.

**20.12.2002**
Akademietheater
EMILIA GALOTTI
Von G.E.Lessing
R Andrea Breth
B Annette Murschetz
K Dagmar Niefind
M Elena Chernin
Mit Elisabeth Orth als Claudia Galotti, Johanna Wokalek (Emilia), Michael König (Odoardo Galotti), Sven-Eric Bechtolf (Prinz), Roland Koch (Marinelli), Wolfgang Gasser (Camillo Rota), Wolfgang Michael (Conti), Denis Petkovic (Graf Appiani), Andrea Clausen (Orsina), Roland Kenda (Battista), Michael Masula/Cornelius Obonya (Pirro), Nicholas Ofczarek (Angelo).

**07.09.2003**
Burgtheater
WAS IHR WOLLT ODER ZWÖLFTE NACHT
Deutsch von Reinhard Palm/ Lyrics von Albert Ostermaier
R Roland Koch
B Annette Murschetz
K Dagmar Niefind
Mit Elisabeth Orth als Maria, Franz J. Csencsits (Orsino), Corinna Kirchhoff (Olivia), Dorothee Hartinger (Viola), Cornelius Obonya (Narr), Nicholas Ofczarek (Rülp), Wolfgang Michael (Bleichenwang), Michael König (Malvolio), Denis Petkovic (Fabian), Philipp Hauß (Sebastian), Nick Monu (Antonio) u. a.

**30.04.2004**
Burgtheater
DON CARLOS
Von Friedrich Schiller
R Andrea Breth
B Martin Zehetgruber
K Françoise Clavel
M Bert Wrede
Mit Elisabeth Orth als Großinquisitor, Sven-Eric Bechtolf (Philipp II.), Johanna Wokalek (Elisabeth von Valois), Philipp Hauß (Don Carlos), Denis Petkovic (Posa), Christiane von Poelnitz (Eboli),Nicholas Ofczarek (Alba), Cornelius Obonya (Domingo), Kitty Speiser, Andrea Clausen, Bernd Birkhahn, Wolfgang Gasser u. a.

**27.11.2004**
Burgtheater
DIE KATZE AUF DEM HEISSEN BLECHDACH
Von Tennessee Williams
R Andrea Breth
B Annette Murschetz
K Françoise Clavel
M Bert Wrede
Mit Elisabeth Orth als Big Mama, Gert Voss (Big Daddy), Markus Meyer (Brick), Johanna Wokalek (Margaret), Cornelius Obonya (Gooper), Sabine Haupt (Mae), Michael König (Reverend Tooker), Roland Kenda (Doktor Baugh) u. a.

**21.01.2005**
Uraufführung
Akademietheater
NACH DEN KLIPPEN
Von Albert Ostermaier
R Andrea Breth
B Martin Zehetgruber
K Dajana Dorfmayr
M Bert Wrede
Mit Elisabeth Orth als Circe, Blanka Modra u. v. a.

**29.04.2005**
Burgtheater
DER KIRSCHGARTEN
Von Anton Tschechow
Deutsch von Peter Urban
R Andrea Breth
B Gisbert Jäkel
K Françoise Clavel
M Elena Chernin
Mit Elisabeth Orth als Charlotta Ivanovna, Andrea Clausen (Ranevskaja), Pauline Knof (Anja), Teresa Weißbach (Varja), Udo Samel (Gaev), Sven-Eric Bechtolf (Lopachin), Cornelius Obonya (Trofimov), Branko Samarovski (Boris), Michael Wittenborn (Jepichodov),Heike Kretschmer(Dunjascha), Ignaz Kirchner (Firs), Nicholas Ofczarek (Jascha), Wolfgang Michael (Landstreicher), Hans Dieter Knebel (Stationsvorsteher) u. a.

**08.08.2005**
Salzburger Festspiele
KÖNIG OTTOKARS GLÜCK UND ENDE
Von Franz Grillparzer
R Martin Kušej
B Martin Zehetgruber
K Heide Kastler
M Bert Wrede
Mit Elisabeth Orth als Margarethe von Österreich, Tobias Moretti (Ottokar), Karl Merkatz (Benesch von Diedicz), Johannes Krisch (Milota von Rosenberg), Nicholas Ofczarek (Zawisch), Sabine Haupt (Berta), Rudolf Melichar (Braun von Olmütz), Bibiana Beglau (Kunigunde), Michael Maertens (Rudolf von Habsburg), Paul Wolff-Plottegg, Daniel Jesch, Wolfgang Gasser, Johannes Terne u. a.
Die Inszenierung war eine Koproduktion mit dem Burgtheater. Premiere in Wien: 15.10.2005.

**Film und Fernsehen**

S=Szenenbild

ACTIS
Von Lawrence Durrell
Fernsehinszenierung des
Versdramas
R Imo Moszkowicz
S Hanna Jordan
M Enno Dugend
Mit Elisabeth Orth als Actis,
Arno Assmann, Sigfrit Steiner, Hermann Schomberg,
Antje Weisgerber, Carl Lange,
Kurt Meisel u. a.
ARD/DRS 11.06.1964,
Wh. ARD 11.03.1966
Spieldauer 129'

YERMA
Von Federico Garcia Lorca
Deutsch von Enrique Beck
Fernsehinszenierung des
Dramas
R Oswald Döpke
S Jürgen Rose
M Rolf Unkel
Mit Elisabeth Orth als Yerma,
Klausjürgen Wussow (Julian),
Claudia Sorsas (Maria),
Hartmut Reck (Victor), Edith
Schultze-Westrum, Lisa
Helwig, Ulli Philipp, Trude
Breitschopf, Annemarie
Wendl u. a.
ZDF 29.09.1965,
Wh 11.05.1975,
DRS 30.08.1966,
ORF 1 15.02.1970, S3
18.04.1974
Spieldauer 80'

DER LÜGNER
Von Carlo Goldoni
Fernsehaufzeichnung aus dem
Cuvilliés-Theater
R Kurt Meisel
B/K Elisabeth Urbancic
M Mark Lothar
Mit Elisabeth Orth als Colombina, Erwin Faber, Ursula
Lingen, Cordula Trantow,
Hans Cossy, Klaus Schwarzkopf, Edmund Saussen, Friedrich Maurer, Martin Benrath,
Karl Walter Diess u. a.
Fernsehfassung der Inszenierung im Münchner Residenztheater, die am 13.12.1961
Premiere hatte.
BR3 01.10.1965
Spieldauer 130'

DIE FRAU AUS KRETA
Frei nach Hippolytos von Euripides von Robinson Jeffers
Deutsch von Eva Hesse
Fernseheinrichtung und Regie
Oswald Döpke
S/K Walter Dörfler
M Rolf Unkel
Hergestellt in den RIVA-Fernsehstudios Unterföhring
bei München
Mit Elisabeth Orth als
Phädra, Thomas Eckelmann
(Hippolytos), Wolfgang
Engels (Theseus), Lis Verhoeven (Selene), Rosel Schäfer
(Aphrodite), Ilse Strambowski, Edith Schultze-Westrum,
Viktoria Naelin, Michael
Münzer, Boris Mattérn
(Andros), Kunibert Gensichen, Manfred M. Eder, Paul
Mederow.
ZDF 07.09.1966
Spieldauer 75'

DIE MITSCHULDIGEN
Von Johann Wolfgang
von Goethe
Bearbeitung von
Hans Lietzau
R Hans Lietzau
B/K Jürgen Rose
Mit Elisabeth Orth als Sophie, Martin Benrath (Alcest),
Max Mairich (Wirt), Herbert
Mensching (Söller), Horst
Sachtleben (Kellner).
Fernsehaufzeichnung der
Inszenierung im Residenztheater, die am 21.09.1966
Premiere hatte.
ZDF 21.05.1967, HR3
13.04.1978, BR3 20.03.1979
Spieldauer 60'

KURZER PROZESS
Drehbuch Michael Kehlmann
und Carl Merz
Frei nach dem Roman von
J. Ashford
R Michael Kehlmann
Kamera Karl Schröder
Bauten Walter Dörfler, Otto
Stich
Mit Elisabeth Orth, Helmut
Qualtinger (Polizeiinspektor
Pokorny), Alexander Kerst,
Otto Tausig, Walter Breuer,
Gustl Weishappel, Bruni
Lobel, Harry Kalenberg,
Gudrun Thielemann, Willi
Harlander, Hertha Martin,
Kurt Sowinetz, Walter Kohut
Spielfilm der UFP im Interverleih
Produktionsleitung Werner
Preuss
Kinostart Ö/BRD 24.11.1967,
DDR 20.12.1968, DFF2
22.09.1971
Spieldauer 101'

FAST EIN POET
Von Eugene O'Neill
Deutsch von Oscar Fritz
Schuh
Fernsehbearbeitung Hans
Thimig
R Peter Loos
B/K Willi Bahner
Mit Elisabeth Orth als Sara
Melody, Paula Wessely (Nora
Melody), Attila Hörbiger
(Cornelius Melody), Ursula
Schult, Adolf Lukan, Michael
Janisch, Hanns Obonya, Rudolf Rösner, Hans Thimig
Fernsehaufzeichnung der
Tournee-Inszenierung, die am
15.09.1967 in Ludwigsburg
Premiere hatte.
ORF1 01.05.1968, Wh
22.04.1976, 19.01.1982
BR3 23.10.1975, HR3
31.06.1976
Spieldauer 150'

NACHTCAFE
Fernsehspiel von Youri
R Thomas Fantl
S Wolfgang Hundhammer
Mit Elisabeth Orth als Claire,
Heinz Bennent (Alexis)
ZDF 29.05.1968,
Wh. 07.02.1982
Spieldauer 65'

LIBUSSA
Von Franz Grillparzer
Bearbeitung Ernst A. Ekker
R Karl Paryla
S Rudolf Schneider-Manns-Au
Mit Elisabeth Orth als Libussa, Rüdiger Bahr, Elisabeth
Epp, Eva Zilcher, Kurt Jaggberg u. a.
ORF1/ZDF 23.01.1972,
ORF2 27.10.1973
Spieldauer 95'

TOD EINES LANDSTREICHERS
DER KOMMISSAR, 73. Folge
Buch Herbert Reinecker
R Jürgen Goslar
M Erich Ferstl
Mit Elisabeth Orth als Maria
Scherf, Erik Ode (Kommissar), Günther Schramm,
Reinhard Glemnitz, Elmar
Wepper, Helma Seitz, Paul
Dahlke (Eberhard Scherf),
Eva Vaitl (Elisabeth Scherf),
Lisa Helwig (Frau Scherf),
Hans Schweikart, Klaus
Schwarzkopf, Walter Kohut,
Konrad Georg, Walter Sedlmayer
ZDF/ORF1 24.05.1974, Wh
30.05.1974, 06.06.1981, DRS
28.02.1975
Spieldauer 59'

RAUB DER SABINERINNEN
Von Franz und Paul von
Schönthan
R Ernst Haeusserman
B/K Matthias Kralj
Mit Elisabeth Orth als Marianne, Fred Liewehr, Alma
Seidler, Maresa Hörbiger,
Paul Hoffmann, Susi Nicoletti u. a.
Fernsehaufzeichnung der
Inszenierung im Wiener
Akademietheater, die am
03.10.1975 Premiere hatte.
ORF1 31.12.1976
Spieldauer 125'

DER EINSTAND
Reihe Das kleine Fernsehspiel
Produktion Teamfilm Wien
Drehbuch von Gernot Wolfgruber

*Rollenverzeichnis Elisabeth Orth*

R Reinhard Schwabenitzky
Kamera László Nemeth
M Heinz Leonhardsberger
Mit Elisabeth Orth, Erwin Leder, Christoph Waltz, Helma Gautier, Fritz Grieb u. a.
ORF 1 12.05.1977, Wh 14.08.1981, DRS 12.10.1977, ZDF 01.12.1977
Spieldauer 90'

DREI SCHWESTERN
Von Anton Tschechow
R Otto Schenk
B Rolf Glittenberg
Mit Elisabeth Orth als Olga, Gertraud Jesserer (Mascha), Josefin Platt (Irina), Herwig Seeböck, Sylvia Lukan, Kurt Sowinetz, Klausjürgen Wussow, Wolfgang Hübsch, Johannes Schauer, Rudolf Melichar, Adrienne Gessner u. a.
Fernsehaufzeichnung der Inszenierung im Wiener Akademietheater, die am 16.06.1976 Premiere hatte.
ORF1 03.11.1977, ZDF 21.12.1977
Spieldauer 150'

IPHIGENIE AUF TAURIS
Von Johann Wolfgang von Goethe
R Adolf Dresen
B/K Matthias Kralj
Mit Elisabeth Orth als Iphigenie, Heinrich Schweiger (Thoas), Wolfgang Hübsch (Orest), Franz Moral (Pylades), Fritz Grieb (Arkas).
Fernsehaufzeichnung der Inszenierung im Wiener Akademietheater, die am 18.10.1977 Premiere hatte.
ORF1 08.03.1979, 3Sat 26.03.1989
Spieldauer 100'

LEMMINGE
Teil I. ARKADIEN
Fernsehfilm von Michael Haneke
R Michael Haneke
S Peter Manhardt
Kamera Jerzy Lipman
Mit Elisabeth Orth als Gisela Schäfer, Walter Schmidinger (Prof. Georg Schäfer), Bernhard Wicki (Herr Leuwen), Gustl Halenke (Frau Leuwen), Eva Linder (Sigrid Leuwen), Paulus Manker (Sigurd Leuwen), Regina Sattler, Christian Ingomar, Christian Spatzek, Hilde Berger, Kurt Sowinetz, Greta Zimmer, Rudolf Wessely, Ingrid Burkhard, Kurt Nachmann u. a.
ORF 02.05.1979, Wh 19.11.1986, ARD 22.06.1980
Spieldauer 113'

IN EWIGKEIT AMEN
Ein Gerichtsstück von Anton Wildgans
R Otto Anton Eder
Mit Elisabeth Orth als Marie Dvorak, Edd Stavjanik, Robert Dietl
ORF2 17.04.1981
Spieldauer 60'

SOMMERGÄSTE
Von Maxim Gorki
R Achim Benning
B Matthias Kralj
Mit Elisabeth Orth als Julija Filippovna, Norbert Kappen, Erika Pluhar, Gertraud Jesserer, Helmut Rühl, Wolfgang Gasser, Heinrich Schweiger, Maresa Hörbiger, Ernst Jacobi, Kurt Sowinetz, Inge Conradi, Brigitta Furgler, Johannes Schauer u.a.
Fernsehaufzeichnung der Inszenierung im Wiener Burgtheater, die am 24.11.1979 Premiere hatte.
ORF 1 22.11.1981
Spieldauer 195'

EINER MUSS DER DUMME SEIN
Von Georges Feydeau
R Achim Benning
B/K Herbert Kapplmüller
M Alexander Steinbrecher
Mit Elisabeth Orth als Clotilde Pontagnac, Kurt Sowinetz, Gertraud Jesserer, Heinrich Schweiger, Herbert Probst, Maresa Hörbiger, Norbert Kappen u. a.
Fernsehaufzeichnung der Inszenierung im Wiener Akademietheater, die am 04.11.1980 Premiere hatte.
ORF2 24.02.1982
Spieldauer 165'

TRIPTYCHON
Von Max Frisch
R Erwin Axer
B/K Ewa Starowieyska
Mit Elisabeth Orth als Francine, Blanche Aubry, Joachim Bißmeier, Maresa Hörbiger, Wolfgang Gasser, Kurt Beck u. a.
Fernsehaufzeichnung der Inszenierung im Wiener Akademietheater, die am 01.02.1981 Premiere hatte.
ORF 2 23.10.1982
Spieldauer 160'

DIE GÜTE DER FÜRSTEN
Humoresken zum 100.Geburtstag von Jaroslav Hašek
Buch Gabriel Laub
R Otto Anton Eder
S Rudolf Schneider-Manns-Au/Wolfgang Schwetz
Mit Elisabeth Orth, Edd Stavjanek, Bruno Dallansky, Robert Meyer, Miguel Herz-Kestranak, Kurt Jaggberg.
ORF 2 03.04.1983, ZDF 23.04.1983
Spieldauer 50'

WIENER BRUT
Fernsehspiel von György Sebestyén
R Georg Madeja
Mit Elisabeth Orth, Kurt Heintel, Helma Gautier, Rudolf Melichar u.a.
ORF 2 30.05.1984
Spieldauer 60'

WIENER KLATSCH
Szenen aus der Gesellschaft von Raoul Auernheimer
3. Episode
B/R Georg Madeja
Mit Elisabeth Orth, Walther Reyer, Fritz Muliar, Paola Löw u. a.
ORF 2 08.12.1984, ZDF 19.08.1985, 3Sat 13.04.1988
Spieldauer 45'

DER EINSAME WEG
Von Arthur Schnitzler
R Thomas Langhoff
B/K Jürgen Rose
Mit Elisabeth Orth als Gabriele, Wolfgang Hübsch, Christoph Waltz, Anne Bennent, Heinz Bennent, Helmut Lohner, Cornelia Froboess, Martin Schwab
Fernsehaufzeichnung einer Inszenierung der Salzburger Festspiele, die am 26.07.1987 Premiere hatte.
ORF1 27.12.1987, ZDF 05.04.1988, 10.11.2005, 3SAT 13.08.1988
Spieldauer 136'

GEORG ELSER
EINER AUS DEUTSCHLAND
Drehbuch Stephen Shepard
R Klaus Maria Brandauer
Kamera Lajos Koltai
M Georges Delerue
Mit Elisabeth Orth als Frau Gruber, Klaus Maria Brandauer (Georg Elser), Brian Dennehy (Wagner), Rebecca Miller (Anneliese), Nigel Le Vaillant (Mayer), Vadim Glowna (Kaufmann), Peter Andorai(Leibl), Marthe Keller (Frau Wagner), Maggie O'Neill, Roger Ashton-Griffiths, Hans Michael Rehberg, Dietrich Hollinderbäumer, Hans Stetter, Robert Easton u. a.
Eine Söhnlein/Borman Produktion im Verleih Senator Film /Constantin Film
Kinostart 1989

OTHELLO, DER MOHR VON VENEDIG
Von William Shakespeare
Nach der Übersetzung von Erich Fried
Spielfassung von George Tabori, Ursula Voss
R George Tabori
B Karl-Ernst Herrmann
K Jorge Jara

225

M Stanley Walden
Mit Elisabeth Orth als Emilia, Gert Voss (Othello), Julia Stemberger (Desdemona), Ignaz Kirchner (Jago) u.a.
Fernsehaufzeichnung der Inszenierung im Wiener Akademietheater, die am 10.01.1990 Premiere hatte
ORF 1991

RABENMUTTER
Monodrama von Barbara Frischmuth
Produktion ORF /TTV
Beitrag zu 10 Jahre Kunst-Stücke
R, Kamera Christian Berger
Mit Elisabeth Orth, für die die Autorin dieses »mörderische Märchen« als »schicksalhaften Monolog einer Muttergestalt« schrieb.
ORF2 15.11.1991
Spieldauer 54'

IVANOV
Von Anton Tschechow
Nach einer Übersetzung von Ulrike Zemme
Deutsche Fassung von Elisabeth Plessen und Peter Zadek
R Peter Zadek
B/K Peter Pabst
M Peer Raben
Fernsehregie Hugo Käch
Mit Elisabeth Orth als Sinaida Savischna, Gert Voss (Ivanov), Angela Winkler, Hans Michael Rehberg, Martin Schwab, Anne Bennent, Ignaz Kirchner, Therese Affolter, Pavel Landovsky, Uwe Bohm, Urs Hefti, Annemarie Düringer u. a.
Fernsehaufzeichnung der Inszenierung im Wiener Akademietheater, die am 08.06.1990 Premiere hatte.
ORF1 11.04.1993, 3Sat 23.04.1994
Spieldauer 205'

DIE SIEBTELBAUERN
Buch und Regie Stefan Ruzowitzky
Kamera Peter von Haller
Ausstattung Isi Wimmer
K Nicole Fischnaller
Mit Elisabeth Orth als Rosalind, Simon Schwarz (Lukas), Sophie Rois (Emmy), Lars Rudolph (Sevedrin), Julia Gschnitzer (Alte Nane), Ulrich Wildgruber (Danninger), Tilo Prückner (Großknecht), Susanne Silvero, Kirstin Schwab, Dietmar Nigsch, Werner Prinz, Gertraud Maiböck, Christoph Gusenbauer, Eddie Fischnaller
Eine Dor Film Produktion – In Zusammenarbeit mit ORF und dem Bayerischen Rundfunk
Österreich/Deutschland 1998

SINGLE BELLS
Ein Fernsehfilm von Ulrike Schwarzenberger
R Xaver Schwarzenberger
Mit Elisabeth Orth, Martina Gedeck(Kati Treichl), Inge Konradi, Johanna von Koczian, Mona Seefried, Erwin Steinhauer, Gregor Bloéb, Mariella Hahn, Thomas Beyrhofer, Adelheid Picha, Barbara Demmer, Nina Proll, Susanne Michel, Stephan Paryla u. a.
Österreich/Deutschland 1998
Spieldauer 90'

O PALMENBAUM
Ein Fernsehfilm von Ulrike Schwarzenberger
R Xaxer Schwarzenberger
Mit Elisabeth Orth, Martina Gedeck(Kati Treichl), Inge Konradi, Johanna von Koczian, Mona Seefried, Erwin Steinhauer, Gregor Bloéb, Mariella Hahn, Thomas Beyrhofer, Proschat Madani, Stephan Paryla u.a.
Österreich/ Deutschland 2000
Spieldauer 90'

KURZE BEGEGNUNG
Buch und Regie Britta Sauer
Mit Elisabeth Orth als Rosalinde, Ines Gress (Andrea), Christian Lerch (Georg),
Katharina Plaschke, Volker Wach u. a.
Kurzfilm 2001
Spieldauer 20'

EMILIA GALOTTI
Von G. E. Lessing
R Andrea Breth
B Annette Murschetz
K Dagmar Niefind
M Elena Chernin
Mit Elisabeth Orth als Claudia Galotti, Johanna Wokalek, Michael König, Sven-Eric Bechtolf, Roland Koch, Wolfgang Gasser, Andrea Clausen, Wolfgang Michael, Denis Petkovic, Roland Kenda, Cornelius Obonya, Nicolas Ofczarek.
Fernsehaufzeichnung der Inszenierung im Wiener Akademietheater, die am 20.12.2002 Premiere hatte.
Erstsendung 2003

MARIE BONAPARTE
(PRINCESSE MARIE)
Historienfilm von Benoit Jacquot
Szenario von Louis Gardel, François-Olivier Rousseau
Mit Elisabeth Orth als Martha Freud, Catherine Deneuve(Marie Bonaparte), Heinz Bennent (Sigmund Freud), Anne Bennent (Anna Freud), Isild Le Besco (Eugénie Bonaparte), Christoph Moosbrugger, Sebastian Koch, Iowan Le Besco, Edith Perret, Alenka Brezel, Arthur Denberg, Dominique Reymond, Christian Vadim,Didier Flamand, Rainer Frieb, Gertraud Jesserer, Heinz Marecek u. a.
Fernsehproduktion Frankreich/Österreich 2003,2004
Spieldauer 190' ( 2 Teile)

DIE HEILERIN
Drehbuch Felix Mitterer, Holger Barthel
R Holger Barthel
K Peter von Haller
Mit Elisabeth Orth, Ruth Drexel (Halfried Seelig), Branko Samarovski, Markus Boysen, Rainer Egger, Erni Mangold, Geno Lechner, Johannes Thanheiser, Johannes Silberschneider, Cornelius Obonya, Otto Anton Eder, Lea Kurka
Produktionsfirma SATEL für ORF und BR
Erstsendung 10.11.2004
Spieldauer 90'

BLOCH: EIN KRANKES HERZ
Buch Peter Märthesheimer, Pea Fröhlich
R Michael Hammon
K Frank Amman
M Irmin Schmidt
Mit Elisabeth Orth als die Mutter von Dr.Bloch, Dieter Pfaff (Dr. Maximilian Bloch), Katrin Saß (Hanna), Ulrike Krumbiegel (Klara), Katharina Wackernagel (Leonie), Bettina Kupfer
Produktion WDR 2004
ARD 09.03.2005
Spieldauer 90'

DON CARLOS
Von Friedrich Schiller
R Andrea Breth
B Martin Zehetgruber
K Françoise Clavel
M Bert Wrede
Mit Elisabeth Orth als Großinquisitor, Sven-Eric Bechtolf (Philipp II.), Johanna Wokalek (Elisabeth), Philipp Hauß (Carlos), Denis Petkovic (Posa), Christiane von Poelnitz (Eboli), Nicolas Ofczarek (Alba), Cornelius Obonya (Domingo) u. a.
Fernsehaufzeichnung der Inszenierung im Burgtheater Wien, die am 30.04.2004 Premiere hatte.
Erstsendung 2005

# Rollenverzeichnis Kirsten Dene

**1959–1961**
Schauspielstudium an der Hochschule für Musik und Darstellende Kunst Hamburg. Während des Studiums kleinere Übernahme- Rollen am Deutschen Schauspielhaus Hamburg

**13.01.1962**
Thalia-Theater
Yves Jamiaque
DIE MEERSCHWEINCHEN
Regie Werner Kraut
B Fritz Brauer
M Edmund von der Meden
Mit Kirsten Dene als Lucia Matouffle, Karl-Heinz Gerdesmann (Viktor Matouffle), Charlotte Schellenberg (Marie, seine Frau), Peter Striebeck (Bibou Matouffle), Werner Schulenberg (Coco), Rolf Nagel (Lehrer Dugrenier), Herbert Steinmetz, Karl-Heinz Walther, Erich Weiher, Carl Voscherau, Kurt A. Jung, Helmut Oeser, Ralf Bregazzi, Hans-Werner Bussinger, Georg Simon Schiller, Charlotte Kramm, Freca-Renate Bortfeldt, Wendelin Starcke-Brauer, Walter Klam, Albert Johannes, Wolf von Gersum, Lothar Borneff.

**1962–1964
Bühnen der Stadt Essen**

**27.09.1962**
Aula
MORAL
Von Ludwig Thoma
R Heinrich Sauer
B/K Fritz Riedl
Mit Kirsten Dene als Effie, Hans Wehrl (Fritz Beermann), Lotte Grawe (Lina Beermann), Bernhard Wilfert (Adolf Bolland), Anni Körner (Klara Bolland), Eugen Wallrath (Dr. Hauser), Moje Forbach (Frau Lund), Wolfgang Warncke (Dobler), Ilse Anton (Frl. Koch-Pinneberg), Walter Stickan (Otto Wasner), Heinz Menzel (Freiherr von Simbach), Manfred Lichtenfeld (Oskar Ströbel), Elisabeth Opitz (Madame Ninon de Hauteville), Alfred Hansen, Kurt Stroth, Ursula Staguhn, Hans-Georg Eder, Bernd Bruns, Rolf-Wendelin Boening.
Premiere der Inszenierung war bereits am 20.6.1962. Kirsten Dene übernahm die Rolle.

**25.11.1962**
Opernhaus
DAS BUCH VON CHRISTOPH COLUMBUS
Von Paul Claudel
Musik von Darius Milhaud
R Jean-Louis Barrault
B Max Ingrand
K Marie-Hélène Dasté
Musikalische Leitung Hans Martin Rabenstein
Mit Kirsten Dene als Die Frau des Christoph Columbus/Eine Hofdame/Eine Bürgerin, Helmuth Hinzelmann (Der Ansager), Günter Lampe (Christoph Columbus des Dramas), Hans Karl Friedrich (Christoph Columbus der Legende), Marie-Luise Etzel (Königin Isabella), Paula Nova (Die Mutter des Christoph Columbus/Eine Hofdame), Brigitte Lebahn (Schwester des Christoph Columbus/Eine Bürgerin), Olaf Torsten, Friedrich Gröndahl, Günther Ziessler, Bernhard Wilfert, Heinrich Sauer, Karl Rudolf Liecke, Manfred Lichtenfeld, Heinz Menzel, Walter Stickan, Wolfgang Warncke, Horst Siede, Michael Enk u.a.
Premiere der Inszenierung war am 24.2.1962. Barrault leitete die Wiederaufnahme- und Umbesetzungsproben. Neu im Ensemble war außer Kirsten Dene vor allen Dingen Günter Lampe, der Günter Tabor in der Rolle des Columbus des Dramas ablöste.
Gastspiele mit dieser Aufführung am 28.06.1963 in Kiel und vom 08.-10.07.1963 bei den Ruhrfestspielen in Recklinghausen.

**02.12.1962**
Opernhaus
ELEKTRA
Von Jean Giraudoux
R Hanskarl Zeiser
B/K Hans Aeberli
Mit Kirsten Dene als eine der drei Eumeniden, Elisabeth Opitz (Elektra), Hildegard Jacob (Klytämnestra), Hans-Peter Thielen (Aegisth), Wolfgang Warncke (Orest), Friedrich Gröndahl (Gerichtspräsident), Brigitte Lebahn (Agathe, seine Frau), Alfred Hansen, Franz Josef Saile, Beate Eichler, Irmgard Kootes, Nora Reinhard, Günther Ziessler, Wolfgang Odendahl.

**12.12.1962**
Opernhaus
RUMPELSTILZCHEN
Von Fritz Rügamer und Hermann Wanderscheck
R Bernd Bruns
B/K Leni Fries
M Alfons Nowacki
Tänze Herbert Brand
Mit Kirsten Dene als Florina, genannt Flunkerle, Wolff Lindner (König Leberecht), Bernhard Wilfert, Hans Wehrl, Heinz Menzel, Rolf-Wendelin Boening, Lucian Lübke, Ilse Anton, Ursula Staguhn, Fritz Doege, Günter Cordes (Rumpelstilzchen).

**31.12.1962**
Opernhaus
PARISER LEBEN
Operette von Henri Meilhac und Ludovic Halévy
Unter Verwendung der Fassung von Maria und Ernst Matray
Musik von Jacques Offenbach
R/B/K Günter Roth
Choreographie Otto Krüger
Musikalische Leitung Hans-Martin Rabenstein
Mit Kirsten Dene als Julie Folle-Verdure, Hans-Walter Bertram (Baron Gondremarck), Lisa Penting (Baronin), H. Z.r ( Madame Quimper), Wolff Lindner (Raoul von Gardefeu), Fritz Doege, Günter Cordes, Hellmuth Erdmann, Lilo Ehret, Fritz Berger, Wolfgang Odendahl, Hilde Plaschke, Anni Körner, Ursula Staguhn, Hermann-Joseph Geiger, Lucian Lübke und die Damen und Herren des Balletts.

**03.04.1963**
Aula
DER NEBBICH
Von Carl Sternheim
R Joachim Fontheim
B/K Hans Aeberli
Mit Kirsten Dene als Luise Krüger, Hildegard Jacob (Rita Marchetti), Manfred Lichtenfeld (Fritz Tritz), Michael Enk (Meyer), Günther Ziessler (Marlowski), Friedrich Gröndahl (von Schmettow), Heinrich Sauer (Dr. Zinn), Wolfgang Warncke (Graf Pfeil), Heinz Menzel, Alfred Hansen, Karl Rudolf Liecke, Klaus Reuter, Lucian Lübke.

**02.05.1963**
Aula
HEIRATEN IST IMMER EIN RISIKO
Von Saul O'Hara
R Bernhard Wilfert
B/K Fritz Riedl
Mit Kirsten Dene als Jennifer, Eugen Wallrath (Inspektor Campbell), Friedrich Gröndahl, Elisabeth Opitz (Lydia Barbent), Ilse Anton (Honoria Dodd), Horst Siede, Katharina Herberg, Michael Enk.

**10.05.1963**
Opernhaus
MARCOS MILLIONEN
Von Eugene O'Neill

227

R Joachim Fontheim
B/K Hans Aeberli
Musikalische Leitung Alfons Nowacki
Mit Kirsten Dene in mehreren Rollen als Hofdame, Mongolin, Inderin, Perserin; Manfred Lichtenfeld (Ansager), Günther Ziessler (Marco Polo), Heinrich Sauer (Tedaldo), Helmuth Hinzelmann (Kublai Großkhan), Irmgard Kootes, Wolfgang Odendahl, Hans Wehrl, Walter Stickan, Werner Gaefke, Siegfried Schmidt, Fritz Doege, Günter Cordes, Brigitte Lebahn, Herbert Brand, Olaf Torsten, Heinz Menzel, Arno Piotr, Marie-Luise Etzel, Franz Josef Saile, Wolfgang Warncke, Michael Enk, Bernhard Wilfert u. a.

### 09. und 10.10.1963
Gastspiel Berliner Festwochen
DAS BUCH VON CHRISTOPH COLUMBUS
Von Paul Claudel
Musik von Darius Milhaud
R Jean-Louis Barrault
B Max Ingrand
K Marie-Hélène Dasté
Musikalische Leitung Hans-Martin Rabenstein
Mit Kirsten Dene ( Die Frau des Christoph Columbus /EineHofdame/ Eine Bürgerin), Helmuth Hinzelmann (Der Ansager),Günter Lampe (Christoph Columbus des Dramas), Peter Prangenberg (Christoph Columbus der Legende), Marie-Luise Etzel (Königin Isabella), Paula Nova (Die Mutter des Christoph Columbus /Eine Hofdame), Brigitte Lebahn, Olaf Torsten, Friedrich Gröndahl, Günther Ziessler, Bernhard Wilfert, Heinrich Sauer, Wolff Lindner, Manfred Lichtenfeld, Lucian Lübke, Heinz Menzel, Kurt Stroth, Alfred Hansen, Walter Stickan, Wolfgang Warncke, Horst Siede u. a.

### 22.09.1963
Aula
EINE DUMMHEIT MACHT AUCH DER GESCHEITESTE
Von Alexander Ostrowskij
R Friedrich Siems
B/K Fritz Riedl
Mit Kirsten Dene als Maschenka, Wolff Lindner (Glumow), Rita Graun (Glafira Klimowna), Bernhard Wilfert (Mamajew), Hildegard Jacob (Kleopatra, seine Frau), Olaf Torsten, Alfred Hansen, Moje Forbach (Sofia Terussina), Wolfgang Warncke (Kurtschajew), Michael Enk, Lola Möbius (Wahrsagerin Manefa), Wilhelmine Kloft, Ilse Anton, Lucian Lübke, Friedo Pliester, Hans-Georg Eder.

### 25.09.1963
Opernhaus
DER GUTE MENSCH VON SEZUAN
Von Bertolt Brecht
Musik von Paul Dessau
R Joachim Fontheim
B/K Hans Aeberli
Pantomime Rolf Scharre
Mit Kirsten Dene als Die Nichte, Elisabeth Opitz (Shen Te/Shui Ta), Günter Lampe (Flieger Sun), Theo Pöppinghaus (Wang), Hans-Peter Thielen, Friedrich Gröndahl, Heinrich Sauer, Rita Graun, Ilse Anton, Alfred Hansen, Günter Cordes, Eva Brumby, Werner Gaefke, Manfred Lichtenfeld, Hannelore Piltz, Günther Ziessler, Walter Stickan, Wolfgang Odendahl, Michael Enk u.a.

### 17.10.1963
Opernhaus
WIE ES EUCH GEFÄLLT
Von William Shakespeare
Deutsch von Richard Flatter
R Erich Schumacher
B/K Hans Aeberli
M Alfons Nowacki
Mit Kirsten Dene als Käthchen, Hans-Peter Thielen(Der verbannte Herzog), Peter-Hans Neleiht (Usurpator Friedrich), Katharina Herberg (Rosalinde), Sigrid Haubenhofer (Celia), Wolfgang Warncke (Amiens), Olaf Torsten (Jacques), Michael Enk (Le Beau), Wolff Lindner (Oliver), Günter Lampe (Orlando), Lucian Lübke (Adam), Günter Cordes (Denis), Theo Pöppinghaus (Probstein), Klaus Reuter (Landpfarrer), Walter Stickan (Corinnus), Manfred Lichtenfeld (Silvius), Brigitte Lebahn (Phöbe), Franz Josef Saile (Wilhelm), Werner Gaefke (Ein Bote).

### 01.12.1963
Grugahalle
Deutsche Erstaufführung
GILDA RUFT MAE WEST
Von Michel Parent
R Jean-Marie Serreau
B Jean-Marie Serreau/ Michel Jausserand/Hans Aeberli
M Edgardo Canton
Mit Kirsten Dene als Japanerin, Günter Lampe (John 1), Wolff Lindner (John 2), Wolfgang Warncke (John 3), Walter Stickan, Alfred Hansen, Günter Lamprecht (Staatsanwalt/Mike), Werner Gaefke, Olaf Torsten, Friedrich Gröndahl, Michael Enk, Hans Kemner, Eugen Wallrath, Hans Rührdanz, Peter Prangenberg, Wolfgang Odendahl, Manfred Lichtenfeld, Kurt Stroth, Brigitte Lebahn (Mircola), Ursula Staguhn (Shirley).

### 22.03.1964
Opernhaus
HABEN
Von Julius Hay
R Bohumil Herlischka
B Dominik Hartmann
K Sieglinde Fuchsius
M Peter Zwetkoff
Musikalische Leitung Alfons Nowacki
Mit Kirsten Dene als Rozi, Elisabeth Opitz (Arva Mari), Theo Pöppinghaus (Molnar Mate), Wolff Lindner (Korporal Dani), Walter Stickan (Hochwürden), Ilse Anton (Witwe Arva), Moje Forbach (Frau Kepes), Bernhard Wilfert (Bauer David), Brigitte Lebahn (Zsofi, seine Tochter), Eva Brumby (Witwe Biro), Rita Graun (Witwe Natli), Marie-Luise Etzel (Witwe Kis), Ingrid Wüst (Witwe Minacsik), Tilla Hohmann (Tante Rezi), Heinrich Sauer (Godo), Michael Enk, Alfred Hansen, Wolfgang Warncke, Franz Josef Saile, Werner Gaefke, Hans Wehrl, Hannelore Piltz, Eugen Wallrath.

### 23.04.1964
Opernhaus
MARIA MAGDALENE
Von Friedrich Hebbel
R Bert Ledwoch
B/K Fritz Riedl
Mit Kirsten Dene als Eine Magd (in späteren Vorstellungen auch Klara), Walter Stickan (Meister Anton), Ilse Anton (seine Frau), Marie-Luise Etzel (Klara), Franz Josef Saile (Karl), Olaf Torsten (Leonhard), Günter Lampe (Sekretär), Heinrich Sauer, Heinz Menzel, Hans-Georg Eder.

### 19.05.1964
Opernhaus
DIE HOSE
Von Carl Sternheim
R Joachim Fontheim
B/K Fritz Riedl
Mit Brigitte Lebahn/Kirsten Dene als Luise Maske, Helmuth Hinzelmann (Theobald Maske), Elisabeth Opitz (Gertrud Deuter), Friedrich Gröndahl (Frank Scarron), Michael Enk (Mandelstam), Bernhard Wilfert (Ein Fremder).
Die Rolle der Luise wurde in der Premiere von Brigitte Lebahn gespielt.

*Rollenverzeichnis Kirsten Dene*

21.06.1964
Opernhaus
JEANNE ODER DIE LERCHE
Von Jean Anouilh
R Joachim Fontheim
B/K Hans Aeberli
M Alfons Nowacki
Mit Kirsten Dene als Die kleine Königin, Katharina Herberg (Jeanne), Adolf Gerstung, Olaf Torsten, Rolf Sebastian, Heinz Ganter, Friedrich Gröndahl (Graf Warwick), Günter Lampe (Charles), Hannelore Piltz, Brigitte Lebahn (Agnes), Theo Peppinghaus (Der Erzbischof), Klaus Reuter, Günther Ziessler, Walter Stickan, Hans Wehrl, Rita Graun, Franz Josef Saile, Fritz Doege, Werner Sindermann, Peter M. Hollmann, Werner Gaefke, Wolfgang Odendahl.

1964 – 1970
**Städtische Bühnen Frankfurt/Main**

19.10.1964
Schauspiel
FAUST
DER TRAGÖDIE ZWEITER TEIL
Von Johann Wolfgang von Goethe
Bearbeitung und R Heinrich Koch
B/K Hansheinrich Palitzsch
M Aleida Montijn
Choreographie Samy Molcho
Mit Kirsten Dene als 1. Sphinx, 1. Choretide und Magna peccatrix, Hans Caninenberg (Faust), Hans Dieter Zeidler (Mephistopheles), Peter Fitz (Ariel/Homunculus), Joachim Böse (Kaiser), Michael A. Rueffer (Kanzler/Chiron), Emil Lohkamp, Friedrich Kolander, Josef Wageck, Hans Stetter, Petra von der Linde, Fritz Nydegger, Volker Brandt (Knabe Lenker/Euphorion/ Pater ecstaticus), Margarete Salbach, Katja Kessler, Johanna Wichmann (Helena), Wolfgang Schirlitz (Wagner), Cläre Kaiser (1. Phorkyade/Baucis), Karin Werner, Michael Degen (Lynceus), Gerhard Retschy, Hansjoachim Krietsch (Wanderer/Doctor marianus), Werner Siedhoff (Philemon), Jodoc Seidel, Renate Schroeter (Una Poenitentium) u. a.

02.02.1965
Schauspiel
DER TEUFEL UND DER LIEBE GOTT
Von Jean-Paul Sartre
Regie Erwin Piscator
B/K H. W. Lenneweit
M Aleida Montijn
Mit Kirsten Dene als Katharina, Hans Korte (Götz), Michael Degen (Heinrich), Franz Kutschera (Nasty), Renate Schroeter (Hilda), Volker Brandt (Karl), Friedrich Kolander (Bischof), Dieter Brammer (Tetzel), Peter Fitz (Prophet/Der Aussätzige), Ursula Dirichs, Christian Schmieder, Josef Wageck, Rainer Luxem u.v.a.
Übernahme der Rolle von Marianne Lochert.
Die Premiere der Inszenierung fand am 21.05.1964 statt.

19.01.1965
Kammerspiel
DOÑA ROSITA BLEIBT LEDIG
Von Federico Garcia Lorca
R Herbert Kreppel
B/K Hein Heckroth
M Herbert Baumann
Mit Kirsten Dene als Erstes Fräulein Ayola, Johanna Wichmann (Doña Rosita), Heidi Kuhlmann (Haushälterin), Anita Mey (Tante), Wolfgang Schirlitz (Onkel), Joachim Böse (Neffe), Margret Gute, Gaby Reichardt, Katja Kessler, Annelene Hanke, Karin Werner, Milia Fögen, Claire Kaiser, Petra von der Linde, Hans Richter, Werner Eichhorn, Volker Sauer, Ernest Muchitsch.

11.05.1965
Schauspiel
ANNABELLA ODER SCHADE, DASS SIE EINE HURE IST
Von John Ford
R/B/K Jean-Pierre Ponnelle
M Peter Fischer
Mit Kirsten Dene als Annabella, Michael Degen (Giovanni), Hans Richter (Kardinal), Joachim Böse (Soranzo), Volker Brandt (Grimaldi), Emil Lohkamp (Florio), Friedrich Kolander (Donado), Fritz Nydegger (Bergetto), Albert Hoerrmann, Johannes Schauer, Dieter Brammer, Werner Eichhorn, Kai Kraus, Jan Jürgens, Rosemarie Gerstenberg (Hippolita), Petra von der Linde (Philotis), Anita Mey (Putana).

25.06.1965
Schauspiel
CRISTINAS HEIMREISE
Von Hugo von Hofmannsthal
R Herbert Kreppel
B/K Hein Heckroth
Mit Kirsten Dene als Eine junge Dame, Werner Siedhoff, Renate Schroeter (Cristina), Rosemarie Gerstenberg, Joachim Böse (Florindo), Hannsgeorg Laubenthal (Der Kapitän), Hansjoachim Krietsch (Pedro), Ursula Dirichs, Hans Richter, Gaby Reichardt u. a.

26.10.1965
Schauspiel
DER HOFMEISTER
Von Jakob Michael Reinhold Lenz
Bearbeitung von Bertolt Brecht
R Harry Buckwitz
B/K Hainer Hill
M Aleida Montijn
Mit Kirsten Dene als Jungfer Müller, Werner Dahms (Läuffer), Ernstwalter Mitulski (Pastor Läuffer), Wolfgang Schirlitz (Geheimer Rat von Berg), Michael Degen (Fritz), Albert Hoerrmann (Major von Berg), Else Knott (Majorin von Berg), Katja Kessler (Gustchen), Fritz Nydegger (Leopold), Ursula Dirichs (Magd), Franz Gary (Dorfschulmeister), Petra von der Linde (Lise), Joachim Böse (Graf Wermuth), Werner Eichhorn (Pätus), Hans Stetter (Bollwerk), Käte Stave, Ursula Mörger, Karin Werner (Karoline Pätus), Gaby Reichardt, Ursula Seibel.

04.02.1966
Schauspiel
DON JUAN ODER DER STEINERNE GAST
Von Molière
R/B/K Jean-Pierre Ponnelle
M Aleida Montijn
Mit Kirsten Dene als Mathurine, Peter Eschberg (Don Juan), Franz Kutschera (Sganarelle), Johanna Wichmann (Donna Elvira), Rudolf Krieg (Don Carlos), Rainer Luxem Don Alonso), Werner Eichhorn (Gusman), Wolfgang Schirlitz (Don Luis), Ursula Mörger (Charlotte), Peter Fitz (Pierrot), Werner Siedhoff, Friedrich Kolander, Emil Lohkamp (Die Statue des Komturs), Hans-Georg Andree, Walter Matschuk.

25.03.1966
Schauspiel
DER SCHWARZE FISCH
Eine Chronik von Armand Gatti
Übersetzt von Walter Maria Guggenheimer
R Harry Buckwitz
B/K Hubert Monloup
M Aleida Montijn
Pantomime Pierre Chaussat
Mit Kirsten Dene als Tschang Nien (Grüner Fisch), Hans Dieter Zeidler (Kaiser Tsin = Schwarzer Fisch), Peter Fitz (Fu Su), Albert Hoerrmann, Rainer Luxem, Katja Keßler, Joachim Böse, Hans Richter, Emil Lohkamp, Friedrich Kolander, Werner

229

Eichhorn, Frank Rehfeldt, Kurt Dommisch, Walter Pfeil, Ernstwalter Mitulski, Werner Siedhoff, A. Michael Rueffer, Josef Wageck, Hans Stetter, Johannes Schauer, Hannsgeorg Laubenthal (Meister King Ko = Roter Fisch), Hansjoachim Krietsch u. a.

**25.06.1966**
Schauspiel
WIND IN DEN ZWEIGEN DES SASSAFRAS
Kammerwestern von René de Obaldia
R Rudolf Wessely
B/K Hermann Soherr
M Aleida Montijn
Pantomime Günter Titt
Mit Kirsten Dene als Pamela, Albert Hoerrmann (John-Emery Rockefeller), Else Knott (Caroline Rockefeller), Peter Fitz (Tom), Werner Siedhoff, Rudolf Krieg, Ursula Dirichs, Walter Pfeil.

**24.09.1966**
Kammerspiel
DER GEIZIGE
Von Molière
R Rudolf Wessely
B/K Siegfried Stepanek
Mit Kirsten Dene als Mariane, Joseph Offenbach (Harpagon), Peter Fitz (Cléante), Petra von der Linde (Elise), Jodoc Seidel (Valère), Emil Lohkamp (Anselme), Anita Mey (Frosine), Kurt Dommisch, Karl Friedrich, Werner Eichhorn, Maria Bayón, Volker Sauer, Alexander Herzog, Werner Siedhoff.

**12.11.1966**
Schauspiel
DON CARLOS
Von Friedrich Schiller
R Heinrich Koch
B/K Ekkehard Grübler
Mit Kirsten Dene als Eboli, Werner Hinz (Philipp II.), Johanna Wichmann (Elisabeth von Valois), Michael Degen (Don Carlos), Wolfgang Hinze (Posa), A. Michael Rueffer (Alba), Jodoc Seidel, Anita Mey, Friedrich Kolander, Gerhard Retschy, Emil Lohkamp, Frank Rehfeldt, Joseph Offenbach (Großinquisitor), Peter Brombacher u.a.
Kirsten Dene übernahm die Rolle von Carmen-Renate Köper. Die Premiere fand am 03.11.1966 statt

**05.01.1967**
Kammerspiel
BLICK ZURÜCK IM ZORN
Von John Osborne
R Hans Bauer
B/K Hein Heckroth
Mit Kirsten Dene als Helena Charles, Michael Degen (Jimmy Porter), Hansjoachim Krietsch (Cliff), Renate Schroeter (Alison Porter), Emil Lohkamp (Colonel Redfern).
Kirsten Dene übernahm die Rolle von Carmen-Renate Köper. Die Premiere fand am 26.06.1966 statt.

**14.03.1967**
Schauspiel
DES TEUFELS GENERAL
Von Carl Zuckmayer
R Helmut Käutner
B/K Hein Heckroth
Mit Kirsten Dene als Diddo Geiss, Hannsgeorg Laubenthal (Harras), Werner Eichhorn, Hans Richter, Joachim Böse (Eilers), Wolfgang Hinze (Hartmann), Peter Brombacher (Writzky), Fritz Nydegger, Albert Hoerrmann, Walter Pfeil, A. Michael Rueffer (Oderbruch), Johanna Wichmann (Anne Eilers), Renate Schroeter (Waltraut), Klaramaria Skala (Olivia Geiss), Ursula Dirichs, Kurt Dommisch, Jodoc Seidel, Josef Wageck, Peter Fitz (Buddy Lawrence), Wolfgang Schirlitz u.a.

**16.05.1967**
Schauspiel
DIE SPIELVERDERBER
Von Michael Ende
R Heinrich Koch
B/K Ekkehard Grübler
Mit Kirsten Dene als Ninive Geryon, Jürgen Hilken (Dr. Leo Arminius), Werner Eichhorn, Richard Bohne, Klaramaria Skala, Peter Brombacher (Sebastian Gärtner), Anita Mey, Franz Gary, Claire Kaiser, Ursula Mörger, Else Knott, Peter Fitz (Jakob Nebel).

**21.06.1967**
Schauspiel
WAS IHR WOLLT
Von William Shakespeare
Deutsch von A. W. von Schlegel
R Ulrich Hoffmann
B/K Ekkehard Grübler
M Aleida Montijn
Mit Kirsten Dene als Maria, Wolfgang Hinze (Orsino), Peter Brombacher (Sebastian), Hans Stetter (Antonio), Frank Rehfeldt, Gerhard Retschy (Rülp), Fritz Nydegger (Bleichenwang), Joachim Böse (Malvolio), Michael Habeck, Joseph Offenbach (Narr), Carmen-Renate Köper (Olivia), Renate Schroeter (Viola), Werner Siedhoff u.a.

**21.09.1967**
Schauspiel
DER ZERBROCHNE KRUG
Von Heinrich von Kleist
R Harry Buckwitz
B/K Ekkehard Grübler
Mit Kirsten Dene als Eve, Albert Hoerrmann (Walter), Rudolf Birkemeyer (Adam), Karl Friedrich (Licht), Katharina Brauren (Marthe Rull), Wolfgang Schirlitz (Veit Tümpel), Peter Kuiper (Ruprecht), Maria-Madlen Madsen, Josef Wageck, Hannelore Schmidt, Ingrid Kaiser, Walter Matschuk.

**31.01.1968**
Kammerspiel
NACH DER FLUT
Von John Bowen
R Dieter Reible
B/K Hannes Meyer
Mimographie José Luis Gómez
Mit Kirsten Dene als Sonya Banks, Peter Fitz (Alan Armitage), Wolfgang Hinze (Der Vortragende), Jochen Neuhaus, Ulrich Heister, Gerhard Retschy, Franz Kutschera, Cläre Kaiser, Eckard Rühl, Walter Born, Helga Engel, Ulrich Hoffmann.

**20.03.1968**
Uraufführung
DISKURS ÜBER DIE VORGESCHICHTE UND DEN VERLAUF DES LANG ANDAUERNDEN BEFREIUNGSKRIEGES IN VIET NAM
ALS BEISPIEL FÜR DIE NOTWENDIGKEIT DES BEWAFFNETEN KAMPFES DER UNTERDRÜCKTEN GEGEN IHRE UNTERDRÜCKER
SOWIE ÜBER DIE VERSUCHE DER VEREINIGTEN STAATEN VON AMERIKA DIE GRUNDLAGEN DER REVOLUTION ZU VERNICHTEN
Von Peter Weiss
R Harry Buckwitz
B/K Gunilla Palmstierna-Weiss
Choreographische Mitarbeit Jean Soubeyran
M Peter Schat
Mit Kirsten Dene als 6. Sprecher, Rudolf Plent, Jodoc Seidel, Peter Fitz, Fritz Nydegger, Ursula Mörger, Mogens von Gadow, Hansjoachim Krietsch, Gerhard Retschy, Hans Otto Ball, Werner Eichhorn, Wolfgang Hinze, Joachim Böse, Frank Rehfeldt, Jürgen Hilken, Michael Habeck, Winfried Küppers, Peter Brombacher, Claus Fuchs.

25.08.1968
Kammerspiel
BEUTE
Von Joe Orton
R Georg Wildhagen
B/K Hermann Haindl
Mit Kirsten Dene als Fay, Werner Eichhorn (McLeavy), Jodoc Seidel (Hall), Peter Fitz (Dennis), Hans Richter (Truscott), Michael Habeck (Meadows).

14.11.1968
Oper
JOHANNA AUF DEM SCHEITERHAUFEN
Von Paul Claudel
Musik von Arthur Honnegger
R Friedrich Petzold
B/K Hein Heckroth
Dirigent Robert Satanowski
Mit Kirsten Dene als Johanna, Hannsgeorg Laubenthal (Bruder Dominik), Daniza Mastilovic, Marlise Wendels, Elsie Maurer, Robert Moulson, Willy Müller, Dieter Kreuzer, Otti Ottmar.

18.12.1968
Schauspiel
Celestina
Von Fernando de Rojas
R Franz Peter Wirth
B Peter Heyduck
K Barbara Domcke
M Aleida Montijn
Mit Kirsten Dene als Elicia, Elisabeth Flickenschildt (Celestina), Jörg Benedict (Calisto), Susanne Barth (Melibea), Emil Lohkamp (Pleberio), Anita Mey (Alisa), Fritz Nydegger (Parmeno), Hans Richter (Sempronio), Christian Mey (Sosia), Hans-Jörg Assmann (Tristano), Klaus G. Riehle, Doris Maria Alt, Ursula Mörger, Giselher Schweitzer, Adolf Schnauber.

17.05.1969
Schauspiel
CAMINO REAL
Von Tennessee Williams
R und Szene Helmut Käutner
Mit Kirsten Dene als Esmeralda, Werner Eichhorn (Don Quichotte), Michael Habeck (Sancho Pansa), Michael Alexander, Karl Friedrich, A. Michael Rueffer (Casanova), Walter Dennechaud, Peter Kollek, Isabell Alder-Benedict, Joachim Böse (Kilroy), Kurt Dommisch, Fritz Nydegger, Anita Mey, Helmut Käutner (Baron de Charlus), Gerhard Dorfer, Johanna Wichmann, Claire Kaiser, Friedrich Kolander, Olaf Bison u.a.

08.10.1969
Schauspiel
KABALE UND LIEBE
Von Friedrich Schiller
R Dieter Reible
B Peter Heyduck
K Uta Meid
Mit Kirsten Dene als Luise, Franz Kutschera (Präsident von Walter), Thomas Stroux (Ferdinand), Karl-Heinz Fiege (von Kalb), Andrea Dahmen (Lady Milford), Karl Friedrich (Wurm), Albert Hoerrmann (Miller), Anita Mey (dessen Frau), Franziska Neffe (Sophie), Hans Richter (Kammerdiener des Fürsten), Josef Wageck (Kammerdiener).

30.11.1969
Kammerspiel
KÖNIG JOHANN
Von William Shakespeare/ Hartmut Lange
R Dieter Reible/ Hartmut Lange
B/K Bert Kistner
M Andreas Gutzwiller
Mit Kirsten Dene als Blanka, Peter Fitz (Johann), Sigrid Hausmann (Eleanora), Peter Kollek (Der Bastard), Jörg Benedict (Essex/ Louis), Gerhard Retschy (Hubert), Doris Maria Alt (Konstanze), Ulrike Ritter (Arthur), Franz Kutschera (Pandulpho).

07.03.1970
Kammerspiel
OMPHALE
Von Peter Hacks
R Dieter Reible
B/K Bert Kistner
Mit Kirsten Dene als Dienerin Malis, Beatrice Maurer (Omphale), Peter Kollek (Herakles), Karl-Heinz Fiege (Iphikles), Olaf Bison, Hans-Jörg Assmann, Peter Hollmann, Thomas Stroux (Agelaos), Jörg Benedict, Michael Habeck, Susanne Barth.

09.04.1970
Schauspiel
KÖNIG LEAR
Von William Shakespeare
R Hans Schalla
B/K Max Fritzsche
M Aleida Montijn
Mit Kirsten Dene als Goneril, Albert Hoerrmann (Lear), Hannsgeorg Laubenthal (Gloster), Thomas Stroux (Edgar), Peter Kollek (Edmund), Helga Engel (Regan), Susanne Barth (Cordelia), Jörg Benedict, Hans-Jörg Assmann, Hans Stetter, Olaf Bison, Günther Amberger, Hans Richter, Giselher Schweitzer, Werner Siedhoff, Friedrich Kolander, Gerhard Dorfer u.a.

**Spielzeit 1970/71
Berlin
Theater der Freien Volksbühne**

12.08.1970
VOLPONE
Von Ben Jonson
Deutsch von Uwe Friesel
R/B Liviu Ciulei
K Ioana Gardescu
M Herbert Baumann
Mit Kirsten Dene als Celia, Hans Dieter Zeidler (Volpone), Peter Fitz (Mosca), Robert Dietl, O.A. Buck, Axel Bauer (Corvino), Thomas Stroux (Bonario), Wolf Adrian u.a.

06.10.1970
GUERILLAS
Von Rolf Hochhuth
R Hansjörg Utzerath/Charles Lewinsky
B/K Heinz Balthes /Fred Berndt
M John O'Brien-Docker
Mit Kirsten Dene als Maria Amanda de Nicolson, Rolf Becker (Senator Nicolson), Uwe Jens Pape, Claus Hofer, Robert Dietl, Friedhelm Lehmann, Thomas Stroux (Mason), Albert Lippert, Wolfgang Schwarz, Benno Sterzenbach, Hubert Mittendorf, Axel Bauer, Alice Treff, Eric Vaessen, Peter Fitz (Adams), O. A. Buck u.a.

16.11.1970
HOCHZEITSTAG
Von William Mac Ilwraith
R Conny-Hannes Meyer
B/K Fred Berndt
Mit Kirsten Dene als Karen, Thomas Stroux (Tom), Helge Hennig (Shiley) , Robert Dietl (Henry), Friedhelm Lehmann (Terry), Anneliese Römer (Mama).

18.12.1970
DIE KLEINBÜRGER
Szenen im Hause Bessemjonow
Von Maxim Gorki
R Horst Balzer
B/K Bert Kistner
Mit Kirsten Dene als Lehrerin Zwetajewa, Hans Dieter Zeidler (Bessemjonow), Hortense Raky (Akulina Iwanowna), Peter Fitz (Pjotr), Elfriede Irrall (Tatjana), Dieter Kirchlechner (Nil), Ina Halley (Jelena), Walter Schmidinger (Teterew), Friedhelm Lehmann, Christine Oesterlein, O. A. Buck, Helge Hennig u.a.

30.03.1971
MARTIN LUTHER & THOMAS MÜNZER ODER DIE EINFÜHRUNG DER BUCHHALTUNG

Von Dieter Forte
R Hansjörg Utzerath
B Bert Kistner
K Ioana Gardescu
Mit Kirsten Dene als Papst, Hans Dieter Zeidler (Luther), Peter Fitz (Münzer), Claus Hofer (Karlstadt), Wolfgang Unterzaucher (Melanchthon), Peter Mosbacher/ Werner Dahms (Fugger), Uwe-Jens Pape, Friedhelm Lehmann, Hans-Werner Bussinger, Carlos Werner (Cajetan), Eric Vaessen, Ralph Schaefer, Max Eckard (Gattinara), Karl Paryla (Friedrich von Sachsen), Fred Maire, Thomas Stroux (Albrecht von Brandenburg), Walter Tschernich, Krikor Melikyan, Axel Bauer, Anneliese Römer (Frau Luther) u.a.

**Spielzeit 1971/72
Theater der Stadt Bonn**

**24.09.1971**
DIE ZÄHMUNG DER WIDERSPENSTIGEN
Von William Shakespeare
Deutsch von Richard Flatter
R Hans-Joachim Heyse
B/K Sibille Alken
M Theo Dorn
Mit Kirsten Dene als Katharina, Gerhard Garbers (Petrucchio), Hans Schäffer (Schlau), Hans Faber (Baptista), Susanne Flury (Bianca), Bernt Hahn (Lucentio), Horst Schlesonia (Vincentio), Ignaz Kirchner (Biondello), Karl-Heinz Müller (Tranio), Oswald Weißenborn, Arnulf Schumacher, Elisabeth Endriss u. a.

**21.04.1972**
DER KAUKASISCHE KREIDEKREIS
Von Bertolt Brecht
Musik von Paul Dessau
R Hans-Joachim Heyse
B/K Ottowerner Meyer
Musikalische Leitung Theo Dorn
Mit Kirsten Dene als Grusche, Oswald Fuchs (Azdak), Alois Perl (Sänger Arkadi), Fred Kretzer (Gouverneur Abaschwili), Antje Berneker (Natella Abaschwili), Günter Schulz, Hans Faber, Kurt Groth, Volker Spahr, Till Sterzenbach (Simon), Leonore Fürth, Edda Pastor, Rudolf Kowalski, Oswald Weißenborn, Veit-Ulrich Kurth, Karl-Heinz Müller, Arnulf Schumacher, Susanne Flury, Bernt Hahn, Ignaz Kirchner, Stefan Viering u. v. a.

**1972–1979
Württembergische Staatstheater
Stuttgart**

**21.10.1972**
Kleines Haus
KIKERIKI
Von Sean O'Casey
Deutsch von Helmut Baierl und Georg Simmgen
R Friedrich Beyer
B/K Axel Manthey
M Wolfgang Löffler
Mit Kirsten Dene als Marion, Gerhard Just (Michael Marthraun), Erich Aberle (Schipper Mahan), Renate Heuser (Lorna), Heidemarie Rohweder (Loreleen), Waldemar Schütz (Shanaar), Alexander Grill (Pater Domineer), Martin Schwab (Der Einäugige Larry), Manfred Zapatka (Robin), Jan-Geerd Buss (Der Hahn), Karl-Heinz Tauss, Klaus Henninger, Wolfgang Schwalm, Dietz-Werner Steck, Johanna Mertinz, Erwin Rolf Zoller, Hans-Peter Bögel.

**03.03.1973**
Kleines Haus
DER LIEBESTRANK
Von Frank Wedekind
R Friedrich Beyer
B/K Axel Manthey
M Wolfgang Löffler
Mit Kirsten Dene als Gräfin Trotzky, Erich Aberle (Fürst Rogoschin), Eleonore Zetzsche (Lisaweta Nikolajewna), Joachim Bliese (Fritz Schwigerling), Albrecht Zipfel/ Frank Bischoff, Jochen Kraft, Jan-Geerd Buss, Monika Hinrichsen-Kroymann, Ludwig Sproesser, Artur Kühn.

**18.04.1973**
Kleines Haus
MICHAEL KRAMER
Von Gerhart Hauptmann
R Friedrich Beyer
B Philipp Blessing
K Annette Schaad
Mit Kirsten Dene als Liese Bänsch, Karl-Heinz Pelser (Michael Kramer), Manfred Zapatka (Arnold Kramer), Eleonore Zetzsche (Frau Kramer), Heidemarie Rohweder (Michaline Kramer), Martin Schwab (Ernst Lachmann), Johanna Mertinz (Alwine), Jan-Geerd Buss (Schnabel), Wolf Flüs (Baumeister Ziehn), Hans-Jörg Assmann (Quantmeyer), Franz Steinmüller, Klaus Henninger, Dietz-Werner Steck.

**08.09.1973**
Kleines Haus
DON JUAN
Von Molière
Deutsch von W. H. Graf Baudissin
R Friedrich Beyer
B/K Axel Manthey
M Wolfgang Löffler
Mit Kirsten Dene als Elvira, Karl-Heinz Pelser (Don Juan), Martin Schwab (Sganarelle), Wolf Flüs (Guzmann), Manfred Zapatka (Don Carlos), Klaus Bauer (Don Alonso), Ludwig Anschütz (Don Luis), Erwin-Rolf Zoller (Francisque), Monika Barth (Charlotte), Regine Vergeen (Mathurine), Branko Samarovski (Pierrot), Dietz-Werner Steck (La Violette), Franz Steinmüller (Monsieur Dimanche).

**01.12.1973**
Kleines Haus
DIE SCHNEEKÖNIGIN
Von Jewgenij Schwarz
R Karl Kneidl
B/K Ilona Freyer
Mit Kirsten Dene als Räuberhauptmann, Bert Oberdorfer (Märchenerzähler), Konrad Materna (Kai), Regine Vergeen (Gerda), Maria Wiecke (Großmutter), Gert Voss (Kommerzienrat), Elke Stoltenberg (Schneekönigin), Mechthild Grossmann/Heidemarie Rohweder (Rabe), Dagmar Papula (Krähe), Peter Sattmann (Prinz Klaus), Sophia Soltau (Prinzessin Elsa), Wolf Flüs (König)u.a.

**02.05.1974**
Kleines Haus
DIE TRAUUNG
Von Witold Gombrowicz
R Friedrich Beyer
B Eberhard Matthies
K Hiltraut Warndorf
Puppen Manfred Noky
Mit Kirsten Dene als Mania, Joachim Bliese (Henrik), Hans-Jörg Assmann (Wladzio), Wolf-Dieter Tropf (Der Säufer), Waldemar Schütz (Ignaz), Eleonore Zetzsche (Katharina), Jan-Geerd Buss, Martin Schwab, Klaus Henninger, Klaus Bauer u.a.

**27.06.1974**
Großes Haus
DIE MÖWE
Von Anton Tschechow
R Alfred Kirchner
B Erich Wonder
K Nina Ritter
M Dieter Schönbach
Mit Kirsten Dene als Mascha, Eleonore Zetzsche (Arkadina), Gert Voss (Konstantin), Gerhard Just (Sorin), Mechthild Grossmann (Nina), Waldemar Schütz (Schamra-

jew), Renate Grosser (Polina), Karl-Heinz Pelser (Trigorin), Wolfgang Schwalm (Dorn), Martin Schwab (Semjon S. Medwedenko) u.a.

**14.09.1974**
Kleines Haus
Uraufführung
HIMMEL UND ERDE
Von Gerlind Reinshagen
R Claus Peymann
B/K Karl-Ernst Herrmann
Mit Kirsten Dene als Irene, Anneliese Römer (Sonja Wilke), Peter Sattmann (Goldie), Karin Schlemmer (Die Nachbarin).

**04.10.1974**
Kleines Haus
FRÜHLINGS ERWACHEN
Von Frank Wedekind
R Alfred Kirchner
B/K Axel Manthey
Mit Kirsten Dene als Ein vermummter Herr, Gert Voss (Melchior), Branko Samarovski (Moritz Stiefel), Therese Affolter (Wendla), Karin Schlemmer (Frau Bergmann), Wolfgang Höper (Herr Gabor), Elke Twiesselmann (Frau Gabor), Meike Sang (Ilse), Konrad Materna (Hänschen Rilow), Peter Sattmann (Ernst Röbel), Michael Altmann (Otto), Bert Oberdorfer (Robert), Erika Heidrich, Heinz Knorr, Michael Leye, Franziska Walser, Mechthild Grossmann, Ludwig Anschütz, Waldemar Schütz, Wolfgang Schwalm u.a.

**05.12.1974**
Kleines Haus
CLOWNNUMMERN
Von Tristan Rémy
R Alfred Kirchner
B Axel Manthey
K Annette Schaad
Mit Kirsten Dene als Clown und als August, Peter Sattmann, Alexander Grill, Waldemar Schütz, Erwin Blankenhorn (Schlagzeug). Die Clownnummern wurden zusammen mit Ionescos Die kahle Sängerin gespielt.

**17.01.1975**
Kammertheater
ICH BIN EIN GUTER UNTERTAN
Deutsche politische Lieder und Texte aus mehreren Jahrhunderten Leitung und Zusammenstellung Uwe Jens Jensen und Hansgeorg Koch
Mit Kirsten Dene, Therese Affolter, Heidemarie Rohweder, Regine Vergeen, Peter Brombacher, Bert Oberdorfer, Peter Sattmann, Martin Schwab.

**10.04.1975**
Kleines Haus
CYANKALI
Von Friedrich Wolf
R Niels-Peter Rudolph
B Ilona Freyer
K Barbara Bilabel
Mit Kirsten Dene als Hete, Anneliese Römer (Mutter Fent), Manfred Zapatka (Paul), Branko Samarovski (Prosnik), Martin Schwab (Kuckuck), Michael Altmann (Max), Elke Twiesselmann (Frau Klee), Wolfgang Höper (Dr.Möller), Eleonore Zetzsche (Madame Heye) u.a.

**02.09.1975**
Schauspiel
Uraufführung
BEKANNTE GESICHTER, GEMISCHTE GEFÜHLE
Von Botho Strauß
R Niels-Peter Rudolph
B Karl-Ernst Herrmann
K Barbara Bilabel
Mit Kirsten Dene als Hedda, Wolfgang Höper (Stefan), Susanne Barth (Doris), Libgart Schwarz (Doris), Manfred Zapatka (Guenther), Martin Schwab (Dieter), Regine Vergeen (Margot), Gerd Kunath (Karl).

**18.09.1975**
Schauspiel
DER PRÄSIDENT
Von Thomas Bernhard
R Claus Peymann
B Karl-Ernst Herrmann
K Ilse Träbing
Mit Kirsten Dene als Schauspielerin, Horst Christian Beckmann (Präsident), Edith Heerdegen (Präsidentin), Waldemar Schütz (Oberst), Doris Schade (Frau Frölich), Wolfgang Höper (Masseur), Wolfgang Schwalm (Botschafter), Hans-Jörg Assmann, Ignaz Kirchner, Helmut Kraemer, Michael Leye, Michael Rastl, Gert Voss, Manfred Zapatka, Erwin Rolf Zoller. Wiederaufnahme der Inszenierung, die am 21.05.1975 Premiere hatte. Kirsten Dene übernahm die Rolle von Libgart Schwarz.

**14.11.1975**
Schauspiel
DAS KÄTHCHEN VON HEILBRONN
Von Heinrich von Kleist
R Claus Peymann
B/K Achim Freyer
M Hansgeorg Koch
Mit Kirsten Dene als Kunigunde, Lore Brunner (Käthchen), Martin Lüttge (Graf vom Strahl), Gerhard Just (Kaiser), Branko Samarovski (Gottschalk), Edith Heerdegen (Brigitte), Regine Vergeen (Rosalie), Martin Schwab, Wolfgang Höper, Marcus Fritsche, Gert Voss, Ignaz Kirchner, Bert Oberdorfer u.a.

**27.11.1975**
Kammertheater
O, LIEBSTE, WIE NENN ICH DICH?
Beiprogramm zu »Das Käthchen von Heilbronn«
Zusammenstellung und Leitung Uwe Jens Jensen und Hansgeorg Koch
B Achim Freyer
Mit Kirsten Dene, Lore Brunner, Edith Heerdegen, Wolfgang Höper, Martin Lüttge, Bert Oberdorfer, Branko Samarovski, Martin Schwab, Gert Voss.

**18.03.1976**
Schauspiel
GEORG BÜCHNERS WOYZECK
Die Geschichte des Franz Woyzeck zweimal erzählt
R Alfred Kirchner
B/K Andreas Reinhardt
M Hansgeorg Koch
Mit Kirsten Dene als Marie/Margreth, Gert Voss (Woyzeck/Jude), Peter Sattmann (Andres), Gerd Kunath (Ausrufer/Barbier/Doctor), Branko Samarovski (Affe/Wirt/Woyzeck), Martin Lüttge (Unteroffizier/Tambourmajor), Hans Mahnke (Narr/Karl/Idiot), Anneliese Römer (Großmutter), Lore Brunner (Käthe/Marie), Hugo Lindinger (Gerichtsdiener/Hauptmann), Ignaz Kirchner, Bert Oberdorfer, Therese Affolter, Heidemarie Rohweder u.a.

**28.04.1976**
Schauspiel
DIE GERECHTEN
Von Albert Camus
R Claus Peymann
B/K Ilona Freyer
Mit Kirsten Dene als Dora Duljebow, Eleonore Zetzsche (Großfürstin), Peter Brombacher (Iwan Kaliajew), Manfred Zapatka (Stepan Fjodorow), Martin Lüttge (Boris Annenkow), Martin Schwab (Alexis Woinow), Gert Voss (Skuratow), Gerd Kunath (Foka), Helmut Kraemer (Wärter).

**22.06.1976**
Schauspiel
DER DIENER ZWEIER HERREN
Von Carlo Goldoni
R Niels-Peter Rudolph
B/K Ilona Freyer

Mit Kirsten Dene als Beatrice, Martin Schwab (Pantalone), Regine Vergeen (Clarice), Lore Stefanek (Smeraldina), Gert Voss (Dottore Lombardi), Bert Oberdorfer (Silvio), Martin Lüttge (Florindo), Branko Samarovski (Brighella), Peter Sattmann (Truffaldino), Ignaz Kirchner (Kellner), Helmut Kraemer, Hansjürgen Gerth, Marcus Fritsche.

20.09.1976
Kammertheater
DIE BLUME VON HAWAII
Operette von Alfred Grünwald, Fritz Löhner-Beda und Emmerich Földes
Musik von Paul Abraham
R Alfred Kirchner
B/K Axel Manthey
Musikalische Bearbeitung und Einstudierung Hansgeorg Koch
Mit Kirsten Dene als Jim Boy, Ortrud Beginnen (Laya), Martin Schwab (Prinz Lilo-Taro), Bert Oberdorfer (Kanako Hilo), Urs Hefti (Kapitän Reginald, Harald Stone), Wolfgang Höper (Lloyd Harrison), Peter Sattmann (John Buffy), Regine Vergeen, Julia Costa, Heidemarie Rohweder (Raku), Eleonore Zetzsche, Hans Mahnke (Kaluna), Waldemar Schütz, Gert Voss (Leutnant Sunny Hill), Marcus Fritsche, Peter Brombacher, Ignaz Kirchner u. a.

01.09.1976
Schauspiel
Uraufführung
MINETTI
EIN PORTRÄT DES KÜNSTLERS ALS ALTER MANN
Von Thomas Bernhard
R Claus Peymann
B/K Karl-Ernst Herrmann/Uwe Oelkers
Mit Kirsten Dene als Maskierte, Bernhard Minetti (Minetti), Karin Schlemmer (Eine Dame), Therese Affolter (Ein Mädchen), Matthias Zschokke (Der Liebhaber des Mädchens), Gerd Kunath (Portier), Branko Samarovski (Lohndiener), Edith Heerdegen, Hans Mahnke, Traugott Buhre (Betrunkener), Martin Lüttge (Ein Krüppel), Wolfgang Schwalm, Lore Brunner, Charlotte Joss, Heidemarie Rohweder, Regine Vergeen, Peter Brombacher, Urs Hefti, Ignaz Kirchner u. a.

26.02.1977
Schauspiel
FAUST. DER TRAGÖDIE ERSTER TEIL
Von Johann Wolfgang Goethe
Leitung Claus Peymann, Achim Freyer
M Hansgeorg Koch
Mit Kirsten Dene (Zueignung, Hexe, Chor im Dom, Walpurgisnacht, Ariel), Martin Lüttge (Faust), Branko Samarovski (Mephistopheles), Gert Voss (Dichter, Wagner, Walpurgisnacht), Therese Affolter (Margarete), Martin Schwab, Lore Brunner, Peter Sattmann, Urs Hefti, Bert Oberdorfer, Gerhard Just, Hans Mahnke, Peter Brombacher, Marcus Fritsche, Ignaz Kirchner, Regine Vergeen, Barbara Ploch, Anneliese Römer (Alte, Marthe Schwerdtlein, Walpurgisnacht), Charlotte Joss, Helmut Kraemer, Hansjürgen Gerth, Wolfgang Schwalm, Ernst-Wilhelm Lenik, Dietz-Werner Steck.

27.02.1977
Schauspiel
FAUST. DER TRAGÖDIE ZWEITER TEIL
Von Johann Wolfgang Goethe
Leitung Claus Peymann, Achim Freyer
M Hansgeorg Koch
Mit Kirsten Dene als Klugheit, Helena, Himmlische Heerscharen, Martin Lüttge (Faust), Branko Samarovski (Mephistopheles), Peter Sattmann, Bert Oberdorfer, Gert Voss, Lore Brunner, Helmut Kraemer, Regine Vergeen, George Meyer-Goll, Jean Uliczay, Martin Schwab, Anneliese Römer, Katrin Meinecke, Marcus Fritsche, Wolfgang Schwalm, Hansjürgen Gerth, Peter Brombacher, Charlotte Joss, Barbara Ploch, Urs Hefti, Karin Schlemmer, Dietz-Werner Steck, Eleonore Zetzsche, Therese Affolter, Gerhard Just, Hans Mahnke, Klaus Schultheiss.

11.06.1977
Schauspiel
Uraufführung
TRILOGIE DES WIEDERSEHENS
Von Botho Strauß
R Niels-Peter Rudolph
B Susanne Raschig
K Barbara Bilabel
Mit Kirsten Dene als Susanne, Peter Brombacher (Moritz), Gerhard Just (Franz), Wolfgang Kraßnitzer (Answald), Rita Leska (Elfriede), Christian Corell/Frank Sieber (Kläuschen), Gerd Kunath (Lothar), Barbara Nüsse (Ruth), Angela Schmid (Marlies), Volker Spahr (Felix), Maria Steyer (Johanna), Martin Schwab (Richard), Waldemar Schütz (Martin), Karin Schlemmer (Viviane), Peter Sattmann (Peter), Hans Mahnke (Wärter), Traugott Buhre (Kiepert).

11.11.1977
Schauspiel
IPHIGENIE AUF TAURIS
Von Johann Wolfgang Goethe
R Claus Peymann
B/K Ilona Freyer
Mit Kirsten Dene als Iphigenie, Branko Samarovski (Thoas), Martin Schwab (Orest), Gert Voss (Pylades), Hans Mahnke (Arkas).

23.01.1978
Altes Schauspielhaus/Probebühne
BRECHTABEND KLEINE KÖNIGSTRASSE
R Claus Peymann
B Jakob Niedermeier
Musikalische Leitung Hansgeorg Koch
Mit Kirsten Dene, Barbara Nüsse, Anneliese Römer, Peter Brombacher, Hans Mahnke/Wolfgang Höper, Peter Sattmann, Volker Spahr.

11.05.1978
Schauspiel
DER ZERRISSENE
Posse mit Gesang von Johann Nestroy
Musik von Hansgeorg Koch
R Alfred Kirchner
B Axel Manthey
K Karin Seydtle
Mit Kirsten Dene als Madame Schleyer, Hubert Kronlachner (Herr von Lips), Gerd Kunath (Stifler), Wolfgang Kraßnitzer (Sporner), Urs Hefti (Wixer), Bert Oberdorfer (Gluthammer), Branko Samarovski (Krautkopf), Lore Brunner (Kathi), Waldemar Schütz (Staubmann), Franz Xaver Zach (Anton), Dietz-Werner Steck (Joseph), Hansjürgen Gerth (Christian) u.a.

17.11.1978
Schauspiel
DREI SCHWESTERN
Von Anton Tschechow
R Claus Peymann
B/K Ilona Freyer
M Hansgeorg Koch
Mit Kirsten Dene als Olga, Barbara Nüsse (Mascha), Therese Affolter (Irina), Ulrich Pleitgen (Andrej), Lore Brunner (Natalja), Wolfgang Höper (Kulygin), Traugott Buhre (Werschinin), Manfred Zapatka (Tusenbach), Peter Brombacher (Soljony), Wolfgang Schwalm (Tschebutykin), Ulrich Gebauer (Fedotik), Urs Hefti (Rode), Helmut Kraemer (Ferapont), Edith Heerdegen (Anfisa).

*Rollenverzeichnis Kirsten Dene*

05.04.1979
Schauspiel
DER BALKON
Von Jean Genet
R Christoph Nel
B Ilona Freyer
K Barbara Bilabel
M Jürgen Tamchina
Mit Kirsten Dene als Madame Irma und Chantal, Traugott Buhre (Der Bischof und Marc), Wolfgang Kraßnitzer (Der Richter und Luc), Urs Hefti (Der General und Armand), Peter Sattmann (Der Präsident und Roger), Branko Samarovski (Der Gesandte), Susanne Tremper (Carmen), Wolfgang Höper (Arthur/Scharfrichter/Der Bettler/Sklave), Bert Oberdorfer, Erika Skrotzki, Charlotte Joss, Lore Brunner, Li Monty, Gerd Kunath.

29.06.1979
Uraufführung
Schauspiel
VOR DEM RUHESTAND
Von Thomas Bernhard
R Claus Peymann
B Karl-Ernst Herrmann
K Joachim Herzog
Mit Kirsten Dene als Clara, Eleonore Zetzsche (Vera), Traugott Buhre (Rudolf Höller).

## 1979 – 1986
### Schauspielhaus Bochum

11.01.1980
Schauspielhaus
PROMETHEUS
Dramatisches Fragment von Johann Wolfgang von Goethe
R Claus Peymann
B/K Karl-Ernst Herrmann
Mit Kirsten Dene als Pandora, Branko Samarovski (Prometheus), Martin Schwab (Merkur), Ulrich Pleitgen (Jupiter), Barbara Nüsse (Minerva), Robert Giggenbach, Helmut Kraemer, George Meyer-Goll.

Wurde in der Eröffnungsspielzeit als Prolog zur Inszenierung von Torquato Tasso gespielt.

11.01.1980
Schauspielhaus
TORQUATO TASSO
Von Johann Wolfgang von Goethe
R Claus Peymann
B/K Karl-Ernst Herrmann
Mit Kirsten Dene als Leonore Sanvitale, Ulrich Pleitgen (Alphons II.), Barbara Nüsse (Leonore von Este), Branko Samarovski (Torquato Tasso), Martin Schwab (Antonio).

22.01.1980
Schauspielhaus
IPHIGENIE AUF TAURIS
Von Johann Wolfgang Goethe
R Claus Peymann
B/K Ilona Freyer
Mit Kirsten Dene als Iphigenie, Branko Samarovski (Thoas), Martin Schwab (Orest), Gert Voss (Pylades), Traugott Buhre (Arkas).
Wiederaufnahme der Inszenierung, die in Stuttgart am 11.11.1977 Premiere hatte und dort 45 Mal gegeben wurde; in Bochum 65 Vorstellungen.

29.01.1980
Schauspielhaus
VOR DEM RUHESTAND
Von Thomas Bernhard
R Claus Peymann
B Karl-Ernst Herrmann
K Joachim Herzog
Mit Kirsten Dene als Clara, Eleonore Zetzsche (Vera), Traugott Buhre (Rudolf Höller).
Wiederaufnahme der Stuttgarter Uraufführungsinszenierung, die am 29.06.1979 Premiere hatte. In Stuttgart sechs Vorstellungen, in Bochum 14.

27.03.1980
Schauspielhaus
DIE FLEDERMAUS
Operette von Johann Strauß
Text nach H. Meilhac und L. Halévy von C. Haffner und R. Genée Musikalische Fassung für 16 Instrumente von Hansgeorg Koch
Textfassung von Adolf Dresen
R Adolf Dresen
B/K Pieter Hein
Musikalische Leitung von Hansgeorg Koch
Mit Kirsten Dene als Rosalinde, Manfred Zapatka (Eisenstein), Cordula Gerburg (Adele), Bernd Birkhahn (Alfred), Wolfgang Schwalm (Dr. Blind), Bert Oberdorfer (Dr. Falke), Martin Schwab (Frank), Jessica Früh (Ida), Herbert Grönemeyer (Orlofsky), Branko Samarovski (Frosch) u. v. a. als Ballettratten, Lebemänner und Nichtstuer.

20.09.1980
Schauspielhaus
Uraufführung
UNSERE REPUBLIK
Ein deutsches Singspiel
Von Uwe Jens Jensen und Hansgeorg Koch
R Uwe Jens Jensen/Hansgeorg Koch
B Manfred Dittrich
K Karin Seydtle
Mit Kirsten Dene, Jessica Früh/Henriette Cejpek, Mechthild Hauptmann/Julia von Sell, Rotraut Rieger/Cordula Gerburg, Barbara Ploch, Anneliese Römer, Bernd Birkhahn, Wolfgang Kraßnitzer/Ulrich Pleitgen/Thomas Schendel, Helmut Kraemer, Karl Menrad/Christian Berkel, Bert Oberdorfer, Johann Adam Oest, Martin Schwab, Hans-Christian Seeger/Ulrich Gebauer, Volker Spahr/Sylvester Schmidt, Franz-Xaver Zach.
95 Aufführungen bis 1986.

23.10.1980
BO-Fabrik
Uraufführung
SUSN
Von Herbert Achternbusch
R Vera Sturm
B/K Karl Kneidl
Mit Kirsten Dene als Susn, Bettina Redlich, Daphne Moore, Beate Tschudi, Lore Stefanek, Till Hoffmann, Alfred Kirchner, Branko Samarovski, Franz-Xaver Zach, Rupert J. Seidl, Volker Störzel, Gert Voss, Peter Sattmann.
Im Anschluss an diese Aufführung fand im Schauspielhaus die Uraufführung von Achternbuschs Stück KUSCHWARDA CITY statt, inszeniert von Alfred Kirchner.

01.04.1981
Schauspielhaus
MUTTER COURAGE UND IHRE KINDER
Von Bertolt Brecht
Musik von Paul Dessau
R Alfred Kirchner
B/K Marietta Eggmann
Musikalische Einrichtung Hansgeorg Koch
Mit Kirsten Dene als Courage, Jessica Früh (Kattrin), Franz-Xaver Zach (Eilif), Ulrich Gebauer (Schweizerkas), Bernd Birkhahn (Der Werber, Zeugmeister und Soldaten), Johann Adam Oest (Feldwebel, mehrere Soldaten), Martin Schwab (Koch), Till Hoffmann (Feldhauptmann, Soldaten, Der alte Bauer), Ulrich Pleitgen (Feldprediger), Lore Stefanek (Yvette Pottier), Claudia Burckhardt, Robert Giggenbach, Gottfried Lackmann (Der Tod).

18.08.1981
Salzburger Festspiele
Landestheater
Uraufführung
AM ZIEL
Von Thomas Bernhard
R Claus Peymann

235

B/K Karl-Ernst Herrmann
Mit Kirsten Dene als Die Tochter, Marianne Hoppe (Die Mutter), Branko Samarovski (Schriftsteller), Julia von Sell (Ein Mädchen).
Koproduktion mit dem Schauspielhaus Bochum, Premiere in Bochum am 22.10.1981.

**07.11.1981**
Schauspielhaus-Oberes Foyer
Uraufführung
DRAMOLETTE
Von Thomas Bernhard
R Uwe Jens Jensen/ Claus Peymann
B Annette Hoffmann, Karl Kneidl, Martin Kreyßig, Marion Strohschein
K Karin Seydtle, Stefanie Geiger
MAIANDACHT mit Kirsten Dene als Erste Nachbarin, Anneliese Römer, Helmut Erfurth, Sylvester Schmidt, Jessica Früh, Branko Samarovski, Martin Schwab, Volker Spahr, Conny Diem, Tana Schanzara, Helmut Kraemer.
A DODA mit Kirsten Dene als Erste Frau, Anneliese Römer (Zweite Frau).
EIS mit Kirsten Dene als Frau des Zweiten Ministerpräsidenten, Martin Schwab (Zweiter Ministerpräsident), Helmut Kraemer (Erster Minister-Präsident), Anneliese Römer (seine Frau), Branko Samarovski (Eisverkäuferaus der Türkei).
FREISPRUCH mit Kirsten Dene als Frau Mühlfenzl, Stadträtin, Martin Schwab, Sylvester Schmidt, Helmut Kraemer, Anneliese Römer, Tana Schanzara, Jessica Früh.
Außerdem wurden die Dramolette MATCH und ALLES ODER NICHTS gespielt.
- Die Bochumer Aufführung der Dramolette war Teil des Theaterspektakels Unsere Welt, 23 Aufführungen. Mit den Dramoletten gastierte das Bochumer Ensemble bei einem Thomas-Bernhard-Festival in Den Haag.

**07.06.1982**
Schauspielhaus
Uraufführung
UNSERE KLEINE STADT
Eine Märchenoper von Uwe Jens Jensen und Hansgeorg Koch
M Hansgeorg Koch
R Uwe Jens Jensen
B/K Peter Pabst
Musikalische Leitung Hansgeorg Koch/Kurt Böhm
Mit Kirsten Dene, Claudia Burckhardt, Jessica Früh, Tana Schanzara, Lore Stefanek, Eleonore Zetzsche, Ulrich Gebauer, Otto Kukla, Karl Menrad, George Meyer-Goll, Matthias Redlhammer, Franz-Xaver Zach.

**10.11.1982**
Schauspielhaus
DIE HERMANNSSCHLACHT
Von Heinrich von Kleist
R Claus Peymann
B Vincent Callara
K Ursula Renzenbrink
M Heiner Goebbels
Mit Kirsten Dene als Thusnelda, Gert Voss (Hermann), Hans Dieter Knebel (Eginhardt), Ulrich Wesselmann (Luitgar, Bote), Lore Brunner (Gertrud, Die Mutter), Branko Samarovski (Marbod, Childerich, Ein Ältester, Römischer Feldherr), Bernd Birkhahn (Komar, Dagobert, Cherusk. Hauptmann, Römischer Feldherr), Bert Oberdorfer (Wolf, Teuthold, Cherusk. Hauptmann, Bote), Johann Adam Oest (Thuiskomar, Cherusk. Hauptmann), Hansjürgen Gerth (Selgar, Cherusk. Hauptmann, Römischer Feldherr), Otto Kukla (Fust), Rupert J. Seidl (Gueltar, 2. Sohn Teutholds), Reiner Gross (Aristan, 1. Sohn Teutholds), Ulrich Pleitgen/Gottfried Lackmann (Quintilius Varus), Urs Hefti (Ventidius), Karl Menrad (Septimius), Claudia Burckhardt (Hally), Anneliese Römer (Eine Alraune), Daniela Wolf (Ein Mädchen), Klaus Kusenberg, Wolfgang Feige, Sylvester Schmidt und Ensemble (Römerheer, Bardenchor, Volk).

**12.02.1983**
Schauspielhaus
DIE WEBER
Von Gerhart Hauptmann
R Alfred Kirchner
B Karl Kneidl
Mit Kirsten Dene als Frau Dreissiger, Mutter Baumert und Luise Hilse, Manfred Karge (Dreissiger), Gottfried Lackmann (Pfeifer), Ortrud Beginnen (Frau Welzel), Ulrich Pleitgen (Hornig), Karl Meinrad (Der alte Wittig), Matthias Redlhammer (Bäcker), Hansjürgen Gerth (Moritz Jäger), Gert Voss/ Branko Samarovski (Der alte Baumert), Hans Dieter Knebel, Reiner Gross, Johann Adam Oest, Julia von Sell, Rupert J. Seidl, Lore Stefanek, Sylvester Schmidt, Franz-Xaver Zach, Urs Hefti, Bert Oberdorfer, Barbara Ploch, Bernd Birkhahn.

**22.04.1983**
Kammerspiele
Uraufführung
VERKOMMENES UFER MEDEAMATERIAL LANDSCHAFT MIT ARGONAUTEN
Von Heiner Müller
R Manfred Karge, Matthias Langhoff
B Matthias Langhoff
Masken und K Ursula Renzenbrink
M Andreas Breitscheid
Mit Kirsten Dene als Medea, Eleonore Zetzsche (Amme), Manfred Karge (Jason).

**29.09.1983**
Kammerspiele
DER EINGEBILDETE KRANKE
Von Molière
Deutsch von Johanna und Martin Walser
R Alfred Kirchner
B/K Antonio Recalcati
M Alfons Nowacki
Mit Kirsten Dene als Béline, Branko Samarovski (Argan), Evelyn Faber (Angélique), Silke Huber (Louise), Volker Spahr/Bernd Birkhahn (Béralde), Matthias Redlhammer (Cléante), Wolfgang Feige (Dr. Diafoirus), Karl Menrad/ Thomas Schendel (Dr. Purgon), Franz-Xaver Zach (Fleurant), Helmut Kraemer (Notar), Anneliese Römer (Toinette).

**23.11.1983**
Kammerspiele
VALENTINS OHRFEIGEN
Valentiaden von Karl Valentin
R Felix Prader
B Manfred Dittrich
K Karin Seydtle
M Alfons Nowacki
Mit Kirsten Dene, Lore Stefanek, Eleonore Zetzsche, Christian Berkel, Urs Hefti, Hans Dieter Knebel, Helmut Kraemer, Branko Samarovski, Franz-Xaver Zach.
24 Vorstellungen

**08.12.1983**
Schauspielhaus
Bühne hinter dem Eisernen Vorhang
WINTERREISE
Liederzyklus von Wilhelm Müller und Franz Schubert
Leitung Uwe Jens Jensen und Hansgeorg Koch
K Ursula Renzenbrink
Mit Kirsten Dene, Bernd Birkhahn, Urs Hefti, Bert Oberdorfer, Ulrich Pleitgen, Branko Samarovski, Thomas Schendel, Hansgeorg Koch.
16 Vorstellungen

*Rollenverzeichnis Kirsten Dene*

06.04.1984
Kammerspiele
Uraufführung
PEEPSHOW
Ein Rückblick von George Tabori
M Stanley Walden
R George Tabori
B/K Kazuko Watanabe
Mit Kirsten Dene (Dunkle Dame/KZ-Kränzchen), Branko Samarovski (Willie), Miriam Goldschmidt (Mutter/KZ-Kränzchen), Ursula Höpfner (Amme /Mops/Eine Hexe/KZ-Kränzchen), Eleonore Zetzsche (Frau Puha/Eine Hexe/KZ-Kränzchen), Julia von Sell (Die falsche Garbo/Lady O./Eine Hexe/KZ-Kränzchen), Gottfried Lackmann (Vater), Regina Gröger (Eine Souffleuse).

21.11.1984
Schauspielhaus
Deutschsprachige Erstaufführung
DÄMONEN
Von Lars Norén
R Claus Peymann
B Bernd Damovsky
K Joachim Herzog
Mit Kirsten Dene als Katharina, Gert Voss (Frank), Charlotte Schwab (Jenna), Urs Hefti (Thomas).

25.05.1985
Kammerspiele
LEONCE UND LENA
Von Georg Büchner
R Claus Peymann
B Anna Oppermann
K Jorge Jara
M Hansgeorg Koch
Mit Kirsten Dene als Gouvernante, Julia von Sell (Lena), Ulrich Gebauer (Leonce), Fritz Schediwy (Valerio), Gerd Kunath (König Peter), Matthias Redlhammer, Hans Dieter Knebel /Hans-Peter Korff, Urs Hefti, Imogen Kogge/Henriette Cejpek, Helmut Kraemer, Christian Berkel, Felix Bresser, Evelyn Faber.

1986 übersiedelte die Inszenierung ins Schauspielhaus, insgesamt 48 Vorstellungen.

17.08.1985
Salzburger Festspiele
Landestheater
Uraufführung
DER THEATERMACHER
Von Thomas Bernhard
R Claus Peymann
B Karl-Ernst Herrmann
K Jorge Jara
Mit Kirsten Dene als Frau Bruscon, Traugott Buhre (Bruscon), Martin Schwab (Ferruccio, deren Sohn), Josefin Platt (Sarah, deren Tochter), Hugo Lindinger (Wirt), Bibiana Zeller/Tana Schanzara (Wirtin), Crescentia Dünßer/Henriette Cejpek (Erna).

Die Inszenierung wurde von Claus Peymann ins Bochumer Schauspielhaus übernommen. Premiere am 21.09.1985.

18.10.1985
Schauspielhaus
WEEKEND IM PARADIES
Von Franz Arnold und Ernst Bach
R Alfred Kirchner
B Gero Troike
K Joachim Herzog
Mit Kirsten Dene als Tutti, Hans-Peter Korff (Breitenbach), Gottfried Lackmann (von Giersdorf), Manfred Karge (Dittchen), Ulrich Wesselmann (Winkler), Anneliese Römer (Adele Haubenschild), Lore Brunner (Hedwig), Traugott Buhre (Lehmann), Andrea Clausen (Lore Dietrich), Sylvester Schmidt (Wuttke), Hans Dieter Knebel (Seidel), Thomas Schendel (Badrian), Johann Adam Oest (Brose), Otto Kukla, Felix Bresser, Gabriele Gysi, Neven Nöthig, Henriette Cejpek.

22.12.1985
Kammerspiele
TUCHOLSKY-ABEND
LIEDER, BRIEFE, TEXTE
Leitung Vera Sturm
Musikalische Leitung Christoph Lehmann
Mit Kirsten Dene, Christian Berkel, Gerd Kunath, Bert Oberdorfer.
Neun Vorstellungen

08.02.1986
Schauspielhaus
Uraufführung
JOHN LENNON
Von Uwe Jens Jensen und Hansgeorg Koch
R Uwe Jens Jensen
Arrangements und musikalische Leitung Hansgeorg Koch
B Anette Schulz
K Peter Pabst
Mit Kirsten Dene, Sabine Bauer, Bernd Birkhahn, Felix Bresser, Andrea Clausen, Crescentia Dünßer, Evelyn Faber, Alexander Goebel (John Lennon), Urs Hefti, Stefan Jürgens, Bert Oberdorfer, Domenico Pecoraio, Doris Prilop, Matthias Redlhammer, Oliver Reinhard, Christiane zu Salm-Salm, Julia von Sell, Oliver Vorwerk, Ulrich Wesselmann, Franz-Xaver Zach, Uwe Zerwer, Klaus Zwick.
25 Vorstellungen

**Ab Spielzeit 1986/87 Burgtheater Wien**

18.08.1986
Salzburger Festspiele
Landestheater
Uraufführung
RITTER, DENE, VOSS
Von Thomas Bernhard
R Claus Peymann
B/K Karl-Ernst Herrmann
Mit Kirsten Dene als Ältere Schwester, Ilse Ritter als Jüngere Schwester, Gert Voss als beider Bruder Ludwig.
Koproduktion mit dem Burgtheater.

Wiener Premiere am 04.09.1986 im Akademietheater.
Bis zum 05.04.1997, inklusive mehrerer Gastspiele, wurden 116 Vorstellungen gespielt.

01.09.1986
Burgtheater
DER THEATERMACHER
Von Thomas Bernhard
R Claus Peymann
B Karl-Ernst Herrmann
K Jorge Jara
Mit Kirsten Dene als Frau Bruscon, Traugott Buhre (Bruscon), Martin Schwab (Ferruccio), Josefin Platt (Sarah), Hugo Lindinger/Rudolf Wessely/Josef Bierbichler/Branko Samarovski (Wirt), Bibiana Zeller (Wirtin), Regina Fritsch/Julia Wieninger/Tamara Metelka (Erna).
Wiederaufnahme der Salzburger/Bochumer Uraufführungsinszenierung vom 17.08.1985.
Von der Uraufführung bis 01.04.1999, inklusive mehrerer Gastspiele, fanden 123 Vorstellungen statt.

10.09.1986
Akademietheater
LEONCE UND LENA
Von Georg Büchner
R Claus Peymann
B Anna Oppermann
K Jorge Jara
M Hansgeorg Koch
Mit Kirsten Dene als Gouvernante, Ulrich Gebauer(Leonce), Julia von Sell (Lena), Gerd Kunath /Martin Schwab (König Peter), Fritz Schediwy (Valerio), Matthias Redlhammer, Johann Adam Oest, Urs Hefti, Thomas Wolff /Bernd Birkhahn, Bert Oberdorfer, Josefin Platt/Henriette Cejpek/Brigitta Furgler (Rosetta), Hans Dieter Knebel, Hansa Czypionka/Anselm Lipgens, Georg Wagner/Hansgeorg Koch.
Wiederaufnahme der Bochumer Inszenierung, die am

237

25.05.1985 Premiere hatte. Bis zum 13.06.1989 insgesamt 122 Vorstellungen.

**05.02.1987**
Burgtheater
RICHARD III.
Von William Shakespeare
Deutsch von Thomas Brasch
R Claus Peymann
B Karl-Ernst Herrmann
K Ursula Renzenbrink
M Heiner Goebbels
Mit Kirsten Dene als Elisabeth, Gert Voss (Richard), Karlheinz Hackl (Eduard IV., James Tyrell, Kardinal, Gerichtsschreiber), Josefin Platt (Prinz Eduard, Lady Anna), Caroline Koczan (Richard, Herzog von York), Fritz Schediwy (Herzog von Clarence), Anneliese Römer (Margaret), Annemarie Düringer (Herzogin von York), Thomas Wolff (Heinrich, Graf von Richmond u.a. Rollen), Gerd Kunath (Buckingham), Florian Liewehr (Herzog von Norfolk u.a. Rollen), Johann Adam Oest (Graf Rivers), Rudolf Wessely (William Hastings), Rudolf Buczolich (Stanley), Urs Hefti (Catesby), Bert Oberdorfer, Bernd Birkhahn, Hansa Czypionka, Hans Dieter Knebel, Heinz Schubert u.a.
68 Vorstellungen bis 14.10.1989.

**20.02.1987**
Burgtheater
DIE HERMANNSSCHLACHT
Von Heinrich von Kleist
R Claus Peymann
B Vincent Callara
K Ursula Renzenbrink
M Heiner Goebbels
Mit Kirsten Dene als Thusnelda, Gert Voss (Hermann), Hans Dieter Knebel (Eginhardt), Ulrich Wesselmann (Luitgar, Bote), Lore Brunner /Brigitta Furgler (Gertrud, Die Mutter), Rudolf Buczolich (Marbod, Römischer Feldherr), Bernd Birkhahn (Komar, Dagobert, Cherusk. Hauptmann, Römischer Feldherr), Bert Oberdorfer (Wolf, Teuthold, Childerich, Cherusk.Hauptmann, Bote), Johann Adam Oest (Thuiskomar, Ein Ältester, Cherusk. Hauptmann), Heinz Schubert (Selgar, Cherusk. Hauptmann, Römischer Feldherr), Matthias Redlhammer (Fust, 1. Sohn Teutholds), Hansa Czypionka (Gueltar, 2.Sohn Teutholds, Bote), Peter Wolfsberger (Aristan), Karlheinz Hackl (Quintilius Virus ), Urs Hefti (Ventidius), Karl Menrad/Christian Berkel (Septimius), Ulrike Beimpold (Hally), Thomas Wolff (Bärin), Nina Birkhahn (Ein Mädchen), Anneliese Römer/ Sonja Sutter (Alraune), Jörg Klettenheimer, Florian Liewehr/ Ulrich Reinthaller, Thomas Radleff, Alexander Rossi und Ensemble (Römerheer, Bardenchor, Volk).
Wiederaufnahme der Bochumer Inszenierung, die am 10.11.1982 Premiere hatte. Bis zum 21.06.1988 insgesamt 161 Vorstellungen.

**06.02.1988**
Burgtheater
DER STURM
Von William Shakespeare
Deutsch nach August Wilhelm von Schlegel von Vera Sturm und Claus Peymann
R Claus Peymann
B Karl-Ernst Herrmann
K Joachim Herzog
M Werner P. Pirchner
Mit Kirsten Dene als Caliban, Gert Voss (Prospero), Wolfgang Hübsch (Alonso), Heinz Schubert (Sebastian), Johann Adam Oest (Antonio), Ulrich Reinthaller (Ferdinand), Martin Schwab (Gonzalo), Karl Menrad (Adrian, Kapitän), Ignaz Kirchner (Trinculo), Fritz Schediwy (Stephano), Alexander Goebel (Ein Bootsmann), Oda Thormeyer (Miranda), Therese Affolter (Ariel), Caroline Koczan, Dunja Sowinetz.

**12.06.1988**
Burgtheater
ÖDIPUS, TYRANN
Von Sophokles
Nach Hölderlin von Heiner Müller
R und Bühne Matthias Langhoff
K Katrin Brack
Musik. Einrichtung Manos Tsangaris
Mit Kirsten Dene als Jokaste und Magd, Ignaz Kirchner (Ödipus), Ulrich Wesselmann/ Anselm Lipgens (Priester), Martin Schwab (Kreon), Gert Voss/Frank Hoffmann (Tiresias), Urs Hefti (Bote), Hans Dieter Knebel (Diener), Heinz Frölich/Jaromir Borek (Ein thebanischer Alter).

**04.11.1988**
Burgtheater
Uraufführung
HELDENPLATZ
Von Thomas Bernhard
R Claus Peymann
B/K Karl-Ernst Herrmann
Mit Kirsten Dene als Anna, Wolfgang Gasser (Professor Schuster), Elisabeth Rath (Olga), Karlheinz Hackl/Martin Schwab (Lukas), Marianne Hoppe /Eleonore Zetzsche (Hedwig), Frank Hoffmann /Klaus Höring/Rudolf Melichar (Professor Liebig), Bibiana Zeller/Regine Lutz (Frau Liebig), Detlev Eckstein (Herr Landauer), Anneliese Römer / Annemarie Düringer (Frau Zittel), Therese Affolter (Herta).
117 Vorstellungen bis 01.04.1999.

**23.03.1989**
Burgtheater
WILHELM TELL
Von Friedrich Schiller
R Claus Peymann
Mitarbeit Airan Berg
B/K Luciano Damiani
M Hansgeorg Koch
Mit Kirsten Dene als Hedwig, Gert Voss/ Martin Schwab (Geßler), Paul Hoffmann (Attinghausen), Ulrich Gebauer (Rudenz), Peter Fitz (Stauffacher), Kurt Sowinetz (Fürst), Josef Bierbichler (Tell), Klaus Höring (Rösselmann), Ignaz Kirchner (Petermann, Parricida), Johann Adam Oest (Ruodi), Markus Boysen (Melchtal), Brigitta Furgler (Gertrud), Regina Fritsch/Julia von Sell (Berta), Sonja Sutter (Armgard), Oliver Stern, Heinz Frölich, Peter Wolfsberger, Alexander Rossi, Pavel Landovsky, Dieter Witting, Florentin Groll, Florian Liewehr, Karl Menrad, Oda Thormeyer u.a.

**23.05.1989**
Akademietheater
AH...CA IRA ODER DIE SCHRITTE DER MENSCHHEIT SIND LANGSAM
Lieder und Texte von 1789 bis heute
Von Uwe Jens Jensen und Hansgeorg Koch
R Uwe Jens Jensen
Arrangements und Musik. Leitung Hansgeorg Koch
B Matthias Karch
K Ute Eicker
Mit Kirsten Dene, Andrea Eckert, Brigitta Furgler, Markus Boysen, Detlev Eckstein, Robert Meyer, Martin Schwab.
Neun Vorstellungen

**11.11.1989**
Burgtheater
DIE RATTEN
Von Gerhart Hauptmann
R Peter Palitzsch
B Herbert Kapplmüller

K Joachim Herzog
M Franz Wittenbrink
Mit Kirsten Dene als Frau John, Johann Adam Oest (John), Heinrich Schweiger/ Manfred Karge (Hassenreuter), Lotte Ledl (Frau Hassenreuter), Regina Fritsch / Andrea Clausen (Walburga), Heinz Frölich (Pastor Spitta), Markus Boysen (Erich Spitta), Maresa Hörbiger (Alice Rütterbusch), Martin Brambach (Bruno), Oda Thormeyer (Piperkarcka), Gertraud Jesserer (Frau Knobbe), Dunja Sowinetz (Selma), Jaromir Borek (Quaquaro) u. a.

20.04.1990
Akademietheater
DIE ZEIT UND DAS ZIMMER
Von Botho Strauß
R Cesare Lievi
B Daniele Lievi
K Mario Braghieri
Licht Gigi Saccomandi
Mit Kirsten Dene als Marie Steuber, Joachim Bißmeier/ Martin Schwab (Julius), Johann Adam Oest (Olaf), Günter Einbrodt (Der Mann ohne Uhr), Josefin Platt (Die Ungeduldige), Heinz Zuber (Frank Arnold), Oda Thormeyer (Die Schlaffrau), Florentin Groll (Der Mann im Wintermantel), Detlev Eckstein (Der völlig Unbekannte), Karl Pfeifer (Der Mann am Fenster), Elisabeth Rath (Eine Stimme).

21.12.1990
Burgtheater
DER ZERBROCHNE KRUG
Von Heinrich von Kleist
R Andrea Breth
B Gisbert Jäkel
K Dagmar Niefind
M Elena Chernin
Mit Kirsten Dene als Frau Marthe Rull, Wolfgang Gasser (Gerichtsrat Walter), Traugott Buhre (Adam), Jochen Tovote (Licht), Andrea Clausen (Eve), Florentin Groll (Veit Tümpel), Tobias Langhoff (Ruprecht), Katharina Tüschen (Frau Brigitte), Herbert Kucera, Alexander Rossi, Hilke Ruthner, Julia von Sell.

17.05.1991
Burgtheater
CLAVIGO
Von Johann Wolfgang Goethe
R Claus Peymann
B/K Karl-Ernst Herrmann
M Hansgeorg Koch
Mit Kirsten Dene als Sophie Guilbert, Ulrich Mühe (Clavigo), Paulus Manker (Carlos), Martin Schwab/August Zirner (Beaumarchais), Andrea Clausen (Marie Beaumarchais), Thomas Thieme (Guilbert), Roman Kaminski (Buenco) u.a.

15.02.1992
Burgtheater
MACBETH
Von William Shakespeare
Fassung nach der Übersetzung von Thomas Brasch
Pförtnerszene von Peter Turrini
R Claus Peymann
B Thilo Reuther
K Moidele Bickel
M Ronald Steckel
Licht Alan Burrett
Masken Kuno Schlegelmilch
Mit Kirsten Dene als Lady Macbeth, Gert Voss (Macbeth), Wolfgang Gasser (Duncan), Uwe Bohm/Martin Brambach (Malcolm), Martin Schwab (Banquo), Ignaz Kirchner/Robert Meyer (Macduff), Heinz Schubert (Lennox), Johann Adam Oest (Rosse), Tobias Langhoff/Boris Jacoby /Markus Boysen (Seyton), Gertraud Jesserer (Lady Macduff), Ursula Höpfner (Kammerfrau, Hexe), Johannes Krisch, Klaus Höring, Franz J. Csencsits, Hans Dieter Knebel, Bernd Birkhahn, Tim Kramer, Hermann Schmid, Gerhard Ernst, Urs Hefti u. a.

14.11.1992
Burgtheater
DER IMPRESARIO VON SMYRNA
Von Carlo Goldoni
R Claus Peymann
B/K Tobias Hoheisel
M Peter Fischer
Musikalische Einstudierung und am Klavier Georg Wagner
Mit Kirsten Dene als Tognina, eine venezianische Sängerin, Thomas Thieme (Ali), Robert Meyer (Carluccio), Ursula Höpfner (Lucrezia), Andrea Clausen (Annina), Urs Hefti (Pasqualino), Johann Adam Oest (Graf Lasca), Roman Kaminski (Maccario), Franz J. Csencsits (Nibio), Hans Dieter Knebel (Fabrizio), Heinz Schubert (Beltrame) und das Bühnenorchester der Bundestheater.

17.02.1993
Burgtheater
Uraufführung
ALPENGLÜHEN
Von Peter Turrini
R Claus Peymann
B/K Karl-Ernst Herrmann
Mit Kirsten Dene als Jasmine, Traugott Buhre (Der Blinde), Johannes Krisch (Der Junge), Florentin Groll/Michael Schönborn (Ein Tiroler Bergführer), 20 singende Touristen.
Koproduktion mit dem Hamburger Thalia-Theater, Premiere dort am 18.03.1993. Insgesamt 78 Vorstellungen: 37 in Wien, 21 in Hamburg und 1995 als Gastspielserie 20 in München am Residenztheater.

26.07.1993
Salzburger Festspiele
Landestheater
Uraufführung
DAS GLEICHGEWICHT
Von Botho Strauß
R Luc Bondy
B Karl-Ernst Herrmann
K Eva Dessecker
M Peter Fischer
Licht Konrad Lindenberg
Mit Kirsten Dene als Marianne Abel, Martin Benrath (Christoph Groth), Jutta Lampe (Lilly Groth), Michael Maertens (Markus Groth), Martin Schwab (Gregor Neuhaus), Hans-Peter Hallwachs (Jacques Le Coeur), Fritz Lichtenhahn (Mann vom Grünstreifen).

22.11.1993
Akademietheater
IM NAMEN DER LIEBE
Von Peter Turrini
Musik Hansgeorg Koch
Leitung Hermann Beil
Mit Kirsten Dene, Peter Turrini, Hansgeorg Koch
Acht Vorstellungen, Gastspiele in Linz und Stuttgart.

26.02.1994
Burgtheater
PEER GYNT
Von Henrik Ibsen
R Claus Peymann
B Achim Freyer
K Maria-Elena Amos
M Janusz Stoklosa
Musikalische Einstudierung Georg Wagner
Licht Kurt-Rüdiger Wogatzke
Mit Kirsten Dene als Der große Krumme, Memnons-Säule, Fremder Passagier, Der Magere; Ulrich Mühe (Peer Gynt), Annemarie Düringer/ Bibiana Zeller/Jutta Wachowiak (Aase), Regina Fritsch/ Ute Springer (Solvejg), Krista Birkner (Kornweib, Mädchen, Vogelschreie, Trolljunfer, Irre), Julia Wieninger/Therese Affolter (Kornweib, Ingrid, Die Grüngekleidete, Affe, Irre), Franz. J. Csencsits, Martin Brambach, Hans Dieter Knebel, Heinz Schubert, Sabine Orléans, Lore Brunner, Roman Kaminski, Markus Hering, Boris Jacoby, Johannes Krisch, Stefan Wieland, Caroline Koczan, Maria Happel, Rudolf Melichar,

Martin Schwab, Elisabeth Augustin, Johann Adam Oest u. a.

**06.05.1994**
Akademietheater
TORQUATO TASSO
Von Johann Wolfgang Goethe
R Cesare Lievi
B Paul Lerchbaumer
K Wilhelmine Bauer
Licht Gigi Saccomandi
Mit Kirsten Dene als Leonore Sanvitale, Branko Samarovski (Alfons), Therese Affolter (Leonore von Este), Udo Samel (Torquato Tasso), Peter Fitz (Antonio).

**05.11.1994**
Akademietheater
Uraufführung
RASTSTÄTTE ODER SIE MACHENS ALLE
Von Elfriede Jelinek
R Claus Peymann
B Karl-Ernst Herrmann
K Maria-Elena Amos
M Peter Fischer
Mit Kirsten Dene als Isolde, Martin Schwab (Kurt), Maria Happel (Claudia), Hans Dieter Knebel (Herbert), Traugott Buhre /Nicholas Ofczarek (Kellner), Heinz Schubert (Bär), Rudolf Melichar (Elch), Hermann Schmid/Karl Hoess (Mann 1), Therese Affolter (Frau 1, Japanischer Philosophiestudent), Hermann Scheidleder (Mann 2), Josefin Platt / Julia Wieninger/ Brigitta Furgler (Frau 2, Japanischer Philosophiestudent) u. v. a.

**13.05.1995**
Burgtheater
Uraufführung
DIE SCHLACHT UM WIEN
Von Peter Turrini
R Claus Peymann
B Karl-Ernst Herrmann
K Anna Eiermann
M Hansgeorg Koch
Kirsten Dene als Frau des Manns in Freizeitkleidung, Johann Adam Oest (Der Mann in Freizeitkleidung), Roman Kaminski (Der liebe Gott), Regina Fritsch/Anja Kirchlechner (Das junge Mädchen), Sylvester Groth/Markus Hering (Der Cellospieler),Traugott Buhre (Der alte Mann), Martin Schwab (Der Theaterdirektor), Sabine Orléans (Die Operettensängerin), Robert Meyer (Der kleine Mann) u.a.

**11.11.1995**
Burgtheater
INGEBORG BACHMANN. WER?
R Claus Peymann
B Peter Schubert
K Margit Koppendorfer
Mit Kirsten Dene, Therese Affolter, Krista Birkner, Ursula Höpfner, Anja Kirchlechner, Julia von Sell, Ute Springer, Roman Kaminski, Otmar Klein (Sopransaxophon).
30 Vorstellungen bis 09.05.1997.

**04.04.1996**
Burgtheater
Uraufführung
TOSCA!
Von Christoph Schuenke und Michael Simon
Nach Victorien Sardou
R und Raum Michael Simon
Mitarbeit und Choreographie Ron Thornhill
K Anna Eiermann
M Achim Kubinski
Mit Kirsten Dene als Floria Tosca, Fritz Schediwy (Baron Scarpia), Michael Rotschopf (Marion Cavaradossi), Markus Hering (Cesare Angelotti), Anja Kirchlechner (Giulia Attavanti), Haymon Maria Buttinger (Spoletta), Heinz Frölich (Eusebio, der Mesner), Georg Wagner (Musikalische Leitung, Klavier), Otmar Klein (Saxophon, Klarinette) und das Bühnenorchester der Bundestheater
Zwölf Vorstellungen

**15.06.1996**
Burgtheater
ORPHEUS IN DER UNTERWELT
Opéra bouffon von Jacques Offenbach
Libretto nach Hector Crémieux und Ludovic Halévy von Adolf Dresen
R Adolf Dresen
B/K Peter Schubert
Musik. Leitung Peter Keuschnig
Mit Kirsten Dene als Juno, Robert Meyer (Orpheus), Stella Fürst (Eurydike), Ulrike Beimpold/Elisabeth Augustin (Öffentliche Meinung), Wolfgang Gasser (Pluto), Branko Samarovski (Herr Klopatschek, Jupiter), Sylvia Lukan (Venus), Maria Happel/Gabriele Schuchter (Diana), Peter Matic (Mars), Bernd Birkhahn (Merkur), Michael Rotschopf (Cupido), Martin Schwab (John vom Styx) u.v.a. als Reporter, Götterchor und Höllenchor, Kurt Gold (Klavier), Georg Wagner (Synthesizer).
Und das Bühnenorchester der Bundestheater
29 Vorstellungen bis 30.12.1997

**15.11.1996**
Akademietheater
DER TODESTANZ
Von August Strindberg
R Dieter Giesing
B Rolf Glittenberg
K Dirk von Bodisco
M Janusz Stoklosa
Tanz Johann Kresnik
Mit Kirsten Dene als Alice, Hans Michael Rehberg (Edgar), Joseph Lorenz (Kurt), Claudia Bühlman/Mascha Pörzgen (Jenny).

**27.06.1997**
Akademietheater
DIE UNTERRICHTSSTUNDE
Von Eugène Ionesco
Mit Kirsten Dene als Dienstmädchen, Martin Schwab (Professor), Ursula Höpfner (Schülerin).
DIE KAHLE SÄNGERIN
Von Eugène Ionesco
Mit Kirsten Dene als Mrs. Smith, Branko Samarovski (Mr. Smith), Markus Hering (Mr. Martin), Julia von Sell (Mrs. Martin), Ursula Höpfner (Mary), Martin Schwab (Feuerwehrhauptmann).
R Tamás Ascher
B Zsolt Khell
K Györgyi Szakácz
Licht Támas Bányaj
M István Márta

**03.04.1998**
Akademietheater
Uraufführung
DIE LIEBE IN MADAGASKAR
Von Peter Turrini
R Matthias Hartmann
B Karl-Ernst Herrmann
K Angelika Rieck
M Rainer Jörissen
Mit Kirsten Dene als Die Schauspielerin, Otto Schenk (Johnny Ritter), Ingrid Burkhard (Die alte Frau), Theresa Mandl (Der fette Engel), Thomas Limpinsel (Die Stimme von Kinski), Hilke Ruthner (DieBankangestellte), Hermann Schmid (Der Abteilungsleiter), Anja Kirchlechner (Die Stewardeß), Wolfgang Gasser (Vorsitzender des Konsortiums) u. a.

**30.09.1998**
Akademietheater
CLAUS PEYMANN KAUFT SICH EINE HOSE UND GEHT MIT MIR ESSEN
Drei Dramolette von Thomas Bernhard
R Philip Tiedemann
B Etienne Plüss
K Margit Koppendorfer
Mit Kirsten Dene als Frl. Schneider, Thomas Bernhard, Hermann Beil; Martin Schwab als Peymann.

15.01.1999
Burgtheater
VOR DEM RUHESTAND
Von Thomas Bernhard
R Claus Peymann
B Karl-Ernst Herrmann
K Joachim Herzog
Mit Kirsten Dene als Clara, Eleonore Zetzsche als Vera, Traugott Buhre als Rudolf Höller.
Wiederaufnahme der Stuttgarter Uraufführungsinszenierung von 1979.
In Wien 14 Vorstellungen.

08.10.1999
Burgtheater
BAKCHEN
Von Euripides/ Raoul Schrott
R Silviu Purcarete
B/K Helmut Stürmer
M Iosif Hertea
Musikalische Einstudierung Anton Gisler
Mit Kirsten Dene als Agaue, Sylvie Rohrer (Dionysos), Heinz Schubert (Tiresias), Wolfgang Gasser (Kadmos), Nicholas Ofczarek (Pentheus). Als der Chor der Bakchen: Elisabeth Augustin, Gabriele Buch, Johanna Eiworth, Ulli Fessl, Helma Gautier, Maresa Hörbiger, Else Ludwig, Elisabeth Orth, Hilke Ruthner, Simona Sbaffi, Sandra Maria Schöner, Dunja Sowinetz, Katrin Stuflesser, Isabella Szendzielorz, Bibiana Zeller.

04.02.2000
Akademietheater
DIE ZOFEN
Von Jean Genet
Deutsch von Simon Werle
R Ursula Voss, Ignaz Kirchner, Gert Voss
B Katrin Brack
K Ilona Glöckel
M Gert Bessler
Mit Kirsten Dene als Madame, Gert Voss als Claire, Ignaz Kirchner als Solange.

08.04.2000
Burgtheater
POMPES FUNÈBRES
Von Franz Wittenbrink
R und Musikalische Leitung Franz Wittenbrink
B Barbara Ehnes
K Annabelle Witt
Mit Kirsten Dene, Ulrike Grote, Birgit Minichmayr (Trauerfamilie 2), Dunja Sowinetz, Stefanie Dvorak (Trauerfamilie 1), Hermann Scheidleder, Heinz Zuber (Zwei Pompfüneberer), Peter Wolfsberger (Ein Besucher), Bernd Birkhahn (Ein Bewohner), Nicholas Ofczarek (Ein Fremder), Gusti Wolf (Eine Verkäuferin); Musiker: Franz Wittenbrink/ Matthias Stötzel (Klavier), Fritz Feger/Roland Schueler (Cello).

12.04.2000
Berliner Ensemble
DER THEATERMACHER
Von Thomas Bernhard
R Claus Peymann
B Karl-Ernst Herrmann
K Jorge Jara
Mit Kirsten Dene als Frau Bruscon, Traugott Buhre (Bruscon), Martin Schwab (Ferruccio), Josefin Platt (Sarah), Josef Bierbichler (Der Wirt), Carmen-Maja Antoni (Die Wirtin), Katja Danowski (Erna)
Wiederaufnahme der zuerst bei den Salzburger Festspielen am 17.08.1984 gezeigten Aufführung.

02.10.2000
Staatsoper Wien
DIE JAKOBSLEITER
Von Arnold Schönberg
R und Bühne Marco Arturo Marelli
K Dagmar Niefind-Marelli
Dirigent Michael Boder
Mit Kirsten Dene als Die Sterbende, Franz Hawlata (Gabriel), Hubert Delamboye, John Dickie, Wolfgang Bankl, Peter Weber (Der Auserwählte), Heinz Zednik, Milagros Poblador, Ileana Tonca.
Die Jakobsleiter wurde zusammen mit Puccinis Gianni Schicchi gespielt.

24.07.2001
Salzburger Festspiele
Landestheater
Uraufführung
DIE UNSICHTBARE
Von Christoph Ransmayr
R Claus Peymann
B Karl-Ernst Herrmann
K Johanna Pfau
Mit Kirsten Dene als Frau Stern / Alcyone, Hans Kremer (Herr Carl/Ceyx/Chor), Gerd Kunath (Professor Rose/ Bühnentechniker/Urlauber/Chor), Ursula Höpfner (Frau Strauss /Lady O'Shea /Urlauberin /Chor), Oliver Stern (Herr Schreier/Captain Beecher/Urlauber/Chor), Jürgen Stössinger (Herr Mund/ Urlauber/Chor), Maria Happel (Frau Steppan/Urlauberin/Chor), Alexander Döring (Herr Schwarz/Bühnentechniker/Urlauber/ Chor), Ruth Glass (Bühnentechnikerin/Urlauberin/ Chor), Boris Jacoby (Bühnentechniker/Urlauber/Chor), Matthias Walter (Bühnentechniker /Urlauber /Chor), Aline Staskowiak (Bühnentechnikerin/ Urlauberin/Chor), Otto Sander (Sankt Florian).
Koproduktion mit dem Berliner Ensemble, Premiere in Berlin am 19.09.2001.

03.03.2002
Akademietheater
Uraufführung
GILGAMESH
Von Raoul Schrott
R Theu Boermans
B Bernhard Hammer
K Hildegard Altmeyer
Kirsten Dene als Ninsun und Uta-napishti's Frau, Roland Koch (Gilgamesch), Markus Hering (Enkidu), Dorothee Hartinger (Shamhat), Sylvia Haider (Ishtar), Bibiana Zeller (Mammitum), Adrian Furrer (Enlil), Robert Reinagl (Anu), Didi Bruckmayr (Enki), Edmund Telgenkämper (Shamash), Roland Kenia (Ur-shanabi / Shanggashu), Rudolf Melichar (Neti), Ignaz Kirchner (Uta-napishti).

03.05.2002
Akademietheater
DER WALD
Von Alexander Ostrowskij
Deutsch von Anna Lengyel und Wolfgang Wiens
R Tamás Ascher
B Zsolt Khell
K Györgyi Szakács
M Márton Kovács
Licht Tamás Bányai
Mit Kirsten Dene als Gurmyschskaja, Agnes Riegl (Axjuscha), Florian Liewehr (Milonow), Heinz Schubert (Bodajew), Florentin Groll (Wosmibratow), Daniel Jesch (Pjotr), Michele Cuciuffo (Bulanow), Sven-Eric Bechtolf (Gennadij), Martin Schwab (Arkadij), Hans Dieter Knebel (Karp), Hilke Ruthner (Ulita).

31.10.2002
Burgtheater
GLAUBE LIEBE HOFFNUNG
Von Ödön von Horváth
R Martin Kusej
B Martin Zehetgruber
K Heidi Hackl
M Bert Wrede
Licht Reinhard Traub
Mit Kirsten Dene als Irene Prantl, Sylvie Rohrer (Elisabeth), Werner Wölbern (Schupo Alfons), Bernd Birkhahn (Oberpräparator), Ignaz Kirchner (Präparator), Michele Cuciuffo (Vizepräparator), Paul Wolff-Plotegg (Der Baron mit dem Trauerflor), Barbara Petritsch (Frau Amtsgerichtsrat), Florentin Groll (Amtsgerichtsrat),

Hermann Scheidleder (Ein Invalider), Martin Schwab (Ein Buchhalter), Sabine Haupt (Maria), Franz J. Csencsits (Oberinspektor), Johannes Terne (Dritter Schupo), Michael Masula (Joachim).

04.04.2003
Burgtheater
DIE ZEIT DER PLANCKS
Von Sergi Belbel
R Philip Tiedemann
B Etienne Plüss
K Franz Lehr
M Jörg Gollasch
Mit Kirsten Dene als Sara, Peter Simonischek (Planck), Regina Fritsch (Laura), Sylvie Rohrer (Rosa), Nicola Kirsch (Anna), Maria Happel (Maria), Johannes Krisch (Max).

10.06.2004
Akademietheater
BAUMEISTER SOLNESS
Von Henrik Ibsen
R Thomas Ostermeier
B Jan Pappelbaum
K Anja Maier
M Matthias Trippner
Mit Kirsten Dene als Aline Solness, Gert Voss (Halvard Solness), Urs Hefti (Doktor Herdal), Branko Samarovski (Knut Brovik), Markus Gertken (Ragnar Brovik), Sabine Haupt (Kaja Fosli), Dorothee Hartinger (Hilde Wangel).

03.09.2004
Berliner Ensemble
RITTER, DENE, VOSS
Von Thomas Bernhard
R Claus Peymann
B/K Karl-Ernst Herrmann
Mit Kirsten Dene (Seine ältere Schwester), Ilse Ritter (Seine jüngere Schwester), Gert Voss (Ludwig).
Wiederaufnahme der Uraufführungsinszenierung vom 18.08.1986.

26.10.2004
Burgtheater
Uraufführung
MOZART WERKE GES.M.B.H.
Von Franz Wittenbrink
R und Musik. Leitung Franz Wittenbrink
Co-R Stephanie Mohr
Kapellmeister Klaus David Erharter
B Thomas Dreißigacker
K Johanna Lakner
Choreographie Daniela Mühlbauer
Mit Kirsten Dene als Frau des Fabrikbesitzers, Bernd Birkhahn (Fabrikbesitzer), Juergen Maurer (Der Vorarbeiter), Dorothee Hartinger, Pauline Knof, Charles Maxwell, Denis Petkovic (Die Fabrikarbeiter), Raphael von Bargen (Die Reinigungskraft), Gusti Wolf (Die Fremdenführerin), Hermann Scheidleder (Der Mozart-Koordinator), Daniela Mühlbauer (Dolly)
Klaus David Erharter /Franz Wittenbrink (Klavier), Andy Radovan (Gitarre).

18.02.2005
Akademietheater
ERNST IST DAS LEBEN (BUNBURY)
Von Oscar Wilde
Deutsche Fassung von Elfriede Jelinek nach einer Übersetzung von Karin Rausch
Liedtexte: Rocko Schamoni /Falk Richter
R Falk Richter
M Rocko Schamoni und Jonas Landerschier
B Katrin Hoffmann
K Martin Kraemer
Mit Kirsten Dene als Lady Bracknell, Roland Koch (John Worthing), Michael Maertens (Algernon), Johann Adam Oest (Pastor Chasuble), Michael Gempart (Merriman), Thiemo Strutzenberger (Lane), Dorothee Hartinger (Gwendolen) Christiane von Poelnitz (Cecily), Libgart Schwarz (Miss Prism).

08.10.2005
Akademietheater
Uraufführung
WIR WOLLEN DEN MESSIAS JETZT ODER DIE BESCHLEUNIGTE FAMILIE
Von Franzobel
R Karin Beier
B Thomas Dreißigacker
K Elke Gattinger
M Jörg Gollasch
Mit Kirsten Dene als Mutter, Bernd Birkhahn (Vater), Joachim Meyerhoff (Jesus), Christiane von Poelnitz (Caroline), Johannes Krisch (Jakob), Meriam Abbas (Raja), Michael Masula (Slawist), Roland Kenda (Geile Alte), Barbara Petritsch (Magdalena) und Musiker.

14.06.2006
Akademietheater
ARSEN UND SPITZENHÄUBCHEN
Von Joseph Kesselring
R Barbara Frey
B Bettina Meyer
K Bettina Munzer
Mit Kirsten Dene als Abby Brewster, Libgart Schwarz (Martha Brewster), Urs Hefti (Teddy Brewster), Michael Maertens (Mortimer Brewster), Peter Simonischek (Jonathan Brewster), Johann Adam Oest (Dr. Einstein), Maria Happel (Elaine Harper), Peter Matic (Dr. Harper/Mr. Gibbs/O'Hara, Polizist), Karim Chérif, Heinz Zuber, Peter Wolfsberger.

## Film und Fernsehen

KESSELFLICKERS HOCHZEIT
Aus der Reihe *Die Theaterwerkstatt*
Von J. M. Synge
Nachdichtung Erich Fried
R Gerlach Fiedler
Mit Kirsten Dene als Sarah Casey, Götz George, Sonja Karzau, Paul Edwin Roth
Eine Produktion des SFB
N3 13.11.1972
Spieldauer 70'

AUGUSTE BOLTE
Von Kurt Schwitters
Drehbuch und Regie Gerd Winkler
Mit Kirsten Dene als Annalouise, Cornelia Froboess (Auguste Bolte), Gisela Trowe (Mama Bolte), Alexander May (Klavierlehrer), Alwin-Michael Rueffer (Professor Hahnemann), Richard Eckemecker, Heinz Meier
BRD 1974
Spieldauer 47'

MINETTI
Ein Porträt des Künstlers als alter Mann
Von Thomas Bernhard
R Claus Peymann
Fernsehaufzeichnung der Stuttgarter Inszenierung, die am 01.09.1976 Premiere hatte.
ZDF, 04.05.1977

DER DIENER ZWEIER HERREN
Von Carlo Goldoni
R Niels-Peter Rudolph
Fernsehaufzeichnung der Stuttgarter Inszenierung, die am 22.06.1976 Premiere hatte.
ZDF, 30.01.1978, Wh. 14.08.1983
Spieldauer 120'

IPHIGENIE AUF TAURIS
Von Johann Wolfgang von Goethe
R Claus Peymann
Fernsehaufzeichnung der Stuttgarter Inszenierung, die am 11.11.1977 Premiere hatte.
HR3, 14.05.1978, Wh 20.05.1978, WDR3 10.03.1979, ORF2 28.03.1984
Spieldauer 120'

TORQUATO TASSO
Von Johann Wolfgang von Goethe
R Claus Peymann
Fernsehaufzeichnung der Bochumer Inszenierung, die am

11.01.1980 Premiere hatte.
ZDF 26.04.1980; Wh
11.11.1985, 13.01.1988, ORF2
05.06.1982
Spieldauer 160'

Kolossale Liebe
Biographischer Film über
Rahel Varnhagen
Buch und Regie Jutta Brückner
Bild Wolfgang Hundhammer
Kamera Horst Heisler
Mit Kirsten Dene als Rahel
Varnhagen, Ulrich Gebauer,
Ilse Künkele, Sandra Marcus,
Richard Münch, Lutz Weidlich u.a.
Gedreht 1981
ZDF 30.05.1984
Fernsehfassung 101', gesendet
80'

Kiez
Aufstieg und Fall eines Luden
Drehbuch nach einem Stück
von Peter Greiner
Von Walter Bockmayer und
Rolf Bührmann
R Walter Bockmayer und
Rolf Bührmann
Mit Kirsten Dene als Frau
Rau, Wolf-Dietrich Sprenger
(Knut), Katja Rupé (Heinke),
Brigitte Janner (Ditte), Karl-
Heinz von Hassel (Charly),
Rainer Philippi (Nil), Christoph Eichhorn (Julia),
Hanna Seifert, Nicola Kotoulas, Tana Schanzara, Christiane Lemm, Beate Hasenau,
Magdalena Montezuma,
Friedrich Schönfelder u.a.
Spieldauer 106'
1983

Die Hermannsschlacht
Von Heinrich von Kleist
R Claus Peymann
Fernsehfilm der Regina-
Ziegler-Filmproduktion nach
der Bochumer Bühneninszenierung, die am 10.11.1982
Premiere hatte.
ZDF 15.05.1984, ORF1
13.01.1985, 3SAT 03.01.1987
Spieldauer 135'

Der eingebildete Kranke
Von Molière
R Alfred Kirchner
Fernsehaufzeichnung der Bochumer Inszenierung, die am
29.09.1983 Premiere hatte.
WDR3 29.04. 1984, H3
29.12.1984
Spieldauer 126'

Ritter, Dene, Voss
Von Thomas Bernhard
Regie und Fernsehregie Claus
Peymann
Mit Kirsten Dene, Ilse Ritter,
Gert Voss
Aufzeichnung der Inszenierung im Wiener Akademietheater, die am 04.09.1986
Premiere hatte.
Tele-Theater Wien
ORF1 06.01.1988, ZDF
02.08.1988, 3SAT 06.01.1989
Spieldauer 190'

Heldenplatz
Von Thomas Bernhard
R Claus Peymann
Fernsehaufzeichnung der
Wiener Inszenierung, die am
04.11.1988 Premiere hatte.
ORF2 29.11.1989, ZDF
28.02.1990
Spieldauer 205'

Das Plakat
Drehbuch von Peter Turrini
und Peter Palla
R Dieter Berner
Kamera Tom Fährmann
Ausstattung Angela Hareiter
K Anna Georgiades
M Mathias Rüegg
Mit Kirsten Dene als Dolmetscherin, Helmut Berger
(Karl), Annette Uhlen (Olga),
Dietrich Siegl (Kurt), Dietmar
Schönherr (Rafft), Gert
Voss (russischer Offizier),
Karlheinz Hackl (Zauberer),
Kurt Sowinetz (Hrusa), Hans
Brenner (Priessnitz)
Fernsehfilmproduktion Scheiderbauer
ORF 1989
Spieldauer 85 '

Wilhelm Tell
Von Friedrich Schiller
R Claus Peymann
Fernsehaufzeichnung
der Wiener Inszenierung
im Burgtheater, die am
23.03.1989 Premiere hatte.
Erstsendung ORF 1990

Der Theatermacher
Von Thomas Bernhard
R Claus Peymann
Fernsehaufzeichnung des bei
den Salzburger Festspielen
am 17.08.1985 uraufgeführten
Stückes, Wiener Premiere am
01.09.1986.
Erstsendung ORF 1990

Ich bin da, ich bin da
Von Herbert Achterbusch
Buch und Regie Herbert
Achternbusch
Mit Kirsten Dene als
Countess Donna Konquistadora, Herbert Achternbusch (Hick), Rachel Bailey,
Annamirl Bierbichler, Sabine
Brugger, Barbara Gass, Sabine
Brugger, Uschi Burkhart,
Bettina Hauenschild (Rossa),
Horst Kotterba (Chester),
Elke Hardegger, Brigitte
Kastl, Christian Lerch,
Andrea Mittenmaier, Klaus
Ortner u. a
Spieldauer 107 Min'
Gedreht 1993

Ein letzter Wille
Fernsehspiel von Beate
Langmaack
R Kai Wessel
Mit Kirsten Dene, Angela
Winkler (Susanne Elling),
Gottfried John (Paul Elling),
Lotte Loebinger(Tina), Gerhard Garbers, Brigitte Janner,
Werner Schwuchow, Dietmar
Mues, Camillo D'Ancona
(Luigi), Hans Paetsch (Dr.
Ivens), Joachim Regelien u. a.
Gedreht 1994
Erstsendung ARD 1995
Spieldauer 92'

Mozart Werke Ges.m.b.H
Von Franz Wittenbrink
Regie und musikalische Leitung Franz Wittenbrink
Co-Regie Stephanie Mohr
B Thomas Dreißigacker
K Johanna Lakner
Choreographie Daniela
Mühlbauer
Mit Kirsten Dene als Frau des
Fabrikbesitzers.
Fernsehaufzeichnung der
Inszenierung des Wiener
Burgtheaters, die am
26.10.2004 Premiere hatte.
ZDF Theaterkanal 12.01.2006
Spieldauer 97'

# Lebensdaten

**Elisabeth Orth**

**1936**
Elisabeth Hörbiger wurde am 8. Februar 1936 in Wien geboren als älteste von drei Töchtern des Schauspielerehepaars Paula Wessely und Attila Hörbiger. Von einigen Monaten vor und nach Kriegsende 1945 im bombensicheren Ort Sölden im Ötztal und in Innsbruck abgesehen, verbrachte sie ihre Kindheit und Jugend in Wien.

**1955–1956**
Nach der Matura beginnt sie ein Philosophie-Studium. Sie arbeitet dann als Cutterin bei der *Wien-Film* und übernimmt schließlich eine Stelle als Mädchen für alles im *Theater in der Josefstadt*. Dort assistiert sie in der Dramaturgie, arbeitet als Regieassistentin und springt auch gelegentlich in kleinen Rollen ein. Oskar Werner, der in der Josefstadt den Hamlet spielt, bestärkt sie, sich um einen Studienplatz im *Reinhardt-Seminar* zu bewerben.

**1957–1959**
Schauspielstudium an der *Akademie für Musik und darstellende Kunst Wien (Max-Reinhardt-Seminar)*. Sie besteht die Prüfung mit Erfolg, wird in den nächst höheren Jahrgang eingestuft. Weil ihre Schwestern ebenfalls als Schauspielerinnen zum Theater drängen, wählt Elisabeth Hörbiger den Mädchennamen ihrer Großmutter, Anna Orth, als Künstlernamen. Sie wirkt in vier Aufführungen des Reinhardt-Seminars im *Schönbrunner Schloßtheater* mit.

**1958**
Mit Erlaubnis des Reinhardt-Seminars hat Elisabeth Orth ihr »offizielles« Theaterdebüt am 6. September 1958 im *Volkstheater Wien* als Daisy Durdle in der Geisterkomödie Sieh' und staune! von John Patrick.

**1960–1961**
Vor Antritt ihres Anfängerengagements am *Ulmer Theater* spielt sie im ersten Halbjahr 1960 die Sara Sampson und zwei weitere Rollen am *Bayerischen Staatsschauspiel* München. Unter der Regie des Intendanten Kurt Hübner spielt sie in Ulm die Johanna in der Jungfrau von Orleans und die Emilia in Emilia Galotti. Bei Peter Zadek spielt sie in mehreren Inszenierungen, u. a. die Porzia im Kaufmann von Venedig. Ihre häufigsten männlichen Partner auf der Bühne sind Norbert Kappen und Friedhelm Ptok.

**1961–1968**
Engagement am *Bayerischen Staatsschauspiel* München. Wichtig für ihre künstlerische Entwicklung sind hier die Begegnungen mit den Regisseuren Heinz Hilpert und Hans Lietzau. Ihre häufigsten Münchner männlichen Partner auf der Bühne sind Martin Benrath und Heinrich Schweiger.

**1964**
Bei den *Hersfelder Festspielen* spielt sie im Juli die Johanna in der Jungfrau von Orleans und erhält für ihre Darstellung den Bad-Hersfeld-Preis. Im August heiratet sie in München in zweiter Ehe den Schau-

spieler Friedhelm Ptok. Als Gast spielt sie im Oktober an den *Bühnen der Stadt Köln* die Titelrolle in MADAME LEGROS von Heinrich Mann.

1965
Elisabeth Orth wird vom Staat Bayern der Titel *Staatsschauspielerin* verliehen. Zu Beginn der Spielzeit 1965/66 erhält Elisabeth Orth einen Gastierurlaub für ihr *Burgtheater*-Debüt am 21.Oktober 1965 als Luise in KABALE UND LIEBE.

1966
Im April Gastspiel mit den Münchner Inszenierungen WOYZECK (Elisabeth Orth als Marie) und DIE MITSCHULDIGEN (Elisabeth Orth als Sophie) in New York.

1967
Riesiger Erfolg beim *Berliner Theatertreffen* im Mai mit Hans Lietzaus Inszenierung von DIE STÜHLE von Eugène Ionesco mit Elisabeth Orth und Martin Benrath. Im Herbst Urlaub für eine Tournee mit dem in Salzburg, Berlin und Wien seit Jahren von Paula Wessely und Attila Hörbiger gespielten Stück FAST EIN POET von Eugene O'Neill, in dem sie zum ersten und einzigen Male, in der Rolle der Tochter Sara Melody, mit den Eltern gemeinsam auftritt.

1968
Ab Mitte April Vertrag am *Burgtheater* für die Titelrolle in Shaws DIE HEILIGE JOHANNA, Regie Kurt Meisel, bei dem sie im Sommer auch das Lischen in Raimunds DER ALPENKÖNIG UND DER MENSCHENFEIND bei den *Salzburger Festspielen* übernimmt.

1969
In dritter Ehe heiratet Elisabeth Orth den Burgschauspieler Hanns Obonya. Geburt ihres Sohnes Cornelius. In der Spielzeit 1969/70 zwei Premieren am *Burgtheater*.

1970–1971
Tournee mit Grillparzers DIE JÜDIN VON TOLEDO. Gastvertrag am *Bayerischen Staatsschauspiel* für die Rolle der Sara in Eugene O'Neills ALLE REICHTÜMER DER WELT. Danach wieder am *Burgtheater*.

1972–1996
Von Sonderurlauben für die *Grillparzer-Festspiele* der Burg Forchtenstein und für die *Salzburger Festspiele* in den Sommermonaten abgesehen, ist Elisabeth Orth jetzt festes Ensemblemitglied des *Burgtheaters*. Sie arbeitet mit fast allen Regisseuren, die am *Burgtheater* inszenieren – von Leopold Lindtberg, Otto Schenk, Gerhard Klingenberg, Hans Schweikart, Achim Benning, Dieter Dorn, Edward Bond, Johannes Schaaf, Hans Hollmann, Angelika Hurwicz bis zu Adolf Dresen, Benno Besson, Hans Lietzau, Achim Freyer, Thomas Langhoff, George Tabori, Peter Zadek und Andrea Breth. – Sie spielte u. a. das Klärchen in EGMONT, die Eboli in DON CARLOS, die Bertha in VERBANNTE von James Joyce, Ibsens Nora, die Olga in DREI SCHWESTERN, die Elektra in der Orestie, die Irene in Schnitzlers DER RUF DES LEBENS,

die Gabriele in Der einsame Weg, Goethes Iphigenie, Gräfin Orsina in Emilia Galotti, Sophie Guilbert in Clavigo, die Julie in Dantons Tod, die Emilia in Othello, die Gertrud in Hamlet, Ellida Wangel in Die Frau vom Meer, Brechts Mutter Courage, die Arkadina in der Möwe, Lizzie Berrill in Das Ende vom Anfang von Sean O'Casey. Ihre häufigsten männlichen Bühnenpartner sind Heinrich Schweiger, Norbert Kappen und Joachim Bißmeier.

1973
Elisabeth Orth wird der Titel *Kammerschauspielerin* verliehen.

1975
Im *Molden Verlag* erscheint Elisabeth Orths Buch Märchen ihres Lebens. Meine Eltern Paula Wessely und Attila Hörbiger.

1978
Am 27.Mai stirbt Hanns Obonya.

1981
Elisabeth Orth erhält für die Rolle der Francine in Triptychon von Max Frisch, inszeniert von Erwin Axer, die Kainz-Medaille.

1992
Im Sommer spielt Elisabeth Orth die Portia in Shakespeares Julius Cäsar bei den *Salzburger Festspielen*, inszeniert von Peter Stein.

1994 – 1996
Gastierurlaub in der Spielzeit 1994/95 für zwei Rollen am *Renaissance-Theater* in Berlin. 1995 übernimmt Elisabeth Orth in der *Schaubühne* die Rolle der Berte in Ibsens Hedda Gabler, Regie Andrea Breth. Am 29. Februar 1996 scheidet Elisabeth Orth aus dem Ensemble des *Burgtheaters* aus und geht in Pension.

1996 – 1999
Elisabeth Orth ist an der *Schaubühne* in Berlin engagiert, deren künstlerische Direktion Andrea Breth innehat.

Seit 1999
Mit Beginn der Direktion Klaus Bachler kehrt Elisabeth Orth ans *Burgtheater* zurück. Sie spielt vorzugsweise in Inszenierungen von Andrea Breth: die Louise Rafi in Die See von Bond, Frau Hudetz in Der jüngste Tag von Horváth, Gräfin Helena in Das Käthchen von Heilbronn, Claudia Galotti in Emila Galotti, den Großinquisitor in Don Carlos, Big Mama in Die Katze auf dem heissen Blechdach, die Circe in Nach den Klippen von Albert Ostermaier. In Martin Kušejs Inszenierung von König Ottokars Glück und Ende spielt sie Margarethe von Österreich.

2006
Festvorstellung am 5. Februar 2006 von Maria Stuart im *Burgtheater* mit Elisabeth Orth als Elisabeth aus Anlass ihres 70. Geburtstages . Es ist die 70.

Vorstellung der Inszenierung von Andrea Breth.
Elisabeth Orth ist Präsidentin der *Aktion gegen den Antisemitismus in Österreich*. Außer den schon genannten Auszeichnungen erhielt sie die Ehrenmedaille der Stadt Wien in Gold, sie ist Trägerin des Grillparzer-Rings sowie des Lieselotte-Schreiner-Rings.

## Kirsten Dene

### 1943
Kirsten Dene wurde am 16. März 1943 in Hamburg geboren, wo sie auch ihre Kindheit und Jugend verbrachte.

### 1959–1962
Schauspielstudium an der *Hochschule für Musik und Darstellende Kunst Hamburg*, ihre hauptsächlichen Lehrer sind Eduard Marks, Rolf Nagel und Ludwig Benninghoff. Nebenbei konnte sie als so genannte Kleindarstellerin in Inszenierungen von Gustaf Gründgens am *Deutschen Schauspielhaus* mitwirken, in beiden Teilen seiner Faust-Inszenierung und in Cäsar und Cleopatra von Bernard Shaw.

### 1962
Am 13. Januar 1962 Bühnendebüt als Lucia Matouffle in Die Meerschweinchen von Yves Jamiaque im Hamburger *Thalia-Theater*.

### 1962–1964
Erstes Engagement an den von Erich Schumacher geleiteten Bühnen der Stadt Essen, sie spielt in Inszenierungen der regelmäßig am Hause arbeitenden Regisseure Joachim Fontheim, Hanskarl Zeiser, Bohumil Herlischka und Erich Schumacher und wirkt auch in den Gastinszenierungen von Jean-Louis Barrault und Jean-Marie Serreau mit.

### 1964–1970
Kirsten Dene wechselt an die Städtischen Bühnen Frankfurt am Main, wo sie sechs Spielzeiten bleibt, ihre Intendanten sind Harry Buckwitz und Ulrich Erfurth. Auch überregionalen Erfolg hat sie mit den Rollen der Annabella in Schade, dass sie eine Hure ist von John Ford, als Eboli im Don Carlos, als Luise in Kabale und Liebe und als Johanna in Johanna auf dem Scheiterhaufen von Claudel/Honnegger.

### 1970–1971
Engagement am *Theater der Freien Volksbühne* in Berlin.

### 1971–1972
Engagement am *Theater der Stadt Bonn*. Kirsten Dene spielt unter der Regie des Schauspielchefs Hans-Joachim Heyse die Katharina in Die Zähmung der Widerspenstigen und die Grusche in Der kaukasische Kreidekreis von Brecht.

### 1972–1979
Engagement am *Württembergischen*

*Staatstheater* Stuttgart, Intendant Hans Peter Doll. In den beiden ersten Spielzeiten haben die neu engagierten Regisseure Alfred Kirchner und Friedrich Beyer bei Presse und Publikum wenig Erfolg. Erst mit dem Engagement von Claus Peymann als Schauspieldirektor setzt die Wende ein. In Inszenierungen von Alfred Kirchner, Niels-Peter Rudolph und dann immer wieder von Claus Peymann bewährt sie sich als eine der wesentlichen Protagonisten des Stuttgarter Ensembles. Der Kritiker Benjamin Henrichs erklärt sie 1975 zum FRÄULEIN-WUNDER. Sie spielte die Hete in Wolfs CYANKALI, die Hedda in BEKANNTE GESICHTER, GEMISCHTE GEFÜHLE, die Studentin Dora Duljebow in den GERECHTEN von Camus, die Kunigunde in DAS KÄTHCHEN VON HEILBRONN, Jim Boy in DIE BLUME VON HAWAII und Goethes Iphigenie. Ihre letzte Stuttgarter Rolle ist die Clara in der Uraufführung von Thomas Bernhards VOR DEM RUHESTAND.

1979–1986
Nach sieben Stuttgarter Jahren wechselt Kirsten Dene mit dem Peymann-Ensemble ans Bochumer *Schauspielhaus*. Außer mit Claus Peymann arbeitet sie weiterhin mit Alfred Kirchner, sie spielt die Leonore Sanvitale in TORQUATO TASSO, Mutter Courage, Thusnelda in DIE HERMANNSSCHLACHT von Kleist, Katharina in DÄMONEN von Lars Norén. Unter Adolf Dresen spielt sie die Rosalinde in der Operette DIE FLEDERMAUS und unter Karge/Langhoff die Medea in VERKOMMENES UFER MEDEAMATERIAL LANDSCHAFT MIT ARGONAUTEN.

1986
Kirsten Dene wechselt mit Claus Peymann ans *Burgtheater*, an dem sie bis heute engagiert ist. Ihr *Burg*-Debüt am 4. September ist die Rolle der Dene in der drei Wochen zuvor bei den *Salzburger Festspielen* uraufgeführten Komödie von Thomas Bernhard RITTER, DENE, VOSS. Sie spielt in vielen Peymann-Inszenierungen, u. a. in DER THEATERMACHER (Frau Bruscon), LEONCE UND LENA (Gouvernante), RICHARD III. (Elisabeth), DER STURM (Caliban), HELDENPLATZ (Anna), WILHELM TELL (Hedwig), CLAVIGO (Sophie Guilbert), MACBETH (Lady Macbeth), DER IMPRESARIO VON SMYRNA (Tognina), RASTSTÄTTE von Elfriede Jelinek (Isolde). Außerdem spielt sie auch bei Matthias Langhoff in ÖDIPUS, TYRANN (Jokaste und Magd), bei Peter Palitzsch in DIE RATTEN (Frau John), bei Andrea Breth in DER ZERBROCHNE KRUG (Marthe Rull), bei Cesare Lievi in DIE ZEIT UND DAS ZIMMER von Botho Strauß (Marie Steuber), bei Dieter Giesing in Strindbergs DER TODESTANZ (Alice), bei Tamás Ascher in DER WALD (Gurmyschskaja).

1991
Kirsten Dene wird mit dem Gordana Kossanovic gewidmeten Schauspielerpreis ausgezeichnet. Der erste Preisträger war im Jahr zuvor Ulrich Wildgruber. Die Laudatio auf Die Riesin hält im Mülheimer Theater an der Ruhr der Theaterkritiker Benjamin Henrichs.

1993
Im Sommer spielt Kirsten Dene bei den *Salzburger Festspielen* unter der Regie von Luc Bondy in der Uraufführung von GLEICHGEWICHT von Botho Strauß die Rolle der Marianne Abel.

1994
Für die Rolle der Jasmine in Claus Peymanns Uraufführungsinszenierung von ALPENGLÜHEN von Peter Turrini erhält Kirsten Dene die Kainz-Medaille.

1998
Kirsten Dene wird mit dem Titel *Kammerschauspielerin* ausgezeichnet.

2005
Am 8. Juni 2005 erhält Kirsten Dene das *Goldene Ehrenzeichen für Verdienste um das Land Wien*. Ihr Laudator ist Hermann Beil.

# Personenverzeichnis

Aberle, Erich   134
Abraham, Paul   9, 151–156, 210
Achternbusch, Herbert   170 f., 177
Adorno, Theodor W.   101, 102, 150
Affolter, Therese   88
Aischylos   77
Albee, Edward   179
Albers, Hans   178
Ambros, Otto   14
Ammann, Max P.   28
Anders, Ernst   58
Andree, Ingrid   114
Anouilh, Jean   117
Anton, Ilse   116 f.
Arnold, Franz   187
Assmann, Hans-Jörg   136
Axer, Erwin   64 f.

Baader, Andreas   105, 160
Bach, Ernst   187
Bachler, Klaus   7, 56, 92
Bachmann, Ingeborg   9
Balser, Evelyn   13 ff.
Balser, Ewald   55 f.
Balzer, Horst   128
Barrault, Jean-Louis   8, 16, 56, 115 f., 126
Barth, Susanne   144
Bauer, Axel   127
Bauer, Klaus   135 f.
Bechtolf, Sven-Eric   91,93
Becker, Maria   13
Becker, Peter von   65, 67 f., 102 f., 150 f., 165 f., 174 ff.
Beckett, Samuel   175
Beginnen, Ortrud   208
Behan, Brendan   24, 139
Beil, Hermann   79, 87, 134, 138 f., 143, 156, 182, 195 f., 198, 205–211
Behrendt, Klaus   61
Benesch, Harald   17
Benjamin, Walter   99
Bennent, Anne   88
Benning, Achim   13, 56 f., 59, 62 ff., 66, 70, 74 f., 78 f., 81, 88
Benninghoff, Ludwig   113
Benrath, Martin   28, 30, 33, 44 ff., 96, 98, 100, 184

Berger, Ludwig   55
Bergman, Ingmar   113
Bergman, Ingrid   200
Bernhard, Thomas   9, 81, 85, 141, 160 f., 164, 167, 177, 180, 188–197, 201, 203, 207 f., 210
Bernhofer, Eva   13, 15
Bertram, Hans-Walter   116
Besson, Benno   8, 59, 67, 126, 129
Beyer, Friedrich   134–137, 157
Biermann, Wolf   101
Birkhahn, Bernd   170. 180
Bißmeier, Joachim   48, 56 f., 64 f., 68, 72, 88
Blanc, Anne-Marie   17
Böckmann, Gerd   90, 92
Bogart, Humphrey   200
Bohm, Uwe   83, 88
Boll, Ilka   115
Bolle, Bärbel   89
Bond, Edward   54, 56, 80, 85, 91 f.
Bondy, Luc   70, 190, 197
Böse, Joachim   123
Brahms, Johannes   209
Brandauer, Klaus Maria   61, 74
Brandstätter, Horst   153
Brasch, Thomas   177
Braun, Hanns   33
Brecht, Bertolt   8, 23, 67, 98, 116, 131, 144, 173
Breth, Andrea   8, 30, 87 ff., 91 f.
Brock, Bazon   146
Brook, Peter   57
Brombacher, Peter   149, 180
Brüdern, Gerd   98, 100
Brunner, Lore   79, 145, 147
Buchegger, Christine   14
Büchner, Georg   28, 42 ff., 66 f., 85, 89, 98, 147 f., 167, 180, 210
Buckwitz, Harry   118, 120
Buhre, Traugott   79, 88, 191 f., 198 f., 204 f.
Buschor, Ernst   89
Buss, Jan-Geerd   136
Calderon de la Barca, Pedro   19, 25
Callas, Maria   137, 207
Camus, Albert   9, 71, 148 f., 160
Canaris, Volker   50

Carné, Marcel   113
Carp, Stefanie   171
Casanova, Giovanni Giacomo   32
Chaplin, Charles   165
Christine, Königin von Schweden   11
Claudel, Paul   30, 45 f., 115 f.
Clausen, Andrea   88, 91, 180, 202
Clemen, Harald   81, 85
Clever, Edith   89
Costa, Julia   153
Courths-Mahler, Hedwig   165
Coward, Noel   14
Cramm, Berno von   15
Csencsits, Franz J.   92

David, Otto   25
Decroux, Etienne   116
Degen, Michael   122, 124 ff.
Dermon, Annemarie   34
Dermutz, Klaus   193
Deutsch, Ernst   13
Diess, Karl Walter   18
Doll, Hans Peter   129, 133 ff., 139, 160
Dorn, Dieter   8, 56
Dorsch, Käthe   7
Dostojewski, Fedor M.   71
Dresen, Adolf   8, 59 f., 78, 93, 98, 100 ff., 104 f., 111, 167, 170
Drews, Wolfgang   26, 48
Düggelin, Werner   10
Düringer, Annemarie   49, 72 f., 81, 88
Dürrenmatt, Friedrich   203

Eberth, Michael   73
Eckstein, Detlev   58
Eichler, Beate   115
Elisabeth, Kaiserin von Österreich   11
Elsenbusch, Alois   118
Eluard, Paul   93
Enk, Michael   119
Ensslin, Gudrun   105, 160
Erdmann, Michael   182
Erfurth, Helmut   21
Erfurth. Ulrich   120, 127

Eschberg, Peter   13
Etzel, Marie-Luise   116 f.
Euripides   97

Fanta-Eis, Heinrich   13, 15
Fehling, Jürgen   34
Felsenstein, Walter   56
Feuerbach, Anselm   109
Feydeau, Georges   63 f., 169
Filbinger, Hans   160
Fitz, Peter   121, 126–129
Finck, Werner   13
Fink, Agnes   25
Fischer, Hannelore   15
Flimm, Jürgen   88
Flüs, Wolf   133
Fo, Dario   115
Földes, Emmerich   152
Fontheim, Joachim   118
Forbach, Moje   120
Ford, John   97, 121 ff.
Forte, Dieter   128 f.
Frankenberg, Emanuela von   67
Franz Joseph, Kaiser   11
Freyer, Achim   85, 88, 156 f.
Freyer, Ilona   106, 109
Freud, Sigmund   54
Frisch, Max   64 f., 77
Fuchs, Oswald   13
Furgler, Brigitta   72

Garbers, Gerhard   130
Gasser, Wolfgang   71, 88, 92, 194
Gatti, Armand   120
Gebauer, Ulrich   167
Genet, Jean   24, 46, 48, 60, 157 f., 178
Gerburg, Cordula   170
Gerth, Hans-Jürgen   145
Giehse, Therese   144, 203
Gielen, Josef   14, 17
Giesing, Dieter   88
Ginsberg, Ernst   13, 24
Giraudoux, Jean   18, 28
Glück, Wolfgang   56
Gobert, Boy   28, 30
Goethe, Johann Wolfgang   28, 33, 44, 61, 76, 88, 96–111, 156, 160, 162, 164 f., 167, 201 ff., 208, 210

Gold, Käthe   7
Goldoni, Carlo   88, 127, 150, 157
Gombrowicz, Witold   68, 135
Gorki, Maxim   62 f., 77, 127 f.
Grack, Günther   129
Griem, Helmut   184
Grill, Alexander   133, 138
Grillparzer, Franz   16 f., 28, 30, 33, 38, 40, 78, 98
Grönemeyer, Herbert   170
Gromes, Hartwin   134
Gründgens, Gustaf   17, 114, 120
Grünwald, Alfred   152

Hackl, Karlheinz   88
Haenel, Nikolaus   13, 15
Haeusserman, Ernst   13 ff., 28, 54 f., 57
Hagen, Carla   41
Handke, Peter   81, 88
Hansen, Alfred   119
Happel, Maria   186
Harth, Harald   14 f.
Hartinger, Dorothee   187
Hartmann, Matthias   198
Haupt, Sabine   91
Haupt, Ulrich   19
Hebbel, Friedrich   117
Heerdegen, Edith   189
Hefti, Urs   79, 152
Hegel, Georg W. F.   61
Heinz, Wolfgang   128
Heltau, Michael   88
Henninger, Klaus   134, 136
Henrichs, Benjamin   141 f., 144, 189, 195, 201 ff.
Henrichs, Helmut   18, 24, 39, 98 ff.
Hensel, Georg   166, 176 f., 178 ff.
Herberg, Katharina   116
Hering, Gerhard F.   18, 26 f., 56 f.
Hermlin, Stephan   91
Herrmann, Karl-Ernst   60, 82, 193, 200
Heuser, Renate   134
Heyse, Hans-Joachim   130
Hilpert, Heinz   30–40, 42, 92 f., 99
Himmler, Heinrich   160
Hinz, Werner   126

Hitler, Adolf   11
Hochhuth, Rolf   127 f., 160
Hoffmann, Paul   28, 55, 58
Hofmannsthal, Hugo von   14 f., 30–33, 36 f., 91
Hoger, Hannelore   21, 24, 60
Hölderlin, Friedrich   67, 184
Hollmann, Hans   8, 13 ff., 74 f., 88
Holtzmann, Thomas   26
Holzmeister, Judith   88
Honnegger, Arthur   9, 123
Höper, Wolfgang   140
Hoppe, Marianne   125, 190
Hörbiger, Attila   11 ff., 20. 28, 32 f., 49 ff., 53, 56, 59 f.
Hörbiger, Christiane   11 f., 15
Hörbiger, Maresa   11 f., 58 f., 62
Hörbiger, Paul   11
Horváth, Ödön von   92, 140
Hübner, Kurt   16, 18–21, 23 ff.
Hübsch, Wolfgang   54, 60, 72, 98, 101
Hurwicz, Angelika   59, 71

Ibsen, Henrik   55, 57, 78, 89
Ionesco, Eugène   28, 44 f., 76, 137 f.
Irrall, Elfriede   128 f.

Jacobi, Ernst   62
Jacobi, Johannes   27
Jäger, Gerd   138, 149 f.
Jahnn, Hans Henny   113
Jamiaque, Yves   114 f.
Jeker, Valentin   21
Jelinek, Elfriede   81, 185, 210
Jenny, Urs   44, 46
Jensen, Uwe Jens   79, 139, 153, 180, 182
Jesserer, Gertraud   60, 62 f., 85, 88
Jonson, Ben   127
Jouvet, Louis   9, 16
Joyce, James   57, 76
Jungbauer, Hans   17
Just, Gerhard   134, 152

Kadmon, Stella   16
Kafka, Franz   55
Kaiser, Joachim   46, 69, 99

Kalbeck, Florian  13
Kant, Immanuel  208
Kappen, Norbert  21 ff., 48, 57, 62, 66, 68 f., 72
Karasek, Horst  23 f.
Karg, Elisabeth  21
Karge, Manfred  79, 177 ff., 184
Karsch, Walther  26
Kästner, Erich  113
Käutner, Helmut  125
Kersten, Anne  28
Kessel, Martin  113
Kesselring, Joseph  203
Kinski, Klaus  200
Kirchlechner, Dieter  128
Kirchner, Alfred  79, 85, 87, 133, 135, 137, 139, 143, 147, 151, 153 f., 157, 173, 182, 187
Kirchner, Ignaz  79, 84 f., 88, 91, 131, 182 f., 184
Kleist, Heinrich von  33, 39, 87, 89, 133, 135, 137, 139, 143, 147, 151, 173 ff., 180, 182, 190, 210
Klingenberg, Gerhard  56, 59
Klotz, Volker  151 f.
Kluge, Alexander  42
Kneidl Karl  133
Knuth, Klaus  13
Koberg, Roland  138
Koch, Hansgeorg  139, 143, 147, 151, 153, 180, 198
Koch, Heinrich  126
Konradi, Inge  15, 62
Kootes, Irmgard  115
Köper, Carmen-Renate  126
Kortner, Fritz  8, 55, 57, 61
Krahl, Hilde  15
Kralj, Matthias  57, 104
Kramm, Charlotte  114
Kraus, Karl  54
Krause, David  22
Krauß, Werner  42
Kraut, Werner  114
Kreisler, Fritz  11
Krisch, Johannes  199, 204 f.
Kruntorad, Paul  57, 63, 71, 75
Kucera, Herbert  13, 15
Kückelmann, Gertrud  17

Kuiper, Peter  123
Kunath, Gerd  144
Kuster, Anne-Marie  133
Kutscher, Hermann  13–16
Kuzmany, Elfriede  25, 34

Labiche, Eugène  166, 169
Lampe, Günter  115
Lampe, Jutta  197
Landerschier, Jonas  186
Langhoff, Matthias  177 ff., 184
Langhoff, Thomas  59, 72 f.
Laubenthal, Hannsgeorg  122 f., 125
Lebahn, Brigitte  116, 118
Lehmann, Lotte  207
Lenin, W. I.  71
Lennon, John  140, 163
Lenz, Jakob M. R.  66 ff., 77, 123
Lessing, Doris  150
Lessing, Gotthold Ephraim  18, 24 ff., 61 f., 76, 92, 203
Lietzau, Hans  8, 28, 30, 41–46, 48, 56, 59, 68 ff., 92, 159, 184
Lievi, Cesare  198
Liewehr, Fred  58
Lindner, Wolff  116
Lindtberg, Leopold  28, 39
Lingen, Ursula  25 f.
Lochert, Marianne  118
Löffler, Sigrid  75, 88, 191
Löhner-Beda, Fritz  152
Loos, Peter  49 f.
Lorca, Federico Garcia  81, 85
Lothar, Ernst  13, 49
Löw, Paola  57
Ludwig, Rolf  87
Lüttge, Martin  143, 145, 149 f.

Maertens, Michael  186, 197
Magnani, Anna  185
Mahnke, Hans  108, 153, 159
Malton, Leslie  74
Mann, Heinrich  27
Manthey, Axel  133 f., 152 f.
Marks, Eduard  113 f.
Markus, Elisabeth  13
Masina, Guilietta  15

Mattes, Eva  88
Matthies, Eberhard  136
Mayer, Hans  108 ff.
Medelsky, Lotte  7
Meinhoff, Ulrike  9, 105, 107, 160
Meisel, Kurt  30
Melchinger, Siegfried  20 ff., 53
Mell, Max  14
Melles, Sunnyi  48, 68 f.
Mensching, Herbert  28
Menzel, Heinz  117
Merschmeier, Michael  73 f., 192 ff.
Mertinz, Johanna  134
Meyer, Conny-Hannes  128
Meyer, Robert  68, 72, 88
Meyerhoff, Joachim  203
Michaelis, Rolf  107
Milhaud, Darius  116
Minetti, Bernhard  189
Minks, Wilfried  20 f., 23, 25, 88
Molière  123, 127, 134 f., 173
Morak, Franz  71 f.
Mosbacher, Peter  128 f.
Mozart, Wolfgang Amadeus  210
Mühe, Ulrich  88, 202
Müller, Hans-Reinhard  18
Müller, Heiner  98, 173, 177 ff., 182 ff., 210
Muliar, Fritz  88
Münch, Richard  54
Müthel, Lothar  13

Nagel, Rolf  114
Nel, Christof  157
Neuenfels, Hans  59, 88, 120, 133
Nicoletti, Susi  14, 59
Noelte, Rudolf  34, 56 f.
Noky, Manfred  136
Norén, Lars  173, 185
Nossack, Hans-Erich  113
Nüsse, Barbara  162, 166, 180

O'Casey, Sean  22, 59, 72 ff., 87, 89 f., 127, 134
O'Hara, Saul  117 f.
O'Neill, Eugene  16, 30, 49–52, 88
Oberdorfer, Bert  153, 170
Obonya, Cornelius  52, 92

Obonya, Hanns   41, 52, 60
Oest, Johann Adam   180
Offenbach, Jacques   116, 169 f.
Offenbach, Joseph   126
Opitz, Elisabeth   115 f., 118
Orff, Carl   28
Orth, Anna   12
Osborne, John   126
Ostermaier, Albert   7 f., 93 ff.
Ostermayer, Christine   46 f.
Ostrowskij, Alexander   117, 120

Pagnol, Marcel   115
Palitzsch, Peter   21, 23, 133, 185
Paryla, Karl   128 f.
Paryla, Nikolaus   13 ff.
Patrick, John   13
Pauls, Roman S.   89
Pekny, Romuald   68, 88
Pelser, Karl-Heinz   135
Penting, Lisa   116
Petzet, Wolfgang   33
Peymann, Claus   8 f., 56, 79 f., 85, 87 f., 98, 100, 105–111, 120, 126, 129, 133 ff., 138 f., 141, 143-149, 156 f., 159 ff., 164 ff., 173-177, 180, 182, 187, 190-195, 198, 201, 205, 209 f.
Pienkos, Carolin   52
Platt, Josefin   72 f., 191
Pleitgen, Ulrich   162, 180
Pluhar, Erika   14 f., 62 f., 88
Polgar, Alfred   187
Ponnelle, Jean-Pierre   56, 121 ff.
Ptok, Friedhelm   21, 24 f., 52
Purcarete, Silviu   97

Quadflieg, Will   13, 88

Raimund, Ferdinand   67
Raky, Hortense   128
Ransmayr, Christoph   189, 207
Raspe, Jan-Carl   105, 160
Rath, Ari   83
Redl, Wolf   184
Rehberg, Hans Michael   33, 83, 85, 88
Reinbacher, Wolfgang   15

Reinhardt, Max   16, 31
Reinhardt, Andreas   147
Reinshagen, Gerlind   138, 177
Rémy, Tristan   137 f.
Rennert, Günther   28
Renoir, Jean   63
Reyer, Walther   57
Richter, Falk   186
Richter, Hans   121
Rieger, Roswitha   13, 15
Rischbieter, Henning   22, 62, 70
Robespierre, Maximilien de   71
Rohweder, Heidemarie   155
Römer, Anneliese   79 f., 127 f., 138, 141
Rommel, Manfred   160
Ronconi, Luca   56
Rose, Jürgen   21, 24, 42, 45
Roussilon, Jean-Paul   56
Rudolph, Niels-Peter   141, 143, 150 f., 157 ff., 197
Rühle, Günther   26, 110, 140 f., 145 ff., 156 f., 180 f., 185

Samarovski, Branko   79, 87, 98, 111, 131, 133, 140, 147, 162, 164 f., 169 f., 173, 180, 190, 201
Sander, Otto   127
Schaaf, Johannes   21, 24, 59 f.
Schäfer, Walter Erich   133
Schauer, Johannes   58, 62
Schediwy, Fritz   167, 180
Schenk, Otto   125, 200 f., 205
Schenk, Renée   205
Schiller, Friedrich   16 f., 19 ff., 26 ff., 39, 41, 51, 90-93, 98, 126
Schlemmer, Karin   138, 208
Schley, Karl Maria   34
Schleyer, Martin   105
Schlubach, Jan   33
Schmid, Aglaja   49
Schmid, Helmut   43
Schmidinger, Walter   128
Schneider, Christiane   196, 205, 210
Schnitzler, Arthur   60, 76, 78, 92
Schödel, Helmut   158 f.
Schönberg, Arnold   9, 210
Schönthan, Franz und Paul   57

Schroth, Christoph   75
Schrott, Raoul   97
Schubert, Franz   9, 140, 171, 208
Schulz, Fritz   17
Schumacher, Erich   115
Schütz, Waldemar   136, 153
Schwab, Martin   79, 88, 90, 98, 107, 131, 133, 135 f., 140, 145, 149, 153, 162, 166, 170, 184, 191, 195 f., 206, 210
Schwarz, Jewgeni   126
Schwarz, Libgart   203
Schweiger, Heinrich   28, 42 f., 62, 72, 74, 98, 102, 104
Schweikart, Hans   56
Seidel, Hans-Dieter   134 f., 136, 148, 152 ff.
Seidel, Jodoc   121
Seidenfaden, Ingrid   44, 170
Seidler, Alma   28, 55, 58
Sell, Julia von   167
Serreau, Jean-Marie   116
Servi, Helli   13
Shakespeare, William   12, 14, 16, 23 f., 30, 48, 55, 68 ff., 74 f., 77 f., 82, 85, 87, 130, 181 f., 185, 190, 210
Shaw, Bernard   13, 28 f., 30, 114
Sica, Vittorio de   113
Siebert, Ursula   23
Sigmund, Helmut   15
Sophokles   184
Sowinetz, Kurt   62
Späth, Lothar   160
Speiser, Kitty   88
Sperr, Martin   127
Spiel, Hilde   56
Stadelmaier, Gerhard   203
Staguhn, Ursula   117
Statkus, Horst   134
Steffens, Wilhelm   130
Stein, Peter   8, 70, 88 f., 120, 126, 129
Sternheim, Carl   117 f.
Strauß, Botho   89, 140 f., 143, 151, 157 ff., 166, 177, 197 f.
Strauß, Johann   167-170, 208
Striebeck, Jochen   21 f., 115
Strindberg, August   24 f., 59

Stroux, Thomas   127 f.
Sturm, Vera   79, 139, 170, 182
Sucher, C. Bernd   198 f.
Sutter, Sonja   28
Swinarski, Konrad   129

Tabor, Günter   115
Tabori, George   79, 82, 84 f., 87 f., 177
Tairow, Alexander   23
Tauss, Karl Heinz   134
Thieme, Thomas   88, 202
Thoma, Ludwig   115
Thomas, Dagmar von   13
Tiedemann, Philip   195
Tilden, Jane   15
Toffolutti, Ezio   67
Tschechow, Anton   34, 62, 76, 81, 83, 89 f., 93, 98, 135, 137
Tschudi, Beate   133
Turrini, Peter   81, 88, 125, 198–201, 204 f., 207 f.
Tüschen, Katharina   21, 23
Twiesselmann, Elke   141

Umlauf, Ellen   13
Utzerath, Hansjörg   127 ff.

Valentin, Karl   208
Verga, Giovanni   185
Vergeen, Regine   152
Voss, Gert   79, 85, 1o6 f., 131, 133, 137, 145, 147 f., 173-176, 180 f., 184 f., 188-191, 103, 209

Wallner, Martha   13, 15
Wedekind, Frank   137 f., 140
Weiss, Peter   120, 129
Weißbach, Teresa   91
Weitz, Hans J.   34
Wendt, Ernst   26, 42, 45
Werner, Ilse   125
Werner, Oskar   12 f., 16 ff.
Wessely, Carl   12
Wessely, Josefine   12, 15
Wessely, Paula   7, 11 ff., 15, 20, 31 ff., 36, 38, 49 ff., 53, 55 f., 59, 82, 88
Wichmann, Johanna   126

Wiens, Wolfgang   129
Wigger, Stefan   127
Wilde, Oscar   184 f.
Williams, Tennessee   61, 77, 93, 185
Wimmer, Maria   98 f.
Winkler, Angela   88
Wittenbrink, Franz   139
Wolf, Friedrich   9, 140 f., 157
Wolfsberger, Peter   71
Wolter, Charlotte   7
Wonder, Erich   133
Wussow, Klausjürgen   27 f., 30, 57

Zadek, Peter   8, 21–25, 70, 87 f., 120, 133, 160, 164, 170
Zapatka, Manfred   131, 133 ff., 141, 144, 149, 168, 170, 180
Zbonek, Erwin   16
Zeffirelli, Franco   185
Zeidler, Hans Dieter   127 ff.
Zetzsche, Eleonore   133, 136, 140, 161, 177 f., 211
Zuckmayer, Carl   121, 125
Zykan, Otto M.   75

# Literaturnachweis

Folgenden Publikationen (außer den im Text selbst schon vermerkten Quellen) verdanke ich Hinweise und Zitate: Walter Benjamin, ÜBER DIE SPRACHE (ÜBER SPRACHE ÜBERHAUPT UND ÜBER DIE SPRACHE DES MENSCHEN). In: Schriften. Band II. Suhrkamp Verlag. Frankfurt a.M. 1955; DAS BOCHUMER ENSEMBLE. Ein deutsches Stadttheater. 1979–1986. Herausgegeben von Hermann Beil, Uwe Jens Jensen, Claus Peymann, Vera Sturm – Schauspielhaus Bochum. Athenäum Verlag. Königstein 1986; BURGTHEATER WIEN. 1776–1986. Ebenbild und Widerspruch. Herausgegeben von Reinhard Urbach und Achim Benning. Verlag Anton Schroll. Wien 1986; … DANN SPIELTEN SIE WIEDER. Das Bayerische Staatsschauspiel 1946–1986. Texte von Monica Faber. Dokumentation von Loni Weizert. Herausgegeben vom Verein der Freunde des Bayerischen Staatsschauspiels. Bruckmann K.G. München 1986; Klaus Dermutz, DIE VERWANDLUNGEN DES GERT VOSS. Gespräche über Schauspielkunst. Residenz Verlag. Salzburg 2001; Klaus Dermutz, DAS BURGTHEATER. 1955–2005. Deuticke Verlag. Wien 2005; Hans Peter Doll, STUTTGARTER THEATERARBEIT. 1972–1985. Württembergische Staatstheater. Stuttgart 1985; Adolf Dresen, WIEVIEL FREIHEIT BRAUCHT DIE KUNST? Reden Briefe Verse Spiele 1964–1999. Herausgegeben von Maik Hamburger. Theater der Zeit. Recherchen 3. Berlin 2000; Edda Fuhrich/Gisela Prossnitz, PAULA WESSELY, ATTILA HÖRBIGER – IHR LEBEN, IHR SPIEL. Eine Dokumentation. Verlag Albert Langen, Georg Müller. München, Wien 1985; Eric Godal, TEENAGERS. Mit Beiträgen von 26 Autoren. Herausgeben von Rolf Italiaander. Broschek Verlag. Hamburg 1958; Gerhard F. Hering über Lessing in: DER RUF ZUR LEIDENSCHAFT. Improvisationen über das Theater. Kiepenheuer & Witsch. Köln 1959; Heinz Hilpert, DER REGISSEUR. In: DAS THEATER EIN LEBEN. Erfahrungen und Erinnerungen. Tschudy Verlag. St. Gallen 1961; Volker Klotz, OPERETTE. Porträt und Handbuch einer unerhörten Kunst. Bärenreiter Verlag. Kassel 2004; Roland Koberg, CLAUS PEYMANN. ALLER TAGE ABENTEUER. Biografie. Henschel Verlag. Berlin 1999; Attila Láng, OSKAR WERNER. Eine Spurensicherung. Verlag Jugend und Volk. Wien, München 1984; Ernst Lothar, MACHT UND OHNMACHT DES THEATERS. Paul Zsolnay Verlag. Wein, Hamburg 1968; Susi Nicoletti/ Leo Mazakarini, WEGE ZUM THEATER. Max Reinhardts Schüler. Verlag ORAC. Wien 1979; Elisabeth Orth, MÄRCHEN IHRES LEBENS. Meine Eltern Paula Wessely und Attila Hörbiger. Verlag Fritz Molden. Wien, München, Zürich 1975; Alfred Polgar, WILDE. In: Ja und Nein. Schriften des Kritikers. Band 1. Verlag Ernst Rowohlt. Berlin 1926; Klaus Völker, FRITZ KORTNER. SCHAUSPIELER UND REGISSEUR. Edition Hentrich. 2. Aufl. Berlin 1993; Klaus Völker, HANS LIETZAU – SCHAUSPIELER, REGISSEUR, INTENDANT. Herausgegeben von der Stiftung Archiv der Akademie der Künste Berlin. Verlag Hentrich & Hentrich. Berlin 1999; WELTKOMÖDIE ÖSTERREICH. 13 Jahre Burgtheater 1986–1999. Herausgeben von Hermann Beil, Jutta Ferbers, Claus Peymann, Rita Thiele. Wien 1999; Ernst Wendt, DIE INSZENIERUNGEN VON HANS LIETZAU. Sonderheft der Blätter des Bayerischen Staatsschauspiels. München 1968; Stiftung Archiv der Akademie der Künste, MARIA WIMMER. 1911–1996. Essay von C. Bernd Sucher. Materialien zusammengestellt und bearbeitet von Stephan Dörschel. Parthas Verlag. Berlin 2000; Peter Zadek, MY WAY. Eine Autobiographie 1926–1969, Kiepenheuer & Witsch, Köln 1998.

**Klaus Völker**

Dramaturg und Schriftsteller. 1938 in Frankfurt/Main geboren, studierte in Frankfurt und Berlin. 1969–1985 leitender Dramaturg in Zürich (*Schauspielhaus* und *Theater am Neumarkt*), Basel, Bremen und am *Schiller-Theater* in Berlin. 1992 Berufung als Professor für Theatergeschichte und Dramaturgie an die Hochschule für Schauspielkunst »Ernst Busch« Berlin, deren Rektor er von 1993–2005 war. Herausgeber der Gesammelten Werke von Max Herrmann-Neisse (10 Bände), Alfred Jarry (11 Bände) und Boris Vian (17 Bände) sowie von Lesebüchern über Faust, die Päpstin Johanna, Vampire, Künstliche Menschen und Tiermenschen. Viele Biographien/Monographien u. a. über Bertolt Brecht, Frank Wedekind, Yeats und Synge, Sean O'Casey, Samuel Beckett in Berlin, Max Herrmann-Neisse, Boris Vian, Fritz Kortner, Elisabeth Bergner, Hans Lietzau, Bernhard Minetti. Klaus Völker ist Mitglied der Berliner Akademie der Künste und der Deutschen Akademie der Darstellenden Künste. Er lebt in Berlin.

# Bildnachweis

Rudolf Betz, 26, 42; Gabriele Brandenstein, 80; Thomas Eichhorn, 163, 168, 179; Günter Englert, 121, 122 (2), 123 (2), 124, 125, 127; Christine de Grancy, 66; Elisabeth Hausmann/Archiv Burgtheater, 27, 29, 54, 57 (2), 58, 59, 62, 63, 64 (2), 68, 76 (6), 77 (6); Roswitha Hecke, 83; Oliver Herrmann, 82, 84, 186, 188 (2), 192, 194, 199, 202, 204, 209, 211; Matthias Horn, 81, 183; Gundel Kilian, 155, 159; Hans Jörg Michel, 198, 200; Josef Palffy, 71, 104; Andreas Pohlmann, 195, 196, 206; Abisag Tüllmann, 106, 107, 111, 142 (2), 161, 162, 167, 171, 175, 181, 184, 185; Bernd Uhlig, 90, 91 (2), 92, 93, 94, 187, 203; Ruth Walz, 86, 89, 172, 197; Reinhard Werner, 201; Madeline Winkler-Betzendahl, 132, 134, 136, 137, 144, 148; Axel Zeininger/Archiv Burgtheater, 74; Hilde Zemann, 10, 28, 44, 45, 47, 96; Archiv Kunst, Aaltotheater Essen, 115, 117, 118, 119, 120; Archiv Burgtheater, 51, 56, 61, 69, 72, 101; Universität Hamburg, Hamburger Theatersammlung. Archiv Rosmarie Pierer, 114 (2), Privatarchiv Orth, 11, 12 (2), 14 (2), 15, 17, 18, 21, 22, 23, 24 (2), 25, 34, 46, 49, 50, 52; Privatarchiv Dene, 112, 130, 131, 140, 155, 158.

Die beiden Fotos auf der Rückseite des Buches stammen von Ruth Walz (auf der linken Bildhälfte: Das Ende vom Anfang: Elisabeth Orth als Lizzie Berrill, Akademietheater, 1992) und von Andreas Pohlmann (auf der rechten Bildhälfte: Die Unterrichtsstunde: Kirsten Dene als Dienstmädchen, Akademietheater, 1997).

Der Verlag hat sich um die Einholung der Abbildungsrechte bemüht. Da in einigen Fällen die Inhaber der Rechte nicht zu ermitteln waren, werden rechtmäßige Ansprüche nach Geltendmachung abgegolten.